박물관 미술관에서 보는 유럽사

박물관 미술관에서 보는 유럽사

유럽의 현재와 과거, 미래가 공존하는 기억의 장소들

통합유럽연구회 지음

책과함께

유럽은 '하나'이면서 '여럿'입니다. 고대 그리스부터 오늘날에 이르기까지 유럽은 자신의 다양한 정체성에도 불구하고 지속해서 하나로 통합하려는 노력을 멈추지 않았습니다. 하지만 이러한 노력은 역설적으로 유럽만큼 그 정체성이 다양한 대륙도 지구상에서 찾아보기 힘들다는 것을 스스로 증명해 보이는 역할을 했습니다. 이처럼 다양하면서 한편으로는 통합을 추구해온 유럽의 역사와 그 현상을 연구해온 학회가 '통합유럽연구회'입니다.

통합유럽연구회는 2007년 창립하여 오늘에 이르기까지 짧은 시간 안에 한국연구재단 등재학술지 《통합유럽연구》를 발간하고 있고, 동시에 여러 저술 활동을 통해 유럽이 단일하면서도 다양한 색깔을 가진 단위임을 증명하기 위해 노력하고 있습니다. 유럽 통합을 위해 노력해온 근대적 인물에 대한 연구 《인물로 보는 유럽통합사》(2010), 유럽의 다양한 도시를 통해 유럽이 하나이면서도 여럿이라는 확신을 갖게 한 《도시로 보는 유럽통합사》(2013), 단순히 제도적으로만이 아니라 이념적으로도 유럽이 통일성과 다양성을 추구해왔다는 점을 보여주는 《유럽을 만든 대학들》(2015),

그리고 유럽의 다양한 국가들이 어떻게 전쟁을 매듭짓고 조화롭게 유럽연합을 구성할 수 있었는지 보여주는 《조약으로 보는 유럽통합사》(2016)를 발간했습니다.

이제 우리 연구회는 또 하나의 도전으로 《박물관 미술관에서 보는 유럽사》를 발간합니다. 한 나라, 한 도시를 이해하는 첩경이 그곳의 박물관을 방문하는 일이라는 것은 누구도 부정하기 어렵습니다. 유럽의 다양한 역사와 문화 그리고 그 정체성을 가장 효율적으로 이해할 수 있는 '기억의 장소'로 유럽의 박물관과 미술관만큼 중요한 곳은 없을 것입니다. 유럽의 박물관은 그야말로 다양한 내용을 담고 있습니다. 주제도 다양하고, 시기도 다양하며, '기억'도 다양합니다. 우리는 그 다양한 박물관과 미술관 가운데 '유럽사'를 가장 효율적으로 보여줄 수 있는 방식으로 책을 기획하려 합니다. 먼저 도시/로컬 차원에서 '유럽'을 바라보고, 다음으로 국가 차원에서 '유럽'을 바라보며, 마지막으로 유럽/유럽통합 차원에서 '유럽'을 바라보려 합니다. 유럽은 '하나'입니다. 하지만 우리가 바라본 박물관과 미술관은 그렇지 않다고 말합니다. 유럽은 '다양'합니다. 그렇지만 우리가 바라본 박물관과 미술관은 그렇지 않음을 보여줍니다. 맞습니다. 유럽은 여전히 '하나'이면서 '여럿'입니다. 독자들은 그 모호함을 이 책을 통해 확인할 수 있을 것입니다.

이 작은 책이 나오기까지 많은 분이 수고해주셨습니다. 통합유럽연구회 회원뿐만 아니라 비회원이면서도 주제의 참신함에 끌려 기꺼이 참여해주신 많은 선생님께 이 자리를 빌려 깊은 감사의 말씀을 드립니다. 또한 이 책의 기획책임자로서 형식과 서술의 통일성을 유지하면서도 조속한 출간이 이루어지도록 수고를 아끼지 않은 윤성원 교수님, 박물관 전체

의 코디네이터 역할을 해주시고 프롤로그를 작성해주신 최병진 교수님의
노고에도 감사드립니다. 끝으로 책의 완성도를 높이기 위해 수차례 조언
과 큰 노력을 아끼지 않은 책과함께 편집진께 감사드립니다.

2018년 8월
필진을 대표하여,
통합유럽연구회 회장

박 단

차례 ——————————

암스테르담 ── 네덜란드국립해양박물관

런던
런던박물관
대영박물관
과학박물관

캉
캉-노르망디기념관

파리
카르나발레박물관
루브르박물관
군사박물관
클뤼니박물관
국립이주사박물관
기술공예박물관

룩셈부르크
유럽쉥겐박물관

베르됭
베르됭기념관

마르세유
유럽지중해문명박물관

마드리드
프라도미술관

브뤼셀
유럽역사의 집

피렌체
우피치미술관

바티칸
바티칸박물관

대서양

북해

영국

네덜란드

벨기에

독일

프랑스

스페인

이탈리아

본
독일역사의 집

베를린
눈물의 궁전
독일역사박물관
유럽에서 학살된 유대인들을 위한 추모비
테러의 지형도

폴란드

뮌헨
독일박물관

오시비엥침
아우슈비츠박물관

헝가리

부다페스트
테러의 집 박물관

그리스

지중해

아테네
아크로폴리스박물관

알렉산드리아
무세이온(현존하지 않음)

이집트

유럽 박물관 미술관 탐색

우리가 살아가는 공간은 우리 사회의 성격을 보여준다. 기술의 진보만큼 빠르게 마을이 사라지거나 바뀌며 새로운 풍경을 만들어내는 이 시대에 변하지 않는 것이 있을까?

이런 동시대의 풍경 속에서 박물관과 미술관 건축물에 눈길이 가는 것은 당연한 일이다. 역사적 가치와 공공성을 부여받은 건축물은 몇몇 의도적인 재건축 사례를 제외하면 늘 그곳에서 변치 않는 풍경을 만들어낸다. 변화하는 동시대의 삶과 달리 오랜 세월 그 장소를 지키며 지속되는 가치를 창출하고 지표landmark가 되어 자신의 모습을 드러내는 것이다.

이런 점은 건축가의 자유로운 상상력이 구현된 최근 건축물들에서도 볼 수 있다. 오랫동안 퐁피두센터나 빌바오구겐하임미술관처럼 박물관 건축은 동시대 삶의 풍경과 의도적으로 다른 도시 조형물을 추구하며, 현실과 다른 낯선 공간들을 통해 관람객의 주목을 끌며 소통의 힘을 확장해왔다.

이처럼 과거 혹은 새로운 조형적 아름다움을 드러내는 건축물은 모더니즘의 효율적인 격자형 도시 속에서 사람들을 초대하고, 공공장소의 역할을 수행하며 공원이자 쉼터를 위한 공간으로 점차 변해가고 있다.

전시 공간은 새로운 경험을 제공한다. 이곳에서 우리 시대에 관찰하기 어려운 과거의 기억을 머금고 있는 원본성을 지닌 사물들은 우아하게 자신의 모습을 드러낸다. 프랑스 소설가 페렉Georges Perec의 《인생 사용법*La vie mode d'emploi*》에 등장하는 주인공이 서로 다른 방을 방문하고 이곳의 삶을 상상했던 것처럼 관람객은 박물관의 전시 공간을 따라가며 상상력을 토대로 과거의 삶을 탐색하기 시작한다.

관람객이 앞으로 나아갈수록 과거와 현재의 대화 속에 새로운 이야기가 생겨난다. 관람객은 아는 만큼 보며 각기 자신만의 이야기를 만들어낸다. 또한 관람객은 때때로 다른 세대나 같은 세대의 동반자들과 대화하며 역사의 의미에 대한 정의를 지연遲延시키고 새롭게 생성한다.

더 나아가 박물관과 미술관도 이 같은 이야기에 참여한다.

유럽에서 역사history는 '이야기story'라는 단어와 밀접한 연관성이 있다. 그리고 모든 이야기는 어린아이에게 읽어주는 화자를 필요로 한다. 아버지가 아이들에게 읽어주는 동화의 "옛날 옛적에"라는 표현 뒤에 숨어 있는 이야기의 화자처럼 박물관과 미술관은 전시 공간을 통해서 관람객에게 말을 건넨다. 대상과 그 대상이 보여주는 의미의 차이를 인식하며 과학에 대해 사유했던 갈릴레이처럼 전시물과 여러 점의 전시물은 서로 다른 이야기를 만들어내며, 전시의 이면에는 사물들의 이야기를 통해 효과적인 메시지를 전달하고자 하는 기획자 혹은 여러 기획자들의 생각이 놓여 있다.

역사가 드러내주는 의미에 참여하면서 관람객과 더불어 동시대의 새로운 이야기를 만들어가고 있는 것이다. 그렇게 의미를 확정하는 것이 아니라 맥루한Herbert Marshall McLuhan이 《미디어의 이해*Understanding media: the extensions of man*》에서 설명했듯이 "뜨거운 매체"처럼 사회적 담론 공간으로 남아 있다.

원본성을 지닌 사물이 만들어내는 유일한 경험은 현실 속에서 새로운 기술을 통해 매체가 제공하는 자료들과 다른 점이 있다. 포스트모더니즘 문학 이론가 안드레아스 후이센Andeas Huyssen은 새로운 기술을 통해 매체가 확장되는 과정에서 데이터뱅크가 증가하고, 이곳에 시각자료들이 무수히 저장될수록 문화와 이에 대한 기억의 의지는 점점 줄어든다고 설명했다. 그런 데이터와 달리 우리 시대의 박물관은 원본이 놓여 있고 관람객과 함께 과거의 향수나 서로 다른 세대를 이어주는 특별한 이야기를 만들어낸다. 그리고 더 나아가 이를 보는 관점들의 차이와 공감을 바탕으로 역사, 사회, 개인의 관계 속에서 정체성을 만들어가는 공간으로 기능한다.

이 책은 유럽의 박물관과 미술관을 다루고 있다. 박물관에 대한 제도적 정의가 있다고 하더라도 동일한 박물관은 없다. 사회적 담론 공간이자 끊임없이 변화하는 생각의 탄생 공간으로서 서로 다른 이야기가 축적되어 있는 공간 너머에는 서로 다른 화자의 이야기가 존재한다. 그래서 우리는 이 책에서 다루는 타자성에도 주목해야 한다. 인류학자 레비-스트로스Claude Levi-Strauss의 타자를 거울 삼아 돌아보게 되는 정체성이나, 오르티스Fernando Ortiz가 말한 문화와 문화의 만남이 만들어내는 새로운 작용transculturation을 강조하지 않더라도 우리는 이 책에서 초대하는 유럽의 기억의 장소들을 둘러싼 삶의 경험과 그 이면에 있는 생각들을 통해 우리 삶을 바라보게 될 것이기 때문이다.

마지막으로 이 책은 박물관과 미술관을 통해 유럽의 역사와 현실, 그리고 이를 바라보는 저자들의 관점이 담겨 있다. 저자들은 이야기의 효율성을 고려하여 독자들과 소통하기 위해서 박물관의 탄생에서부터 이데올로기의 시각적 재현 공간이던 근대, 국가의 탄생 속에서 민족적 이데올로기의 재현 공간을 거쳐 사회적 담론 공간으로 변화되는 동시대의 이야기까지, 연대를 고려해서 독립적인 이야기를 들려줄 것이다.

저자들은 이 책을 필요에 따라 따로 읽을 수도 있고, 동시에 다양한 관점을 토대로 유럽 사회와 역사를 생각해볼 수 있도록 기획했다. 유럽의 여러 박물관과 미술관을 통해 유럽의 역사와 사회를 이해하기 위한 여행에 독자들을 초대하려고 한다.

최병진

1부

MVSEI VATICANI

박물관의 기원

'기억'의 딸들을 위한 전당

— 알렉산드리아 무세이온

기원전 356년　알렉산드로스 대왕 탄생

기원전 331년　알렉산드로스 알렉산드리아 건설, 건축가 디노크라테스 설계

기원전 323년　알렉산드로스 바빌론에서 사망

기원전 297년경　팔레론 출신의 데메트리오스, 알렉산드리아 무세이온의 초대 관장이 됨

기원전 290~280년경　대도서관 건설

기원전 240~200년　아르키메데스와 알렉산드리아 학자들 간의 서신 교환

기원전 245년　알렉산드리아 무세이온 관장이던 에라스토테네스가 지구 둘레를 측정

기원전 31년　악티온 해전에서 이집트가 패함

395년　기독교도들에 의해 알렉산드리아 세라피스 신전 파괴

641년　칼리프 오마르 알렉산드리아 점령

박물관을 의미하는 영어 단어 '뮤지엄museum'은 고대 알렉산드리아에 있던 무세이온Mouseion에서 유래했다. 무세이온은 본래 학문과 예술을 관장하는 그리스 여신들인 무사이를 모시던 곳이었지만, 알렉산드리아의 무세이온이 신전 기능과 더불어 학술기관의 역할을 담당하면서 더 잘 알려지게 되었다. 고대의 무세이온은 현대의 박물관처럼 예술품이나 유물 같은 소장품을 보관하고 전시하는 공간이 아니었다. 알렉산드리아 무세이

온은 오늘날의 대학이나 연구소에 더 가까운 모습이었다. 하지만 현대 박물관의 다양한 기능을 고려하면, 알렉산드리아 무세이온이 현대적 박물관이 수행하는 교육, 학문, 연구의 다양한 역할을 담당했던 것은 당연해 보인다.

무세이온은 알렉산드리아를 넘어서 지중해 세계에서 학문적으로 위용을 떨쳤던 까닭에 그것이 사라진 후에도 많은 사람들의 상상력과 호기심을 자극했고, 그 자체로 하나의 '신화'가 되었다. 알렉산드리아의 무세이온은 근대 박물관의 발달로 대도서관과 함께 박물관의 기원으로 관심을 끌었고, 20세기 지식 사회와 정보화 사회에서 다시금 주목을 받았다. 이러한 관심에도 불구하고 알렉산드리아의 무세이온이나 대도서관의 존재를 알려주는 실증적인 증거는 거의 남아 있지 않다. 무수히 회자되었지만, 실체가 사라진 무세이온에 대해 논의하는 것은 역사의 퍼즐 가운데에서도 가장 적은 조각으로 본래의 모습을 유추해내는 게임처럼 보인다. 이 난해한 게임에 임하기에 앞서, 무세이온의 주인인 무사이와 알렉산드리아 무세이온 이전의 무세이온에 대해 먼저 이야기해보자.

무사이와 무세이온

무사이는 무사의 복수형으로, 인간의 지적 능력과 관련한 문학, 예술, 학문의 영역을 관장하던 아홉 명의 의인화된 신성을 의미한다. 고대 그리스의 서사시인 호메로스의 《오디세이아》는 무사를 언급하는 것으로 시작한다.

만티네이아 받침대에 재현된 무사이의 일부. 대리석에 돋을새김, 기원전 4세기 후반, 아테네 국립고고학박물관.

무사여, 재주가 많은 한 남자의 이야기를 나에게 전해주소서.

트로이의 성채를 약탈하고서 길을 잃고 헤매던 그 남자의 이야기를.[*]

—Homer, *Odysseia*, 1.1.1

호메로스의 《일리아스》에서는 그 첫 구절이 '여신'으로 대체되었지만, 이 역시 무사를 가리킨다. 서정시인 헤시오도스도 《신들의 계보》 첫머리에, 자신에게 시인의 재능과 영감을 준 무사이에게 경의를 표하는 것으로 노래를 시작한다.

호메로스나 헤시오도스 같은 시인들에게 왜 무사이가 필요했던 걸까? 무사이는 인간의 기억과 지적 활동 전반에 관여하는 신성이기 때문이다. 기원전 8세기 중반에 만들어진 것으로 알려진 그리스 알파벳으로 전개된 문자 중심의 문화가 도래하기 이전, 그리스의 음유시인들은 관객 앞에서 시를 읊기 전에 먼저 무사이에게 경의를 표함으로써 기억을 일깨우고 시적 영감을 받길 기원했다. 무사이는 인간의 사고 능력이나 정신적 활동과 관련된 일련의 행위에 사용되는 단어와 어원이 같기 때문에 그들의 역할이 인간의 지적 활동과 관련이 깊다는 점은 이러한 전통과 무관하지 않다. 제우스와 결합하여 무사이를 낳은 '기억'의 여신 므네모시네도 그 이름을 통해서 그러한 인간의 정신적 활동의 근원적 지위를 드러낸다.

무사이는 전승에 따라 달라지기도 하지만, 일반적으로 아홉 명의 여신으로 알려져 있다. 서사시를 맡은 칼리오페, 역사를 맡은 클레이오, 찬가를 맡은 폴리힘니아, 음악을 맡은 에우테르페, 춤을 맡은 테르프시코레,

---

[*] 해당 부분은 필자가 번역했다.

서정시를 맡은 에라토, 비극을 맡은 멜포메네, 희극을 맡은 탈레이아, 천문학을 맡은 우라니아다. 무사이 가운데 칼리오페가 오르페우스에게 예술적 재능을 물려준 어머니로 등장하는 것을 제외하고는 신화에서 특별한 이야기를 제공하지는 않는다. 그럼에도 고대 그리스인들의 삶에는 무사이가 스며들어 있었다.

고대 그리스 사람들은 무사이를 숭배cult 대상으로 여기고 종교적 의례를 치르곤 했다. 그리스 곳곳에 무사이를 위한 사당이나 신전, 성소가 있었다는 사실은 2세기경에 그리스를 여행한 후 그 내용을 기록한 파우사니아스의 《그리스 안내》에서도 확인된다. 흥미로운 점은 예술활동과 비교적 거리가 멀었던 스파르타인들에게도 무사이는 중요한 신성이었다는 것이다.

> 스파르타인들(또는 라케다이모니아인들)은 무사이의 성소를 세웠다. 이들은 나팔 소리가 아닌 피리와 리라, 하프가 어우러진 음악에 맞춰서 전장에 나섰기 때문이다.
>
> —Pausanias, *Periegesis*, 4.17.

무사이에 대한 종교적 숭배는 비단 문학이나 음악 같은 예술의 영역에 국한되지 않았다. 학자들이 학술적 호기심을 바탕으로 영감을 얻고 연구를 진행하여 새로운 발견을 하는 것도 무사이가 관장하는 일이었다. 수학자 피타고라스는 기하학에서 새로운 발견을 했을 때, 무사이에게 황소를 바쳤다고 한다. 그리스의 종교에서 희생제는 신성을 숭배하는 가장 중요한 의례 중 하나로, 특히 황소 같은 크고 값이 나가는 동물을 제물로 바치는 것은 신성에 대한 경외심이 더욱 각별한 경우로 해석될 수 있다. 피타고라스와 무세이온의 인연은 그의 죽음 이후에도 이어진다. 피타고라스가 죽은 후에 사람들은 그가 살았던 메타폰티온의 집을 데메테르 신전으로 만들었고, 그 거리를 무세이온으로 불렀다고 한다. 이는 피타고라스가 철학, 종교, 음악 등 다방면에서 얻은 지적인 업적이 무사이가 관장하는 영역에 비견되었기 때문이다. 또한 기원전 4세기의 소피스트인 알키다마스가 시인들과 철학자들의 글을 소장한 장소를 무세이온으로 불렀다는 기록이 전해지는데, 이는 이 시기에 무세이온이 도서관의 기능도 했음을 시사한다.

플라톤의 《파이드로스》에서도 무세이온이라는 용어가 등장한다. 소크라테스와 파이드로스가 산책을 하며 수사학에서 사랑에 이르기까지 다양한 주제로 대화한 내용을 정리한 이 글의 말미에 등장하는 무세이온은 조금 다른 의미로 해석될 수 있다. 이 글에서는 대화가 이루어진 공간을 님페들의 샘과 무세이온으로 지칭한다. 이 두 곳은 소크라테스와 파이드로스가 거닐던 공간인 동시에, 무사이가 인간의 지적인 사고에 영감을 주고 님페들이 생각을 샘솟게 하는 신성이라는 점과 연관해서 상징적인 의미로 이해할 필요가 있다. 소크라테스와 파이드로스가 나눈 대화가 시인이나 연설가 등 글을 쓰는 이들에 관한 내용이었기 때문에, 작가의 사고를 명민하게 해주는 님페들의 샘과 무세이온은 지적 활동을 자극하는 공간을 상징할 수 있다. 즉 두 사람의 지적인 대화도 님페들과 무사이로부터 기인한 것이기에 지적인 대화를 통해 가르침과 깨달음을 얻은 장소는 무사이가 있는 곳, 즉 무세이온을 가리킨다고 보아도 지나친 해석은 아닐 것이다. 이후로 한 세기가 지나면서 무세이온은 무사이를 위한 신전이면서 학문을 연구하고 그 결과물을 보존하는 공간을 의미하게 되었다. 두말할 나위 없이 알렉산드리아의 무세이온이 바로 그런 곳이었다.

알렉산드로스와 알렉산드리아

고대 그리스인들은 에게해를 건너 흑해와 지중해 연안에 도시를 건설했다. 그중에서도 알렉산드리아는 특별한 도시였다. 이집트 나일강의 하구에서 멀지 않은 곳에 위치한 이 도시는 마케도니아의 알렉산드로스 대왕의 이름을 따서 건설된 계획도시였다. 알렉산드로스는 아버지 필리포스 2세가 의문의 죽음을 당한 후 스무 살에 왕이 되었다. 그는 군대를 이끌고 동쪽으로 진군하여, 이소스 전투에서 페르시아 군대를 물리친 뒤에 지중해 남쪽에 있는 페르시아 세력을 축출하기 위해 이집트로 향했다. 알렉산드로스는 순조롭게 이집트를 점령했고, 당시 이집트 수도였던 멤피스의 총독으로부터 지배권을 넘겨받아 파라오에 즉위했다. 그리고 나일강의 지류가 흐르는 서쪽의 지중해 연안에 자신의 이름을 딴 도시 알렉산드리아의 건설을 명령했다. 이 도시의 설계는 로도스 출신의 건축가 데이노크라테스가 맡아 기원전 331년부터 건설되기 시작했다.

알렉산드리아는 동쪽으로는 나일강의 지류, 북쪽으로는 지중해, 남쪽으로는 마레오티스 호수를 접하고 있어 해상과 운하를 통해 자유롭게 드나들 수 있었다. 도시에 면한 파로스섬은 방파제 역할을 했다. 이러한 천혜의 지리적 요건은 알렉산드리아가 지중해 최대의 항구도시가 되는 데에 더없이 좋은 조건이었다. 데이노크라테스가 설계한 격자형 도시의 중

머리에 코끼리 가죽을 쓴 알렉산드로스 초상이 새겨진 은화. 프톨레마이오스 1세 때 알렉산드리아에서 발행. 파리국립도서관.

심에는 아고라로 불리는 광장이 있었다. 동서를 가로지르는 대로를 축으로 북쪽에는 왕궁을 비롯한 대도서관과 무세이온, 극장, 경기장, 신전 등의 공공시설과 그리스인들의 주거지가 있었고, 북동쪽에는 유대인의 구역, 남쪽에는 이집트인의 구역이 위치했다.

　도시 건설은 알렉산드로스의 지시로 시작되었지만, 궁전을 비롯한 주요 시설은 알렉산드로스의 사후에 이집트 지역을 통치하게 된 프톨레마이오스의 의지에 따른 것이었다. 프톨레마이오스는 알렉산드로스의 수하에 있던 이집트 총독에 불과했으나, 알렉산드로스 대왕이 죽자 광활한 정복지를 통치하는 실질적인 이집트의 지배자가 되었다. 기원전 306년에 왕의 칭호를 받은 프톨레마이오스 I세는 알렉산드리아를 이집트의 새로운 수도로 정했다. 프톨레마이오스 왕조 초기에 그리스 문화를 장려하는 정책은 무세이온과 대도서관을 중심으로 이루어졌다.

프톨레마이오스와 알렉산드리아

프톨레마이오스의 이집트는 헬레니즘 시대(기원전 323~기원전 31년)에 가장 오랫동안 그리고 가장 강력하게 정치·경제·문화적 영향력을 가진 왕국이었다. 프톨레마이오스 2세 시기 대행렬로 알려진 대규모 축제는 당시 알렉산드리아의 문화적 영향력을 잘 보여준다. 이것은 디오니소스 축제의 일부로, 굉장한 볼거리들을 제공했다.

행렬의 맨 앞에는 금으로 칠해진 4.5미터 높이의 디오니소스 신상이 사륜차에 실려 180여 명의 장정에 의해서 이동되었다. 이 신상에는 60여 명의 장정이 당기는 힘으로 앉거나 일어설 수 있도록 움직이는 장치가 있어서 신상은 마치 움직이는 신 그 자체로 보였다. 이 신상의 행렬이 진행되는 도중에 군중을 향하여 우유를 뿌리는 행위로 군중을 놀라게 하고, 이어지는 행렬에는 300여 명이 이끄는 탈것에 오른 사티로스로 분장한 60여 명이 노래를 부르며 포도주를 만드는 공연을 선보였다. 행렬에는 개, 소, 양, 표범, 치타, 사자, 기린, 코뿔소와 새장 속에 들어 있는 각양각색의 새들을 포함하여 2400마리가량의 동물이 동원되었다. 더불어 수만 명의 군인들이 이 행렬에 참가했다고 전해진다.

끝이 보이지 않았을 이 성대한 행렬은 알렉산드리아 주민들과 이 도시를 찾은 외국인들에게 강렬한 인상을 주었을 것이다. 구경꾼들은 프톨레마이

프톨레마이오스 초상. 런던 대영박물관.

오스 왕조의 강력한 통치력과 도시의 풍요로움에 압도되었고, 주민들은 왕조에 대한 경외심과 알렉산드리아가 지닌 풍요와 문화적 우월감에 젖었다.

알렉산드리아는 지중해와 그 너머에서 온 다양한 지역 출신의 사람들로 넘쳐나는 개방적인 도시였다. 만프레드 클라우스Manfred Clauss의 표현처럼, 알렉산드리아의 도시화된 삶의 편의성과 화려한 모습은 '자석처럼' 지중해 사람들을 끌어들였다. 당대의 유능한 학자들도 알렉산드리아로 갔다. 이렇게 학술 연구에 최적화된 이 도시로 몰려든 사람들을 중심으로 알렉산드리아 학파가 형성되었다.

무세이온과 대도서관, 알렉산드리아 학파

알렉산드리아의 무세이온은 왕궁을 중심으로 한 복합 건축물의 일부로, 그곳에는 대도서관과 천문대, 동물원, 식물원, 해부실 등이 들어서 있었다. 알렉산드리아의 무세이온과 대도서관 같은 학문과 연구를 위한 시설을 짓도록 명령한 사람이 누구였는지는 정확히 알려져 있지 않다. 아마도 무세이온의 건설과 체계를 마련하는 일은 프톨레마이오스 1세나 그의 아들인 프톨레마이오스 2세 또는 두 사람의 집권기 내내 진행되었을 수 있다.

알렉산드리아의 무세이온은 예술과 학문의 수호신인 무사이를 위한 종교적 기능을 그 근간에 두었다. 따라서 무세이온은 자연스럽게 종교 공동체가 되었다. 왕이 임명한 사제가 종교의식을 집전했고, 종교의식 전반을 관장하는 관리와 행정 담당자가 그를 보조했다. 무세이온에 소속된 학자들은 국가의 녹을 받으며 연구실을 제공받았고, 공동식당에서 식사를 했다. 2세기경의 지리학자 스트라본은 알렉산드리아의 무세이온을 다음과 같이 묘사했다.

> 무세이온은 궁정의 일부다. 산책로와 실내 강연장, 공동 식당이 있고, 이 공간들은 무세이온에 소속된 학자들을 위한 것이다. 이들은 공동으로 재정을 관리했고, 이전에는 왕이, 현재는 카이사르가 임명하는 사제가 무세이온을 총괄한다.
>
> – Strabo, *Geography*, 17.1.8

이어지는 글에서 스트라본은 무세이온에서 멀지 않은 곳에 알렉산드로스의 무덤이 있다고 전한다. 이것은 프톨레마이오스 왕조가 무세이온을 만들고 거기에 투자를 아끼지 않은 배경과 무관하지 않다. 알렉산드로스가 젊은 나이에 갑작스럽게 죽자 '디아도코이diadochoi'라고 불리는 후계자들 사이에 그의 시신을 둘러싼 갈등이 벌어졌다. 프톨레마이오스는 바빌론으로 향하던 알렉산드로스의 시신을 가로채 알렉산드리아로 가져와서 황금 관에 안치했다. 그리고 그의 궁정 근처에 이를 전시하여 사람들이 볼 수 있게 했다. 알렉산드로스의 시신은 프톨레마이오스 왕조의 정치적 권력을 정당화하는 상징물인 동시에 이집트를 그리스인들이 통치할 수 있는 당위성을 제공했다.

프톨레마이오스가 이집트를 문화적으로 통치하는 데에는 알렉산드리아 대도서관이 중요한 역할을 했다. 무세이온과 함께 역시 궁정 근처에 있던 알렉산드리아 대도서관은 대규모 서고를 갖춘 것으로 당대에도 잘 알려져 있었다. 2세기의 의사인 갈레노스는 이 도서관이 방대한 양의 서적을 소장하게 된 데에는 프톨레마이오스 왕조의 정책적인 지원이 있었음을 시사한다.

그에 따르면 지중해에서 가장 번성하던 항구도시 알렉산드리아에는 많은 배들이 오고 갔는데, 이들 배에서 발견된 책들을 전부 수거하여 대도서관에 원본을 보관하고 원래 주인에게는 파피루스 필사본을 주었다고 한다. 대도서관에 소장된 책은 곧바로 그리스어로 번역되었다. 프톨레마이오스 왕조의 문화정책을 이해하고자 할 때, 무세이온과 대도서관을 분리할 수 없다. 이곳을 이용하던 학자들은 대부분 그리스어를 사용하는 지식인이었고, 헬레니즘 시대의 공용어인 코이네koine, 즉 그리스어를 사용했기 때문에 사실상 그리스인들이 지식과 정보를 독점할 수 있었다. 이러한 문화적 힘을 바탕으로 헬레니즘 시대에 알렉산드리아에서 그리스 문화는 독보적인 위치를 차지했다.

알렉산드리아의 무세이온과 대도서관은 아테네에 있던 아카데메이아나 리케이온 같은 철학학교를 모범으로 삼았다. 나아가 더 광범위한 영역의 학문을 다룬다는 점에서 현대의 대학과 같은 기능을 가진 학문 기구에 비견될 만했다. 이곳에서는 많은 학자들이 연구활동을 했다. 기원전 300년부터 기원전 150년 사이에 무세이온에는 약 120여 명의 학자들이 소속되어 있었다고 한다. 여기에 초빙된 학자들은 무세이온에서 연구 및 강연을 하거나 대도서관을 자유롭게 출입하며 방대한 문헌을 참고할 수 있었다. 또한 왕의 후원 덕분에 생계 걱정 없이 학문에 매진할 수 있었다. 하지만 때로 왕은 학자들의 연구에 간섭하기도 했다. 문법학자 소시비오스가 자신의 주장을 철회했을 때, 프톨레마이오스 2세가 생계비를 다시 제공했다는 일화는 무세이온의 학자들에 대한 재정적 지원이 학문적 자율성을 침해하기도 했음을 보여준다.

젊은 시절 프톨레마이오스 1세는 알렉산드로스와 함께 아리스토텔레스와 같은 당대 최고의 학자에게서 교육을 받았다. 그러한 까닭에 대도서관 설립 초기에 아리스토텔레스의 계승자인 테오프라스토스로부터 교육을 받은 팔레론의 데메트리오스에게 자문을 받을 수 있었고, 그를 초대 관장으로 임명하기도 했다. 무세이온의 학자들은 연구를 비롯하여 교육과 강연활동도 했는데, 테오프라스토스와 그의 후임으로 온 람프사코스의 스트라톤은 무세이온에 머물면서 왕자의 교육을 담당했다.

아리스토텔레스의 리케이온에서는 플라톤이 세운 아카데메이아에 비해 실재론적이고 실증적인 철학을 가르쳤다. 자연스럽게 프톨레마이오스가 기획한 연구기관인 무세이온과 대도서관은 아리스토텔레스의 영향을 많이 받았다. 그곳에서는 기존의 지식이나 학문적 성과를 분류하고 체계화하는 것을 비롯하여 수학, 역학, 지리학, 천문학, 식물학, 의학 등이 발달했다. 알렉산드리아의 학자들이 이룬 학술적 성과에 대해서는 문헌에 파편적으로 남아 있지만, 그들은 고대 문헌을 정리하거나 엄격한 비판 및 검증을 통해 정본을 제작하거나 번역하는 등의 작업을 주로 한 것으로 전해진다. 대표적으로 제노도토스가 호메로스의 《일리아스》와 《오디세이아》를 지금과 같은 24장으로 정리·편집했고, 대도서관 관장이던 아폴로니오스가 핀다로스의 시를 정리했으며, 동명의 아폴로니오스는 그리스 신화를 정리하여 후세에 전했다. 구약을 최초로 그리스어로 번역함으로써 유대교 사상을 유럽에 전파한 것도 알렉산드리아의 학자들이었다.

안티키테라 기계장치. 기원전 1세기경 제작. 아테네국립고고학박물관.

　알렉산드리아에서 과학과 의학은 눈부시게 발달했다. 기하학으로 잘 알려진 에우클레이데스(유클리드)가 무세이온에서 연구했고, 기원전 3세기 중반에는 시칠리아 출신의 아르키메데스가 무세이온에 초빙된 바 있었다. 그는 알렉산드리아 학자들과 긴밀히 교류하며 자신의 연구를 발전시켰다. 기원전 1세기경에 그리스의 안티키테라섬 부근에서 난파된 배가 최근에 해양고고학자들에 의해 발굴되었는데, 여기서 발견된 정교한 기계장치는 천체의 움직임을 담은 인류 최초의 '컴퓨터'라고 평가된다. 이 장치는 아르키메데스가 고안한 해시계planetarium를 발전시킨 형태로 여겨진다. 그 밖에도 대도서관 관장을 지낸 에라스토테네스는 지구 둘레를 측정했으며, 헤론은 다양한 자동화 장치를 고안한 것으로 알려져 있다.

　의학 부문에서는 히포크라테스의 고향이기도 한 코스 출신의 의사 헤로필로스가 기원전 3세기경에 알렉산드리아에 의학학교를 세웠고, 그 학교를 기반으로 의학이 발달했다. 이집트에서는 예부터 미라를 제작하면서 인체 해부와 다양한 실험이 이루어졌고, 그리스의 다른 도시에서는 금지된 인체 해부와 실험이 왕조의 허가하에 가능했다. 이에 헤로필로스는 해부를 통해서 다양한 인체기관의 형태와 기능을 밝히는 데 기여했다. 연구를 위한 안정적인 재정, 풍부한 참고 서적, 실험적인 연구가 허용되는 개방적인 학문 분위기는 당대의 유능한 학자들을 알렉산드리아로 이끌었다.

'박물관'으로서의 무세이온과 알렉산드리아

알렉산드리아의 무세이온이 사라진 시기는 정확하지 않다. 다만 기독교인들에 의해 5세기 초에 폐쇄되었거나, 7세기 중반에 이슬람교도들에게 도시가 점령당했을 때 무세이온도 파괴되었을 것이라는 의견이 보편적이다. 하지만 알렉산드리아가 파괴된 이후에도 무세이온과 대도서관을 중심으로 알렉산드리아의 학문적 성과는 역사 속에서 지속되었다. 5세기경부터 기독교 네스토리우스파가 알렉산드리아 학파를 계승했고, 9세기 무렵에는 바그다드를 중심으로 한 이슬람 신학자들의 무타질라Mu'tazila 운동으로 명맥을 이어가면서 알렉산드리아의 문헌이 아랍어로 번역되어 아랍 세계의 학문 발달에 기여했다. 이후 르네상스를 맞은 유럽에서는 알렉산드리아 학파의 업적이 다시 소개되기에 이른다.

흔히 박물관의 역사를 이야기할 때 그 기원으로 알렉산드리아의 무세이온을 언급한다. 그것은 단순히 어원적 기원을 넘어서 박물관의 주요 기능인 전시와 연구, 기록 보존과도 관련이 깊다. 앞에서 보았듯이 무세이온은 독립적인 기구가 아니었다. 프톨레마이오스 시대의 알렉산드리아가

지녔던 문화 전반의 맥락에서 무세이온과 그 주변의 다른 기구들과의 연결성에서 보면, 무세이온은 대도서관, 식물원, 동물원, 천문관측소, 해부실, 극장, 신전 등과 더불어 프톨레마이오스의 왕궁과 알렉산드로스의 무덤을 포함하는 종합적인 학문의 전당이었다. 그 각각의 기구 안에는 관련 자료와 정보가 보관되어 있었고, 이를 바탕으로 문법학자, 지리학자, 수학자, 천문학자, 의사 등 다양한 분야의 학자들이 교류하면서 연구와 강연, 집필활동을 할 수 있었다. 프톨레마이오스 시대의 알렉산드리아는 당대 최고의 가치를 자랑하는 지식과 정보를 수집하는 동시에 새로운 지식과 정보를 생산하는 공간이었다. 이들 고대 그리스인들이 '기억'의 딸들에게서 얻은 지적 영감으로 이루어낸 지식과 정보는 알렉산드리아라는 '박물관'에 소장되어 여전히 역사에 '전시'되고 있다.

김혜진

2부

MVSEI VATICANI

도시/로컬

파르테논을 위한 봉헌

— 아테네 아크로폴리스박물관

기원전 5000~4000년   아크로폴리스에 신석기인 거주

기원전 750~700년   아크로폴리스에 첫 신전 건축

기원전 530년   '페플로스 코레' 제작

기원전 480~479년   페르시아군의 아크로폴리스 파괴

기원전 447~432년   파르테논 신전 건축

기원전 435년   에렉테이온 건축

기원전 86년   로마 술라 장군의 아테네 파괴

267년   헤룰리스인들의 아테네 침략과 파르테논 화재

600년   그리스도교인들이 파르테논을 교회로 변형

1206년   프랑크인들이 파르테논을 서방 교회로 변형

1458년   튀르크인들이 아테네 점령

1460년   튀르크인들이 파르테논을 이슬람 사원으로 변형

1687년   베네치아인들이 아크로폴리스 점령, 파르테논의 폭발로 훼손

1688년   튀르크인들이 아크로폴리스 점령

1801~1805년   엘긴 경이 파르테논 조각상을 영국으로 유출

1821~1822년   독립전쟁으로 그리스인들이 아크로폴리스 탈환

1834년   아크로폴리스를 고고학 지역으로 선정

1836년   '바일러 건물' 건축

1865년   아크로폴리스박물관 완공

1975년   아크로폴리스박물관 복원위원회 설립

1976년   제1회 신아크로폴리스박물관 건축설계공모전

2001년   제4회 신아크로폴리스박물관 건축설계공모전에서 베르나르 추미의 설계안 최종 선정

2003년   신아크로폴리스박물관 착공

2007년   신아크로폴리스박물관 준공

2009년   신아크로폴리스박물관 개관

아크로폴리스Acropolis는 고대 그리스에서 폴리스를 중심으로 한 도시문명
의 중심지로 기능했던 높은 지대의 공간을 일컫는다. 원래 아크로폴리스
는 주변 지역보다 높은 지대를 가리키는 일반명사였으나 아테네의 아크
로폴리스는 유독 고유명사처럼 사용되어, 일반적으로 '아크로폴리스'라
하면 많은 이들이 아테네의 아크로폴리스를 떠올린다.

  아크로폴리스를 중심으로 한 아테네의 문화가 꽃핀 것은 기원전 5세기
전후다. 그러나 실제로 아크로폴리스에서 인간이 활동한 흔적은 신석기
시대까지 거슬러 올라간다. 청동기시대에도 아크로폴리스는 종교 및 정
치와 관련된 중요한 인물들이 거주하거나 종교활동을 위한 공간으로 사
용되었다. 이후 기원전 5세기에 아테네의 지도자였던 페리클레스가 주도
하여 만든 파르테논을 비롯한 중요한 건축물과 기념물은 현재까지도 고
대 그리스와 서구 문화의 기원이자 정수로 인정받는다.

  아크로폴리스와 그 주변 지역은 고대인들의 종교적·문화적·정치적·
외교적 행위가 벌어지던 공적 공간이었고, 그 아래 지역은 오스만제국으
로부터 독립한 후에 아테네가 근대 도시로 재건될 때까지 아테네인들의
거주지로 발전했다. 아테네의 역사와 그 맥을 같이한다고 할 수 있는 아

아크로폴리스박물관 전경.

크로폴리스에서 발견된 고고학 유물과 관련 자료를 수집하고 전시한 공간이 아크로폴리스박물관이다. 이곳은 신석기시대부터 현재까지 아크로폴리스와 그 주변에서 벌어진 아테네인들의 역사적 행위를 대변하는 물적 증거를 전시하는 데에 그치지 않고, 고대 그리스 문명과 더 나아가 현대 문명의 근간이 되는 민주주의와 자유, 평등 같은 범인류적 가치가 최초로 잉태된 흔적을 보여준다. 그러한 까닭에 매년 500만 명이 넘는 관람객이 이 박물관을 찾는다.

박물관의 역사

지금의 아크로폴리스박물관은 2009년에 개장했다. 건축 과정에서는 신 아크로폴리스박물관New Acropolis Museum이라고 불렸으나 현재는 공식적으로 '아크로폴리스박물관'으로 불린다. 아크로폴리스에서 발굴된 유물의 수가 늘어나면서, 파르테논의 동쪽에 위치해 있던 옛 아크로폴리스박물관의 전시 공간이 충분치 않다는 인식과 함께 새로운 박물관의 필요성이 제기되었다. 새 박물관은 아크로폴리스 남쪽에 300미터도 떨어지지 않은 곳에 자리 잡았다. 이 지역은 그리스 독립전쟁의 영웅인 마크리야니스 장군의 이름을 딴 동명의 거리에 접해 있는데, 1970년대에 새로운 박물관의 부지로 선정되었다.

박물관이 개관한 것은 2009년이므로 박물관 건립이 논의된 이래로 개장하기까지 수십 년이 소요된 셈이다. 이를 단순히 남유럽인의 더딘 일처리 속도로 치부하는 것은 곤란하다. 박물관이 건립되기까지 많은 난제들이 기다리고 있었기 때문이다. 이곳은 워낙 오랜 전통과 역사가 공존하는 지역이다 보니, 고고학 발굴과 수차례의 박물관 설계공모와 재정 문제 같은 복잡한 배경을 간과해서는 안 된다.

박물관 건립을 국제적인 이슈로 만든 사람은 〈일요일은 참으세요〉, 〈페드라〉 같은 유명한 영화에서 주연을 맡았던 그리스의 배우이자 정치인인 멜리나 메르쿠리Melina Merkouri였다. 그녀는 1970년대 그리스의 군부독재 시절에 민주주의 운동의 선봉에 서기도 했던 사회운동가다. 그녀는 1981년부터 세 차례에 걸쳐 10년이 넘는 기간 동안 문화부장관으로 재임하면서 대영박물관에 소장된 파르테논 조각 반환을 요구하여 전 세계의 이목을 끌었고, 그리스의 문화를 홍보하는 데 큰 역할을 했다. 특히 그녀가 문화재 반환 운동을 진행하면서, 파르테논 조각의 반환을 둘러싸고 양국 간의 논의도 본격화되었다. 이 문제에 대해 영국 측에서는 조각을 반환하더라도 아크로폴리스박물관의 공간이 작아서 전시할 수 없을 것이라며 반환을 거부한 바 있다. 이는 그리스인들의 자존심을 건드렸고, 새 박물관 건립에 대한 절실함을 키우는 계기가 되었다.

신아크로폴리스박물관의 건립은 이미 1970년대부터 본격화되어 첫 번째 건축 공모전이 진행된 바 있었지만, 재정난과 부지로 선정된 지역에 대한 고고학 발굴이 이어지면서 지연되었다. 1980년대에 들어서자 박물관 터로 지정된 마크리야니 지역에서 고고학 발굴이 시작되었고, 고대 아테네인들의 거주지와 관련 유물들이 출토되었다. 발굴 지역이 확장되고 고전 그리스와 로마시대의 유적, 비잔티움시대의 초기 건축 구조물 등이 발견되면서 마크리야니 지역이 고대 아테네인들의 1000년에 걸친 생활 공간이었음이 드러났다.

이 지역이 고대 아테네인들의 생활 중심지였다는 것은 아크로폴리스의 남쪽으로부터 채 300미터도 떨어지지 않은 곳에 위치해 있다는 사실과, 페르시아 전쟁을 치른 후 군사적 방어를 목적으로 기원전 5세기에 축조된 테미스토클레스의 성벽 안쪽에 이 지역이 포함된다는 사실에서도 충분히 짐작할 수 있다. 마크리야니 지역이 근대까지도 아테네의 주요 지역이었다는 점은 그리스 최초의 근대식 병원이 바로 이 지역에 세워졌다는 사실로도 확인된다. 이 병원 건물은 독일 건축가의 이름을 빌려 '바일러 건물Weiler Building'로 불린다. 아크로폴리스박물관의 북쪽 정문을 지나서 동쪽 가까이에 있는 이 벽돌 건물 안에는 박물관 관련 사무실과 연구실이

박물관 입구의 로마시대 유적.

들어서 있다.

　신박물관의 첫 공모전이 1970년에 열린 이래로, 고고학 발굴로 추가적
인 변경 요소가 발생하면서 선정된 설계안들은 번번이 무산되었다. 결국
2001년에 열린 네 번째 공모전을 통해서 박물관 건축이 현실화되었다.
이 공모전에서는 네 가지 조건이 제시되었다.

첫째, 박물관 부지에서 발견된 고고학 유물과 유적을 전시에 포함할 것.

둘째, 파르테논 조각의 반환을 위한 그리스 측의 입장을 존중할 것.

셋째, 아크로폴리스에 위치한 건축물을 볼 수 있는 시야를 확보할 것.

넷째, 자연 채광을 이용할 것.

공모전 심사위원회는 스위스 출신의 건축가 베르나르 추미Bernard Tschumi 와 그리스 건축가 미할리스 포티아디스Michalis Fotiadis의 설계안을 선정하고 이듬해에 시공에 들어갔다.

고전미의 현대적 해석

신박물관 건물은 박물관 터에서 발견된 고대 유적지를 보호하기 위해 세운 기둥들을 지지대로 삼아서, '아래 – 가운데 – 위'로 구성되는 3개의 통일되지 않은 구조물을 비정형적으로 쌓아올린 모습이다. 설계자 추미에 따르면 이러한 구조는 고대의 수학적 원리를 염두에 둔 것으로, 아크로폴리스를 오르는 여정을 박물관의 설계에 결합한 것이기도 하다. 실제로 박물관 내부에 전시된 유물은 발견된 고고학적 맥락에 따라 각기 다른 공간에 전시되어 있다.

박물관의 '아래'에 해당하는 공간인 지하와 1층에는 아크로폴리스의 주변 지역에서 발굴된 유물과 유적이 자리 잡고 있고, 박물관의 '가운데'에 해당하는 2층에는 아크로폴리스 위에서 발굴된 유물이 전시되어 있다. 마지막으로 박물관의 '위'에 해당하는 4층은 아크로폴리스의 상징인 파르테논과 관련한 유물을 보여준다.

이들 세 층의 구조는 형태와 크기, 재료가 제각각인 탓에 통일성을 띠지 않는다. 균형과 비례를 중시하는 고전미의 정수라 불리는 고대 그리스의 조각들을 비정형적인 현대 건축물의 내부에 전시한다는 점은 관람객의 흥미를 자아낼 만하다. 관람객은 고대 아테네로의 시간 여행을 떠나기에 앞서 통과의례로서 이 낯선 박물관의 외형과 마주하지 않을 수 없기 때문이다. 그리고 박물관 내부로 들어서면, 관람객의 시간은 현대에서 고대로 서서히 이동한다.

아크로폴리스의 시간과 공간을 덧입은 입체적 전시

아크로폴리스박물관은 전시 대상이 명확하다. 아크로폴리스와 그 주변의 유물과 유적을 전시하며, 그것들은 고고학 발굴과 밀접히 관련되어 있다. 관람객은 발굴이 이루어진 공간(유적) 위를 걷고, 그곳에서 발견된 유물들의 전시를 관람하게 된다. 따라서 이 박물관의 전시는 단순히 시간의 축에 따라 연대순으로 배치되는데 그치지 않고, 아크로폴리스라는 공간적 축을 중심으로 유물이 발굴된 고고학적 맥락의 순으로 배치된다는 점에서 입체적이다. 또한 건축 구조적으로도 전시 공간 곳곳에 계단이나 복층 구조를 둠으로써 공간의 입체성을 강조하고 있다.

박물관의 지하와 1층은 건물의 '아래'에 해당하는 곳이다. 박물관의 북쪽에 한 세기 반 동안 서 있던 그리스 신고전주의풍의 바일러 건물과 박물관 내부로 들어서기 전에 만나게 되는 지하 3미터에 보존된 로마시대의 유적지는 각기 다른 시기의 역사가 같은 공간에서 어떻게 공존하는지를 보여준다. 이어지는 박물관의 지하는 거대한 콘크리트 기둥들이 박혀 있어 박물관 정문으로 들어오는 방문객이 유적지를 눈으로 볼 수 있게 구성되어 있다. 박물관 외부의 1층 바닥에 고스란히 흙을 드러낸 로마시대 건물들의 터에서 2000여 년 전 바로 이곳에서 살았던 아테네인들의 모습을 상상하면서 관람객은 서서히 먼 고대의 시간으로 입장한다.

1층 전시실, 아크로폴리스로 오르는 길

박물관의 1층 남쪽 지하는 고고학 유적이 발견되지 않은 곳으로, 여기에는 수장고와 사무실이 자리 잡고 있어서 일반인은 출입할 수 없다. 유적을 피해 건축물을 설계한 탓에 1층 공간은 비정형적인 형태를 띤다.

박물관 건물 내부의 1층에 들어서면 입장권 판매소와 특별전시를 위한 작은 공간, 기념품가게 등을 만날 수 있다. 입장권을 제시한 후 만나게 되는 첫 전시 공간은 동–서 방향의 긴 직사각형의 공간이다. 이곳에서 동쪽으로 약간 경사진 오르막길의 양 측면과 바닥을 통해 전시물을 볼 수 있다. 관람객은 바닥 유리판을 통해 지하의 로마시대와 초기 비잔티움시대의 유적을 보면서 경사면 주변에 전시된 아크로폴리스 주변 지역에서 발굴된 유물을 관람하게 된다. 전시물은 신석기시대(기원전 5000년경)부터 헬레니즘 시기(기원전 323~기원전 31년)까지 다양하다. 이들 전시를 관람하며 경사면을 오르면 동쪽에 2층으로 향하는 계단을 마주하게 된다.

박물관의 1층 내부 바닥도 투명 유리판으로 덮여 있어서, 1층에 전시된 유물들이 바로 이 유적지에서 발굴된 것임을 알아차리게 한다. 유물을 그것이 발견된 고고학적 맥락에서 설명하려는 의도는 전시장 곳곳에서 드러난다. 특히 1층 전시실이 시작되는 바닥에는 유리로 덮인 작은 전시 공간이 하나 있는데, 이 작은 전시실은 유물이 고고학적 맥락에서 발견되어 다시 현대의 역사적 맥락으로 재해석된 사례다. 여기에는 작은 도기들과 불에 탄 새의 뼈 조각이 담겨 있는데, 이 지역의 가옥 터에서 발견된 것들이다. 이것은 새로 이사가는 집의 터줏대감에게 바치던 고대 그리스의 제의에서 비롯된 것이다. 박물관의 내부 입구 바닥에 이 유물들을 전시한 것은 해당 유물을 고대와 현대의 문화적 맥락에서 통시적으로 연결함으로써 현대의 관람객들을 자연스럽게 고대의 문화적 맥락 속으로 들어서게 하려는 의도다.

2층 전시실, 아크로폴리스 연대기

계단을 오르면 박물관의 '가운데'에 해당하는 2층이 이어진다. 계단 왼편에는 청동기 미케네시대의 유물들이 전시되어 있고, 그 오른편으로 아르카익기(기원전 7~5세기 초)에 아크로폴리스 정상에 있던 건축 조각과 조형물이 전시되어 있다. 아르카익기 전시실에는 8미터에 달하는 높은 기둥이 곳곳에 설치되어 있으며, 높은 천장과 남쪽에 난 넓은 창이 특징이다. 이 탁 트인 공간은 유리창과 천장을 통해 들어오는 자연광과 일부 인공조명을 통해 전체적으로 밝은 조도를 유지하고 있다. 이러한 환경은 아르카익기 전시실에 설치된 조각들이 본래 위치해 있던 아크로폴리스 위의 모습을 재현하기 위한 것이다. 특히 이곳은 조각들의 훼손을 막기 위해 광선을 차단하는 특수 유리창을 통해 들어오는 자연광을 최대한 이용함으로써 일반적인 박물관과 달리 개방적인 분위기를 보여준다.

고대 그리스의 조각들은 신전이나 성소 같은 외부 공간에 설치되어 있

박물관 2층 아르카익기 전시실 내부.

었으며, 주로 신에게 바치는 봉헌물이었다. 신전이나 성소를 방문한 고대
인들은 야외에 설치된 조각들을 자유롭게 관람하면서 신과 인간이 소통
하는 방식을 확인했다. 아르카익기 전시실은 그러한 고대인들의 봉헌 행
위를 최대한 재현한 곳이다. 보통의 박물관이 유리 진열대에 두어 전시품
을 보호하는 것과 달리 이곳의 조각들은 1미터 남짓 높이의 기둥 위에 놓

인 채 무질서하게 배치되어 있다. 조각상의 방향도 제각각이다. 따라서 관람객은 조각상 주변을 한 바퀴 돌면서 대리석으로 재현된 인체의 아름다움과 조각의 입체감을 한껏 감상할 수 있다. 조각을 특정 방향이 아닌, 사방에서 관람하는 것은 그리스 조각이 지닌 미술사적 의미에서도 중요하다. 그리스 조각의 특징은 인체의 아름다움을 입체적이고 자연주의적으로 표현한 것이 특징이라서 사방에서 감상하는 것이 가장 좋은 방법이다.

이 전시실에서 발견할 수 있는 또 다른 흥미로운 점은 고대 그리스의 조각이 흰 대리석 그대로가 아니라 화려하게 채색되었다는 사실이다. 고대 로마인들에게 수집되어 유럽 곳곳의 박물관에 전시되어 있는 그리스 조각들은 오랜 세월 풍화작용이나 잘못된 세척에 의해 채색의 흔적이 사라진 지 오래다. 하지만 19세기부터 고고학 발굴을 통해 아크로폴리스에서 발견된 조각들은 페르시아 전쟁(기원전 490~479)의 끝자락에 페르시아 군대가 쳐들어오기 전에 아테네인들이 신들에게 바친 조각들을 땅에 묻어둔 것이다. 덕분에 이 조각들은 채색의 흔적이 육안으로도 확인할 수 있을 정도로 많이 남아 있다. 더욱이 2000년대 들어서면서 광학기술과 안료 분석기술의 발달로 미세한 안료 흔적을 찾아내게 되면서, 2500년 전 조각상의 본색을 확인할 수 있게 되었다.

아르카익기 전시실에는 코레kore로 불리는 여성상이 다수 전시되어 있다. 이들은 히마티온himation이라 불리는 의복과 화려한 장신구를 두르고 있으며 옷과 장신구는 다양한 문양과 색상으로 장식되어 있었다. 특히 아크로폴리스에서 발견된 페플로스의 코레가 유명하다. 다른 여성상들과 달리 이 조각상은 페플로스로 불리는 두툼한 원피스 형태의 옷을 입고 있다.

최근에 고고학자들이 채색을 복원하면서 이 조각상의 표면에 그려진 옷의 세부 문양을 밝혀냈다. 이를 통해 여성의 복장이 히마티온에 망토를 두른 것이 드러났다. 그리고 치마를 세로로 가르는 띠에도 맹수들의 문양이 그려진 것으로 보아 이 여성이 아르테미스나 아테나와 같이 자연세계를 관장하는 신성이라는 주장이 설득력을 얻고 있다. 관람객은 영상을 통해 조각상의 본래 형태와 색상을 눈으로 확인할 수 있다.

2층 전시실은 서쪽의 고전기 전시실과 북쪽의 로마시대 전시실로 이어진다. 건물의 중앙부에 위치한 에렉테이온 전시실은 신전 본래의 건축적 구조와 동일하게 여성상을 세워둠으로써 관람객이 아크로폴리스 위에서 직접 건축 구조물을 감상하는 것과 유사한 경험을 제공한다. 에렉테이온은 파르테논과 더불어 아크로폴리스를 상징하는 대표적인 건축물로, 아테네의 전설적인 영웅인 에렉테우스를 기리기 위한 사당으로 알려져 있다. 실제 이 사당은 파르테논의 북쪽 맞은편에 위치해 있으며, 고전기 아테네의 지도자였던 페리클레스에 의해 추진된 아크로폴리스 건축물 재건사업 가운데 가장 나중에 지어진 것이다. 이 건물의 전면에 위치한 기둥에 6개의 여성상이 조각되어 있어서 고대 그리스의 건축에서 가장 아름다운 구조물로 손꼽힌다. 현재 전시실에는 총 6개의 여상주 가운데 영국으로 유출된 1개를 제외하고 5개의 여상주가 전시되어 있다. 유출된 조각이 있던 자리는 비워둔 채 관람객을 맞고 있다. 이러한 부재 상태를 강조함으로써 문화재 유출에 대한 문제의식을 관람객에게 상기시키려는 것이다.

박물관의 서쪽 전시실은 아르카익기 전시실이 있는 남쪽과 달리 천장이 비교적 낮고 높은 기둥도 없다. 대신에 고전기 아테네의 아크로폴리스 위에 세워진 건축물에 장식되었던 조각들과 봉헌물들을 볼 수 있다. 이들

박물관 2층 에렉테이온 전시실.

은 고전기 그리스 미술의 정수를 보여주는 원본이지만, 이 시기 그리스 미술과 건축을 대표하는 파르테논의 조각들은 4층 전시실에 따로 전시되어 있다.

　이어지는 2층 전시실의 북쪽에는 로마시대에 아크로폴리스 위에 서 있던 조각들을 전시하고 있다. 헬레니즘 시대 말부터 아테네는 로마인들의 약탈과 이민족의 침략으로 인해 여러 차례 수난을 당했다. 아크로폴리스도 그러한 공격에 파괴되어 현존하는 것이 많지 않을 뿐만 아니라, 아크로폴리스박물관의 전체적인 전시 콘셉트에서도 중요하게 간주되지 않는다. 이러한 점은 로마시대 전시실이 아르카익기 전시실이나 고전기 전시실에 비해 작은 공간에 할애되어 있다는 점에서도 잘 드러난다.

박물관 3층은 2층의 아르카익기 전시실을 제외한 나머지 공간의 위에 위치한다. 3층의 시설과 건축 구조는 이 박물관의 절정을 관람하기 이전에 쉬어가는 공간이라고 할 수 있다. 전시장은 없지만, 편의시설(서점, 카페, 식당)이 들어서 있다. 3층의 북쪽에는 확장된 테라스 형태의 외부 공간이 있는데, 이곳은 아크로폴리스의 남쪽 면과 그 위에 서 있는 파르테논이 한눈에 들어오는 최고의 포토존이기도 하다. 이 테라스는 박물관의 전체적인 전시의 맥락에서 중요한 역할을 한다. 관람객은 테라스에서 아크로폴리스와 그 위의 건축물을 눈으로 본 뒤, 4층의 파르테논 전시실로 가는 동선을 통해서 2층과 4층의 전시실에 있는 유물들이 실제로 위치했던 역사적 · 고고학적 맥락을 확인하게 된다.

4층 전시실, 파르테논을 위한 기원

박물관의 4층은 아래층의 전시실에 비하면 현저히 작은 직사각형의 공간이다. 4층의 전시실은 건물의 중심부core로 불리는 이 공간과 일치하는데, 그 크기는 정확히 파르테논의 크기와 일치하고 방향도 동-서로 길게 향한 파르테논의 그것과 일치하도록 설계되었다. 이것은 이 전시실이 온전히 파르테논과 그것을 장식했던 건축 조각들을 위한 전시 공간으로 설계되었기 때문이다. 또한 파르테논을 복제한 구조는 이 박물관의 정체성이 아크로폴리스와 그 주변의 유물과 유적 중에서도 파르테논에 초점을 맞추고 있다는 점을 암시하기도 하다.

전시실 내부는 파르테논의 기둥과 같은 크기와 개수로 설치된 스테인리스 기둥으로 에워싸여 있고, 바깥쪽 열주에는 메토프 장식조각이, 안쪽 열주에는 프리즈 장식조각이, 동쪽과 서쪽에는 신전의 상부에 있던 삼각형의 페디먼트의 내부를 장식하던 조각들이 설치되어 있다. 조각들은 본래 건축적 위치와 동일하게 배치되었으나, 그 높이는 본래의 것보다 낮게 조정되어 있다. 원래 10미터 높이에 위치해 있던 페디먼트 조각은 60센티미터 높이의 받침대에 설치되어 있어 고대의 방문객들이 조각상을 감상하느라 겪었을 경추의 고통을 덜어준다. 마찬가지로 메토프와 프리즈의 조각들도 원래의 8미터보다 낮은 2미터가량의 높이에 배치되어 있다. 파르테논 전시실의 건축 조각들은 고대인들이 바라보던 시선의 높이를 그대로 재현하기보다 관람의 편의성을 고려하여 전시되어 있다.

4층의 파르테논 전시실에는 눈에 띄는 두 가지 특징이 있다. 하나는 유명 박물관에서는 사실상 금기시하는 복제본을 전시한다는 사실이다. 파르테논에서 직접 떼어온 건축 조각들과 더불어 현재는 대영박물관이 소장하고 있는 원본의 형상을 그대로 본뜬 복제본이 함께 전시되어 있다.

대영박물관에 소장된 파르테논의 건축 조각은 그리스가 오스만제국의 지배를 받던 19세기 초에 영국 대사로 부임한 토머스 엘긴Thomas Elgin 백작이 가져간 것이다. 이 조각의 반환 문제는 현재까지도 그리스와 영국 사이의 첨예한 외교 문제로 남아 있다. 파르테논 문화재 반환에 관한 논의는 그리스가 독립한 직후부터 있었지만, 본격적인 논의는 20세기 후반에 시작되었다. 영국 측이 제시한 이유 가운데 하나는 옛 아크로폴리스박물관의 전시 공간이 작다는 것이었다. 따라서 파르테논 조각을 반환하더라도 전시하지 못할 것이라고 주장했다. 그러자 그리스 정부는 새로운 박물관의 건립을 구체적으로 논의했고, 그 결실이 현재의 아크로폴리스박물관이다. 아크로폴리스박물관이 2009년에 개장한 이후로, 그리스 측에서는 영국으로부터 문화재를 반환받기 위해 다방면으로 노력하는 중이다.

4층 파르테논 전시실 창밖으로 보이는 아크로폴리스와 파르테논.

　　4층 전시실에 원본의 파르테논 조각들과 영국에 있는 조각의 복제본을 함께 전시한 것은 문화재 반환에 대한 문제를 관람객에게 상기시키기 위해서다. 실제로 원본과 복제본은 그 재질과 색이 달라서 관람객은 원본보다 복제본이 더 많다는 사실에 놀라게 된다. 더불어 원본이 이 자리에 함께 전시된다면 파르테논의 본래 형태와 그 의미를 감상하기에 더 적절할 것이라는 사실에도 공감하게 된다.

　　4층 전시실에서 주목할 두 번째 요소는 조명과 북쪽 창으로 보이는 전경이다. 박물관의 북쪽에 면한 넓은 유리창을 통해 파르테논을 포함한 아크로폴리스의 전경이 조각들의 배경으로 보인다. 관람객은 실내의 인위적인 전시실을 넘어서 본래 아크로폴리스의 자연환경 속에 위치한 조각들의 모습을 상상해볼 수 있다. 이를 통해서 파르테논 조각들이 지닌 본래의 고고학적 맥락과 건축적 요소들을 좀 더 현실적인 시선으로 경험할수 있다. 더불어 이들 파르테논 조각들이 있어야 할 공간이 어디인지 관람객에게 물음으로써 문화재 반환에 대한 그리스 측의 입장을 다시 한 번확인시킨다.

아크로폴리스와 그 이후

아크로폴리스박물관은 그 이름에서 알 수 있듯이 아크로폴리스와 그 주변에서 발굴된 유물과 조각들을 전시한 곳이다. 외형적으로는 고대의 아크로폴리스와 현대의 아크로폴리스박물관은 유사성이 거의 없는 것처럼보인다. 유리와 콘크리트를 주재료로 사용하고 있고, 각 층이 제각각의형태를 지닌 비정형적인 외관은 대리석으로 지어진 파르테논의 간결함이나 균형미와 대조를 이룬다. 그럼에도 불구하고 이 박물관의 건축 설계와전시는 철저히 아크로폴리스와 파르테논을 위한 '봉헌'이라 칭할 수 있을만큼 두 공간과 긴밀하게 연결되어 있고, 그 정점에 4층의 파르테논 전시실이 위치한다.

　이 전시 공간은 그 형식과 공간의 구성, 전시 방식 등에서 과거가 아닌미래의 파르테논을 위한 그리스인들의 간절한 기원을 그대로 담고 있다.

4층의 전시에는 유출된 문화재가 있던 본래의 공간을 비워두거나 복제본으로 대체함으로써 관람객에게 문화재 반환의 당위성을 설득한다. 그리고 자연스레 고대 그리스 예술가의 작품들이 본래의 자리로 되돌아와 그리스 문화의 맥락에 맞는 동일한 전시 공간에 채워지는 모습을 상상하게 한다.

아크로폴리스박물관의 건축적 구조가 고고학 유적지를 그 터로 하고 있고, 그 주변의 역사적 건축물을 포함하고, 문화재 반환이라는 현재적 이슈에 깊게 관여하는 점은 아크로폴리스박물관이 이 지역의 역사성과 긴밀히 연결되어 있음을 드러낸다. 실제로 이 박물관은 단순히 고대 아크로폴리스에 관한 기억만을 이야기하는 데 그치지 않고, 고대 이후에서 오늘날의 현안에 이르기까지 아크로폴리스에 관한 다양한 기억을 관람객의 눈앞에 펼쳐 보인다.

김혜진

— 파리 카르나발레박물관

1560년 오텔카르나발레 완공

1866년 파리시역사박물관을 위한 공간으로 지정

1880년 파리역사박물관 및 도서관으로 개관

1898년 파리시, 오텔르펠르티에드생파르고 매입, 공간 확충

1968년 오텔드라무아뇽으로 도서관 분리

1989년 오텔카르나발레와 오텔르펠르티에 연결

2016년 리노베이션 공사 시작(2019년 완공 예정)

타임머신 마레지구

감자같이 생긴 파리의 지도를 펼쳐보면 달팽이집 모양으로 1구부터 20구까지 돌돌 말려 있다. 이 중 3구와 4구를 합쳐서 마레지구라고 부른다. 다시 3구와 4구를 가르는 길인 프랑부르주아로에 프랑스 수도 파리의 역사를 담고 있는 카르나발레박물관Musée Carnavalet이 위치해 있다.* '마레'란 늪지대를 의미한다. 센강 우안에 위치한 이곳은 지대가 낮아 수시로 강물

---

* 입구는 프랑부르주아로와 직각을 이루는 세비녜가 23번지에 위치해 있다.

이 범람하는 곳이었으나 9세기부터는 목축이, 12세기부터는 경작이 이루어지기 시작했다.

 마레지구는 13세기부터 본격적으로 파리 역사의 한 부분을 장식하기 시작했다. 필리프 2세 시기에 쌓은 파리 성벽 외곽에 성전기사단 소수도원이 들어섰고, 이후 많은 수도원들이 들어섰다. 또한 성왕 루이 9세(재위 1226~1270)의 동생이자 시칠리아 왕이었던 앙주 백작 샤를이 이곳에 별장을 둔 이래로 14세기에는 왕실 가족들과 귀족들의 저택이 들어서기 시작했다. 샤를 5세(재위 1360~1384)는 파리 성의 범위를 더 넓혀 마레지구 전체를 파리에 편입시켰고, 성벽의 가장 동쪽에 파리를 방어하기 위한 바스티유 요새를 건설했다. 그렇지만 마레지구가 귀족들과 고위 성직자들을 위한 곳만은 아니었다. 센 강변에 위치한 그레브 광장 주변에는 이미 1357년에 파리시장 에티엔 마르셀Étienne Marcel이 시청사를 두면서 파리 부르주아들의 중심지가 되었기 때문이다. 17~18세기에 마레지구에는 귀족 및 부르주아들의 저택과 교회들이 빼곡히 들어섰다. 무엇보다 마레지구는 그 끝에 위치한 바스티유 요새 때문에 1789년 프랑스대혁명과 긴밀한 관계가 있다.

 이렇듯 마레지구는 파리가 프랑스의 중심지가 되기 시작한 12세기 이후 파리의 역사적 흔적을 고스란히 간직한 곳이다. 이곳은 또한 다행스럽게도 19세기 후반에 시행된 오스만 남작의 파리 개조사업의 영향을 가장 적게 받은 곳이다. 그 덕택에 옛 파리의 구불구불한 지형이 가장 잘 보존되어 있다. 1960년대 문화부장관이었던 앙드레 말로는 이 지구를 보존하기 위한 계획을 세우기도 했다. 그런 노력 덕분에 오늘날 여행자들은 이 지구에 들어서자마자 중세부터 현대에 이르는 다양한 양식의 건축물들을 볼 수 있다.

이 지역에서 만날 수 있는 대표적인 건물 몇 가지만 꼽아보자. 파리에서 현존하는 가장 오래된 건물로 14세기 말에 건축된 니콜라 플라멜의 저택, 지금은 기념관이 된 19세기 대문호 빅토르 위고의 저택, 20세기를 증언하는 피카소미술관과 쇼아추모관. 이러한 마레지구의 역사적 성격은 우리가 살펴볼 카르나발레박물관 외에도 18세기까지의 고문서들을 보관하고 있는 국립고문서보관소가 이곳에 있다는 사실로도 잘 드러난다. 각 시대의 자취들을 고스란히 간직하고 있는 이곳에서 방문객은 타임머신을 타고 800년을 넘나들고 있는 듯한 느낌을 받게 된다.

박물관이 된 건축 문화재 :
오텔카르나발레, 오텔르펠르티에드생파르고

마레지구 한가운데에 위치한 파리역사박물관은 통상 카르나발레박물관이라고 불린다. 박물관을 이루는 가장 중요한 건물의 이름이 오텔카르나발레Hôtel Carnavalet이기 때문이다. 이 저택은 또 다른 건물인 오텔르펠르티에드생파르고Hôtel Le Peletier de Saint-Fargeau와 연결되어 현재의 파리역사박물관을 이루고 있다. 옛 건축물이 많이 남아 있는 마레지구의 특성답게 박물관은 16~17세기에 지어진

카르나발레박물관 로고.

건물들에 들어서 있다. 즉 박물관 건축물 자체가 바로 보존 대상인 문화재라고 할 수 있다.

1548년에 시작하여 1560년에 완공된 오텔카르나발레는 파리고등법원장인 자크 드 리뉴리Jacques de Ligneris가 건축가 피에르 레스코Pierre Lescot에게 의뢰하여 지어졌다. 건축가는 주문자의 요구에 따라 당대에 새롭게 건축된 루브르궁(현재 루브르의 가장 동쪽에 위치한 쿠르카레)을 모델로 삼았다. 이 저택은 마레지구에서 최신 양식을 뽐냈으며, 장 구종 같은 조각가들의 작품들로 저택과 정원 곳곳을 장식했다. 1578년에 이 건물은 브르타뉴 출신 귀족인 프랑수아 케르느브누아François Kernevenoy의 미망인이 소유하게 되었다. 이때 이 건물에 '오텔카르나발레'라는 명칭이 붙었는데, '카르나발레'는 바로 브르타뉴어 성씨인 '케르느브누아'를 프랑스어로 표현한 것이다.

1654년 클로드 부아슬레브Claude Boislève가 이 저택을 구입하여 건축가 프랑수아 망사르François Mansart에게 확장공사를 의뢰했다. 망사르는 건물 구조는 그대로 유지한 채 지붕을 높이고 저택 양옆으로 부속 회랑을 증축하고 벽면에 부조작품들을 덧붙였다. 격조 높게 증축된 이 저택에 1677년부터 1696년까지는 여성 문호 세비녜 후작부인Madame de Sévigné이 거주했다. 프랑스혁명 이후에는 국립고등교량도로학교로 사용되기도 했지만 역사유물 지정과 보존에 대한 관심이 높아지면서 1846년에 프랑스 역사문화재로 분류되었다. 1866년에는 오스만 남작의 파리 개조사업 당시 파리시의 소유가 되어 일련의 복원작업을 거친 후 파리시의 역사유물들을 보존하기 위한 박물관으로 지정되었다.

1871년 파리 코뮌 당시 파리 시청에 보관되어 있다가 크게 훼손된 유물

카르나발레박물관 내부 정원.

들과 장서들이 이곳으로 이관되었다. 유물 복원과 건물 보수 등 10여 년
에 걸친 공사 끝에 1880년에 파리역사박물관 및 파리시 도서관으로 대중
에게 개방되었다. 이후 제3공화정 당시 파리시가 지속적으로 유물과 장
서를 구입하면서 공간이 부족하게 되자 파리시는 1898년에 바로 옆에 위
치한 오텔르펠르티에드생파르고를 매입하여 공간을 확충했다.

오텔르펠르티에드생파르고는 16세기 중반에 지어진 건물로 1686년 수지

박물관 입구.

Souzy의 영주인 미셸 르펠르티에Michel Le Peletier가 구입하면서 현재의 이름
이 붙게 되었다. 이때 르펠르티에는 건축가 피에르 뷜레Pierre Bullet에게 재
건축을 맡겼다. 1688년에 완성된 이 건물은 고위공직에 몸담고 있던 그의
청렴한 성격대로 매우 검박한 외양을 지녔다. 1725년 그가 죽은 후에는
그의 아들인 생파르고 영주 미셸-로베르 르펠르티에Michel-Robert Le Peletier
와 고등법원장이자 1789년 총신분회(삼부회)소집 당시 혁명파 귀족대표였
던 손자 미셸-에티엔 르펠르티에Michel-Étienne Le Peletier가 상속받았다.*
  19세기 동안 여러 사람들의 손을 거친 이 저택은 앞에서 말했듯이 1898

* 루이 16세 처형에 찬성했던 그는 1793년 1월 20일 한 왕당파에 의해 암살당했다.

년 파리시가 매입했고 오텔카르나발레에 있던 도서관이 이곳으로 이전해왔다. 즉 오텔카르나발레에 있던 박물관과 도서관 중 오텔카르나발레는 박물관 전용공간으로 거듭났고, 도서관은 파리시역사도서관Bibliothèque historique de la ville de Paris으로서 새로 마련된 오텔르펠르티에드생파르고에 새 보금자리를 마련했다. 이 건물은 1925년에 프랑스 역사문화재로 지정되었다.

　1968년까지 오텔카르나발레에 보관되어 있던 유물들 중 일부는 새로 개관한 박물관이나 미술관으로 이전되기도 했다. 그러나 새로 발굴된 유물들이나 새로 구입한 작품들이 파리 역사박물관을 메워나갔다. 1968년 파리시역사도서관은 새로 복원된 또 다른 16세기 건물인 오텔드라무아뇽Hôtel de Lamoignon으로 이관했다. 1985년에 오텔카르나발레와 오텔르펠르티에의 보수작업이 시작되었고, 드디어 1989년에 오텔카르나발레와 오텔르펠르티에는 빅토르위고고등학교를 가로지르는 회랑으로 연결된 단일한 박물관으로 재탄생했다. 현재 카르나발레박물관은 또 다른 변신을 위해 2016년 말부터 리노베이션 공사가 한창이다.

파리의 역사가 펼쳐지다

120년 이상의 역사를 자랑하는 카르나발레박물관은 수많은 유물들과 예술작품들을 소장하고 있다. 어림잡아 2600여 점의 그림과 2만여 점의 드로잉, 3만여 점의 판화, 15만여 점의 사진, 2000여 점의 조각품과 800점의 고고학 및 역사 유물, 그리고 수많은 도자기, 장신구, 화폐, 메달 등이

간판 회랑

간판의 방 전경.

18세기 가발 가게 페뤼크 아 마르토.

18세기 말 포도주 상점 본 부테유.

19세기 초 정육점 뵈프 노르망.

19세기 말 카바레 샤누아르.

선사시대 유물들

베르시 통나무배(기원전 4800~기원전 4400년).

청동검(기원전 800~기원전 200년).

소장되어 있다. 이 소장품들은 선사시대부터 현대에 이르는 파리의 역사를 다양하게 증언한다.

　전시관은 역사박물관답게 시대별로 구성되어 있다. 하지만 시대 구분과 각 시대에 속한 소장품의 수는 현격하게 차이가 난다. 가령 선사시대부터 고대 갈로-로마시대에 이르는 수천 년의 역사가 한 전시관에 할당된 반면, 그 이후 근대·현대에 이르는 기간은 한 세기당 한 전시관을 차지하고 있다. 따라서 전시관은 선사시대 및 갈로-로마시대, 16세기, 17세기 및 세비녜 부인의 시대, 18세기(루이 15세 치세), 18세기(루이 16세 치세), 프랑스대혁명, 19세기, 20세기로 구분되어 있다. 이 기나긴 파리의 역사에

갈로-로마시대 유물들

유리병(3세기).

외과수술 도구(3세기).

허리띠 고리장식(7세기).

서 누락된 시기는 중세다. 사실 카르나발레박물관에는 중세의 유물이 거의 없다. 중세 유물들은 대부분 클뤼니중세박물관에 소장되어 있기 때문이다.

본격적인 역사 여행을 떠나기에 앞서 덧붙이자면, 카르나발레박물관은 16세기부터 20세기에 이르는 파리의 다양한 간판과 표지들을 보여주는 간판Enseignes 회랑에서 시작한다. 파리의 다양한 간판들을 모아놓은 이 전시실은 관람객을 과거 파리의 일상으로 초대한다. 가발가게, 포도주 판매상, 정육점, 레스토랑 등의 간판이 즐비하다. 이 중에서도 단연코 관람객의 눈을 사로잡는 것은 검은 고양이 포스터로 유명한 19세기 말 물랭루주의 '샤누아르' 카바레 간판이다.

이제 본격적으로 선사시대 및 갈로-로마시대의 전시관부터 들어가 보자. 선사시대 유물 가운데 가장 주목할 만한 것은 1992년 파리 동남부 센강 유역인 베르시에서 발굴된 신석기시대 통나무배다. 기원전 4800여 년의 것으로 추정되는 10척 정도의 통나무배가 발견되었고, 이 중 2척은 비교적 온전한 상태로 발굴되었다. 신석기시대부터 파리의 역사 이전 센강 유역에 살던 사람들이 남긴 중요한 유물이다.

갈로-로마시대란 켈트인들의 영토였던 갈리아가 카이사르에 의해 로마에 편입된 이후의 시대를 말한다. 크게 보면 로마시대에 속하지만 프랑스인들은 갈리아라는 지역적 특색을 내세우며 갈로-로마시대라고 명명한다. 당시 파리의 명칭은 '루테티아 Lutetia'였다. 루테티아는 북부 갈리아의 중심 도시였다. 물론 이탈리아에 가까운 남부 지방의 도시들, 즉 나르보넨시스(나르본), 마실리아(마르세유), 루그드눔(리옹)에 비하면 작은 도시였지만 말이다. 작은 신상들과 술잔, 술병, 항아리, 동전, 수술 도구 들이 이 시대의 일상을 증언하고 있다. 여기에는 또한 많지는 않지만, 로마제국 멸망 이후 이 지역에 등장한 프랑크왕국(메로베우스 왕조)을 비롯한 중세 유물들도 소장되어 있다.

그다음에 이어지는 16세기 전시관은 프랑스 르네상스 예술의 개화를 보여주지만 동시에 오랜 종교전쟁을 그린 그림들이 많다. 기즈 공작 앙리 1세, 카트린 드 메디시스, 앙리 4세 같은 종교전쟁의 주역들의 초상화와 당시 벌어진 끔찍하고도 소란스러웠던 사건들을 볼 수 있다. 이때를 배경으로 펼쳐지는 파리 시가지와 건축물들은 당대 파리의 모습을 생생

16세기 전시관의 회화

〈기즈 공작 앙리 1세〉, 프랑스 화파, 작자 미상, 1589년경.　〈카트린 드 메디시스〉, 프랑수아 클루에, 1570년경.

〈1590년 가톨릭 동맹의 그레브 광장 행진〉, 프랑스 화파, 작자 미상, 1590년경.

히 보여준다.

절대왕정과 루이 14세(1638~1715)로 상징되는 17세기에 들어와 파리
는 근대적인 도시로 탈바꿈하기 시작했다. 루브르와 앵발리드, 뤽상부르
궁, 소르본, 팔레루아얄 같은 거대한 건축물들이 바로 이 시기에 지어졌

17세기 전시관의 회화와 조각

〈루이 13세〉, 필리프 드 샹페뉴. 연대 미상.

〈세비녜 부인〉, 클로드 르페브르. 1665년경.

〈몰리에르(카이사르 분장)〉, 니콜라 미냐르, 1650년경.

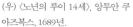

(좌) 〈루이 14세의 프롱드 난 제압〉, 질 게랭, 1653년경.
(우) 〈노년의 루이 14세〉, 앙투안 쿠아즈복스, 1689년.

〈루아얄 광장에서 열린 루이 13세 결혼식 축하 공연〉, 작자 미상, 1612년경.

다. 이와 발맞춰 플랑드르 출신의 화가들은 파리의 도시 풍경을 독자적인 주제로 삼아 그림을 그렸다. 특히 센강 유역의 강둑은 회화 소재로 자주 채택되었다. 이 시기는 또한 오텔카르나발레에 거주하던 세비녜 부인이 활동하던 때였다. 이 저택에서 세비녜 부인은 멀리 프로방스의 귀족과 결혼한 딸 프랑수아즈-마르그리트 및 지인들과 편지를 주고받았다. 뛰어난 문학적 표현들로 가득한 이 편지들은 18세기 전반에 《서간집Recueil des lesttres de Madame la marquise de Sévigné》으로 묶여 출판되었다. 박물관은 바로 이 세비녜 부인의 추억을 17세기 파리와 함께 담아내고 있다.

17세기 전시관에서 흥미로운 것은 두 점의 루이 14세 조각상이다. 첫 번째 조각상은 1653년 프롱드 난을 진압한 후 루이 14세가 반란군 측에 가담했던 파리시에 대해 자신의 권력을 과시하기 위해 파리 시청 앞에 세우도록 명령한 조각상의 축소 모형이다. 이후 베르사유에 기거하던 루이 14세가 1687년 파리시를 용서하며 방문한 후에는 이 굴욕적인 조각상이 철거되고 새로 만든 조각상이 1689년 파리 시청 앞에 들어섰다. 이 조각상은 프랑스혁명 당시 용케 살아남은 몇 안 되는 국왕 조각상 중 하나로, 현재 카르나발레박물관 앞 안뜰에 설치되어 있다. 권력을 과시하며 반대파를 짓밟는 젊은 루이 14세와, 짐짓 자비로운 동작을 취하고 있는 노년의 루이 14세가 당대의 분위기를 대조적으로 보여준다.

18세기는 루이 15세와 16세로 상징되는 앙시앙레짐(구체제)의 연속이었다. 하지만 계몽사상이 등장하면서 동시에 낭만주의가 싹트던 시기였다. 인물의 표정을 자연스럽게 표현하는가 하면 다양한 파리의 풍경들이 회화의 주제로 등장했다.

유럽사에서 18세기 말은 프랑스혁명과 산업혁명이라는 이중혁명의 시

18세기 전시관의 회화

〈루이 16세 초상화〉, 조제프 시프레
드 뒤플레시스, 1777년경.

〈루이 16세의 청색살롱〉, 1780년경
(왕실 별장인 오텔드브르되유에서
옮겨옴).

〈건축가 클로드-니콜라 르두와 그
의 딸 아델라이드의 초상화〉, 앙투
안-프랑수아 칼레, 1780년경.

〈퐁뇌프 다리와 사마리텐
양수관揚水館〉, 니콜라
장 바티스트 라그네, 1777
년. 퐁뇌프 다리 옆에 세워
진 사마리텐 양수관은 루
브르궁에 센강의 물을 공
급하는 펌프 기계 장치를
관리하던 상수시설이다.

〈1786년 노트르담 다리
교상가옥 철거〉, 위베르
로베르, 1786년경 18세기
말 교상가옥 철거 장면을
기록하고 있는 매우 드문
작품이다. 전면의 노트르
담 다리의 교상가옥은 철
거 중이지만 뒤에 있는 퐁
오샹주 다리의 교상가옥
은 아직 철거되지 않은 상
태다.

프랑스혁명 전시관

〈당통〉, 작자 미상, 18세기 말.

〈로베스피에르〉, 작자 미상, 18세기
말.

〈인간과 시민의 권리선언〉, 장자크
프랑수아 르바르비에, 1789년경.

대로 이야기된다. 이 중 파리는 프랑스혁명의 주요 장면들이 전개된 혁명
의 중심지였다. 카르나발레박물관은 종종 프랑스혁명 박물관으로 오인될
정도로 프랑스혁명에 관한 기록화와 스케치, 유물들을 많이 소장하고 있
다. 조르주 당통과 로베스피에르의 초상화는 물론, 장자크프랑수아 르 바
르비에가 회화로 표현한 〈인간과 시민의 권리선언〉, 자크-루이 다비드
가 그린 〈테니스 코트의 선서〉 같은 프랑스혁명을 대표하는 작품들이 전
시되어 있다. 이 중에서도 흥미로운 작품은 피에르 앙투안 드마시가 그린
〈레볼뤼시옹 광장, 루이 16세 처형〉이다. 이 그림에서 '전직 왕'이었던 루
이 16세는 이제 일개 시민으로서 그를 둘러싼 일반 시민들과 다를 바 없
이 담담하게 표현되고 있다. 이는 프랑스혁명기의 색인 파랑, 하양, 빨강
의 톤으로 이루어진 그림의 전반적인 색조와 함께 당시 혁명의 상황을 예
술적으로 승화시키고 있다.

19세기의 파리는 가히 혁명의 도시라고 부를 만한 모습을 보인다. 1830

프랑스혁명 전시관

〈1789년 6월 20일 테니스 코트의 선서〉, 자크-루이 다비드, 1791년 이후.(1789년 6월 20일, 제3신분 대표들이 국민의회를 선포하고 베르사유 테니스코트에 모여 헌법 제정 의지를 선포하자 루이 16세는 이를 인정할 수밖에 없었다. 다비드가 그린 이 작품은 미완성인 채로 남아 있다.

〈1789년 7월 14일 바스티유 함락〉, 위베르 로베르, 1789년. 프랑스혁명의 도화선이 된 바스티유 함락을 묘사하고 있다. 14세기 후반에 파리 방어를 위해 지어진 바스티유 요새는 17세기에 감옥으로 사용되면서 구체제의 상징이 되었다. 7월 14일 시민군에 의해 함락되어 파리 시민들에 의해 철거되기 시작했다.

〈레볼뤼시옹 광장, 루이 16세 처형〉, 피에르 앙투안 드 마시, 1793년경. 1792년 외국으로 달아나려던 루이 16세는 바렌에서 체포되었다. 그리고 이듬해 1월 파리 시민들의 야유를 받으며 혁명 광장(현재 콩코르드 광장)에 설치된 단두대에서 처형되었다.

19세기 전시관

〈나폴레옹〉, 로베르 르페브르, 1809년.

〈쥘리에트 레카미에〉, 프랑수아 제라르, 1805년경.

〈공화국〉, 자네-랑주, 1848년.

〈오스만 남작에게 파리 개조사업 칙령을 전하는 나폴레옹 3세〉, 아돌프 이봉, 1865년.

19세기 전시관

〈보드빌 극장 앞 카퓌신 대로〉, 장 베로, 1889년.

〈파리 코뮌 당시 시립식당〉, 앙리 필, 1871년경.

〈파리의 굴뚝청소부〉, 샤를 네그르 촬영, 1852년.

〈마르셀 프루스트의 방〉.

1889년 만국박람회 전야제, G. 루 촬영, 1889년경.

20세기 전시관

1937년 파리국제박람회 포스터.

파리에서 제작된 〈1945년 파리 구두〉.

〈앙드레 말로〉. 장 무니크 촬영, 1967년.

68운동 포스터 〈투쟁은 계속된다〉.

몽파르나스타워 건설 현장. 괴스타 빌랑데르 촬영, 1972년.

년, 1848년의 굵직한 혁명 외에도 수차례에 걸쳐 혁명적 움직임이 꿈틀댔다. 물론 19세기가 소란스러운 시기였던 것만은 아니었다. 나폴레옹 3세의 쿠데타로 시작된 제2제정은 20여 년 동안 파리를 억압하며 질서를 강제했고, 1860년대에는 오스만 남작에게 파리 개조사업을 맡겼다. 1871년 파리 코뮌으로 폐허가 된 후 건설된 제3공화정은 지금까지 이어지는 프랑스 공화정의 기본 틀을 구성했다. 19세기 파리는 세계의 수도로서 벨에포크Belle époque(아름다운 시대)를 맞이했다. 실로 파리는 19세기 서양 예술의 중심지로 이름을 떨쳤다(물론 당시 파리에서 활동하던 저명한 예술가들의 작품들은 대부분 오르세미술관이 소장하고 있다). 이 모든 파리의 격변과 찬란함이 카르나발레박물관 안에서 숨 쉬고 있다.

시청에 걸려 있던 나폴레옹의 초상화는 물론, 문인 샤토브리앙의 조언자이자 19세기 사교계의 총아였던 쥘리에트 레카미에의 초상화 등 19세기 파리의 역사를 보여주는 다양한 회화와 유물들이 관람객을 맞이한다. 1848년 혁명 이후 수립된 제2공화정을 상징적으로 표현하는 자네-랑주Janet-Lange의 그림 〈공화국〉을 비롯하여 파리의 거리 일상을 사실적으로 표현한 장 베로Jean Béraud의 작품 등이 망라되어 있다. 앙리 필Henri Pille의 그림 〈파리 코뮌 당시 시립식당〉은 허름한 식당과 질서정연하게 줄을 선 시민들의 모습을 가감 없이 묘사함으로써 파리 코뮌 당시 파리 시민들의 고통과 시민정신을 담담하게 표현하고 있다. 박물관은 19세기 파리의 일상을 사진과 유물로 보여주기도 한다. 〈파리의 굴뚝청소부〉를 촬영한 샤를 네그르Charles Nègre의 사진과 부르주아 출신의 작가 마르셀 프루스트의 방은 서로 다른 계층의 삶을 보여준다.

마지막으로 20세기의 파리는 두 차례의 세계대전과 그로 인한 사회적 격변으로 많은 변화를 겪었다. 1968년 파리는 부조리한 기성질서에 대한 젊은이들의 투쟁과 함성으로 그 어느 곳보다 뜨거운 해를 맞이했다. 그러면서도 파리는 19세기부터 이어져온 '문화와 예술의 도시'라는 명성을 여전히 유지했다. 20세기 전시관에서는 이를 보여주듯 회화와 조각 외에도 사진, 포스터, 패션 같은 보다 대중화된 작품들이 파리의 역사를 증언하고 있다.

오른쪽만 제작된 〈1945년 해방 구두〉는 2차 세계대전 승전을 기념하기 위해 각국의 국기를 이용하여 '프랑스의 입장'에서 경쾌하게 표현하고 있다. 공장 굴뚝과 굳게 움켜쥔 주먹을 그린 포스터 〈투쟁은 계속된다〉는 68 운동 당시 젊은이들의 열정과 굳은 의지를 소박하지만 단단한 이미지로 보여주고 있다.

파리'들'의 역사

카르나발레박물관은 앞에서 보았듯이 선사시대부터 현대까지 이어지는 기나긴 이야기를 두 건물에 걸쳐 풀어놓는다. 하지만 카르나발레박물관의 이야기는 뭔가 이상하다는 느낌을 준다. 왜냐하면 연대순으로 전시되어 있지 않기 때문이다. 관람객은 독특한 관람 순서 때문에 혼란스러워할지도 모르겠다.

박물관 안내도에는 관람 순서를 표시한 번호가 있다.* 두 건물로 이루어진 카르나발레박물관은 먼저 오텔카르나발레 1층에서 출발하여 '간판 회랑'을 통해 2층의 16세기관으로 들어간다. '16~18세기 전시관'을 차례로 둘러본 후 연결 회랑을 통해 오텔르펠티에드생파르고로 이동한다. 여기에서 관람객은 이 건물의 3층부터 올라가 '프랑스혁명 전시관'을 둘

---

* 카르나발레박물관 안내도는 다음 링크를 참조. http://www.carnavalet.paris.fr./sites/default/files/editeur/av_carnavalet_bd_1.pdf

러본 후 1층으로 내려가 '19세기 전반기(나폴레옹 시대 및 제2제정) 전시관'
으로 이동한다. 이후 다시 2층으로 올라가 '19세기 후반기(벨에포크) 전시
관'과 '20세기 전시관'을 보고 다시 1층으로 내려와 마지막 순서로 '선사
시대 및 갈로-로마시대 전시관'으로 이동한다. 이를 측면 진행도로 보면
다음과 같다.

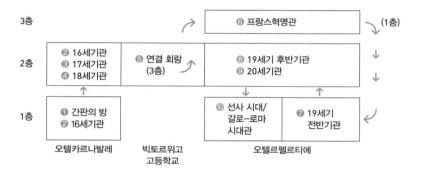

카르나발레박물관 전시구조도

이 같은 박물관 전시구조는 관람객에게 두 가지 의미를 전달하는 듯이
보인다. 첫째, 파리의 역사를 다루는 박물관이지만 과도한 기원의 신화
를 피하도록 한다. 즉 파리의 역사를 흔히 생각할 수 있는 '선사시대부터
시작되는 유구한 역사'가 되지 않도록 한다. 이는 마지막 전시관의 명칭
이 '파리 이전Avant Paris : 선사시대와 갈로-로마시대'라고 명명된 이유이기
도 하다. 박물관은 선사시대와 갈로-로마시대가 '프랑스'라는 나라의 중
심 도시로서 파리의 정체성이 형성되기 이전 시대라고 이야기한다. 즉 그
것은 파리 이전의 '또 다른 파리'다. 역사적 연대기를 따르지 않는 이 같은

배치는 달리 생각하면 매우 '역사적'이다. 왜냐하면 현대의 파리 정체성을 너무 먼 과거로 투사하는 것은 비역사적이기 때문이다. 과거 지금의 파리 지역, 센강 유역에 살던 사람들의 정체성은 그 나름의 것이다. 살아남았다는 이유로 그들의 삶과 생각을 현대인의 것으로 전유할 필요는 없다.

둘째, 카르나발레박물관은 미술작품과 일상적인 유물 등을 한데 모아 화장한 파리뿐만 아니라 민낯의 파리도 함께 보여준다. 그것은 '찬란한 역사'와 거리가 멀다. 파리의 정체성을 본격적으로 보여주는 16세기 전시관은 참혹했던 종교전쟁이 주를 이룬다. 길고도 끔찍했던 내전, 그리고 그 주된 무대였던 파리는 '문화와 예술의 도시'와는 거리가 멀었다. 이후에도 펼쳐지는 다양한 전시물들은 프랑스의 수도 파리가 지닌 찬란함만이 아니라 그 속살과 이면, 이질성과 다양성을 보여줌으로써 흔히 알려진 파리의 정체성에 의문을 제기한다. 마치 파리를 규정하려는 모든 시도에 대해 이질성의 파리, 무규정의 파리, 끊임없이 변화하는 파리를 자신의 정체성 아닌 정체성으로 내세우고 있는 듯이 보인다.

유구함과 찬란함을 멀리하는 역사박물관. 아직 우리에게는 낯선 개념일지도 모른다. 하지만 역사를 공부하는 목적이 유구하고 찬란한 역사에 대한 이데올로기적 과시가 아니라 비판적 역사의식을 기르는 데 있다면 얼마나 적합한 콘셉트인가? 안타깝게도 이렇게 독특한 카르나발레박물관을 2019년까지는 만나볼 수 없다. 아마도 2020년이 되어서야 새 단장을 마치고 전 세계의 '파리 시민들'을 맞이하게 될 것이다. 어떠한 모습일지 사뭇 기대가 크다.

홍용진

독일 분단의 일상을 재현하는 기억의 장소

— 베를린 눈물의 궁전

1962~1990년   눈물의 궁전 건물 동베를린의 국경 통관소 건물로 사용됨

1990년   눈물의 궁전 건물, 동독 정부에 의해 보호건축물로 지정

2003년   눈물의 궁전 건물, 통일 독일의 정부에 의해 보호건축물로 지정

2008년   역사의 집 재단이 눈물의 궁전 건물을 박물관으로 사용할 것을 결정

2011년   눈물의 궁전 박물관 개관

현대사박물관 '눈물의 궁전' 설립 과정

아돌프 히틀러의 나치정권이 일으킨 2차 세계대전에서 패한 독일은 미국, 영국, 프랑스, 소련 등 4개국의 점령통치를 받았다. 1949년 독일은 동독과 서독이라는 이념이 다른 두 개의 정부를 수립함으로써 분단국가가 되는 처벌을 받았다. 냉전에 의해 강제되었던 공산주의 동독과 자유민주주의 서독의 체제 경쟁으로 인해 분단의 골은 시간이 흐를수록 점점 더 깊어만 갔다. 그렇게 통일에 대한 전망이 불확실해져갈 즈음, 1982년 10월 서독 총리 헬무트 콜Helmut Kohl은 국정연설에서 1945년 이후의 독일 역

사를 보존하는 현대사박물관을 건립하겠다는 의지를 표명했다.

우리 공화국, 즉 독일연방공화국은 파국의 그늘에서 탄생했습니다.
하지만 이제 연방공화국은 자기 자신의 역사를 지니게 되었습니다.
우리는 연방수도인 본에 가능한 한 빠른 시일 내에, 우리 국가와 분단
민족을 다룰, 1945년 이후 독일사의 수집처가 건립되도록 노력할 것
입니다.

통일 전망이 불투명했고 분단의 골이 깊어갈 시점에 그는 왜 현대사박
물관 건립을 국정목표의 하나로 상정했을까? 서독이 현대사박물관을 건
립하려고 한 데는 독일 역사·문화의 정통성을 둘러싸고 벌어진 동독과
서독 간의 경쟁에서 우위를 차지하려는 목적이 작용했을 것이다. 또한 그
는 현대사박물관을 통해 독일인들의 역사의식이 나치즘의 파국에만 갇
혀 있는 것을 극복하고 민족사에 대한 긍정적인 시각을 국민에게 제시하
려는 의도도 가지고 있었다. 그는 기억문화의 하나로서 현대사박물관이
그 사회의 과거와 현재 그리고 미래를 이어주는 교육적 순기능을 담당할
수 있다고 판단했던 것이다. 그 후 사회적 공론을 거쳐 1986년에 서독의
수도 본에 현대사박물관 건립을 위한 역사의 집 재단이 설립되었고, 1990
년 2월 국회 입법을 통해 역사의 집 재단은 독립재단이 되었다. 그리고
1994년 역사의 집 재단에 의해 서독 최초의 현대사박물관인 '역사의 집'
이 문을 열었다.
1990년 독일이 통일된 후 20여 년이 흘러 분단을 직접 경험한 세대의
상처에 대한 기억들이 서서히 무디어가고 있을 즈음인 2011년에 역사의

집 재단은 독일 분단의 상징이었던 베를린에 또 하나의 현대사박물관을 열었다. 분단의 일상과 분단 극복의 기억들을 재현한다는 취지로 개관된 그 박물관에 '눈물의 궁전Tränenpalast'이라는 독일 역사의 상처를 간직한 특별한 장소의 이름이 부여되었다. 독일은 분단에 대한 기억이 없는 통일 후 세대가 청년기에 접어들 무렵 왜 하필 분단이라는 잊고 싶은 부모 세대의 상처를 간직한 기억의 저장소를 마련하려고 했을까?

분단을 경험한 개인들의 기억은 고립되어 회상될 때 논쟁적이고 당파적일 수밖에 없다. 뿐만 아니라 그 기억들은 지속적으로 분절 혹은 왜곡됨으로써 비슷한 상처와 위협에 대해 불감증을 유발하는 방어기제로 작용할 수 있는 부작용까지 가지고 있다. 방치된 사적인 기억은 이렇듯 과거로 안내하는 올바른 길잡이가 될 수 없다. 기억문화 저장소로서의 현대사박물관은 이처럼 불완전하며 시간이 지날수록 왜곡될 가능성이 높은 개인적 기억의 단편들을 집단의 역사로 통합함으로써 기억을 역사화하는 효과를 가지고 있다. 역사의 집 재단이 눈물의 궁전을 개관한 것은 이처럼 기억의 역사화라는 맥락에서 이해할 수 있을 것이다. 재단은 통일 이후의 세대가 객관적인 역사인식과 균형 잡힌 역사의식을 가지고 과거와 마주할 수 있게 한다는 목적과, 젊은 세대에게 자유와 민주주의의 가치를 교육하려는 목적을 가지고 눈물의 궁전이란 박물관을 통해 독일 현대사의 아픈 단면을 생생하게 재현하려 했던 것이다.

박물관 장소의 역사성과 상징성

1961년 8월 13일 0시 동베를린은 작전명 '장미'를 통해 베를린을 동서로 가르는 장벽을 건설하기 시작했다. 베를린 장벽이 건설되기 전에는 전철과 지하철이 동베를린과 서베를린을 왕래하고 있었고, 국경 감시는 느슨했다. 1949년부터 1961년까지 약 280만 명의 동독 주민들이 서베를린으로 탈출했다는 사실에서 동서 베를린의 경계가 많은 부분 열려 있었다는 점을 확인할 수 있다. 이러한 탈출을 막기 위한 목적으로 베를린 장벽이 건설되었고, 다소 느슨했던 동베를린과 서베를린 사이의 경계는 이제 폐쇄적으로 차단되었다. 동독의 공산당 정권은 이듬해 서베를린과 국경을 마주한 동베를린의 전철역인 프리드리히슈트라세역 외부에 국경을 통과하는 사람들의 통관 절차를 담당하는 국경 통관소를 지었다.

분단시대에도 동독과 서독 국민들의 소통과 왕래가 완전히 막혀 있었던 것은 아니다. 편지와 선물 같은 서독의 우편물들이 검열을 거친 후 동독으로 들어갔으며, 동독 정부는 1963년에 베를린 장벽 건설 이후 서베를린 시민이 동독을 방문하는 것을 처음으로 허락하기도 했다. 1964년 이후부터 동독의 연금생활자들은 1년에 한 번 서독에 살고 있는 친지를 방문할 수도 있었다. 서독의 빌리 브란트 총리가 신동방정책을 추진한 결과 동서독 관계가 개선되었던 1972년부터는 서독 국민이 출생, 결혼, 장례 등의 이유로 동독의 친척을 초청할 경우 그들은 나이와 상관없이 서독을 방문할 수 있게 되었다.

이렇듯 양국 국민들은 프리드리히슈트라세역 외부에 설치된 국경 통관소를 통해서 국경을 넘나들었다. 동독 사람들은 서독에서 온 가족과 친

1953년 가족과 함께 동독을 탈출한 한 농부의 이야기가 담긴 여행가방. 커피잔 세트는 탈출 당시 땅에 묻었던 것을 통일 후 땅을 파서 찾은 것이다.

척, 친구, 연인 등을 국경 통관소 앞까지 배웅할 수 있었다. 그 작별 장소는 독일의 분단이 개인의 삶에 미친 숙명적인 영향을 강렬하게 각인시킨 역사적 장소가 되었다. 그곳은 이별과 그리움, 희망과 절망, 기쁨과 두려움 등 분단의 현실을 반영하는 다양한 감정들이 교차하던 곳이었다. 눈물 없이는 작별할 수 없었던 이 국경 통관소를 언제부터인가 동독 국민들은 '눈물의 궁전'이라고 부르기 시작했다. 동독 출신의 정치가 에펠만Rainer Eppelmann은 2011년 인터뷰에서 눈물의 궁전 앞에서 경험했던 이별의 순간을 다음과 같이 묘사했다.

당시 서독 국민들은 잠시 동안 동독의 친지 혹은 친구들과 함께 시간을 보낼 수 있었다. 그리고 그들은 다시 떠나야만 했다. 그때 우리(동독 국민)는 갈 수 있는 곳까지 가서 그들을 배웅해주었다. 프리드리히슈트라세역에 붙어 있는 눈물의 궁전이 바로 그곳이었다. 서독 국민은 그곳을 지나갔고, 우리는 남아야만 했다.

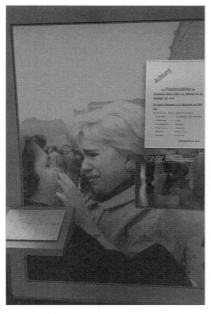

눈물의 궁전 앞에서 눈물로 작별을 고하는 장면.

이처럼 동쪽과 서쪽의 독일인들에게 만남과 이별의 교차로가 되었던 눈물의 궁전은 분단과 단절이라는 경험을 통해 역설적으로 같은 민족임을 각인시켰던 역사적 장소이기도 했다. 1990년 10월 2개의 독일은 마침내 하나가 되었다. 이제 눈물의 궁전은 국경 통관소의 기능을 상실하게 되었다. 한때 눈물의 궁전은 디스코텍, 카바레, 라이브쇼 등 다양한 문화행사가 열리는 장소로 사용되기도 했다. 2011년 역사의 집 재단은 이렇게 방치되었던 눈물의 궁전을 일부 개축한 후 현대사박물관이라는 새로운 옷을 입혔다. 눈물의 궁전은 이제 분단과 국경을 마주했던 삶의 기억들이 녹아 있던 독일 현대사의 한 단면을 재현하는 기억의 저장소라는 새로운 역할을 찾게 되었다.

전시의 기본적 구상과 내용

눈물의 궁전 박물관 전시의 기본 구상은 전시물을 통해 분단의 일상과 분단 극복 과정에 대한 이야기를 전달함으로써 독일 현대사의 한 단면을 압축적으로 재현하는 것이다. 전시물들은 분단의 기억을 간직하고 있는 구조물, 사물, 개인적 기록, 시청각 자료, 역사적 사진, 텍스트, 정부 문서, 언론 보도 등으로 구성되어 있다. 이처럼 다양한 종류의 전시물이 550제곱미터의 아담한 단층의 열린 공간 내부에서 분단 시절 동서독 시민들의 일상적 경험들을 설명하는 서사적 구조를 가지고 연출되고 있다. 전시물 서사구조의 배경을 이루는 것은 20세기 후반 독일인들의 일상 속에서 전개되었던 분단의 정치사와 개인사다.

눈물의 궁전 전시의 콘셉트와 강조점은 무엇일까? 역사의 집 재단이 정기적으로 발행하고 있는 매거진에 따르면 박물관 전시의 기본 구상은 크게 세 가지 주제에 초점을 맞추고 있다. 첫째, 기억의 장소로서 눈물의 궁전 건축물 자체. 둘째, 국경을 마주한 분단의 일상과 관련한 기억. 셋째, 분단 극복의 과정과 독일의 통일.

첫 번째 주제는 동독의 건축가 뤼데리츠Horst Lüderitz가 설계한 국경 통관소로서의 눈물의 궁전 건축물 그 자체다. 이 건물은 무엇보다도 독일 분단의 역사적 장소라는 의미를 가지고 있다. 박물관 건물 자체가 동시에 박물관의 전시물이기도 한 셈이다. 통일 이후 본래의 기능을 상실한 이 건물은 한때 철거될 위기에 처했지만 독일 의회에서 분단의 기억과 상징성을 가진 이 장소의 역사적 의미를 인정하여 2003년 눈물의 궁전을 보호건축물로 지정함으로써 원형이 보존될 수 있었다.

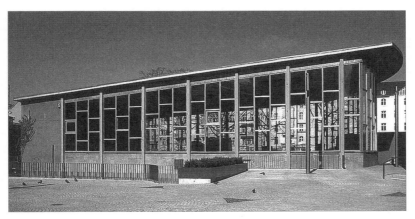

박물관으로 사용되기 이전 눈물의 궁전.

국경 통관소였던 이 건물은 사다리꼴 형태에 건물 삼면의 벽에 많은 창이 나 있다. 이 때문에 외부에서 건물을 바라보면 투명성, 개방성, 가벼움 등이 느껴진다. 그러나 건물 내부는 감시와 통제, 이별의 고통, 불안, 강압 등의 경험치를 통해 전달되는 폐쇄성과 무거움이 공간을 지배한다. 이는 외부에서 바라보는 인상과는 대조적이다. 박물관으로 사용하기 위해 건물을 일부 개량할 때에도 국경 통관소로서의 원형을 보존한다는 원칙을 지켰고 그 결과 미학적으로도 가치 있는 현재의 모습을 갖추게 되었다. 박물관으로 탈바꿈한 눈물의 궁전은 삼면의 벽이 강철 틀 구조와 유리벽으로 되어 있어 건물 전체의 개방성과 투명성이 더욱 강조되고 있다. 그 결과 관람객은 눈물의 궁전 내부에 전시되어 있는 과거의 기억들이 건물 밖의 살아 있는 현재와 지속적으로 소통하고 있다는 묘한 매력을 느끼게 된다.

전시 콘텐츠의 두 번째 중요한 주제는 국경을 마주한 분단의 일상에 대

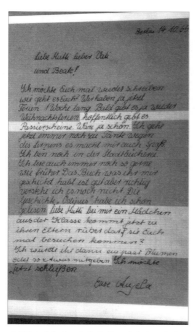

서베를린에서 이모와 함께 살고 있던 한 소녀가 동베를린에 살고 있는 부모와 자매에게 1965년에 보낸 편지에는 분단의 상처가 고스란히 드러나 있다.

한 기억들이다. 동독 혹은 서독에 친인척을 둔 독일인의 수는 1600만 명 정도를 헤아렸다. 서독 인구 4명 중 1명 정도가 동독에 친인척이 있었고, 동독의 경우 두 가정 중 한 가정이 서독에 친인척이 있었다. 그 외에도 베를린에는 친구, 연인, 부부 등이 분단으로 인해 비정상적인 일상을 영위해야만 했다. 분단의 일상에 대한 기억들은 분단을 피부로 느끼는 사람들의 삶에 정치가 얼마나 직접적이고 비인간적인 영향을 미치는가를 긴장감 넘치게 보여주고 있다.

이 주제와 관련한 구체적인 전시물은 분단이 강요한 다양한 개인들의 이야기들을 포함하고 있다. 장벽으로 인해 이산가족이 된 부부의 이야기, 생명을 무릅쓴 탈출을 통해 자유를 찾아 국경을 무너뜨린 사람의 이야기, 탈출에 실패하여 비극적 운명을 맞이한 사람의 이야기, 자유를 위해 죽음을 선택한 사람을 보도하는 신문기사, 탈출에 성공한 사람들이 동독에 남은 가족을 그리워하는 이야기, 서신 교환을 통해 분단의 비인간성을 고발하는 연인들의 이야기 등은 정치가 강제하는 틀에 개인이 어떻게 저마다의 방식으로 반응했는가를 극적으로 보여준다.

박물관 내부에 실제 크기로 재현된 여권과 신분증을 검사하던 폐쇄적인 검문실.

눈물의 궁전의 국경 통관 업무의 단면들을 보여주는 몇몇 전시물들은 분단을 제도적으로 관리하는 정치의 치밀함과 그 속에서 무방비로 노출된 개인의 무력함을 대비시킴으로써 공포와 두려움 역시 분단의 일상이 낳은 감정이었다는 사실을 일깨워준다. 엄격한 수하물 검사를 통과한 사람들은 줄을 서서 기다렸다가 폐쇄된 좁은 통제실로 들어가서 신분증, 통과허가증, 비자 등을 제시하고 엄격한 검문을 받아야만 했다. 이 과정에서 심리적 압박감을 견디지 못하고 그 자리에서 죽은 사람의 수가 200명에 이르렀다고 한다. 특히 심신이 쇠약한 연로한 사람들에게 이러한 검문 절차가 얼마나 중압감을 주었는지를 짐작하게 하는 대목이다.

전시 콘텐츠의 세 번째 핵심 주제는 분단의 극복과 독일 통일의 과정에 초점을 맞추고 있다. 1990년 10월 독일의 통일은 누구도 예상하지 못했던 일련의 사건들의 결과였다. 이 과정에서 특히 1989년 11월 9일 베를린 장벽의 붕괴는 2개의 독일이 통일의 길로 나아가는 신호탄이 되었다. 물론 그 과정은 간단하지 않았다. 나치정권이 2차 세계대전에서 패배함으로써 분단될 수밖에 없었던 2개의 독일은 자력으로 통일할 수 있는 권한이 없었기 때문이다. 포츠담 회담에서 합의된 조건에 따라 독일은 미국, 영국, 프랑스, 소련 등 점령국이 동의하는 평화조약의 체결을 통해서만 통일될 수 있었다.

독일 통일을 주제로 삼고 있는 전시물들은 사진, 문서 자료, 설명 자료, 시청각 자료 등을 통해 예상하지 못했던 순간의 쉽지 않았던 독일의 통일 과정이 어떻게 독일의 내부와 국제적인 맥락에서 전개되었는가를 담담하게 보여주고 있다. 구체적으로는 1989년 전환기에 동독의 공산정권이 붕괴되기 시작하는 과정에 관한 정보, 베를린 장벽이 붕괴되는 순간에 대한 감격적인 기록, 통일을 이루기 위한 국제적 무대에서의 협상들, 통일과 관련한 중요한 문서들, 통일의 순간에 느끼는 감격 등이 일목요연하게 설명되고 있다. 비정상적 분단의 일상이 마침내 극복되는 통일의 순간까지의 역사가 눈물의 궁전 전시물의 마지막 주제로 채택된 데는 의미가 있다. 이를 통해 관람객은 눈물의 궁전에 전시된 독일 현대사의 한 단면이 자연스럽게 건물 밖의 통일된 독일의 현재와 소통하고 있다는 것을 느낄 수 있기 때문이다.

현대사박물관으로서의 눈물의 궁전의 정체성

앙겔라 메르켈Angela Merkel 독일 총리는 2011년 9월 14일 눈물의 궁전 박물관 개관식에 참석하여 동독에서 살았던 자신의 과거를 회상했다.

저도 부모님과 함께 자주 이곳을 찾았습니다. 우리는 할머니와 매년 이곳에서 이별을 했습니다. 해마다 할머니는 늙어가셨고, 우리는 다음 해에 할머니를 또 뵐 수 있을까 걱정했습니다. 이러한 걱정을 한다는 것 자체가 매우 슬픈 일이었습니다.

메르켈이 언급한 슬픔과 같은 독일 현대사의 상처를 간직하고 있는 눈물의 궁전은 분단의 일상과 분단의 경계가 체험되었던 역사적 현장이다. 그 현장은 부조리가 정상으로 간주되는 역설이 엄연한 현실이 되었던 기억의 장소이기도 했다. 독일사의 아픈 기억들은 그 장소에 눈물의 궁전이라는 역설과 은유로 가득 찬 명칭을 부여했고, 그 장소는 이제 그 기억들을 역사로 보관하는 현대사박물관이 되었다.

역사의 집 재단 이사장 휘터Hans Walter Hütter 교수는 눈물의 궁전을 박물관으로 만든 목적이 독일 분단과 그 배경들에 대한 기억을 생생하게 간직하고 그 기억을 많은 사람들과 공유하는 데에 있다고 말했다. 그는 덧붙여 이 박물관의 전시물들이 역사적 지식을 전달하고, 역사 토론을 고무시키고, 비판적 시각을 가지는 데 기여할 수 있기를 바랐다. 분단을 개인적 기억으로 간직하고 있던 한 관람객은 방명록에 이런 글을 남겼다. "눈물의 방Tränenhalle은 끔찍한 기억을 환기시킨다. 그러나 그러한 탈선이 한 번의 예외로 멈추게 하려면 그 기억을 잊지 말아야 한다."

재단 이사장과 익명의 관람객이 적시하고 있듯이 눈물의 궁전 박물관은 분명 통일 후 세대가 이전 세대의 과거와 씨름하게 만들기 위한 교육적 목적을 가지고 있다. 매년 20만 명 정도의 독일인과 외국인 여행자들이 이 박물관을 찾고 있다. 관람객은 이곳에서 독일인들이 누구였으며, 그들이

부모 세대의 과거와 마주하고 있는 한 소녀.

어떻게 역사를 이해하고, 역사로부터 무엇을 기억하고 있는가 하는 문제, 즉 독일인의 정체성에 대한 나름의 시각을 갖게 된다. 이런 과정을 통해 독일의 현대사는 생명을 얻게 되며, 역사가 단지 지나간 과거에 머무르지 않고 살아 있는 기억으로서 현재에 의미를 부여할 수 있게 된다.

역사로 하여금 현재에 의미를 부여하게 만든다는 점에서 역사박물관은 인류가 생산한 유무형의 문화유산과 자연유산을 수집하여 전시하는 일반적인 박물관과는 차별화된다. 그리고 바로 이 차별점이 한 사회의 현재적 정체성과 밀접한 연관성을 가지게 되는 현대사박물관의 콘텐츠 선택을 어렵게 만든다. 왜냐하면 역사 자체에 내재된 논쟁적 성격으로 인해 어떤 역사를 재현하고 어떤 기억을 보존할 것인가는 결코 간단한 문제가 아니기 때문이다. 특정한 세력이 자기정당화를 위해 역사적 사실을 의도적으로 재단하거나 부각시키려는 위험성은 어느 사회에나 존재한다. 최근에 있었던 역사교과서 국정화 시도는 이러한 사례를 단적으로 보여주는 예다.

헬무트 콜이 1980년대 초 현대사박물관을 건립하려 했을 때도 그는 서독의 현대사를 여러 모순과 문제점들, 굴절들, 위기들에 대한 인식을 배제한 채 성공의 역사로만 규정하려는 의도를 가지고 있었다. 당시 서독 사회는 현대사박물관이 관제적이고 인위적인 역사상과 정체성을 창출하는 공간이 되어서는 안 된다는 점을 강조하면서 성공의 역사만을 부각시키려는 정부의 의도를 비판했다. 또한 서독의 공론장은 현대사박물관이 민주사회의 원칙에 조응하는 다원적 역사상을 매개하고 소통하는 공간이 되어야 한다고 강조했다. 콜은 이러한 사회적 비판을 수용하여 1986년 의회 연설에서 현대사박물관이 다양성과 개방성에 기초한 역사상을 제시하게 될 것이라고 약속했다.

이 개방성은 우리가 역사의 의미와 목적을 알지 못하기 때문입니다. 역사의 의미와 목적에 대한 물음에 하나의 영원한 답이 있는 것이 아니라 많은 대답들(……)이 존재한다는 사실이 우리의 사상적·정치적 자유의 한 조건입니다.

콜의 약속은 지켜졌고, 1992년 입법을 통해 역사의 집 재단은 독립재단이 되었다. 이로써 현대사박물관은 특정한 정권의 이해관계에 종속되지 않는 개방성과 다양성을 갖게 되었다. 눈물의 궁전 박물관 역시 독일 사회의 이 같은 공적 논의의 결과물로 간주할 수 있다. 현대사박물관의 정체성을 둘러싼 독일 사회의 이러한 논쟁들이 정권의 역사관으로부터 여전히 독립성을 보장받지 못하고 있는 한국의 현대사박물관에 유의미한 시사점을 제공할 수 있기를 희망한다.

신종훈

군주의 미술관에서 시민의 미술관으로

─ 피렌체 우피치미술관

1559년   조르조 바사리에게 우피치 건축 의뢰

1560년   우피치 착공

1564년   바사리의 통로 설계 의뢰

1581년   트리부나 완공

1585년   로지아 데이 란치 조성

1737년   메디치가의 마지막 상속녀 안나 마리아 루이자, 우피치 소장품들을 국가에 기증

1775년   주세페 벤치벤니 펠리가 우피치 관장으로 등용. 학예관 루이지 란치와 더불어 우피치 컬렉션의 재

편 시작

우피치미술관은 피렌체의 심장부에 위치한 시뇨리아 광장과 베키오궁에서 아르노강 쪽으로 가는 곳에 자리 잡고 있다. 유럽의 다른 미술관들과 비교해볼 때 규모는 초라해 보일지 모르지만 역사적·예술적 가치는 그렇지 않다. 특히 오늘날의 우피치는 질적으로나 양적으로 세계 최고의 르네상스 회화 컬렉션을 자랑한다. 해마다 전 세계의 수많은 관광객들이 르네상스 거장들의 흔적을 찾아 이곳을 방문한다.

그러나 최초로 전시가 시작되던 16세기의 우피치는 오늘날과는 매우

다른 모습이었다. 우피치는 피렌체를 통치했던 메디치가의 소장품을 전시하는 곳이다. 갈릴레오 갈릴레이의 증언대로 각 전시실마다 "세계에서 가장 유명한 예술가들이 제작한 수백 개의 조각들"과 더불어 "수많은 화가의 걸작들" 그리고 "크리스털과 아가타, 청금석과 보석들, 그 밖의 진귀하고 값진 물건들"로 가득 차 있었다. 16세기 메디치가의 소장품을 전시하는 장소로 시작되어 오늘날 세계 최고의 르네상스 회화 전시관이 되기까지 우피치는 적지 않은 역사적 변천을 겪었다. 수백 년에 걸친 유구한 역사적 과정 역시 오늘날 우피치미술관의 가치를 더하는 중요한 요소다.

토스카나대공국의 수립과 코시모 1세의 도시 재정비 계획

우피치미술관은 처음부터 미술관으로 설계된 것이 아니었다. 이탈리아어로 '우피치uffizi'는 사무공간을 의미한다. 우피치는 16세기 토스카나대공국의 여러 행정기관들을 모아놓은 종합청사 같은 건물로 계획되었다. 코시모 1세가 피렌체의 통치자가 되던 1537년 이전 피렌체공국은 정치적 혼란으로 점철되어 있었다. 1492년 로렌초 데 메디치의 죽음과 함께 르네상스 문명이 절정에 이르렀던 피렌체의 황금기는 막을 내렸다. 1494년 프랑스 샤를 8세의 침공으로 평화도 끝이 났다. 로렌초의 아들 피에로 데 메디치는 도시를 지키는 대신에 도망을 선택했고, 그 덕택에 샤를 8세는 손쉽게 피렌체를 정복할 수 있었다. 이후 메디치가의 적이었던 도미니크회 수도사 지롤라모 사보나롤라가 공화정 정부를 수립했다. 그러나 교황 알렉산데르 6세와 대립각을 세웠던 사보나롤라는 종교재판에서 화형을 당했고, 이후 피에로 소데리니 내각이 들어섰다. 그리고 1512년 추기경 조반니 데 메디치가 교황군으로 피렌체를 함락시킴에 따라 메디치가의 피렌체 복귀가 이루어졌다. 메디치가의 권력은 가문 출신의 교황 레오 10세와 클레멘스 7세의 비호를 받으며 더욱 공고해졌다. 그렇다고 해서 메디치가의 통치에 반대하던 이들과의 대립이 완전히 끝난 것은 아니었다. 1537년 코시모 1세가 피렌체의 통치자가 되기까지 메디치가와 공화주의자들 사이에 피비린내 나는 대립이 계속되었다.

코시모 1세는 이전 시대의 혼란을 성공적으로 수습하고 피렌체의 정치적 안정을 이루어냈다. 그리고 곧바로 인근의 시에나로 시선을 돌렸다. 시에나를 정복하고 10년이 지난 1569년에 교황 비오 5세는 시에나공국과 피렌체공국을 행정적으로 병합하는 칙령을 발표했다. 이로써 토스카나대공국이 출범하게 되었다. 초대 대공 코시모 1세에게 토스카나대공국의 중심이 피렌체가 되는 것은 당연한 일이었다. 사실 코시모 1세는 이미 토스카나 대공이 되기 전부터 봉건적 지배체제의 잔재를 일소하고 피렌체를 토스카나의 명실상부한 정치적·행정적 중심지로 만들려는 계획을 추진하고 있었다. 시내 곳곳에 분산되어 있던 13개의 행정기관들을 우피치라는 종합청사 안에 통합하려는 시도 역시 이러한 계획의 일부였다.

코시모 1세의 막강한 권력에도 불구하고 우피치 건설은 순조롭게 진행되지 않았다. 우피치는 공화국 시기 피렌체의 정치적·행정적 중심이었던 베키오궁에서 아르노강에 이르는 직사각형 모양의 부지 위에 건설되었는데, 이를 위해서는 중세 초기부터 미로처럼 형성되어 있던 고밀도의 주거지를 철거해야만 했다. 코시모 1세가 최초로 이 지역에 대한 재정비 계획을 수립한 것은 1546년으로 거슬러 올라간다. 그는 1559년에 아레초

아르노강에서 바라본 우피치미술관의 회랑. 정면에 보이는 건물이 베키오궁이다.

출신의 건축가이자 예술사가인 조르조 바사리Giorgio Vasari에게 우피치 건축을 의뢰했다. 13년이라는 시차는 코시모 1세가 부지 확보에 적지 않은 어려움을 겪었음을 시사한다. 우선 고밀도의 주거지역이었던 만큼 거주자들로부터 토지를 매입하는 데 막대한 자금이 소요되었을 것이다. 특히 당시 시에나와의 전쟁이 한창 진행 중이었기 때문에 자금을 마련하기가 쉽지 않았다. 게다가 철거가 시작되면서 거주자들의 거센 반발로 인해 코시모 1세는 정치적 위기에 몰릴 정도였다. 어쨌든 그는 여러 가지 어려움을 성공적으로 극복해냈고, 1560년에 우피치는 착공에 들어갔다.

정치적 프로파간다로서의 건축

우피치는 코시모 1세 데 메디치의 정치권력과 피렌체의 우월성을 과시하기 위한 프로파간다의 공간으로 탄생했다. 코시모 1세가 생각했던 도시 재정비 계획은 몇 가지 중요한 역사 건축물들의 보존을 전제로 하고 있었다. 그리고 보존이 결정된 건축물들은 모두 피렌체 혹은 코시모 1세 자신의 영광과 관련된 것이었다. 산피에트로 성당은 베키오궁이 건설되기 이전까지 정부청사로 사용되던 건물로 공화국 시기부터 중요한 정치적 집회가 개최되던 장소였으며, 피렌체가 승리를 거두었던 중요한 역사적 전쟁을 기념하는 트로피를 보관해오던 곳이었다. 피렌체 금화를 발행하던 체카Zecca라고 불리는 화폐국 건물은 피렌체와 메디치가의 경제적 헤게모니를 상징하는 장소였다. 그리고 오늘날 르네상스 시대의 아름다운 조각들로 가득한 시뇨리아 광장의 로지아Loggia는 우피치를 설계한 바사리가 르네상스 건축의 시작으로 칭송해 마지않았던 건축물이다. 코시모 1세와 바사리는 메디치가의 정치적 정통성과 더불어 피렌체의 경제적·문화적 우월성을 건축물을 통해 드러내 보이려 했다.

정치적 프로파간다로서의 건축이라는 기능은 우피치 건축 계획의 일부로 진행되었던 바사리의 통로Corridoio Vasariano를 통해 더욱 명확하게 드러난다. 우피치 건설 이전까지 베키오궁을 사무공간 겸 저택으로 활용해 왔던 코시모 1세는 집무공간의 기능은 아르노강 북쪽 강변 인근의 우피

아르노강의 남북을 연결하는 바사리의 통로.

치로, 그리고 저택으로서의 기능은 아르노강 남쪽의 피티궁으로 이관하려는 계획을 세웠다. 그리하여 우피치 건설이 한창이던 1564년 바사리에게 베키오궁에서 우피치를 지나 피티궁까지 이어지는 공중통로의 설계를 의뢰했다. 오늘날 바사리의 통로는 종종 비밀스러운 대피로인 것으로 오해되곤 하지만 그렇게 보기에는 지나치게 노출된 구조로 되어 있다. 바사리의 통로의 길이는 약 1킬로미터에 이르며 피렌체의 심장부를 공중으로 가로지른다. 또한 통로 측면을 따라 늘어선 네모난 창을 통해 통로를 보행하는 자가 누구인지 밖에서 관찰할 수 있다. 이렇게 볼 때 "도시에 상존하는 것"이 바사리의 통로의 기본적인 성격이라는 이탈리아의 건축사가 클라우디아 콘포르티Claudia Conforti의 견해는 정확하다. 코시모 1세는 저택

로지아 데이 란치에 늘어선 조각들의 모습.

이라는 사적인 주거공간과 공적인 집무공간을 연결하는 동시에 그 사이를 오가는 자신의 모습을 시민들에게 노출함으로써 피렌체의 통치자로서 자신의 존재를 각인시키려 했다.

어쨌든 코시모 1세는 두 아들을 말라리아로 잃은 후 통치를 그만두었고, 1569년부터 그의 아들인 프란체스코 1세 데 메디치가 섭정을 시작했다. 우피치 건축을 감독했던 바사리 역시 1574년에 세상을 떠났다. 바사리의 뒤를 이어 작업에 참여한 건축가는 알폰소 파리지Alfonso Parigi와 베르나르도 부온탈렌티Bernardo Buontalenti였다. 특히 부온탈렌티는 1581년에 팔각형의 실내와 돔형 천장을 특징으로 하는 전시실인 트리부나Tribuna를 완공한 데 이어 1585년에는 우피치와 연결된 야외 조각 전시장에 해당하는 로지아 데이 란치Loggia dei Lanzi를 조성했다. 그리고 로지아 데이 란치의 벽감에는 정치적 프로파간다의 공간이라는 코시모 1세의 건축 의도와 부합하게 메디치 가문의 정치적 승리를 상징하는 도상들을 배치했다.

국가 소유의 공공미술관으로

오늘날 우피치미술관의 컬렉션은 유럽 각지의 회화작품들로 구성되어 있지만 우피치미술관이 이러한 모습을 갖추게 된 것은 비교적 최근의 일이다. 적어도 18세기 이전까지 우피치의 전시구조는 오늘날과 매우 달랐다. 1581년 3층 구조로 이루어진 ㄷ자 모양의 본채, 즉 갈레리아Galleria가 완성되었을 때 프란체스코 1세는 이곳에 메디치가 소유의 보물들을 소장하게 했는데 이것이 우피치미술관의 시초다. 르네상스 시기의 군주들은 진귀한 보물들을 수집하고 예술가를 후원하는 데 열을 올렸는데 그 목적은 언제나 군주의 영광을 빛내는 것이었다. 메디치가의 군주들이 진귀한 보물들을 수집하고 전시했던 것 역시 부와 권력을 과시하기 위함이었다. 이는 초기 우피치의 전시구조와 전시품 목록에서도 명확하게 드러난다. 프란체스코 1세 시기 갈레리아의 복도에는 고대의 역사와 신화를 주제로 한 조각들이 빼곡하게 배치되어 있었고, 벽에는 유명한 역사적 인물들, 즉 정치인, 군인, 교황, 학자와 문학가들의 초상화가 걸려 있었다. 그리고 이들 사이에는 가문의 창시자인 조반니 비치 데 메디치를 포함한 메디치가 인물들의 초상도 있었는데, 메디치가의 조상들은 다른 인물들보다 더 크게 그려졌고 더 중요한 위치에 배치되었다.

갈레리아의 양 측면 복도에 위치한 전시실에는 메디치가에서 수집한 보물들이 소장되어 있었다. 메디치가의 보물 수집은 15세기 중반 메디치가의 군주였던 피에로 일 고토소의 도자기 수집으로부터 시작되었다. 이후 르네상스의 전성기를 이끌었던 로렌초 일 마니피코가 무역을 통해 혹은 정치적 협약의 대가로 각종 진귀한 물건들을 모으기 시작하여 '로렌초의 보물'이라고 불리는 컬렉션을 조성했다. 1492년 로렌초가 죽고 메디치가가 피렌체에서 추방되면서 컬렉션의 상당 부분이 해체되었지만 이후 피렌체의 정치적 혼란을 수습했던 코시모 1세는 과거 메디치가의 유산을 정비해나가며 흩어져 있던 컬렉션을 다시 모으기 시작했다. 이 시기 메디치 컬렉션은 주로 값비싼 천과 희귀한 보석 그리고 이국적인 메달과 도자기들이었다. 메디치가의 가장 귀중한 소장품들은 부온탈렌티에 의해 조성된 트리부나라는 전시실에 소장되었다. 트리부나의 벽면은 빨간색 융단으로, 팔각형 돔의 늑골은 금도금으로, 창문 양옆의 벽면은 푸른색으로 장식되었다. 이 세 가지 색의 조화는 메디치가의 상징이었다. 트리부나 중앙에는 16세기 피렌체 출신의 의사이자 문학가였던 조반니 치넬리 Giovanni Cinelli가 그 "아름다움에 현혹되어 넋을 잃을 지경"이라고 극찬했던 팔각형의 작은 신전tempietto이 위치하고 있었는데 그 안에는 메디치가 인물들의 초상과 메달 등이 보관되었다.

이어지는 17세기 과학혁명은 우피치의 전시 구성에 약간의 변화를 야기했다. 1587년 알 수 없는 이유로 급사한 프란체스코 1세의 뒤를 이어 토스카나대공국의 통치자가 된 페르디난도 1세 데 메디치는 갈레리아에 지도의 방Sala delle Carte Geografiche과 수학의 방Stanza delle Matematiche을 조성하여 희귀한 지도와 측량 도구 및 천체 관측 도구들을 진열해놓았다. 그럼

우피치의 트리부나.

에도 불구하고 가문의 부와 권력의 과시라는 전시 목적은 크게 바뀌지 않았다. 그리고 오늘날 우피치 컬렉션의 주를 이루는 회화작품들은 여전히 전체 소장품 가운데 일부에 불과했다.

　18세기에 이르러 우피치는 명실상부한 공공미술관으로 거듭나게 된다. 1737년 마지막 토스카나 대공인 잔 가스토네 데 메디치가 후계자 없이 세상을 떠나면서, 토스카나대공국의 통치권은 마리아 테레지아와의 결혼으로 신성로마제국의 황제가 된 로렌가의 프란츠 1세 슈테판에게로 넘어갔다. 이때 메디치 가문의 마지막 상속녀였던 안나 마리아 루이자 데 메디치는 모든 예술품을 국가에 기증했다. 그녀는 예술적 감수성이 대단히 뛰어났던 것으로 보인다. 그녀는 토스카나대공국의 새로운 통치자가 된 로렌가와 예술품 양도협정에 서명하며 몇 가지 조항을 내걸었다. 모든 예술품은 가문이 아닌 국가에 귀속되어야 하고, 피렌체 시민들의 공익에 보템이 되어야 하며, 외국인들의 관심을 끌 수 있어야 한다는 것이었다.

이 조항들이 갖는 의미는 적지 않다. 우피치는 단순히 가문의 영광을 빛내기 위한 전시 공간이 아닌 국가 소유의 미술관이자 시민들의 교육기관 그리고 외국인 관광을 촉진하는 경제적 자원으로 인식된 것이다. 또한 어떤 경우에도 미술품이 토스카나공국의 외부로 반출되어서는 안 된다는 조항을 넣음으로써 새로운 왕가에 의한 컬렉션의 해체를 막았다. 20세기에 이르기까지 이 조항은 나폴레옹과 히틀러에 의해 단 두 차례 위반되었을 뿐이다. 오늘날 우피치미술관 입구에 안나 마리아 루이자의 초상이 걸려 있는 것은 결코 놀라운 일이 아니다.

우피치의 전시구조에 근본적인 변화가 생긴 것 역시 18세기의 일이다. 1765년 토스카나대공국의 통치자가 된 계몽군주 피에트로 레오폴도의 치하에서 우피치는 전례 없는 큰 변화를 겪게 된다. 우피치는 더 이상 특정 가문의 소유가 아닌 관장과 학예관에 의해 관리되며 시민들에게 매일 개방되는 공공미술관이 되었다. 1775년 우피치 관장으로 등용된 주세페 벤치벤니 펠리Giuseppe Bencivenni Pelli는 당시 학예관이었던 루이지 란치Luigi Lanzi와 더불어 계몽주의 시기 유행했던 백과사전식 체계에 따라 우피치 컬렉션을 재편하기 시작했다. 컬렉션은 각 장르별로 분류되었고 조각과 공예품은 바르젤로국립미술관으로, 에트루리아의 유물은 국립고고학박물관으로, 금은세공품과 보석류는 피티궁 안에 있는 아르젠티박물관과 도기박물관으로 이관되었다. 이에 따라 우피치는 회화 중심의 미술관으로 변모했다.

이 같은 분류 작업은 1793년에 관장이 된 톰마소 푸치니Tommaso Puccini 시대에도 이어졌다. 우피치에 남은 회화들은 유파에 따라 분류되기 시작했다. 푸치니는 우피치미술관을 통해 토스카나 예술의 역사적 전개와 부흥의 과정을 보여주기를 원했다. 이러한 관점에서 컬렉션의 완성도를 높이기 위해 토스카나 각지에 흩어져 있던 회화작품들을 대거 매입했다. 푸치니로부터 시작된 회화작품들의 체계적 분류가 완성된 것은 20세기에 들어서였다. 역사의 흐름에 따라 우피치미술관 역시 여러 부침을 겪었지만 18세기 후반 펠리 관장과 학예사 란치에 의해 확립된 전시구조는 오늘날까지 크게 변하지 않고 이어지고 있다.

르네상스 회화의 보고

우피치미술관에 전시되어 있는 이탈리아 르네상스 회화 컬렉션은 양적으로나 질적으로나 세계 최고를 자랑한다. 오늘날 우피치미술관이 누리고 있는 국제적인 명성은 바로 이로부터 비롯된 것이다. 그러나 18세기에 우피치를 방문했던 사람들은 이곳에서 르네상스 회화를 볼 수 없었다. 과거 메디치가는 주로 플랑드르와 베네치아의 회화를 사들였다. 그들의 눈에 이국적으로 보였기 때문이다. 우피치미술관에 르네상스 회화가 전시되기 시작한 것은 피렌체를 방문했던 외국인 여행자들의 요청 때문이었다.

18세기는 그랜드투어Grand Tour의 시대였다. 그랜드투어란 유럽의 귀족들이 고전문화를 찾아 이탈리아를 방문하던 일종의 수학여행이었다. 르네상스의 고향으로 인식되던 피렌체는 인기 있는 방문지였다. 미술관을 방문하여 고전문화의 흔적을 확인하는 것은 여행자들의 중요한 일정이 되었다. 그러나 우피치를 방문했던 18세기의 여행자들은 기대했던 것과 달리 르네상스 거장들의 작품을 찾아볼 수 없다는 사실에 큰 실망감을 토로했다.

《로마제국 쇠망사》로 잘 알려진 영국의 역사가 에드워드 기번이 바로 이러한 경우였다. 1764년 7월 4일 그는 처음 우피치미술관을 방문한 후 다음과 같은 소회를 남겼다 "우피치의 컬렉션은 완전하다고 볼 수 없다. 미켈란젤로, 코라지오, 알바니, 푸생 같은 위대한 거장들의 작품이 빠져 있다."

프랑스 작가 피에르-장 그로슬리Pierre-Jean Grosley도 마찬가지였다. 그는 피렌체가 아닌 베네치아에 가야 르네상스 예술을 더 잘 볼 수 있다는 사실에 대해 불평을 늘어놓았다. 1786년 북이탈리아의 도시들을 방문했던 독일의 문호 괴테 역시 볼로냐에서 "중세 예술의 르네상스라고 부르는 것"를 보았다고 말했다.

르네상스가 회화 컬렉션의 한 장르로 자리 잡게 된 것은 1760년대의 일이다. 독일의 고고미술학자 요한 요하임 빙켈만Johann Joachim Winckelmann이 1764년에 출판한 기념비적인 저작《고대예술사》가 지대한 영향을 미쳤음은 널리 알려진 사실이다. 1759년에서 1760년 사이 조반니 가에타노 보타리Giovanni Gaetano Bottari에 의해 바사리의 《예술가 평전Le vite de' più eccellenti pittori, scultori e architettori》이 재출간되면서 이미 유럽의 지식인들 사이에 피렌체 르네상스의 중요성에 대한 견해가 형성되었다. 아마도 기번이나 그로슬리, 괴테 등도 이로부터 영향을 받았을 것이다.

이에 따라 우피치미술관의 관장들은 새로이 생겨난 르네상스라는 장르를 우피치의 전시에 반영하는 문제를 고민하기 시작했다. 그러나 당시 관장이었던 펠리와 학예관 란치의 견해가 일치하지 않았다. 우피치를 기독교 미술관으로 조성하고자 했던 란치는 르네상스를 따로 구분하지 않은 채 하나의 전시실에 중세의 회화와 조각들을 모아놓아야 한다고 생각했다. 반면 펠리는 기독교 박물관은 로마에 있어야 어울리며 우피치는 15세기 르네상스 회화들로 채워야 한다고 생각했다. 이 논쟁은 결국 펠리의 승리로 끝났다.

오늘날 우피치미술관에는 13~18세기의 이탈리아뿐만 아니라 플랑드르, 프랑스, 스페인 등 유럽 각지의 회화들이 전시되어 있지만 명실상부한 컬렉션의 핵심은 바로 토스카나 르네상스의 걸작들이다. ㄷ자 회랑의 3층에는 제1전시실부터 제45전시실까지, 그리고 2층에는 제46전시실부터 제93전시실까지 우피치의 소장품들이 분류되어 있으며, 1층에는 조각작품들이 배치되어 있다. 제1전시실은 고대조각전시실Sala della scultura antica로 조성되어 있으며, 회화작품은 제2전시실부터 시작된다. 이곳에 전시된 작품들은 조토, 치마부에, 두초의 성모자상을 비롯하여 13세기 말~14세기 토스카나의 회화들이다. 이는 그랜드투어 시기 바사리뿐만 아니라 바사리의 저작을 재출간했던 보타리의 견해에 근거하여 "회화의 르네상스는 치마부에와 조토로부터 시작된다"라는 인식이 확산되었던 것과 무관하지 않다.

시대별, 유파별로 분류된 우피치미술관의 전시구조는 관람객으로 하여금 전시실 순서대로 따라가며 르네상스 회화의 발전 과정을 한눈에 볼 수 있게 해준다. 르네상스 회화의 혁신은 크게 두 방향으로 이루어졌다. 첫번째는 기법의 혁신이고, 두 번째는 소재의 혁신이다. 중세 회화의 목적은 메시지의 전달에 있었다. 가톨릭교회는 포교 수단으로서 예술이 갖는 가치를 중요하게 생각했다. 특히 교회 내부를 장식하는 회화는 글을 모르는 이들에게 그리스도의 삶과 죽음 그리고 성서 내용을 전달하는 효율적인 수단이었다. 따라서 중세의 예술가들은 자연과 인체를 실제에 가깝게 그리려는 노력을 하지 않았다. 그들은 작품의 메시지를 관람객에게 효율적으로 전달하는 방법을 찾는 데 골몰했다. 중세 회화에서 중요한 인물이 주변 인물에 비해 크게 그려진다거나 단색의 평면적인 배경이 심심치 않게 등장하는 것은 바로 이 때문이다. 르네상스란 본질적으로 고대 다신교 세계관의 부활을 의미한다. 고대 다신교 세계의 사람들에게 우주의 중심은 인간이었다. 이들이 섬기던 신은 기독교의 신과 같이 전지전능하지 않다. 그들은 인간과 같은 감정을 느끼며 인간과 같은 결점을 가지고 있다. 고대인들은 신에게 자신들의 모습을 투영했다. 따라서 이들이 인간과 자연의 구성과 작동 원리에 대해 끊임없는 호기심을 가졌던 것은 당연한 일이었다. 고대인들의 세계관을 예찬했던 르네상스 예술가들은 원근법에 대한 연구 및 빛의 효과를 탐구하면서 현실을 있는 그대로 화폭에 재현하고자 했다.

이러한 혁신의 출발점은 바로 치마부에와 조토였다. 제2전시실부터 필리포 리피의 방Sala di Filippo Lippi이라 불리는 제8전시실까지 소장된 회화들은 바로 르네상스 초기에 이루어진 기법의 변화를 보여준다.

소재의 혁신이 이루어진 것은 그 이후였다. 제2전시실부터 제9전시실까지 소장된 작품들은 여전히 성모자나 수태고지 혹은 동방박사의 경배 등을 소재로 삼은 것들이다. 고대 다신교 세계의 부활이란 곧 신화적 세계관의 부활을 의미했다. 르네상스가 중기로 접어들면서 예술의 소재 또한 획기적으로 변화하게 된다. 예술가들의 화폭을 채운 것은 더 이상 성서의 에피소드가 아닌 고대의 신화 또는 고대의 역사적 사건과 인물들이었

치마부에, 〈마에스타〉. 옷의 질감과 주름 그리고 인체 묘사에 대한 화가의 세밀한 관심이 돋보인다.

다. 이러한 방향의 혁신을 보여주는 것은 우피치미술관의 제10전시실부터 제14전시실까지 소장된 작품들이다. 이와 관련하여 가장 널리 알려진 것은 토스카나 르네상스를 대표하는 화가 보티첼리의 〈봄〉과 〈비너스의 탄생〉이다.

제15전시실부터 제26전시실까지는 이탈리아 르네상스를 대표하는 레오나르도 다빈치, 미켈란젤로, 라파엘로를 비롯하여 르네상스 전성기에 해당하는 시기의 토스카나뿐만 아니라 베네치아, 플랑드르, 독일의 회화작품들이 전시되어 있다. 뿐만 아니라 우피치미술관의 컬렉션은 제27전시실부터 전시된 르네상스 후기 매너리즘 회화들을 거쳐 초기 바로크 회화와 마지막 제45전시실에 소장된 18세기 유럽 각지의 회화들까지 아우른다.

대중교육의 장이자 피렌체 문화·관광정책의 중심

메디치가 군주들의 정치적 프로파간다의 수단으로 시작되어 18세기 국

보티첼리, 〈비너스의 탄생〉.

가 소유의 공공미술관이자 르네상스 회화의 보고로 변모한 우피치미술관은 20세기에 이르러 또 한 차례 변화를 맞이한다. 20세기 들어 미술관의 기능은 단순한 수집과 보존에 머무르지 않게 되었다. 전시와 공공 서비스 기능이 강화되면서 우피치의 전시구조 역시 관람객의 편의를 극대화하는 방향으로 재편되었다. 작품 감상에 최적화된 천장 높이와 채광 구조가 도입되었고, 벽 한 면에 지나치게 많은 작품이 걸려 있는 경우 중요한 작품의 감상을 방해한다는 이유로 전시 작품의 수 역시 크게 줄어들었다. 또한 관람객의 편의와 관련된 서비스 공간도 늘었다. 조각작품이 전시되어 있는 1층에는 기념품가게와 서점 그리고 대중 강연을 위한 강당이 들어섰으며, 3층에는 커피숍과 스낵바가 자리 잡았다.

이와 동시에 우피치미술관은 대중교육의 장으로 거듭났다. 사실 20세기에 시작된 전시와 공공서비스 기능의 강화는 대중교육의 장으로서 미술관이 수행하는 역할과 밀접한 연관이 있다. 예를 들어 치마부에의 제단화들은 미술사적으로 연구되고 체계적으로 진열·전시됨으로써 대중 교육의 효과를 가진다. 우피치에서 운영되는 프로그램들은 공립학교와 연계된 미술 교육, 미술 교사들의 재교육, 미술품 연구와 강연, 출판 지원 등을 포함하며, 이 모든 활동은 주변의 다른 박물관이나 미술관과 협력하여 진행된다. 또한 교육 프로그램의 효과적인 수행을 위해 라디오 채널 등 다양한 매체들이 활용되고 있다.

나아가 현대의 우피치미술관은 피렌체 도시문화정책의 핵심 기관으로 기능한다. 미술관과 박물관뿐만 아니라 궁, 정원, 건물, 교회 등의 문화유산에 대한 종합적인 관리활동을 포함하는 피렌체의 도시발전계획에서 우피치미술관은 다른 문화유산들을 잇는 구심점의 역할을 수행한다. 이 같은 기능은 미술관 홈페이지에서도 확인할 수 있다. 홈페이지를 열면 미술관의 역사적 변천과 소장품의 위치를 알려주는 정보 이외에도 피렌체의 다른 박물관과 미술관에 대한 정보가 공유되어 있다. 다시 말해 우피치미술관의 홈페이지를 통해 피렌체에 있는 다양한 예술품과 문화재에 대한 정보에 접근할 수 있다.

이탈리아에서 피렌체는 로마에 이어 외국인들이 가장 많이 방문하는 도시다. 그랜드투어 시기부터 그러했듯이 아마도 찬란한 르네상스 문화에 매혹된 이들의 발길이 끊이지 않는 까닭일 것이다. 피렌체의 심장부에 위치하고 있는 우피치미술관은 주변의 궁과 교회, 다리, 광장을 잇는 도시 관광의 요지다. 실제로 우피치는 이탈리아에서 방문객 수가 가장 많은 미술관이다. 2016년 우피치미술관을 찾은 관광객은 201만 631명에 달하는데, 이는 로마의 판테온이나 콜로세움 그리고 폼페이를 훌쩍 넘는 수치다. 그만큼 우피치미술관이 갖는 문화적 가치뿐만 아니라 경제적 가치 또한 대단히 높다고 하겠다.

오늘날 피렌체 당국은 도시 전체를 우피치미술관을 중심으로 대성당과 여러 유적들 그리고 주변의 식당과 숙박시설, 각종 상점과 편의시설을 갖춘 복합 문화공간으로 만들기 위한 노력을 기울이고 있다. 우피치미술관을 중심으로 운영되는 다양한 강연과 공연 그리고 음식 및 숙박시설과 연계된 문화관광 프로그램들은 바로 이러한 노력의 산물이다.

임동현

왕가의, 왕가에 의한, 왕가를 위한 레알 카미노

— 마드리드 프라도미술관

1786년 카를로스 3세, 자연사박물관 건립 계획 착수, 이후 회화관으로 용도 변경

1819년 개관

1868년 이사벨라 2세에 의해 국유화

1918년 1차 박물관 확장공사

1936년 파블로 피카소가 프라도박물관 관장으로 취임

1985년 티센-보르네미서 컬렉션이 프라도박물관 관리시스템으로 편입

1992년 공간 문제로 인해 〈게르니카〉를 포함한 다수의 현대 미술 작품들, 레이나소피아미술관으로 이전
        소장

2007년 라파엘 모네오가 설계한 프라도박물관 신관 완공

왕실이 가꾼 '목초지Prado', 예술의 꽃을 피우다

폭이 깊고 긴 방에는 많은 그림들이 걸려 있다. 측면에 걸린 그림들은 어
떤 그림인지 알아볼 수 없지만 정면에 걸린 그림들은 희미하게나마 인식
할 수 있을 정도다. 루벤스가 그린 마르시아스와 아라크네. 둘 다 그리스
신화 속 인물이다. 오른쪽 측면의 창을 통해서 들어오는 약간의 빛만으로
도 이 방에 있는 인물들의 얼굴을 알아볼 수 있다. 한가운데 자리한 작은

벨라스케스, 〈라스 메니나스〉. 프라도미술관의 대표작이자 수많은 논쟁을 불러일으킨 문제작.

소녀는 어린 나이에도 불구하고 자신이 고귀한 존재임을 충분히 인식하고 있는 듯하다. 그리고 주위의 시녀들이 소녀의 기분을 맞추기 위해 이것저것 물어보기도 하고 매우 분주한 모습이다. 가장 존재감을 드러내면서 육중하게 자리 잡고 있는 거대한 캔버스 뒤로 붓과 팔레트를 든 사람이 힐끗 나를 바라본다. 마치 '지금부터 펼쳐질 이 신비한 그림의 세계로 들어오시겠습니까?' 하고 묻는 듯하다.

　서양 미술사에서 가장 많은 논의와 토론을 불러일으킨 작품 중 하나인

유럽 최고 미술관 중 하나이자 화려한 르네상스-바로크 컬렉션을 소장하고 있는 스페인 미술관의 자존심 프라도미술관.

디에고 벨라스케스의 〈라스 메니나스〉(시녀들)는 이렇게 매혹적인 방식으로 전 세계의 미술 애호가뿐만 아니라 일반 관람객까지 끌어들인다. 뜨거운 정열의 나라 스페인의 심장인 마드리드의 중심가에 위치한 신고전주의풍의 웅장하고 장엄한 건축물인 그곳으로. 바로 프라도미술관Museo del Prado이다.

　혹자는 말한다. 1980년대의 어느 미술 잡지에서 미술계 저명인사들에게 "역사상 최고의 명화는 무엇인가?"라는 대담하기 그지없는 질문을 던졌는데, 열에 아홉이 주저 없이 벨라스케스의 〈라스 메니나스〉를 꼽았다고 한다. 사실 서양 미술사를 들여다보면 이런 질문은 수없이 시도되어왔고, 전 세계에 넘쳐나는 미술 잡지 중에 어느 정도 권위를 가진 잡지인지 밝히지 않았다는 점에서 이런 에피소드는 그저 한 번 웃고 넘기기에 좋은, 호사가들이나 좋아할 만한 이야기다. 어쩌면 그냥 즐거운 환담을 나누던 자리에서 즉흥적으로 만들어진 이야기일지도 모른다. 그럼에도 불구하고 변하지 않는 사실은 바로 〈라스 메니나스〉의 인기가 엄청나며, 미술사학적으로도 다양한 논쟁을 불러일으킬 만큼 중요한 작품이라는 점이다.

벨라스케스는 스페인 왕가의 궁정화가로서 당시 유럽을 호령했던 스페인 왕조차도 예를 갖춰 대할 만큼 위대한 화가였다. 그는 수많은 왕가의 초상화를 그렸고, 그 외에도 다양한 그림들을 남겼다. "나는 왕의 명령을 받고서만 그림을 그린다"라며 궁정화가의 자존심을 한껏 드러냈던 벨라스케스이지만 그 자신도 그때는 몰랐을 것이다. 자신이 남긴 수많은 그림들이 후세에까지 전해져 유럽 최고의 미술관으로 손꼽히는 프라도미술관 컬렉션의 핵심을 이루게 될 것이라는 사실을.

마드리드를 찾아온 사람이라면 꼭 방문하는 곳이 있다. 도시의 상징인 곰과 마드로뇨 산딸기 나무 동상이 있는 마요르 광장과 '태양의 문'이라는 뜻의 푸에르타 델 솔이다. 온갖 상점과 타파스가게, 그리고 식당과 술집이 밀집한 마요르 광장에서 동쪽으로 차분히 발걸음을 옮기면 마드리드가 자랑하는 일명 '박물관 황금 삼각지대Golden Triangle of Art'가 등장한다. 중세부터 근대까지의 회화와 조각품들을 소장하고 있는 프라도미술관, 세계 최고, 최대의 사립 미술관 중 하나로 손꼽히는 티센-보르네미서

Thyssen-Bornemisza 컬렉션, 그리고 20세기 회화가 사회의 변화와 현실에 어떻게 참여하는지를 극적으로 보여주는 피카소의 〈게르니카〉를 소장하고 있는 레이나-소피아국립미술관Museo Nacional Centro de Arte Reina Sofia이 그것이다. 세 미술관 모두 미술 애호가라면 절대로 놓쳐서는 안 될 중요한 소장품들이 있는 곳이지만 그중에서도 프라도미술관은 더욱더 특별하다. 그것은 프라도미술관 자체가 마드리드의 역사, 나아가 유럽 전체를 통치하며 세계를 주름잡던 무적함대 시절의 스페인 왕가의 흥망과 그 호흡을 같이 하기 때문이다.

후안 데 비야누에바, 마드리드의 설계자

역사적으로, 또 전통적으로 문화와 예술이 흥했던 유럽의 도시들은 오랜 역사를 거쳐 형성된 경우도 있지만, 한 사람의 뛰어난 건축가 혹은 도시 설계자가 도시 전체를 디자인한 경우도 적지 않게 찾아볼 수 있다. 오스트리아의 빈은 세계 최고의 관현악단인 빈필하모니와 빈 미술사박물관 및 레오폴트미술관 등 다양한 박물관 지구를 갖춘 유럽 최고의 예술도시로 손꼽히지만 실제로 지금의 빈을 만든 사람은 오토 바그너Otto Wagner라는 건축가다. 지금도 건축 중인 사그라다 파밀리아 대성당과 구엘 파크, 카사 바트요 등을 설계하여 바르셀로나를 단숨에 자신의 도시로 만든 사람이 안토니오 가우디라는 건축가였다는 사실 또한 부정할 수 없다.

　이러한 의미의 연장선상에서, 왕가의 향기가 21세기인 오늘날까지도 진하게 남아 있는 지금의 마드리드를 만든 것은 후안 데 비야누에바Juan de

Villanueva라는 건축가에게 공을 돌려야 마땅할 것이다. 마드리드 출신의 비야누에바는 조각가였던 아버지 후안 데 비야누에바와 형인 디에고의 도움으로 마드리드 산페르난도 왕립미술아카데미에 입학하여 건축가로서의 삶에 첫걸음을 내딛었다. 그는 로마를 여행하고 돌아온 후 당시 유럽에서 유행하던 신고전주의를 깊이 연구하여 자신의 건축세계로 받아들였다. 그 후 고향인 마드리드에 그가 남긴 족적은 그야말로 어마어마한 것이었다.

앞에서 이야기했던 마드리드의 심장, 오늘날 많은 관광객들이 몰려드는 최고의 번화가인 마요르 광장이 과거의 낡은 모습을 지우고 지금의 깔끔하고 멋진 모습으로 바뀐 것은 바로 비야누에바의 리모델링 프로젝트 설계 덕분이다. 그뿐만이 아니다. 마드리드 왕립역사아카데미, 에스파뇰 극장의 전신인 프린시페극장, 드넓은 양지바른 대지에 유럽 곳곳에서 가져온 희귀한 식물과 꽃들을 심어 가꾸어왔으며, 지금도 시민들과 관광객들의 휴식을 책임지고 있는 마드리드 왕립식물원, 스페인 신고전주의 건축의 백미로 손꼽히는 왕립천문대 등이 모두 그가 설계한 것이다. 이처럼 그는 궁정건축가로서의 위상을 드러내 보였다. 하지만 건축가로서, 그리고 왕가의 도시 마드리드의 설계자로서 비야누에바를 가장 잘 설명해주는 건축물을 꼽으라면 단연 프라도미술관이다.

프라도미술관은 자연사박물관으로 그 화려한 역사를 시작했다. 국왕 카를로스 3세는 마드리드 도시 한가운데 화려한 정원을 짓기도 했지만 왕가가 소유한 온갖 희귀한 물건들을 보관할 장소를 마련하기 위해 자연사박물관의 설계를 비야누에바에게 맡기게 된다. 이후 건물의 용도가 변경되면서 자연사박물관은 '그림'을 뜻하는 '핀투라Pintura'라는 이름을 달고 미술관으로 활용되었다.

비야누에바가 최초로 설계했던 프라도미술관의 예상도.

이렇게 스페인 왕가가 유럽을 지배할 무렵, 스페인 본국의 수도였던 마드리드는 카를로스 3세, 그리고 그의 궁정건축가였던 후안 데 비야누에바라는 전대미문의 후원자와 예술가가 밀어주고 끌어주는 방식을 통해 점점 더 화려해져갔다. 천문대, 역사아카데미, 식물원, 극장, 미술관까지 다양한 분야를 통틀어 카를로스 3세는 왕의 권위를 마드리드 시민들에게 보여줄 수 있는 건축물들을 비야누에바에게 주문했고, 그는 그것을 완벽하게 구현했다. 카를로스 3세에 대한 정치적 평가는 차치하더라도 그와 비야누에바가 마드리드에 남긴 많은 건축물들이 스페인 왕가의 권위와 위엄을 지금까지도 고스란히 전해주고 있다는 점이 그 증거일 것이다. 도시계획가, 그리고 궁정건축가로서 비야누에바가 누릴 수 있었던 행운이자 기쁨이라면 바로 이런 것이 아닐까.

티치아노, 벨라스케스, 고야 : 이미지를 통한 프로파간다

'세계 몇 대 미술관', 이런 수식어는 사람마다 그 기준이 다르기도 하고

귀에 걸면 귀걸이 코에 걸면 코걸이가 되기 때문에 그렇게 큰 의미를 부여할 필요는 없다. 그럼에도 그 규모와 소장품의 수와 가치를 따질 때 누가 봐도 프라도미술관은 유럽에서 세 손가락에 꼽힐 만하다. 프라 안젤리코와 안드레아 만테냐를 비롯하여, 알브레히트 뒤러 같은 15~16세기 화가들의 작품을 대거 소장하고 있고, 그 작품들의 중요도 또한 여느 미술관에 뒤지지 않는다. 요컨대 이탈리아든 북유럽이든 르네상스 시기의 회화를 연구하는 사람에게 프라도미술관은 절대로 빠뜨릴 수 없는 미술관이다. 그러나 하나의 연구 주제로서 '프라도미술관의 컬렉션'이라는 소재를 접할 경우에는 문제가 조금 다르다. 프라도미술관의 컬렉션은 상당히 흥미로운 특징을 지니고 있기 때문이다. 앞에서 밝힌 대로 각각의 작품들의 가치나 미술사적 의의는 잠시 미뤄두기로 하자.

　프라도미술관에는 정문과 좌우측 입구, 이렇게 총 3개의 입구가 있다. 그리고 이 3개의 입구에는 스페인의 근대를 대표하는 화가 3명의 이름이 각각 붙어 있다. 미술관 정문에 해당하는 메인 게이트에는 역시 프라도미술관의 대표작이라 할 수 있는 〈라스 메니나스〉의 화가, 벨라스케스의 동상이 있고 그의 이름을 따서 '벨라스케스의 문'이라고 부른다. 나머지 좌우측 입구에도 마찬가지로 스페인의 대표적인 화가인 프란시스코 고야, 바르톨로메오 무리요의 동상이 세워져 있으며, 각각 그들의 이름을 따서 출입구 명칭이 정해졌다. 프라도 컬렉션의 특징은 바로 이 동상들이 모든 것을 설명한다는 의미다.

　프라도미술관에 소장된 수많은 작품들을 몇 개의 범주로 묶는다는 것 자체가 의미 없는 일이긴 하지만 그럼에도 불구하고 프라도미술관의 컬렉션을 관통하는 하나의 흐름이 있다. 바로 '티치아노-벨라스케스-고야'

로 이어지는 궁정 초상화라는 범주다. 앞에서 언급했듯이 〈라스 메니나스〉 역시 다양한 미술사적 논의를 품고 있는 작품이기는 하지만 기본적으로 이 작품은 '초상화', 즉 펠리페 4세의 가족 초상화다. 이렇게 프라도미술관은 여러 세기에 걸쳐 스페인과 유럽을 통치했던 스페인 왕가의 인물들의 초상화를 대거 소장하고 있다.

그리고 이러한 흐름의 시작은 바로 볼로냐에서 직접 신성로마제국 황제의 대관식을 치렀던 카를로스 5세의 초상화다. 애견을 데리고 서 있는 카를로스 5세 황제의 전신 초상화를 그렸던 티치아노는 유럽의 귀족 및 군주들이 선호하던 초상화 화가였다. 그는 높은 명성에 걸맞게 신성로마제국 황제였던 카를로스 5세의 궁정에 들어가 그의 초상화를 그리면서 황제의 총애를 받았다. 티치아노의 떨어진 붓을 카를로스 5세 황제가 직접 주워주었다는 일화가 있을 정도다. 이 일화의 진위 여부와 상관없이 황제가 얼마나 티치아노를 아꼈는지는 티치아노에게 의뢰한 작품 수만 보아도 금방 알 수 있다. 그중에서도 프라도미술관에서 소장 중인 1533년의 이 작품은 미술사 차원에서도 기념비적인 작품이다. 서양 미술사에서 처음으로 '전신 초상화'가 등장한 것이다.

그 외에도 티치아노가 그린 카를로스 5세의 기마 초상화, 황후였던 포르투갈의 이사벨라 왕녀의 초상화 역시 프라도미술관에 소장되어 있다. 카를로스 5세는 스페인으로 티치아노를 불러들여 왕가의 많은 인물들을 그리게 했고, 그 덕분에 우리는 티치아노의 그림을 통해서 스페인 왕가의 인물들의 모습을 볼 수 있게 되었다. '스페인 국왕' 카를로스 5세의 뒤를 이었던 펠리페 2세의 초상화들 역시 이 베네치아 출신의 거장의 작품으로, 오늘날 프라도미술관을 찾는 관람객들에게 당시 스페인 국왕의 위엄을 고스란히 전해주고 있다.

프라도미술관의 대표작인 〈라스 메니나스〉가 너무나 유명해서 이 작품의 화가로만 인식되기 쉬운 벨라스케스 역시 본래는 펠리페 4세의 가족과 귀족들의 초상화를 그리던 궁정화가였다. 마드리드와 상당히 멀리 떨어진 세비야 출신의 그는 1623년에 최초로 펠리페 4세의 초상화를 의뢰받아 대성공을 거두며 마드리드의 궁정화가가 되었다. 그 후 지금까지도 프라도의 대표작이자 불멸의 명작인 〈라스 메니나스〉에 빛나는 벨라스케스의 명성은 하늘 높이 치솟게 되었고, 마드리드를 방문했던 루벤스와도 교류하면서 거장으로서의 면모를 차근차근 다지게 된다. 펠리페 4세의 궁정화가로 활약하던 벨라스케스는 1629년에 최초로 이탈리아 여행을 떠나게 된다. 이때 펠리페 4세는 그에게 한 가지 임무를 지시했다. 바로 훌륭한 미술품들을 수집해오라는 것이었다.

"궁전을 그림으로 장식하려 하니 가장 뛰어난 화가들의 최고 걸작을 나에게 가져오시오."

"로마와 베네치아를 돌며 가장 아름다운 작품을 찾기 위해 이 한 몸 바치겠습니다."

벨라스케스는 〈라스 메니나스〉를 그린 거장일 뿐만 아니라 프라도미술관 컬렉션을 완성하는 데 큰 공을 세운 인물이었던 것이다. 왕의 명령에 의해서만 그림을 그린다는 자부심을 가지고 수많은 왕가의 초상화들을 남김과 동시에, 이탈리아를 여행하며 자신이 섬기는 군주의 미술에 대한 사랑을 채워주기 위해 오늘날 프라도미술관 컬렉션의 중심을 이루는 작품들을 선별했던 인물도 벨라스케스였다. 물론 프라도미술관에는 〈라스 메니나스〉 외에도 펠리페 4세의 초상화들, 그리고 왕가의 인물들과 귀족

산페르난도왕립아카데미에 소장된 프란시스코
고야의 〈자화상〉.

들의 초상화 외에도 벨라스케스가 남긴 수많은 작품들이 걸려 있다.

예를 들어 〈아라크네의 우화〉는 작품의 소재가 가지는 탁월한 신화성 외에도, 유럽 귀족들 사이의 혼인을 상징하는 정치적 프로파간다를 포함하는 걸작이다. 그러나 프라도미술관의 정문에 이름이 헌정될 만큼 칭송을 받았던 벨라스케스의 '궁정화가'로서의 가장 큰 업적은 바로 그가 남긴 왕가의 초상화들에서 가장 잘 드러난다고 해도 과언이 아닐 것이다.

벨라스케스의 시대 이후로 많은 시간이 흐르고, 또 한 번 스페인 왕궁의 궁정화가로 등장한 고야는 작게는 스페인 미술사에, 크게는 근대 인상파 화가들에게 지대한 영향을 미친 위대한 화가였다. 인상파 화가인 에두아르 마네는 이 궁정화가의 작품을 끝없이 모사하고 연구하면서 수많은 오마주를 남겼다. 그렇게 고야는 벨라스케스와 함께 프라도미술관 컬렉션의 중요한 화가로 자리 잡았다.

프라도미술관의 초기 모습을 설계했던 비야누에바가 다녔던 산페르난도왕립아카데미에 소장된 고야의 〈자화상〉을 통해 우리는 고야의 품성을 충분히 짐작해볼 수 있다. 굳게 다문 입, 총명함이 넘치는 눈이 인상적인 고야 역시 스페인 왕가의 궁정화가로 임명되면서 명성을 날리게 된다. 미래에 자신의 작품들을 대거 소장하게 될 미술관의 모습을 미리 예측했던 것일까. 그는 선배 궁정화가였던 벨라스케스가 남긴 대작 〈라스 메니

고야, 〈카를로스 4세와 그의 가족 초상화〉. 왼쪽 구석에 거대한 캔버스와 함께 자신의 자화상을 그려넣은 것은 벨라스케스의 〈라스 메니나스〉에 대한 고야의 오마주다.

나스〉를 자신만의 해석을 통해 오마주하면서 왕실 초상화가로서의 입지를 확고히 다졌다. 1800년 무렵에 그린 것으로 추정되는 〈카를로스 4세와 그의 가족 초상화〉가 바로 그 작품이다.

얼핏 보면 세로로 길게 그려진 〈라스 메니나스〉에 비해 고야의 〈카를로스 4세와 그의 가족 초상화〉는 가로로 길게 그려져 있어 별다른 공통점이 없는 것처럼 보이지만, 벨라스케스에 대한 고야의 존경심을 발견할 수 있다. 그는 그림의 맨 왼쪽 어두운 부분에 숨어서 캔버스 앞에 서 있는 자신의 자화상을 그려넣은 것이다. 물론 프라도미술관에 소장 중인 고야의 작품들은 그 성격이나 특징, 화풍이 매우 다양해서 고야를 어떤 한 단어로 정의하기는 어렵다. 초기의 고야는 매우 화사하고 밝은 풍경화와 장르화에 능했으며, 수많은 귀족들과 왕실 인물들의 초상화를 남길 만큼 초상화가로서의 역량도 뛰어났다. 청력을 잃은 후에 제작한 〈검은 그림〉 연작은 혼돈과 광기를 여실히 드러내는 또 다른 고야의 모습이다. 그럼에도 불구하고 분명 고야는 앞에서 언급했던 〈카를로스 4세와 그의 가족 초상화〉를 비롯해 수많은 왕실과 귀족들의 초상화를 남김으로써, 스페인 왕가의 초상화를 대거 소장한 프라도 컬렉션에 충분히 어울리는 예술가가 되었다. 1500년대 중후반 스페인 왕실의 초상화를 담당했던 티치아노에서부터 시작해서 〈라스 메니나스〉의 벨라스케스, 그리고 근대회화의 새벽을 열어젖힌 고야에 이르는 세 거장의 초상화들은 당대에는 왕실의 권위와 품위를 널리 알리는 프로파간다로서 기능했고, 그 효과는 현재까지도 충분히 작용하고 있는 것 같다.

이탈리아 르네상스를 일으켰던 메디치 가문이 집무실로 활용했었기에 지금도 그 권위와 예술 후원의 분위기가 미술관 전체에 흘러넘치는 우피치미술관마저도, 중후하고 근엄한 신고전주의 양식으로 지어진 프라도미술관의 각 전시실마다 감도는 과거 스페인 왕실의 위엄에는 한 수 아래로 느껴질 정도이니 말이다. 그러한 배경에는 바로 티치아노, 벨라스케스, 고야라는, 서양 미술사에서 결코 이름을 빼놓을 수 없는 위대한 세 '궁정화가'의 왕실 초상화들을 통해 전해지는 예술혼이 무겁게 자리하고 있다.

가톨릭의 마지막 수호자들

미술 애호가라면, 특히나 우피치, 루브르, 내셔널갤러리 같은 유럽 각지의 주요 미술관을 둘러본 사람이라면 더욱더 프라도미술관이 소장하고 있는 이 장대한 컬렉션을 느긋이 감상하고 나오면서 뭔가 특별하고 색다른 감정을 느낄 수 있을 것이다. 그것은 바로 컬렉션의 '보수성'이다. 중·근세 유럽의 미술사에서 가장 문제작이자 가장 초현실적인 작품인 히에로니무스 보스의 〈쾌락의 정원〉을 소장하고 있는 미술관의 컬렉션이 무슨 보수적인 미술관이냐며 반문할지도 모르겠다. 물론 〈쾌락의 정원〉은 프라도미술관에서 가장 인기 있는 작품 중 하나이지만, 프라도미술관 컬렉션 전체를 관통하는 보수적인 성격과는 상관없는 별개의 작품일 뿐이다. 요컨대 〈쾌락의 정원〉은 돌연변이 같은 소장품일 뿐, 프라도미술관 컬렉션에는 분명하게 콕 집어 말할 수 없는 답답한 느낌이 존재한다는 것이다.

프라도미술관은 수많은 중·근세 유럽 화가들의 걸작들을 대거 소장하고 있는 중요한 미술관임에는 틀림없다. 그러나 관람객이 프라도미술관에서 느끼는 이 '보수적'이라는 감정의 정체는 무엇일까? 앞에서 언급했던 대로 티치아노, 벨라스케스, 고야라는 스페인 왕실 역사에서 중요한 궁정화가들 외에도 다양한 스페인 화가들의 작품들을 대거 소장하고 있어 스페인 미술사에 특화되어 있기 때문이기도 하지만 또 다른 중요한 이유가 있다. 프라도미술관이 소장하고 있는 종교화들의 성격이 다른 유럽 국가들의 미술관에서 볼 수 있는 것과는 다르기 때문이다.

1517년 비텐베르크 성당에 나붙은 마르틴 루터의 '95개조 반박문'이 불러일으킨 반향은 루터 본인 스스로도 감당하지 못할 만큼 엄청난 기세로 들불처럼 퍼져나갔다. 북유럽에서 출발한 이 거대한 종교개혁의 바람은 순식간에 유럽 전역으로 퍼져나갔고, 로마 가톨릭의 총본산인 바티칸조차 막을 수 없을 만큼 강력했다. 이러한 종교개혁의 흐름 속에서 로마 가톨릭의 수호자를 자처하며 나선 것이 바로 스페인 왕실이었다. 그런 까닭에 스페인의 종교개혁은 전 유럽으로 그 세력을 확장해나가던 알프스 이북의 종교개혁과는 완전히 다른 방향으로 진행되었다.

신성로마제국 황제이자 스페인의 국왕이던 카를로스 5세는 열성적인 가톨릭 신자였다. 그는 일찍부터 북유럽의 종교개혁에 대해 매우 부정적인 견해를 드러내며 지중해 쪽으로 남하해 내려오는 루터파 종교개혁 세력을 차단하는 데 나섰다. 온통 비판세력들로 둘러싸여 수세에 몰린 채 반격의 기회조차 잡지 못하고 있던 바티칸의 거의 유일한, 그러나 가장 강력한 응원군이 되어주었던 셈이다. 이러한 왕실의 정치적 방침에 따라 프라도미술관에는 종교개혁과 관련되거나 혹은 그 시기에 제작된 북유럽 화가들의 작품이 현저하게 적은 편이다. 게다가 당시 스페인에서 제작된 종교화들은 로마 가톨릭에서 외치는 '반종교개혁'(더 정확하게는 가톨릭 개혁) 성향을 강하게 띠고 있었다. 원래 보수적 성향이 강했던 로마 가톨릭이 루터파 종교개혁 세력에 맞설 수 있는 유일한 방책은 내부 정화도 있었겠지만, 더 효과적인 것은 교리적으로 더욱 보수화되는 길이었다. 그러한 까닭에 프라도미술관이 소장하고 있는 종교화들은 가톨릭 개혁기에 제작된 작품들, 즉 교리적·사상적으로 보수적인 그림들이다.

프라도미술관의 세 입구 중 두 곳이 왕정을 상징하던 벨라스케스와 고야에게 헌정된 반면, 마지막 남은 하나의 입구가 가톨릭 개혁기에 가장 활발하게 활동했던 종교화가 바르톨로메오 무리요의 이름을 따게 된 것

바르톨로메오 무리요, 〈무염시태〉. 가톨릭 개혁기에 가장 성행했던 종교화의 소재로서 프라도미술관에는 무리요가 그린 〈무염시태〉를 여러 점 소장하고 있다.

프란시스코 수르바란, 〈아그누스 데이〉. 수르바란 역시 가톨릭 개혁 – 바로크 시기에 다양한 성화를 제작했다. 특히 〈아그누스 데이〉는 단순하면서도 강력한 표현으로 인해 더욱 관심을 끄는 수작이다.

은 결코 우연이 아니다. 앞에서 언급했던 대로, 결국 프라도미술관의 세 입구를 지키고 있는 세 화가의 회화적 특징이 바로 이 프라도미술관 컬렉션의 성격을 그대로 대변하고 있는 것이다.

특히 엘 그레코, 그리고 무리요가 여러 번 다뤘던 소재인 무염시태無染始胎의 성모야말로 가톨릭 개혁기에 로마 교회가 내놓을 수 있는 가장 강력한 반전의 카드였다는 점을 고려하면 더더욱 그러하다. 인간의 몸을 빌려 태어난 이들은 모두 원죄에서 자유로울 수 없으나 주 예수를 잉태하게 될 성모 마리아만은 그러한 원죄조차 초월한 존재라는 것이다. 일설에 따르면 무리요는 평생 그렸던 종교화의 절반이 바로 '무염시태'였다고 할 만큼 이 도상에 관해서는 스페인에서 가장 뛰어난 화가였다.

마드리드 근교의 톨레도에서 역시 왕실의 주문을 받아 작품을 그리고 있던 엘 그레코도 무염시태의 도상을 많이 그렸으며, 그 작품들 또한 프라도미술관의 대표작으로 자리 잡고 있다.

그 외에도 주세페 리베라, 프란시스코 수르바란 같은 화가들이 가톨릭 개혁기에 남겼던 수많은 '보수적' 성향의 작품들, 이를테면 수르바란의 〈아그누스 데이〉 같은 그림이야말로 프라도미술관 컬렉션의 주요 작품으로 꼽히게 되었고, 그 결과 프라도미술관은 유럽 전체에서도 찾아볼 수 없는 독특한 성격의 컬렉션을 갖게 되었다.

라파엘 모네오, 프라도의 '새로운 빌라 Villanueva'를 꿈꾸며

건축을 뜻하는 단어인 'architecture'는 '본질적인, 원초적인, 기본적인' 이라는 뜻의 접두어 'arc-'와 '만들어진, 창작된 것'을 뜻하는 'tecture'의 합성어다. 결국 건축이란 '가장 기본적으로 만들어진 것'이라는 뜻이 되는데, 이것이야말로 건축의 가장 중요한 본질이다. 귀하고 훌륭한 미술품은 주로 실내에 걸려 있어 그것을 감상하지 못하는 사람들도 있지만 건축물만큼은 빈부귀천과 상관없이 누구나 감상할 수 있기 때문이다.

피렌체는 르네상스 미술이 가장 화려하게 꽃핀 도시였다. 그럼에도 불구하고 사람들은 피렌체 하면 우피치미술관이나 피티미술관, 혹은 여러 교회들에 그려진 미술작품보다 아름답기 그지없는 브루넬레스키의 쿠폴라가 장엄하게 올라가 있는 두오모를 먼저 떠올린다. 이 점만 봐도 건축이라는 장르가 가지는 원초적이고 직접적인 효과를 짐작할 수 있다. 로마 하면 콜로세움, 파리 하면 에펠탑이 가장 먼저 떠오르는 것도 같은 맥락이다.

앞에서 살펴보았던 비야누에바가 설계한 신고전주의 양식의 이 웅장한 미술관도 어느 시점에 이르자 공간이 부족해졌고, 결국 신관 증축이라는 결정을 내리게 되었다. 이 위대한 미술관의 신관 증축을 맡게 될 '21세기의 비야누에바'가 누가 될 것인가에 전 세계 미술 애호가 및 건축가들의 관심이 집중되었다. 하지만 답은 의외로 너무도 간결, 명확했다. 마드리드에서 400킬로미터나 떨어진 작은 마을 투델라 출신으로 마드리드건축학교, 마드리드공대를 졸업한 프리츠커 수상자, 라파엘 모네오Rafael Moneo가 선정되었다.

어느 누구도 이의를 제기할 수 없는 완벽한 선택이었다. 라파엘 모네오는 이미 마드리드의 출입구인 아토차 기차역을 설계했으며, 티센-보르네미서 컬렉션이 자리한 빌라에르모사 저택의 리모델링을 진두지휘하며

스페인이 자랑하는 세계적인 건축가 라파엘 모네오. 1996년 건축계의 노벨상이라 불리는 프리츠커상을 수상하며 더욱더 명성을 떨친 그는 2007년 프라도미술관 신관 증축을 지휘할 건축가로 선정되었다.

2007년 스페인 현대건축의 자존심, 라파엘 모네오가 설계한 프라도미술관 신관. 적갈색을 가장 효과적으로 사용할 줄 아는 모네오의 장기가 여실히 드러난다.

이미 마드리드를 설계한 경험이 있는 인물이었기 때문이다. 후안 데 비야누에바의 현신이었다. 그런 모네오가 역시 비야누에바가 설계했던 프라도미술관의 신관을 맡는 것은 역사적으로나, 의미적으로나 가장 완벽한 선택이었다. 건축의 시간성을 설계에 투영한다는 평가를 받던 모네오는 비야누에바라면 21세기에 어떻게 프라도미술관을 증축했을까 하는 궁금증을 명쾌하게 해소해주었다. 2007년에 완공된 모네오의 프라도미술관 신관은 18세기의 '비야누에바'에게, 21세기의 '새로운 빌라Villa Nueva'를 꿈꾸던 또 한 명의 '비야누에바Villanueva'가 제출한 완벽한 해답지였다.

구지훈

런디니움에서 코스모폴리탄의 미래를 보다

─ 런던박물관

1965년 런던박물관 설립의 근간인 '런던박물관법' 마련

1976년 런던박물관 개관

2003년 도크랜드 지역에 런던박물관 분관 개관

2015년 인근 스미스필드로 이관 계획 발표

2021년 이관 완료 예정

시티에 위치한 런디니움의 흔적

메트로폴리탄 런던은 1년 내내 관광객의 발길이 끊이지 않는 도시다. 그
만큼 많은 사람들이 한 번쯤 방문해보고 싶어하는 도시다. 버킹엄궁, 빅
벤, 웨스트민스터 사원 같은 건축물을 보거나, 대영박물관의 엄청난 컬렉
션을 직접 보기 위해서, 또는 뮤지컬이나 오페라 공연을 즐기기 위해서,
또 누군가는 쇼핑하기 위해 런던을 가고 싶어한다. 다채로운 오락과 볼거
리가 존재하는 런던은 언제부터 이렇게 매력적인 도시가 되었을까? 바로
이 질문에 대한 답을 런던박물관Museum of London에서 구할 수 있을 것이다.
　런던에서도 가장 중심지에 있는 관광명소는 시티오브런던에 위치한 세

인트폴 대성당이다. 찰스 황태자와 다이애나가 결혼식을 올린 곳으로 유명하다. 최근에는 대처 총리의 장례식과 엘리자베스 2세 여왕의 90세 생일 축하연이 열렸다. 그만큼 세인트폴 대성당은 영국국교회의 상징이자 국보급 건축물이다. 그러나 세인트폴 대성당을 방문한 관광객이 여기서 불과 5분 정도 떨어진 곳에 위치한 런던박물관까지 찾아가는지는 잘 모르겠다. 다른 관광명소들과 다소 떨어져 있기도 하거니와 대영박물관, 내셔널갤러리, 테이트갤러리 등 수많은 박물관과 미술관에 압도되거나 감화되어 런던을 다 이해한 듯한 착각에 빠지기 쉽기 때문이다. 그러나 이 모든 관광명소를 품고 있는 런던을 제대로 이해하려면 반드시 런던박물관을 방문해야 한다.

런던월 도로 150번지에 자리잡은 런던박물관은 그 위치만으로도 상징적 의미를 내포하고 있다. 가로로 뻗어 있는 런던월 도로는 로마인들이 이주해와서 구런던, 즉 런디니움Londinium 주위에 쌓았던 성벽 런던월에서 비롯한 명칭이고, 세로로 지나가는 올더스스트리트는 런던월에 나 있던 8개 관문* 중 하나인 올더스게이트Aldersgate에서 따온 명칭이다. 올더스게이트는 한때 이 부근에 위치한 지하철역명으로도 사용되었다(지금은 바비칸역으로 바뀌었다). 런던박물관은 바로 런던월과 올더스게이트스트리트가 만나는 지점에 자리한다. 런던 지역을 경계하던 성벽은 세계대전을 거치면서 많이 소실되었지만 성벽으로 구분되던 구도심 지역은 그대로 남아 있다.

런던박물관에 인접한 한쪽 블록에는 전쟁 때 폭격당한 런던 시가지를

---

* (서쪽에서부터) 러드게이트, 뉴게이트, 올더스게이트, 리플게이트, 무어게이트, 비숍스게이트, 올드게이트, 포스턴게이트. 이들 게이트 이름은 대부분 인근의 지하철역명 또는 거리명으로 사용되어 현재까지도 그 흔적이 남아 있다.

런던월과 올더스게이트스트리트 회전교차로에 위치한 런던박물관. 검은 벽돌 구조물 안쪽에 정원이 조성되어 있고, 오른쪽 위로 보이는 흰 건물이 박물관이다.

재개발하고 음악, 연극, 미술 등 다양한 문화활동을 장려하기 위해 1980년대에 설립된 복합 예술공간인 바비칸센터가 위치해 있다. 흥미로운 점은 바로 이곳이 잉글랜드은행을 비롯한 수많은 금융기관이 들어서서 뉴욕의 월스트리트에 필적하는 세계적인 금융가가 되었다는 것이다. 구도심의 서쪽이 세인트폴 대성당-런던박물관-바비칸센터의 축을 형성하고 있다면 반대편은 잉글랜드은행과 로이드사를 비롯한 금융기관들, 그리고 런던의 스카이라인을 바꾼 30세인트메리액스빌딩(일명 오이지빌딩), 리덴홀빌딩 등 초고층 건물이 즐비해 있다. 런던박물관은 런던의 중심부

런던박물관 입구. 가운데 보이는 안내판이 없으면 입구를 찾기 어렵다.

에서 런던의 시작과 과거를 잊을 수 없는 그런 상징적인 장소에 위치해 있는 것이다.

'검은 요새'의 반전

아이러니하게도 런던박물관은 런던 중심에 위치해 있으면서도 쉽게 접근하기 어렵다. 여기에는 몇 가지 물리적인 이유가 있다. 우선 런던박물관은 런던월 끝 지점과 올더스게이트스트리트가 만나는 회전교차로 위에 덩그러니 놓여 있다. 검은 벽돌로 쌓은 둥근 벽은 뭔가 비밀을 간직한 요새 같다. 'MUSEUM OF LONDON'이라는 글씨가 박혀 있지 않았다면 그 정체가 매우 궁금했을 것이다. 정작 박물관은 둥근 벽 위 한편에 빼꼼히 보이는 흰 벽돌 건물이다. 회전교차로에서 흰 건물과 연결된 보행자

육교를 건너야 한다. 회전교차로에 위치하고 있는 점이나 바로 앞에 보이는 건물을 한참 돌아가야 하는 동선과 검은 벽돌이 주는 위용은 모두 박물관에 대한 심리적 거리감을 주기에 충분하다. 그러나 일단 육교를 건너서 박물관이 있는 흰색 건물 2층으로 들어가는 순간 반전을 경험하게 된다. 맨 처음 눈에 띄었던 '검은 성벽' 안쪽은 고요하게 사색할 수 있는 정원이다. 신기하게도 검은 벽돌이 모든 소음을 흡수해버린 듯 한적하고 조용하다. 위에서 내려다보면 둥그런 정원 위에 네모난 박물관이 살포시 얹혀 있는 모습이다.

영국 출신 건축가 필립 포웰Philip Powell과 미국 출신 건축가 히달고 모야Hidalgo Moya가 함께 설계한 런던박물관은 1976년 개관할 때부터 접근성에 대한 논란이 일었다. 그러나 차량의 흐름과 보행자의 안전을 고려한 혁신적인 디자인이라는 평가를 받았다는 사실도 수긍이 간다.

박물관의 외관과 접근성에 대해서는 호불호가 있겠지만 내부의 동선에 대해서는 대체적으로 긍정적인 평가인 것 같다.* 로툰다를 거쳐 입구에 들어서면 중앙에 안내데스크가 있으며, 그곳을 지나 오른쪽 첫 번째 전시실이 시작 지점이다. '런던 이전의 런던London before London'을 테마로 한 기원전 런던의 역사를 따라 시계 반대방향으로 따라가다 보면 중세의 런던에까지 이른다. 동선은 한쪽 방향으로만 이동하도록 설계되어 있어 흐름을 놓칠 가능성은 거의 없다. 1층 중세 런던을 관람하고 나면 바로 계단으로 내려가 지하 2층에서 계속 감상할 수 있다. 여기서부터는 근대부터 현재까지 런던의 모습을 담고 있다. 지하 1층에는 강연 등의 행사를 진행하는

---

* 런던박물관 내부 구조 안내도는 다음 링크를 참조. https://www.museumoflondon.org.uk/museum-london/plan-your-visit/floor-plan

소규모 부대시설이 있다. 모든 전시는 1층과 지하 2층에 집중되어 있다.

흥미로운 점은 주 전시실인 1층과 지하 2층 모두 정원을 고려하여 설계되었다는 것이다. 1층은 앞에서 언급한 로툰다 정원을 거쳐 박물관을 출입할 수 있도록 설계되었고, 지하 2층은 전시실 한가운데 가든코트를 배치하여 전시 감상과 정원 감상을 함께 할 수 있도록 했다. 정원은 영국의 전통적인 문화 코드이자 런던 사람들에게 없어서는 안 될 삶의 공간이다. 런던 사람들은 이곳에서 사색하고, 사람을 만나고, 자연을 즐긴다. 이 박물관에 들어서는 순간 가장 먼저 눈에 띄면서도 동선상 피해갈 수 없는 정원이야말로 이러한 런던 사람들의 일상을 그대로 보여주기 위한 의도적인 배치가 아닐까 하는 생각이 든다.

런던의 시기별 하이라이트

1976년 12월 2일에 개관한 런던박물관은 2차 세계대전 후 최초로 개관한 박물관이자 50만 점의 대규모 컬렉션을 자랑하는 박물관으로 많은 주목을 받았다. 그 후 컬렉션 규모는 지속적으로 확대되어 오늘날에는 600만여 점이 전시되고 있다. 도시 박물관으로는 세계 최대의 규모를 자랑하며 10개의 전시실로 구성되어 선사시대부터 현재까지 런던의 역사를 다채롭게 보여준다. 주요 전시실은 다음과 같다.

> 런던 이전의 런던London Before London : 기원전 45만 년~기원후 50년
> 로마시대의 런던Roman London : 50~410년

중세 런던Medieval London : 410~1558년

혁명, 전염병 그리고 대화재War, Plague and Fire : 1550년대~1660년대

확장하는 도시Expanding City : 1670년대~1850년대

빅토리안 워크Victorian Walk

시민의 도시People's City : 1850년대~1940년대

세계 속의 도시World City : 1950년대~현재

런던 갤러리The City Gallery : 1757년~현재

런던 2012 콜드론London 2012 Cauldron

'런던 이전의 런던'에서는 로마인들이 정착한 50년까지 여러 종족들이 번갈아 가며 정착한 흔적을 보여준다. 사람 뼈와 동물 뼈, 그리고 당시 사용된 것으로 보이는 사냥 도구와 금속 그릇 등 런던의 유구한 역사를 보여주는 유물들을 전시하고 있다.

'로마시대의 런던'에서는 로마인이 브리튼에 정착하여 런디니움을 세우고 로마제국에 편입되기까지의 다양한 흔적을 볼 수 있다. 로마인들은 템스강을 중심으로 양안에 정착했다. 템스강 북쪽은 오늘날의 시티, 남쪽은 서더크에 해당하는 지역이다. 런디니움은 교통과 행정의 중심지이자 무역의 중심지로 성장했던 것 같다. 이 시기 런던이 번영하는 항구이자 군인들의 진지 역할을 했던 흔적이 남아 있으며, 이곳에 정착한 로마인들을 위한 대극장, 종교의식 장소, 신전, 공중목욕탕의 흔적도 살펴볼 수 있다. 주신酒神 바쿠스의 조각상은 흡사 이곳이 로마가 아닌가 하는 착각이 들게 할 정도다. 향수 통, 머리빗, 머리 장신구, 목걸이, 얼굴을 새긴 항아리, 주사위 등의 전시품은 당시 문화적 수준이 상당히 높았음을 짐작하게 한다.

'중세 런던' 전시실은 가장 긴 역사를 망라한다. 5세기 앵글로색슨족의 정착과 9세기 바이킹의 침입, 11세기 노르만의 잉글랜드 정복을 거쳐 16세기 중반 헨리 8세의 개혁과 수도원 해산의 역사에 이르기까지 런던이 현대적인 모습을 갖추어가는 기반이 되었던 역사적인 흔적들이 전시되어 있다. 당시 런던은 무역의 중심지로서 부를 축적하고 있었고, 인구가 급증하여 1300년까지 10만 명으로 늘어났다. 상인과 수공업자들이 독자적인 동업자 조직인 길드를 형성하여 자치 운영 시스템을 구축하고 사회적 특권세력으로서 위상이 강화되었다. 이러한 시대적 배경을 반영한 가죽신발, 가죽조끼, 사기그릇, 꽃병 등은 지금 봐도 매우 세련되었다. 13세기에 처음 세워진 세인트폴 대성당은 1666년 대화재 때 소실되었다. 지금의 성당은 당시와 차이가 있지만 옛 모습을 재현한 모형을 보면 당시 유럽에서 제일 큰 고딕 성당의 위용을 짐작할 수 있다. 수태고지 제단화 또한 성스럽기 그지없다.

중세 성장가도를 달리던 런던은 16세기 후반에 적지 않은 시련을 겪었다. 이 과정을 담은 것이 '혁명, 전염병 그리고 대화재' 전시실이다. 엘리자베스 1세부터 제임스 1세 때 활동했던 영국의 대문호 셰익스피어가 템스강 남쪽 서더크 지역에 위치한 로즈극장에서 공연했던 작품의 기록이 남아 있다. 뿐만 아니라 찰스 1세의 처형 그림, 올리버 크롬웰의 머리를 본뜬 마스크, 찰스 2세의 왕정복고를 기념한 머그잔 등은 청교도혁명의 과정을 상상할 수 있게 한다.

보는 이의 마음을 아프게 하는 전시품도 있다. '1665년의 종'은 수천 명의 목숨을 앗아간 전염병의 기억을 상기시킨다. 일주일 사이에 무려 7000여 명이 희생되었다. 시신을 거둘 때 이 종이 울리면 이웃 주민들은 전염병을 피해 도시를 떠나곤 했다. '1666년 런던 대화재' 그림은 전염병이 종식된 지 얼마 되지 않아 이번에는 화재로 고통받은 런던 시민들의 아픔을 보여준다. 1666년 9월 2일 한밤중에 푸딩레인에 위치한 빵집에서 시작된 화재는 4일 동안 계속되었다. 이 화재로 1만 3200가구와 87개 교회, 세인트폴 대성당, 그리고 구시가지의 대부분이 전소되었다. 구시가지의 5분의 4 이상을 태운 이 화재는 런던 역사에서 가장 충격적인 사건 중 하나다. 당시 소방수가 썼던 헬멧은 대화재의 흔적을 생생히 보여주는 전시품이다. 이 런던 대화재는 런던박물관이 전체적으로 가장 강조하는 테마이기도 하다. 박물관 상설전시뿐만 아니라 특별전시회도 마련하여 런던 대화재의 참상을 그대로 알려주면서 경각심을 주고 있다.

1층 전시실을 거쳐 지하 2층으로 내려오면 '확장하는 도시' 전시실이 나온다. 1666년 런던 대화재의 참상을 극복하고 새로운 전기를 맞이한 런던의 모습을 담고 있다. 이 시기 런던은 단지 연합왕국이 아닌 식민지를 거느린 제국의 수도였다. 그 위상과 영향력에서 런던을 능가하는 도시는 없었다. 이 시기에는 과학기술도 상당히 발달했다. 인쇄술의 발달로 신문이 등장했고 토론 문화도 활발했다. 과학기술의 산실이기도 했던 런던은 제조업의 중심지로 시계나 과학적인 도구들을 만들어냈다. 이곳에 전시된 골드 또는 에나멜 케이스를 입힌 회중시계나 나폴레옹 전쟁 때 사용된 피스톤은 당시 문명의 수준을 잘 보여준다. 윌리엄 호가스가 그린 〈닭싸움〉과 〈서더크 페어〉는 당시 인기 있는 스포츠였던 닭싸움을 즐기는 시민들의 익살스러운 표정과, 배우와 곡예사, 악사, 마술사 등과 함께 거리의 페어를 즐기는 시민들의 모습을 생생하게 담고 있다. 특히 1851년 런던 대박람회장 그림은 하이드파크에서 10만 점을 전시하는 최대 규

〈올더스게이트 플레임〉. 존 웨슬리가 구원에 이르는 믿음을 얻기 위해 고군분투하던 중 1738년 5월 24일 올더스게이트스트리트에서 열린 신도회에 참석하여 영적각성을 얻게 되었다는 내용이다.

모로 진행되었던 무역박람회의 규모와 무역 중심지 런던의 위상을 충분히 보여준다.

물질문명의 발달에 따른 도시의 확장과 별도로 이 시기에 런던은 종교적인 발전을 경험하는 시기였다. 눈에 띄는 전시품으로는 존 웨슬리의 설교문과 비망록이 있다. 또한 〈올더스게이트 플레임〉 조형물이 런던박물관 입구 옆에 서 있다. 이 조형물은 감리교를 설립한 영국국교회 목사이자 신학자인 웨슬리 목사가 구원에 이르는 믿음을 얻기 위해 고군분투하던 중 1738년 5월 24일 올더스게이트스트리트에서 열린 신도회에 참석하여 영적 깨달음을 얻게 되었다는 내용을 담고 있다. 실제 그의 깨달음은 후에 감리교 교리의 시초가 되었고, 웨슬리 목사는 감리교의 아버지로 일컬어지고 있다.

'확장하는 도시' 전시실과 '시민의 도시' 전시실을 연결하는 통로에 '빅토리안 워크'가 있다. 여기에는 19세기 빅토리아 시대 런던에서 흔히 볼 수 있었던 펍과 구멍가게, 이발소, 식품점, 양장점, 전당포 등이 그대로 재현되어 있다. 1960~1970년대 공사 때 철거한 것을 그대로 옮겨놓아 전시함으로써 빅토리아 시대의 분위기를 그대로 전해준다.

'시민의 도시' 전시실은 영국의 위상이 최고조에 달했던 19세기 중반 런던의 모습과 2차 세계대전 때 폭격을 맞은 런던의 모습이 전시되어 있다. 산업화가 가속화되면서 런던은 인구 과밀화와 위생 문제를 겪게 되었고, 빈부격차는 더욱 심해졌다. 지방자치제가 도입되면서 런던시는 당시 만연해 있던 빈곤, 주택, 보건 등의 사회 문제를 다루기 시작했다. 사회적으로는 전기, 전화, 자동차, 영화가 도입되면서 시민들의 라이프스타일이 변화하던 시기이기도 하다. 이 전시실의 전시품들은 화려함을 자랑한다. 부유층이 입던 금박 드레스와 신발도 눈길을 사로잡을 뿐만 아니라 런던에서 생산된 포드자동차 모형이 전시되어 있다. 금으로 도금된 엘리베이터는 1909년 옥스퍼드스트리트에 문을 연 셀프리지백화점에 설치된 것 그대로다. 모두 당대 런던 시민들이 누렸던 화려한 소비문화의 단면을 잘 보여주는 전시품이다.

이와 대조적으로 런던의 참혹한 모습도 볼 수 있다. 2차 세계대전 때 독일군에게 폭격을 맞아 지하철과 버스가 파손되고 건물들이 무참히 무너졌다. 당시 참상을 담은 사진들은 전쟁의 참혹함을 여과 없이 보여준다.

'세계 속의 도시'에서는 전후 런던이 전쟁의 폐허를 복구하고 다시 한 번 세계적인 도시로 거듭나는 과정을 보여준다. 비틀스의 흔적들, 런던 시민들의 일상적인 모습을 담은 사진들을 전시함으로써 오늘날 런던의 모습을 다양한 시각에서 제공한다. 그러나 런던의 고민 또한 엿보인다. 앞으로 어떤 방향으로 나아가야 할지, 다양한 국적의 인종들로 구성된 코스모폴리탄 런던이 나아가야 할 방향은 어디인지? 아직 진행 중인 삶의 현장들을 오픈된 형식으로 제시함으로써 앞으로 런던이 해결해야 할 과제를 생각해보게 한다.

'런던 갤러리' 전시실에서는 런던 시장이 타는 의전용 마차가 전시되어 있다. 18세기에 만들어진 이 마차는 현재도 취임식 때 사용된다. 이와 별도로 2005년 런던 테러에 대한 기록도 전시되어 있다. 최근에 추가된 '런던 2012 콜드론' 전시실에는 2012년 하계올림픽에 참가한 204개국을 상징하는 204개 콜드론을 전시하여 당시 올림픽을 통해 구현하고자 했던 평화와 화합의 메시지를 보여준다.

코스모폴리탄 런던의 과제

런던박물관은 지난 40년 동안 런던이 인류문명사와 함께 해온 탄생과 성장 과정을 있는 그대로 보여준다. 런던에서 수집된 사료들을 바탕으로 때로는 영광스러웠던 순간을, 때로는 고통스러웠던 순간을 솔직하게 보여주고 있다. 그런 모든 순간이 점점이 모여 오늘날의 런던에 이르렀기 때

〈유니온〉. 크리스토퍼 르브룬, 2001. 런던박물관 입구에 서 있는 이 작품은 양쪽에 커다란 디스크를 지고 있는 말의 형상이다. 디스크는 낮과 밤을, 그리고 말은 여정을 상징한다.

문이다. 고통과 시련을 극복하는 과정에서 런던은 물리적으로나 정신적으로 성숙해왔다. 그리고 박물관은 영국이 유럽연합 탈퇴라는 역사적인 결정을 내린 이 시점에서 런던이 앞으로 나아가야 할 방향을 런던 시민 스스로가 찾아가도록 기회를 마련하고 있다.

현재 박물관은 25개의 공동체 프로젝트를 진행 중이다. 이를 통해 박물관은 단순히 교양과 지식을 전달하는 장소에 그치지 않고 시민들에게 지역 공동체의 발전을 위해 적극적으로 참여하는 기회를 제공하는 역할도 수행하고 있다. 박물관이 주도하는 활동으로는 리사이클, 난민 지원, 환경 보호, 도시 미화, 소외층 돌보기 등이 있다. 이러한 주제들은 코스모폴리탄 도시에서 더 이상 방치할 수만은 없는 사회적 이슈이기도 하다. 이러한 이슈들을 공동체 차원에서 함께 고민하고 해결해나가기 위해 박물관이 고민과 참여의 장을 제공하고 있으며, 시민들은 이러한 활동에 참여함으로써 코스모폴리탄 시민으로서 가져야 할 시민의식을 갖게 된다.

런던박물관은 향후 접근성을 높이고 더 넓은 공간에서 방문객들이 런던의 역사를 경험할 수 있도록 인근의 스미스필드 지역으로 이전할 계획이며, 현재 준비 작업이 한창이다. 변화하는 글로벌 환경에서 도시가 어떻게 진화하는지, 시민들의 삶의 질 향상을 위해 지역 공동체가 할 수 있는 일은 무엇인지, 그리고 개개인이 가져야 할 시민의식은 무엇인지 등에 대해 앞으로 런던박물관은 다양한 전시와 활동 프로젝트를 통해 시민들에게 끊임없이 질문할 것이다. 그리고 그러한 과정을 통해 코스모폴리탄 런던은 계속 진화하고 발전해나갈 것이다.

윤성원

* 이 장은 2017년 유럽연합집행위원회의 지원을 받는 KU-KIEP-SBS EU Centre의 연구비 지원을 받아 저술되었다.

3부

MVSEI VATICANI

국가

8 루브르의 잃어버린 시간을 찾아서

— 파리 루브르박물관

1190년 필리프 오귀스트 왕 센 강변에 요새 설치 명령

1546년 프랑수아 1세, 건축가 피에르 레스코에게 요새를 왕궁으로 개축하도록 지시

1674년 루이 14세, 베르사유로 거처를 옮기기로 결정함에 따라 루브르궁은 방치됨

1725년 루브르의 살롱 카레에서 정기적으로 전시회를 개최하고 이를 '살롱'이라고 명명

1793년 루브르, '중앙박물관'으로 정식 개관

1852년 나폴레옹 3세, 신新루브르 박물관 프로젝트 추진

1981년 프랑수아 미테랑 대통령, 그랑 루브르 계획 착수

1989년 루브르박물관 앞에 출입구 용도의 유리 피라미드 설치

2012년 폐광촌에 '루브르-랑스박물관' 개관

2017년 프랑스-아랍에미리트 정부 간 협정으로 '루브르-아부다비박물관' 개관

프랑스 파리의 루브르박물관Musée du Louvre은 건축물의 규모나 소장하고 있는 컬렉션의 수준에서나 매우 중요한 역사적 · 문화적 의미를 지니고 있다. 루브르박물관에 대한 대중의 관심은 레오나르도 다빈치의 〈모나리자〉를 비롯한 다수의 예술작품들에 집중되어 있지만, 실제로 이곳은 프랑스의 역사적 변천과 사건들을 증명하는 공간이자, 현재 프랑스 문화를 대

루브르박물관과 유리 피라미드. 루브르는 요새에서 왕궁으로, 그리고 박물관으로 변화했다. 유리 피라미드는 1981년 그랑 루브르 계획의 일환으로 출입구 사용 목적으로 건설되었다.

표하는 상징적인 장소라는 점을 잊지 말아야 한다.

이 글에서는 루브르박물관이 소장하고 있는 작품들의 예술적 가치를 조명하기보다는, 건축물 자체의 역사적 의미를 고찰하고 각 시대 지도자들의 정치적 신념 및 문화정책이 루브르박물관의 변천에 미친 영향에 대해 살펴보려고 한다. 또한 한낱 과거 유물들과 회화·조각작품들을 전시하는 공간이라는 인식에서 벗어나기 위해 루브르박물관이 기획하는 프로젝트들을 살펴보고, 루브르가 지향하는 박물관의 미래상에 대해서도 다룰 것이다.

루브르 : 요새에서 왕궁으로, 그리고 박물관으로의 변화

프랑스 파리는 중심부의 1구를 기준으로 시계 방향을 따라 총 20개의 구_區로 형성된 도시다. 루브르박물관은 파리 1구의 리볼리가에 있다. 주위를 살펴보면 사방에 시청(동), 개선문(서), 소르본대학교(남), 오페라하우스(북) 등 파리를 상징하는 역사적 건축물들과 정원들, 관공시설들이 자리하고 있다. 여기에서 우리가 주목해야 할 점은 박물관의 남쪽에, 그것도 매우 가까이에 센강이 흐르고 있다는 사실이다. 일반적으로 박물관은 작품에 치명적일 수 있는 물이 흐르는 곳 가까이에 건물을 세우지 않는데, 왜 프랑스는 강변에 박물관을 건축할 수밖에 없었을까? 그 이유를 알기 위해 우리는 역사를 거슬러 올라가볼 필요가 있다.

루브르는 원래 박물관 용도로 지어진 곳이 아니다. 이곳은 1190년 필리프 오귀스트 왕(1165~1223)이 십자군 전쟁에 참전하기에 앞서 파리를 앵글로노르만족의 침략으로부터 보호하기 위해 강변에 성벽을 세우고, 사방에 망루를 설치한 거대한 요새였다. 이러한 요새의 건설은 당시 '파리'라는 도시가 형성되는 데 매우 중요한 요소였다. 이후 루브르는 계속해서 성벽을 쌓으며 확장되었다. 14세기에 이르러 샤를 5세(1338~1380)는 군사적 용도였던 요새를 왕실의 거처 공간으로 바꾸는 공사를 진행했다. 그는 자신이 수집한 973개의 수사본들을 건물 내부에 새로 지은 도서관 탑에 장서해놓았을 정도로 루브르가 왕궁으로 변신하는 데 기여했다. 하지만 샤를 5세가 죽은 후 프랑스 왕들은 파리를 벗어나 루아르강 계곡에 자리한 성에서 지냈으며, 루브르는 오랫동안 방치되었다.

루브르가 위신을 회복하게 된 것은 파리의 중요성을 인식한 프랑수아 1세(1494~1547) 때다. 그는 요새를 재정비하기 시작했다. 망루를 허물고 루브르를 왕궁으로 바꾸는 데 집중했다. 예술에 조예가 깊었던 그는 1546년 건축가 피에르 레스코Pierre Lescot를 기용하여 르네상스풍의 왕궁 재건축 공사를 맡겼으며, 내부도 화려하게 장식할 것을 주문했다. 또한 이때부터 이탈리아 르네상스 거장들의 작품들을 포함한 미술품을 수집하기 시작했다. 이처럼 프랑스 왕들은 루브르에 기거하면서 강력한 왕권을 상징적으로 보여주기 위해 많은 노력을 기울였다. 카트린 드 메디시스(1519~1589)는 튈르리궁 공사를, 앙리 4세(1553~1610)는 루브르궁과 튈르리궁을 연결하는 460미터 길이의 대회랑Grande Galerie 공사를 명령했으며, 루이 13세(1601~1643)는 선왕의 위대한 계획을 이어받아 루브르를 더 화려하고 웅장한 왕궁으로 만드는 데 총력을 기울였다.

이후 루이 14세(1638~1715)는 루브르에 남아 있던 중세의 잔재들을 모두 제거하고, 소회랑Petite Galerie(현재 아폴론 회랑Galerie d'Apollon) 건설과 프랑수아 1세 때 지은 살롱 카레Salon carré의 확장공사를 추진했다. 그리고 1665년 이탈리아의 건축가 잔 로렌초 베르니니를 파리로 초청하여 루브르의 바로크식 건축설계를 맡겼으나 실패했고, 대신 클로드 페로Claude Perrault가 나서서 1667년부터 1670년까지 왕궁의 동쪽 정면에 주랑Colonnade을 축조하여 고전주의 건축 양식을 선보였다. 그러나 명성도 잠시, 1674년 루이 14세가 베르사유로 거처를 옮기기로 결정하면서 루브르는 다시 한 번 왕궁의 기능을 상실하고 만다.

태양왕이 떠난 후 루브르는 어떻게 활용되었을까? 물론 루이 14세의 베르사유 천도는 건축물의 발전에 일부 타격을 주긴 했지만, 루브르는 지속적으로 왕실의 컬렉션을 보존하고 관리하고 전시하는 문화적 기능을 담당했다. 루브르 내부에 왕립회화조각아카데미를 설립하여 예술가들에게 이론과 실기 교육을 실시했으며 1~2년에 한 번 국가전시회를 개최하여 아카데미 회원들이 기량을 뽐낼 수 있는 기회를 제공하기도 했다. 이 전시회를 '살롱Salon'이라고 부르는데, 1725년 이래 대회랑의 동쪽 끝에

루브르 대회랑. 앙리 4세는 루브르궁과 튈르리궁을 연결하는 대회랑 공사를 명령했다. 현재는 이 회랑에서 이탈리아 회화작품(15~17세기)을 감상할 수 있다.

위치한 살롱 카레에서 전람회를 개최한 데에서 비롯한 명칭이다. 이러한 살롱에 힘입어 18세기 중엽부터 루브르는 예술작품을 전시하는 박물관의 형태를 갖춰나가기 시작했다.

　루브르가 왕권의 영향력에서 벗어나 본격적으로 박물관의 기능을 갖게 된 것은 프랑스대혁명이 발발한 1789년 이후였다. 혁명 전부터 프랑스 전역에 분산되어 있는 왕실 소장품을 한데 모아 전시하자는 논의가 계속되었지만 결실을 맺지 못하다가, 1793년 7월 27일 국민의회가 중앙박물관Muséum central des Arts 법령을 공포하고서, 또한 같은 해 8월 10일 박물관을 정식 개관하면서 그동안 미루어졌던 루브르 계획들이 구체적으로 실현되기 시작했다. 이때 박물관에 전시된 대부분의 회화작품들은 왕실 소장품이었으나 혁명 이후 국가로 귀속되었으며, 때로는 혁명정부가 성직자나 종교단체로부터 압수한 예술품이 컬렉션에 추가되기도 했다. 루브르는 나폴레옹(1769~1821)이 집권하던 시기에는 나폴레옹 박물관으로, 실각 후에는 루브르왕립박물관으로, 제2공화정에서는 루브르박물관으로 개칭되었으며, 지금까지 명실상부한 프랑스의 중요한 문화기관으로서의 역할을 수행하고 있다.

루브르박물관 안내서

19세기에도 루브르박물관의 증축공사는 계속되었다. 나폴레옹 3세(1808 ~1873)는 선왕들이 마무리 짓지 못한 루브르 계획을 다시 추진했다. 1852년 그는 이미 확장된 루브르박물관과 튈르리를 연결하는 계획을 세우고 신新루브르Nouveau Louvre 공사에 착수했다. 루브르박물관 외부에는 나폴레옹 안뜰Cour Napoléon을 조성했으며, 신루브르 계획의 일환으로 나폴레옹 3세의 처소Appartements de Napoléon III는 더없이 화려하게 장식되었다. 그러나 1870년 제2제정의 몰락으로 루브르에 또다시 위기가 찾아왔고, 1871년 파리 코뮌 당시 튈르리궁에 화재까지 발생하면서 신루브르 계획에 차질이 빚어졌다. 튈르리궁은 복원이 가능했지만 1882년에 완전히 철거되었으며, 대신 홀로 남겨진 루브르에 재무부가 입주하여 박물관과 공존하게 되었다.

20세기에도 루브르박물관은 끊임없이 변화했다. 특히 프랑수아 미테랑(1916~1996) 대통령의 재임 시절 야심차게 추진했던 그랑 루브르Grand Louvre 계획은 루브르박물관을 훨씬 더 대중적이고 현대적으로 변화시키는 데 기여했다. 그랑 루브르 공사는 체계적으로 진행되었다. 1981년에 공사가 시작되어 1993년에 대중에게 전시실을 개방하고, 1999년에 완성할 때까지 박물관 입구와 지하주차장 건설, 튈르리 공원을 포함한 녹지공간 조성, 재무부 이전, 전시실 내부 단장 등 프랑스의 어떤 왕도 시도하지 못했던 대단한 계획들을 진척시켰다. 공사 전과 후를 비교하면, 가장 눈에 띄게 달라진 부분은 바로 나폴레옹 안뜰에 세워진 유리 피라미드다. 그랑 루브르 계획의 하나로 기획된 이 현대식 구조물은 중국계 미국인 건축가 이오 밍 페이Ieoh Ming Pei가 1989년에 설계 및 설치한 것으로, 당시 격렬한 논쟁을 불러일으켰다. 하지만 지금은 20세기의 가장 혁신적인 구조물로 평가받고 있다.

박물관으로 통하는 문은 여러 개가 있지만,* 현재 유리 피라미드가 주요 입구로 사용되고 있으며, 관람객은 이 피라미드를 통해 지하 중앙홀로 내려갈 수 있다. 매표소와 안내데스크, 서점이 있는 중앙홀에서 길은 다시 세 갈래로 나뉘는데, 이 통로가 바로 컬렉션이 전시된 3개의 전시관,

---

* 루브르박물관 안내도는 다음 링크를 참조. https://www.louvre.fr/plan

즉 리슐리외관, 쉴리관, 드농관으로 이어지는 곳이다. 다시 루브르를 바깥에서 바라보면, 북쪽 리볼리가에는 리슐리외관이, 주랑이 있는 동쪽에는 쉴리관과 정사각형 안뜰Cour carrée, 시계관Pavillon de l'horloge이, 그리고 센 강이 흐르는 남쪽에는 드농관과 아폴론 회랑, 대회랑이 'ㄷ'자 형태로 연결되어 있다. 관람객은 각 전시관의 반지하층과 1~2층을 오르내리며 작품들을 관람할 수 있다. 또한 동쪽의 쉴리관 지하층에 가면, 루브르 확장 공사 중 발견된 중세의 흔적들과 발굴 현장에서 찾은 유물들이 전시되어 있으므로 관람을 추천한다.

이제 3개의 전시관을 세부적으로 살펴보자. 우선 프랑스(18~19세기), 이탈리아(13~19세기), 스페인(15~19세기), 영국(16~19세기) 등 유럽의 회화작품들은 드농관 1층에 전시되어 있으며, 쉴리관, 리슐리외관의 2층에는 독일, 플랑드르, 네덜란드, 벨기에, 러시아를 포함한 주로 북유럽 지역의 회화작품들(14~19세기)과 나머지 프랑스 회화작품들(14~19세기)이 전시되어 있다. 그리스, 로마, 에트루리아의 고대 유물은 드농관과 쉴리관의 1층과 반지하층에서, 이슬람 미술은 드농관 지하층에서, 근동 지역의 고대 유물은 쉴리관과 리슐리외관의 반지하층에서, 이집트의 고대 유물은 쉴리관 반지하층과 1층에서 관람할 수 있다. 조각은 드농관과 리슐리외관의 반지하층과 지하층에 전시되어 있고, 리슐리외관에서는 프랑스 작품들(반지하층: 6~19세기 조각, 지하층: 17~18세기 조각)을, 드농관에서는 프랑스를 제외한 다른 유럽 나라들의 작품들(반지하층: 16~19세기 조각, 지하층: 6~17세기 조각)을 찾아볼 수 있다. 그 외에 장식미술 작품들(6~19세기)은 리슐리외관과 쉴리관의 1층에 전시되어 있으며, 아프리카, 아시아, 오세아니아 및 아메리카 대륙의 미술작품들(8~20세기)은 튈르리 공원 쪽에 있는 드농관 반지하층의

〈사모트라케의 니케〉. 루브르가 소장한 고대 그리스 유물 중 하나로, 드농관 입구에서부터 장엄한 분위기를 연출하며 관람객을 압도한다.

끝부분에서 관람할 수 있다.

예술의 신전, 루브르박물관

매년 평균 800만 명의 방문객이 찾는 루브르박물관은 소묘작품까지 포함해서 무려 50만 점에 달하는 예술품을 소장하고 있다. 이 중에서 약 3만~4만 점이 대중에게 공개되고 있다. 컬렉션의 대부분은 고대 유물들을 비롯하여 중세부

레오나르도 다빈치, 〈모나리자〉. 루브르박물관에서 가장 유명한 프랑스의 국보급 회화작품이라 할 수 있다. 매일 수많은 관람객이 모나리자를 만나기 위해 루브르를 방문한다.

루브르 마를리 안뜰. 17세기의 거대한 기마상 조각들을 전시하기 위해 조성한 공간이다. 여기에 건축가 이오 밍 페이의 유리 천장이 더해져 조각상들이 더욱 아름다워 보인다.

터 1848년까지의 예술작품들을 주로 다루고 있으며, 이전에 전시되었던 19세기 작품들, 정확히 말해 1848년 이후의 작품들은 공간이 부족해짐에 따라 1986년에 오르세미술관으로 옮겨졌다.

    루브르의 컬렉션은 총 8개의 섹션(① 고대 오리엔탈 유물, ② 고대 이집트 유물, ③ 고대 그리스·에트루리아·로마 유물, ④ 이슬람 미술, ⑤ 조각, ⑥ 장식미술, ⑦ 회화, ⑧ 판화, 소묘)으로 분류되어 있으며, 모든 소장품은 각 분야 전문가들의 관리를 받으며 전시되고 있다.

루브르의 용도가 오랫동안 왕궁이었기 때문에 현재 전시하고 있는 컬렉션의 대부분은 왕실 소유의 작품이 많다. 절대왕정 시기에는 프랑수아 1세의 미술품 수집 전통을 이어받아 수많은 작품들을 구입했다. 하지만 대혁명 이후 왕실 컬렉션은 전부 국가 소유가 되었고, 여기에 나폴레옹이 전쟁 중 약탈한 전리품들, 특히 그리스, 로마, 이집트의 고대 유물들까지 추가되면서 루브르박물관은 엄청난 양의 작품들을 소장하게 되었다. 심지어 나폴레옹이 패한 후 5만여 점 이상을 본국에 반환했음에도 불구하고 여전히 루브르는 압도적인 양의 컬렉션을 자랑하고 있다. 지금도 새로운 작품의 구입과 기증으로 더욱 풍부한 컬렉션을 선보이고 있다.

　이제부터 테마별로 루브르박물관의 컬렉션을 살펴보자.

1. 고대 오리엔탈 유물

오리엔탈 유물 전시관은 기원전 7000년경 인도와 지중해 사이의 광활한 지역에서 유래한 고대 근동 문명의 유물들을 전시하고 있으며, 문화지리학적으로 세 부분, 즉 메소포타미아(리슐리외관), 이란(쉴리관), 레반트(쉴리관) 지역으로 나뉘어 있다. 루브르의 오리엔탈 유물 컬렉션이 이처럼 풍부해질 수 있었던 것은 19~20세기 근동 및 중동 지역에서 많은 프랑스 고고학자들이 발굴활동을 했기 때문이다. 그중 메소포타미아 모술의 프랑스 영사였던 폴-에밀 보타Paul-Emile Botta가 고대 아시리아의 도시, 두르 샤루킨(현재의 코르사바드) 발굴에서 찾아낸 사르곤 2세 궁전의 부조들이 가장 유명하다. 보타의 발굴에 기초하여 1847년 루브르에 아시리아박물관이 설립되었으며, 훗날 이 박물관은 오리엔탈 유물 전시관으로 바뀐다. 이 전시관에서 볼 만한 유물들로는 〈독수리 석비〉, 〈지방총감 에비-일의 상〉, 〈함무라비 법전〉 등이 있다.

2. 고대 이집트 유물

이집트 유물 전시관은 나일강 유역에서 기원전 4000년부터 시작된 이집트 문명의 유물들을 소개하고 있다. 다른 박물관과 비교할 때 루브르가 현저하게 많은 양의 이집트 유물 컬렉션을 소장할 수 있었던 것은 나폴레옹의 이집트 원정 때문이다. 나폴레옹은 1798년 이집트 원정에 동반한 비방 드농Dominique Vivant Denon에게 이집트 유물을 발굴하여 프랑스로 들여오는 막중한 책임을 맡겼고, 그는 성공적으로 임무를 완수했다. 이후 1826년에 샤를 10세의 명령에 따라 이집트 유물 전시관이 마련되었으며, 이집트 상형문자를 해독한 샹폴리옹Jean-François Champollion이 전시관의 총책임자로 활약했다. 마리에트François Auguste Ferdinand Mariette 또한 루브르의 이집트 유물 컬렉션을 보강할 작품들을 꾸준히 구입했다. 현재 이집트 유물들은 주로 쉴리관에서 관람할 수 있다. 대표적인 유물로는 〈거대한 스핑크스〉, 〈앉아 있는 서기〉가 있고, 그 외에도 당시 생활상을 보여주는 미라, 가면, 악기, 무기 등이 전시되어 있다.

3. 고대 그리스 · 에트루리아 · 로마 유물

고대 그리스 · 에트루리아 · 로마 유물 전시관은 기원전 4세기부터 기원후 6세기까지 지중해 연안에서 발생한 문명으로부터 유래한 작품들을 전시하고 있다. 이 유물들은 프랑수아 1세 이래 왕실에서 소장해왔던 작품들과 19세기 이후 루브르에서 추가로 구입한 작품들로 구성되어 있다. 특히 나폴레옹이 자신의 박물관을 장식하기 위해 이탈리아에 있던 〈라오콘 군상〉과 〈벨베데레의 아폴로〉를 약탈하여 프랑스로 옮겨왔다가 1815년에 반환한 사건은 유명한 일화다. 고대 그리스·에트루리아·로마의 유물들은 드농관과 쉴리관에 밀집되어 있다. 드농관의 큰 계단 위에 위치한 〈사모트라케의 니케〉는 루브르에 들어선 관람객에게 큰 감동을 선사한다. 또한 고대 그리스의 헬레니즘 문화를 보여주는 대리석 조각상인 〈밀로의 비너스〉는 루브르에서 가장 유명한 작품 중 하나로 손꼽히며, 그 외에도 〈보르게세의 검투사〉(그리스), 〈아그리파 상〉(로마) 등이 있다.

4. 이슬람 미술

이슬람 미술 전시관은 7세기에서 19세기 사이, 스페인에서 인도까지 이슬람 지역에서 탄생한 작품들을 진열하고 있으며, 약 1만여 점에 달하는 컬렉션을 자랑한다. 이슬람 작품들은 리슐리외관에 전시되었다가, 2012년 드농관 지하층의 비스콘티 안뜰Cour Visconti에 새로 조성된 넓은 전시 공간으로 모두 이전되었다. 대표적인 전시물로는, 10세기에 제작된 것으로 추정되는 스페인 상아로 만든 〈알 무그히라 왕자의 보석함〉, 14세기 맘루크 시대에 금은세공으로 화려함을 더한 〈생-루이의 세례용 수반〉, 오스만 제국의 화려한 예술을 보여주는 도자기 등이 있다.

5. 조각

조각 전시관은 중세부터 19세기 중반 사이에 유럽에서 제작된 조각들을 진열하고 있으며, 그중 프랑스 조각들이 컬렉션의 중요한 부분을 차지하고 있다. 박물관 설립 초기에는 고대의 조각들과 미켈란젤로의 〈죽어가는 노예〉와 〈반항하는 노예〉 두 점만 전시했다. 그러나 1824년 조각 전시관을 개장하면서 한층 풍부해진 조각들을 전시하기 시작했고, 1850년 중세의 조각들을 추가 구입했으며, 1893년에는 조각 섹션이 고대 유물 전시관에서 따로 독립하게 되었다. 현재 프랑스 조각들은 리슐리외관에서, 나머지 이탈리아, 스페인, 북유럽의 조각들은 드농관에서 만나볼 수 있다. 또한 루이 14세가 좋아했던 기마상들을 전시한 마를리 안뜰Cour Marly 은 본래 마를리 성의 공원을 위해서 고안된 장소로, 건축가 이오 밍 페이가 만든 유리지붕이 더해져 조각품들이 마치 야외에 있는 듯한 착각을 불러일으킨다. 루브르에서 볼 만한 조각으로는 퓌제의 〈크로토나의 밀로〉, 팔코네의 〈목욕하는 여인〉, 카노바의 〈큐피드의 키스로 환생한 프시케〉등이 있다.

6. 장식미술

장식미술 전시관은 거의 모든 시대의 작품들을 총망라하고 있다. 장식미술은 왕관, 보석, 도자기, 청동 공예품, 금은 세공품, 가구, 태피스리 등 그 종류가 매우 다양하다. 루브르는 뒤랑 컬렉션(1825)과 캄파나 컬렉션 (1862) 구입이나 기증을 통해 장식미술 작품 수를 계속 늘려나가고 있다. 장식미술 작품들은 대부분 리슐리외관에 전시되어 있으나, 아폴론 회랑이나 나폴레옹 3세의 처소에서도 왕실이 소장하고 있던 보석과 가구, 도자기, 화려한 실내장식품을 감상할 수 있다.

7. 회화

회화 전시관은 약 7500점의 작품을 보유하고 있다. 그중 3400여 점만 전시하고 있으며, 13세기부터 1848년까지 프랑스, 이탈리아, 스페인, 영국,

북유럽 지역의 회화작품들로 컬렉션을 구성하고 있다. 회화작품들은 대부분 왕실 소장품이 주를 이루고 있고, 나폴레옹 시대에 구입하거나 약탈해온 작품도 상당수 있다.

프랑스 회화는 쉴리관에서, 이탈리아와 스페인 회화는 드농관에서, 북유럽 회화는 리슐리외관에서 찾아볼 수 있다. 특히 세계적으로 가장 유명한 작품, 〈모나리자〉는 드농관에 자리하고 있으며, 매일 수많은 관광객들의 시선을 한 몸에 받고 있다. 루브르에는 유명한 회화작품들이 수없이 많아서 모두 열거하는 것조차 불가능하지만, 대표적인 프랑스 작품을 꼽으라면 다비드의 〈나폴레옹의 대관식〉이나 들라크루아의 〈민중을 이끄는 자유의 여신〉이 있고, 이탈리아 르네상스 작품으로는 레오나르도 다빈치의 〈성모자와 성 안나〉, 베로네제의 〈가나의 혼인〉이, 그리고 북유럽 작품으로는 베르메르의 〈레이스 짜는 여인〉, 렘브란트의 〈목욕하는 밧세바〉 등이 있다.

8. 판화와 소묘

판화 및 소묘 전시관의 컬렉션은 드로잉, 파스텔화, 세밀화, 판화 등 주로 종이에 표현된 작품들로 구성되어 있으며, 18세기 말부터 독자적으로 관리되기 시작했다. 이 전시관은 세 부분으로 나뉘어 있다. ① 소묘전시실Cabinet des dessins에서는 왕실 컬렉션을, ② 에드몽 드 로스차일드 컬렉션Collection Edmond de Rothschild에서는 4만 점의 판화, 3000점의 소묘, 500권의 그림책을, ③ 원판전시실Chalcographie에서는 1만 4000여 점의 왕실 동판銅版을 소개하고 있다. 최근에 루브르는 쉽게 손상되는 판화 및 소묘작품들을 디지털화하는 데 성공하여 그 업적을 인정받고 있다.

과거와 현재와 미래가 공존하는 루브르

지금 우리가 관람하는 루브르박물관은 하루아침에 만들어진 것이 아니다. 과거 프랑스 국왕들이나 대통령들이 이룩한 문화 · 예술 업적들과 건축물의 확장 및 보수공사, 왕실 컬렉션, 또는 새로 구입하거나 기증을 통해 늘어난 예술작품, 그리고 나폴레옹이 유럽을 침략하여 약탈한 수많은 문화재들이 '루브르'를 구성하고 있다.

국제사회는 프랑스의 과거 문화재 약탈행위를 비난하면서 문화재 반환을 주장하고 있지만, 프랑스는 자국의 오랜 전통과 역사가 담긴 루브르와 그 컬렉션에 대해 높은 문화적 자긍심을 갖고 있기 때문에 이 문제가 이슈화될 때마다 회피해왔다. 이러한 문제를 해결하는 것은 결코 쉽지 않지만, 국제사회의 관심과 노력이 지속적으로 이루어지다 보면 문화 · 예술 발전에 기여할 수 있는 합의점에 도달할 수 있을 것이다.

이처럼 때로는 여러 가지 문제에 부딪혀 난항을 겪기도 했지만, 루브르는 한 발 한 발 미래를 향해 나아가고 있다. 미테랑 정부가 그랑 루브르 계획을 발표한 1981년을 기점으로 루브르는 끊임없는 변화를 통해 박물관의 현대화 작업을 추진하고 있다. 특히 루브르가 이 계획을 추진하면서 가장 염두에 둔 것은 박물관의 대중화였다. 당시 루브르를 방문하는 사람들은 대부분 외국 관광객이었다. 이 때문에 파리 시민들도 루브르박물관에 쉽게 접근할 수 있도록 메인 출입구(유리 피라미드)를 만들고 카페나 레스토랑 같은 편의시설과 휴식공간을 확충했다. 또한 시민들을 위한 다양한 교육 프로그램(강연회, 성인 또는 아동 대상의 아틀리에, 토론회, 콘서트 등)을 기획하고 넓은 강당auditorium도 조성했다. 즉 루브르는 예술작품을 수집하

루브르-랑스박물관. 폐광촌에 건설한 루브르박물관의 분관으로 2012년에 개관했다. 현대식 건물과 다양한 전시를 관람하기 위한 관광객이 해마다 늘어나고 있다.

고 보존하는 기능을 뛰어넘어 전시나 교육 프로그램을 통해 일반 시민들의 교육에 앞장서고 있으며, 박물관을 방문하는 사람이면 누구나 편안하게 프랑스의 문화와 예술을 경험할 수 있도록 최상의 환경을 갖추는 데 노력하고 있다.

그랑 루브르 프로젝트는 2000년에 마무리되었지만, 그 이후에도 루브르는 전시 공간을 확충하기 위해 프랑스 북부 랑스 지역에 분관을 마련하고, 아부다비에도 현대식 박물관을 건설하여 다양한 문화사업을 진행하고 있다. 프랑스 문화부는 문화적 혜택이 도시에만 집중되는 것을 방지하고자 폐광 후 거의 버려지다시피 한 지방 도시 랑스에 루브르박물관 분관을 건설하기로 결정했으며, 2012년 개관 이래 관람객 수도 꾸준히 증가하여 지역경제가 활성화되는 효과를 누리고 있다. 그리고 최근 들어 홍수 때문에 센강이 범람하는 일이 종종 발생하면서 이에 대비하기 위해 분관에 루브르박물관 작품들을 옮겨놓을 공간까지 확보해놓고 있다.

2017년 11월 11일에 문을 연 루브르–아부다비박물관은 프랑스와 아랍에미리트 정부 간 협정을 통해 양국의 문화 교류와 관광산업 증진을 위해 지어졌다. 루브르–아부다비는 30년 동안 루브르 명칭을 사용할 수 있으며, 소장품이 증가함에 따라 프랑스 박물관에서 차용하는 예술작품도 10년 단위로 그 비율을 낮춘다는 내용의 협정문을 체결했다. 루브르–아부다비박물관의 설립을 반대하는 목소리도 있었지만, 고대부터 현대까지 전 세계의 다양한 문명을 아우르는 예술작품을 전시하겠다는 야심찬 포부가 세계의 박물관 발전에 기여할 수 있길 기대해본다.

루브르박물관은 과거, 현재, 미래가 공존하는 공간이다. 프루스트의 소설《잃어버린 시간을 찾아서》의 주인공 마르셀이 기억을 통해 과거의 시간들을 되살려놓은 것처럼, 루브르박물관을 방문한 우리는 예술작품을 통해 과거와 만나고, 동시에 미래를 내다본다. 앞으로도 루브르박물관은 끊임없이 변화할 것이다. 새로운 시대의 도래와 함께 건축물에도, 전시 형태에도, 관람 방법에도 변화의 바람이 거세게 불어닥칠 테지만, 언제나 예술의 아름다움을 추구하는 루브르가 미래에는 어떤 모습으로 파리 리볼리가에 서 있을지 상상해보자. 그 상상만으로도 우리는 이미 미래의 루브르박물관 앞에 도달해 있을 것이다.

김선형

— 파리 군사박물관

1670년　부상병과 노쇠한 퇴역군인을 수용하기 위해 앵발리드 건설

1789년　성난 파리 시민들이 앵발리드에서 무기를 노획하고 절대왕정의 흔적을 지움

1795년　포병박물관 설립함

1800년　나폴레옹, 공화국 건설 기념식을 앵발리드에서 거행

1840년　앵발리드 황금돔에 나폴레옹의 유해 안치

1889년　군대역사관 설치

1905년　포병박물관과 군대역사관을 통합한 프랑스군사박물관 설립

1914년　마른 전투에 병력을 수송하기 위한 택시가 앵발리드에서 출발

제국의 군대와 국난 극복의 상징 공간 :
박물관이 되어버린 앵발리드

프랑스의 군사박물관Musée de l'Armée은 센강 좌안의 화려한 돔으로 유명한
앵발리드Hotel des Invalides에 위치한다. 앵발리드는 루이 14세 치세인 1670
년에 부상병과 노쇠한 퇴역군인을 수용하기 위해 지어진 상이군인 병원
이자 요양소로 현재까지 그 기능을 수행하고 있다. 그러나 한편으로는 여

러 개의 박물관이 자리 잡고 있는 중요한 전시 공간이기도 하다. 현재 앵발리드에는 군사박물관을 비롯해 전쟁과 관련한 입체모형을 전시한 군사입체모형박물관Musée des Plan-Reliefs과 2차 세계대전으로 훈장을 받은 군인들을 기념하는 전시 공간인 해방훈장박물관Musée de l'Ordre de la Libération 등 3개의 박물관이 자리 잡고 있다.

앵발리드에 전쟁 및 군대와 관련한 전시시설이 들어선 것은 1795년에 만들어진 포병박물관Musée de l'artillerie이 프랑스-프로이센 전쟁(1870~1871)이 끝난 후 이곳으로 옮겨오면서부터다. 이후 군대역사관Musée historique de l'Armée도 이곳에 둥지를 틀었다. 이 역사관은 1889년 파리만국박람회에서 선보인 군사 관련 전시를 모델로 1896년에 만들어진 곳이었다. 그러다가 1905년에 포병박물관과 군대역사관이 통합되면서 앵발리드는 보훈시설이라는 고유의 역할을 수행하는 동시에 전쟁과 국난의 역사를 전시하는 공간으로 활용되기 시작했다.

루이 14세의 통치 시기는 전쟁의 시대라고 해도 과언이 아닐 정도로 군사적 충돌이 잦은 때였다. 17세기 전반기에는 30년 전쟁(1618~1648)으로 인한 혼란의 시기였다. 스페인제국, 헝가리왕국, 폴란드-리투아니아연방, 덴마크-노르웨이, 잉글랜드왕국, 프랑스왕국 등이 신성로마제국의 종교분쟁으로 시작된 이 전쟁에 참여하면서 유럽 전역이 전쟁의 소용돌이 속으로 휩쓸려 들어갔다. 17세기의 나머지 절반에 해당하는 시기도 1669년과 1670년 두 해를 제외하고는 전쟁이 끊이지 않을 정도로 혼란스러운 시대였다.

이러한 역사적 맥락에서 볼 때 30년 전쟁 말기에 즉위한 루이 14세에게 상이군인에 대한 예우는 중요한 국가적 문제가 될 수밖에 없었다. 이에

앵발리드 전경.

1670년 루이 14세가 부상병과 퇴역군인을 위한 보훈시설을 설립하기 위한 칙령을 발표하여 앵발리드가 건설되었다. 이렇게 앵발리드는 전쟁으로 인한 17세기의 기나긴 혼란과 짧은 평화의 시기를 동시에 상징한다.

　앵발리드는 절대왕정의 위엄을 상징하는 공간이었다. 이 상징성은 관료 시스템의 방대함과 상비군의 거대함만큼 건축물의 장식에 고스란히 드러난다. 앵발리드 입구의 벽면에는 사람의 얼굴을 한 태양 문양이 새겨져 있으며, 말을 탄 루이 14세가 로마 황제의 모습으로 조각되어 있다. 이러한 장식들과 함께 "왕의 군인들에 대한 왕실의 너그러움으로 루이 대왕이 (……) 이 건물을 설립했다"는 문구가 새겨졌다. 이렇게 이곳은 유럽을 지배하는 새로운 제국을 꿈꾸는 왕의 위엄을 상징했다. 더욱이 앵발리드는 바로크 건축 양식을 통해 절대왕정의 권위와 힘을 보여주었던 쥘 아르두앵-망사르Jules Hardouin-Mansart가 설계한 교회와 함께 웅장함을 더욱 뽐낼 수 있었다. 앵발리드의 교회는 군사용으로 만들어진 생루이 성당과 107미터 높이의 황금장식 돔이 화려함을 뽐내는 왕실 전용 예배당으로 구성되어 있다. 이후 이 화려한 황금돔은 앵발리드의 상징이 되었으며, 센강 좌안의 기념비적 상징물이 되었다.

센강 좌안 중에서도 앵발리드로 이어지는 알렉상드르 3세 다리에서 시작하여, 군사학교로 연결되는 이에나 다리까지 이르는 구역은 독특한 정체성을 가지고 있다. 이 구역의 경계를 이루는 알렉상드르 3세 다리는 1892년 러시아와 프랑스 사이에 체결된 군사동맹을 기념하기 위해 만든 것으로 러시아 차르의 이름을 붙인 것이다. 또한 이에나(예나의 프랑스식 표현) 다리는 1806년 예나아우어슈테트에서 거둔 나폴레옹 1세의 승리를 기념하기 세워졌다. 이 사이에 위치한 군사학교, 마르스 광장, 앵발리드 등의 지명은 모두 프랑스 군대와 관련이 있다. 즉 이 구역은 파리의 '군사지구'라고 불러도 이상하지 않을 만큼 전쟁 및 군사와 관련이 있는 상징들로 채워져 있다.

특히 오스트리아 왕위계승 전쟁 이후 체계적인 지휘관을 양성할 필요성을 절감한 루이 15세가 앵발리드 바로 옆에 1751년부터 군사학교를 짓기 시작하면서 튈르리궁 건너편의 센강 좌안에 위치한 이 구역은 군인을 양성하고 예우하는 공간으로 바뀌었다. 과거 채소를 재배했던 그르넬 벌판에 마르스(전쟁의 신) 광장이 조성되면서 앵발리드에서 군사학교로 연결되는 공간은 'V'자가 연상되는 형태를 갖추었다. 이러한 도시 공간의 배치는 파리의 '군사지구'에 상징적인 의미를 더했다.

그러나 1789년 프랑스혁명과 함께 앵발리드에 있던 절대왕정의 흔적이 지워지기 시작했다. 봉기에 참여한 시민들은 바스티유 감옥을 습격하기 전 앵발리드에서 3만 2000여 정의 총과 27문의 대포를 노획했다. 앵발리드는 혁명이 민중봉기로 전환되는 출발점에 있었던 것이다. 성난 군중은 앵발리드에서 루이 14세의 흔적들을 지웠으며, 절대왕정의 권위를 나타내던 공간의 명칭들은 혁명을 상징하는 '인류Humanité'나 '상-퀼로트 Sans-culottes' 등의 표현이 들어간 새로운 이름으로 바뀌었다. 마르스 광장도 시민연맹의 광장Champ de la Fédération으로 새롭게 불리면서 혁명적 군중이 모이는 곳으로 변했다.

혁명으로 절대왕정의 흔적이 사라진 앵발리드에 프랑스 국가의 새로운 권위를 부여한 사람은 나폴레옹이었다. 신성로마제국, 영국, 러시아, 오스만제국을 주축으로 하는 2차 대프랑스 동맹에 대항하여 혁명전쟁을 이끌던 나폴레옹은 내정과 군사를 담당하는 제1통령으로서 군인들과 긴밀한 유대관계를 유지하는 동시에 통치자로서 절대적 권위의 상징이 필요했다. 그는 1800년에 앵발리드에서 공화국 설립 기념식을 거행하면서 혁명으로 이룩한 공화국을 지키기 위해 헌신한 군인들을 치하하고 그들의 지지를 이끌어내는 동시에, 루이 14세의 기마상을 조각하는 등 절대왕정의 흔적을 되살림으로써 자신의 권위를 강조했다. 루이 14세의 업적을 계승하면서 전통에서 권위를 구하는 방법을 택했던 것이다. 그는 황제로 즉위한 후에도 앵발리드에 자주 찾아와 여론을 살폈으며, 나폴레옹 전쟁 중 가장 상징적인 전리품 중의 하나인 프로이센의 프리드리히 2세의 검을 앵발리드에 성대하게 봉헌하기도 했다.

나폴레옹과 앵발리드의 인연은 그가 죽어서도 계속되었다. 1821년 유배지 세인트헬레나섬에서 사망한 나폴레옹의 유해가 1840년 앵발리드의 황금돔 아래에 안치되면서, 이곳은 제국의 영광과 위기를 동시에 상징하는 공간이 되었다. 앵발리드의 황금장식 돔은 공화주의의 상징인 팡테옹의 돔과 대비되면서 제국의 영광을 표상하는 공간의 의미가 더욱 부각되었다. 이렇게 화려한 장식과 함께 제국의 영광과 프랑스 국가주의의 위엄을 상징하는 앵발리드에 자리 잡은 군사박물관이 전쟁사 전시를 통해 민족주의와 애국심을 고취시키는 교육의 장이 된 것은 이 공간이 가지는 역사적 의미와 밀접한 관련이 있다.

군사박물관의 전시 공간과 앵발리드

앵발리드는 중앙에 위치한 교회와 황금돔을 중심으로 북쪽 구역과 동쪽 구역 그리고 서쪽 구역으로 나뉜다. 센강에서 가장 화려한 다리인 알렉상드르 3세 다리에서 일직선으로 연결되는 곳이 앵발리드 북쪽 구역의 전면부로 황금으로 치장한 돔과 어우러진 화려한 경관을 보여준다. 바로 이 북쪽 구역에 군사박물관의 대부분의 전시실이 파리 방어사령관 관사와 군사입체모형박물관과 함께 위치해 있다.

앵발리드의 동쪽 구역은 크게 네 부분으로 구분된다. 일부 구역이 군사박물관과 연결되어 있으며, 해방훈장박물관과 해방훈장사무국이 자리 잡고 있다. 또한 상이용사를 위한 의료시설 및 요양시설인 국립상이용사원이 위치하고 있다. 서쪽 구역은 대부분 국립상이용사원이 점유하고 있으며, 참전용사와 전몰자 전국사무국이 위치한다.

앵발리드의 북쪽 구역과 동쪽 구역 일부를 차지하는 전쟁사박물관의 전시 공간은 8개의 구역으로 나뉘어 있다. 이곳에서 중세에서 현대에 이르기까지 국난 극복의 과정이나 국가적 위기 때 주요 영웅들이 사용했던 유물이나 그들 휘하의 군대가 사용했던 무기, 군복, 훈장 등을 전시한다. 또한 병사들을 위해 세워진 성당과, 프랑스 군대와 밀접한 관련이 있는 역사적 인물의 무덤도 전시 내용에 포함된다.

우선 앵발리드의 북쪽 구역 중앙에 넓게 펼쳐진 중앙정원에는 프랑스 군대가 사용했던 각종 대포가 전시되어 있다. 이 대포들은 주로 프랑스혁명기에 수집한 것으로 1871년 앵발리드에 설치되었던 포병박물관에 있던 유물이다. 1666년에 만들어진 대포를 시작으로 1764년부터 프랑스의 무기체계를 바꾸어놓은 그리보발Gribeauval 시스템의 대포 그리고 프랑스 군대가 사용했던 다양한 종류의 박격포와 곡사포 등을 볼 수 있다.

두 번째로 중세 전시실은 13~17세기의 갑옷과 투구, 창과 칼, 방패 등의 무기를 전시한다. 이곳에는 프랑스의 갑옷과 무기뿐만 아니라 동시대 다른 나라 군대가 사용했던 유물들도 있어 다양한 무기체계와 형태를 비교해볼 수 있다. 특히 이 유물들을 통해 분권화된 정치체제에서 형성된 봉건적 군대가 절대왕정을 대표하는 강력한 군주의 군대로 서서히 변화하는 과정을 볼 수 있다. 프랑수아 1세와 루이 13세의 유물도 만나볼 수 있다.

세 번째로 근대 전시실은 루이 14세 시대부터 나폴레옹 3세의 통치 시

앵발리드 중앙정원에 전시된 대포.

기를 아우르는 1643년부터 1870년까지를 다루고 있다. 이 전시실에서는
왕정기과 혁명기 그리고 제정기에 발생한 다양한 정치적 격변을 통해 프
랑스 군대의 발전상을 보여주는 한편, 복잡한 국제관계 속에서 프랑스의
위상을 드높이는 데 있어 군대가 보여주었던 역할을 강조하고 있다. 30년
전쟁과 루이 14세, 프랑스혁명 전쟁과 나폴레옹 1세, 프랑스-프로이센
전쟁과 나폴레옹 3세 등을 만날 수 있으며, 각 시기별 프랑스 군대의 특징
을 살펴볼 수 있다.

네 번째는 색다른 전시실Cabinet insolites이라는 독특한 명칭의 공간으로,
이곳에서는 병사들과 무기들의 작은 모형을 관람할 수 있다. 납이나 종
이, 주석 등 다양한 재료로 만든 병사와 대포 및 각종 무기의 모형들은 나
폴레옹 1세가 자신의 어린 아들에게 군사교육을 시키는 데 이용되었던
것들이다.

다섯 번째는 앵발리드의 황금장식 돔과 그 아래 조성된 나폴레옹 1세

의 무덤이다. 이 돔은 나폴레옹에 의해 프랑스 군대의 팡테옹이 된 곳이었다. 나폴레옹은 루이 13세와 루이 14세 치하에서 대원수를 지낸 튀렌의 묘를 1800년에 생드니 대성당으로부터 옮겨와 앵발리드의 돔 아래 두었다. 그리고 40년 후 나폴레옹의 유해는 루이-필리프에 의해 이곳에 안치되었다. 한 줌의 재로 변한 나폴레옹의 유해가 안치된 무덤에서는 그의 원정을 기념하는 열두 번의 승리를 상징하는 조각을 감상할 수 있다.

여섯 번째로 현대 전시실은 프랑스-프로이센 전쟁에서 프랑스가 패한 1871년부터 시작하여 1차 세계대전으로 가는 길과 전간기를 지나 2차 세계대전으로 이어지는 20세기 전쟁사를 다룬다. 알자스-로렌 지방의 할양부터 냉전의 시작까지 다루는 이 전시에서는 포슈, 조프르, 드 라트르, 르클레르 등 1차 세계대전과 2차 세계대전의 영웅들을 비롯해 프랑스 군대가 사용했던 군복과 무기들을 볼 수 있다.

일곱 번째 전시실은 샤를 드골 역사관Historial Charles de Gaulle이다. 영상자료를 통해 2차 세계대전의 영웅이자 정치인인 드골의 연설을 들을 수 있다. 이곳에서는 1940년 6월 18일 드골의 호소를 시작으로 프랑스가 나치로부터 해방되던 순간과 제5공화국 수립 같은 중요한 역사적 사건을 중심으로 드골을 재조명하고 있다.

마지막은 루이 14세가 병사들을 위해 건립한 앵발리드의 생루이 성당이다. 생루이 성당은 황금돔으로 치장된 왕실 예배당과 함께 앵발리드의 중요한 종교시설의 한 축을 이루고 있다. 이곳은 2개의 독립된 예배 공간이 연결되어 있는 독특한 이중교회의 양식을 취하고 있다. 생루이 성당은 왕과 병사들이 같은 공간에서 종교의식을 행하지 않는 관례에 따라 지어졌다. 이 공간의 건축으로 왕이 앵발리드를 방문했을 때 병사들도 동시에 미사를 진행할 수 있었다. 지금은 프랑스 군대의 성당으로 사용되고 있다.

유물을 통해 보는 전쟁 도구의 발달과 국가적 위기

군사박물관의 전시를 통해 볼 수 있는 것은 시대적 흐름과 함께 변천하는 무기와 그에 따른 군대의 전략 및 전술의 변화다. 즉 단순한 무기류의 유물 전시가 아닌 긴 시간의 흐름 속에서 전개되는 기술의 발전과 그에 따른 군사제도의 변화를 보여준다. 각각의 전시실은 역사적 배경과 사건을 충실하게 반영하면서 시대적 특징을 잘 보여주는 동시에, 전체적인 전시의 흐름은 전쟁과 관련한 기술 발전의 양상을 체계적으로 소개하고 있다.

중세의 전시에서는 철기로 제작된 무기들을 볼 수 있으며, 근대와 현대 전시실에서는 총과 대포 그리고 더욱 위력적으로 발전하는 살상 무기들을 만날 수 있다. 즉 군사박물관에 전시된 중세의 칼과 갑옷 그리고 여러 가지 모양의 창들은 15세기 전시실에 이르러서는 총포류에 그 자리를 양보한다. 루이 11세의 대포를 시작으로 17세기 리슐리외 추기경의 군대가 사용했던 대포와 19세기 나폴레옹 시대의 대포를 보고 나면 자동차 기업인 르노가 생산하여 1차 세계대전에 처음으로 사용된 장갑차가 관람객을 기다리고 있으며, 2차 세계대전 시기의 전시에는 폭격기와 대공기관총이 등장한다. 이렇게 과학과 기술의 발전이라는 관점에서 보는 무기들의 변화는 각각의 유물들이 가진 폭력성보다는 과학기술의 발전 과정을 부각시킨다.

군사박물관의 현대사 전시는 6개의 키워드를 중심으로 하는 일명 '아테나ATHENA' 계획에 의해 구성했다. 아테나는 무기Armes, 기술Thechniques, 역사Histoire, 상징Emblématique, 민족Nation, 군대Armée라는 단어의 앞 글자를 조합하여 만든 전시 개념으로, 1차 세계대전과 2차 세계대전에 관한 현대전쟁사 전시는 이 여섯 가지 요소를 동시에 구현한다.

전시는 사방의 벽면을 이용해 프랑스의 위기 극복과 영광의 순간을 기록한 역사를 설명하고, 적의 침략에 맞서 민족을 지키는 프랑스 군대의 희생을 부각한다. 그리고 이 역사적 사건들 속에서 군대가 사용한 각종 무기와 도구들을 전시실 중앙에 배치하고 있다. 이 군대를 지휘했던 장군들의 유품과 군복을 진열하여 프랑스 군인들의 시대별 특징을 보여주는 동시에 그들의 희생을 부각시킨다. 또한 이들이 사용했던 각종 무기와 도구들은 기술의 발전을 반영하는 것으로 방독면, 망원경 등 다양한 군용품이 중요한 전시의 소재가 된다. 1차 세계대전의 종식을 알렸던 나팔도 여기에 포함된다.

군사박물관이 보여주는 전시물이 모두 군용품은 아니다. '마른의 택시 Taxi de la Marne'라고 불리는 자동차가 대표적이다. 르노가 생산한 민간용 자동차인 이 택시는 1914년 9월 5일부터 시작하여 일주일 동안 치러진 1차 마른 전투를 기념하는 전시물이다. 이 전투는 단기간에 프랑스를 점령하려 했던 독일의 슐리펜 계획을 저지한 사건으로 1차 세계대전의 방향을 바꾸어놓은 결정적인 계기였다. 결국 프랑스와 영국 연합군이 독일의 진격을 막아냄으로써 1차 세계대전은 장기화되었으며, 참호전을 통한 총력전의 양상을 띠게 되었다. 마른의 택시는 바로 이 전투에 참여하기 위해 신속하게 전선으로 투입되어야 하는 프랑스 병사들을 수송했던 택시다. 1914년 9월 6일과 7일 이틀 동안 약 1100여 대의 택시가 동원되었으며, 그 출발지가 바로 앵발리드였다.

애국심을 통한 민족 정체성 강화

군사박물관의 전시는 애국심 함양을 통한 국가 정체성을 강조하는 데 초점을 맞추고 있다. 특히 이러한 전시의 성격은 두 번의 세계대전에서 절정에 이르게 된다. 아테나 계획에 의해 제시된 원칙을 중심으로 세계대전에서 사용된 기관총과 포탄 등 다양한 무기들이 전시실 한가운데 놓여 있으며, 사방의 벽면에는 이 무기들이 사용된 역사적 배경이 빼곡하게 적혀 있다.

이 설명들 가운데 기록 사진들은 전쟁의 참상을 시각적으로 전달해주며, 당시에 제작된 포스터들은 국민을 전쟁에 동원하기 위해 정부가 사용한 정치 선동의 단면을 보여준다. 프랑스의 국난 극복과 영광의 재현 과정에 초점을 맞춤에 따라 각각의 살상 무기들에는 단순한 전쟁 도구가 아닌 국난 극복의 수단이라는 역사적 상징성이 부여된다.

특히 전쟁 포스터들은 전시동원 체제의 단면을 보여주면서 민족감정을 자극하는 역할을 한다. 국가에 대한 소속감을 강조하는 포스터 속 구호들은 20세기 전반기에 살았던 사람들이 느꼈을 법한 감정들을 현재에 다시 불러일으킨다. "프랑스를 위해 금을 내시오. 금은 승리를 위해 싸웁니다"라는 구호가 적힌 포스터에서는 자유, 평등, 우애가 새겨진 금화 속의 수탉이 독일군을 사납게 공격하고 있다. 프랑스 국민을 상징하는 동물인 수탉과 프랑스혁명의 원칙들은 국가를 위협하는 적 앞에 온 국민을 결집하게 만드는 효과가 있다. 이러한 상징들은 프랑스인의 정체성을 형성하는 데 있어서 21세기에도 여전히 유효하다. 또한 노동자와 군인이 함께 걸어가는 그림 아래 적힌 "함께 우리는 승리한다"라는 구호는 계급보다 민족을 강조함으로써 국민 정체성을 강화한다.

프랑스와 같은 편에서 싸우는 연합국의 포스터들은 전시동원 체제에서 애국심을 갖는 것이 보편적이며 당연한 문제임을 상기시킨다. "영국은 유럽의 자유를 지키고, 당신의 어머니와 아내, 그리고 여동생을 전쟁의 공포로부터 지키기 위해 싸우고 있다. 지금 입대하라!"라는 선동이 그것을 잘 보여준다. 또한 사나운 눈초리로 앞에 있는 사람을 지목하는 미국인을 묘사한 그림과 함께 "미군은 당신을 원합니다"라는 구호가 적힌 포스터는 애국심과 국가 정체성을 선동하고 있다. 이러한 배치는 애국심의 경쟁 구도를 만들어낸다.

더욱이 프랑스, 영국, 미국 등 연합국 포스터의 연속적인 배치는 독일을 주축으로 하는 동맹국이라는 적을 간접적으로 드러내는 역할을 한다. 결국 전시실 가운데 놓인 무기들은 적들의 공격으로부터 공동체를 지키는 수단이나, 국가 공동체를 파괴하는 적들의 위협으로 인식되는 동시에 민족감정을 추동하는 역할을 하게 된다. 이 과정에서 수많은 전쟁 도구들은 국민 정체성(민족 정체성)을 강화하는 수단으로 작동한다. 이 전쟁 도구들이 '적들에 대한 분노' 혹은 '공포'를 자극하여 민족감정을 일으키게 된다.

민족감정을 자극하는 전시 방법으로 역사적 맥락을 설명하는 다양한 수사법이 효과적으로 사용되고 있다. "신체가 절단된 세계대전의 참전군인과 희생자들"이라는 전시 내용의 소제목이 대표적인 예다. 이는 대량 살상무기를 사용한 전쟁의 참혹한 결과를 설명한다. 일반적으로 무기는 고통을 직접 묘사하지는 않지만 경험적으로 인지하고 사회적으로 공인된 살상력을 통해 공포와 고통의 이미지를 전달하는 효과가 있다. 그러나 이 수사법은 진열되어 있는 각종 대량 살상무기가 아닌 세계대전이라는 역사적 사건에 공포의 이미지를 부여한다. 대량 살상무기는 공포의 이미지를 전달하는 것이 아니라 민족감정을 추동하는 역할을 한다. 그렇다면 수사법을 통해 공포를 전달하는 것이 어떻게 가능한가? '신체가 절단된 참전군인'이라는 표현은 고통과 아픔에 관해 직접적인 언급을 한다. 일반적으로 프랑스어 문법에서 '신체가 절단된'이라는 수식어는 '참전군인'이라는 명사 뒤에 위치한다. 그러나 여기에서는 도치법을 사용해 명사 앞에 '신체가 절단된'이라는 수식어를 배치함으로써 고통을 더욱 강조한다. 그리고 이 수식어는 문장의 마지막에 위치한 '세계대전'이라는 표현과 대구를 이루게 된다. 이렇게 신체 절단의 고통과 세계대전의 인과성이 자연스럽게 고정된다. 즉 각종 대량 살상병기들이 고통과 아픔을 전달하는 것이 아니라 세계대전이라는 역사적 사건이 그 역할을 하게 되는 것이다. 특히 수사적 표현에 사용된 도치법은 고통과 전쟁 사이의 관계를 더욱 도드라지게 만든다. 일반적인 문법 구조와 달리 '신체가 절단된'이라는 직접적 고통의 묘사를 앞쪽에 두어 강조하고, '세계대전'을 뒤에 배치함으로써 시각적으로도 인과관계를 명확하게 보여주고 있다. 이렇게 고통의 원인을 전쟁에서 찾음으로써, 각종 무기들의 살상 효과는 부차적인 문제가 되고, 독일과의 대립으로 발발한 1차 세계대전의 역사적 맥락 이 중요한 의미를 가지게 된다. 이로써 각종 무기들은 적으로부터 공동체를 보호하는 수단이거나, 공동체를 파괴하는 도구로 인식됨으로써 민족감정을 자극하게 된다.

신동규

* 이 글은 〈전쟁과 홀로코스트 기념을 통해 본 감정정치〉(《서양사론》 135호, 2017)의 일부 내용을 중심으로 다시 쓴 것이다.

10 독일인과 유럽인이 공유하는 역사의 이해와 계몽

─ 베를린 독일역사박물관

1982년 서베를린 시장 바이체커 '베를린 독일역사박물관'이라는 제목의 각서를 의회에 제출

1987년 독일역사박물관의 운영주체로서 재단법인 '독일역사박물관DHM' 출범

　　　 베를린시 설립 750주년(1237년 기원) 기념을 계기로 독일역사박물관이 서베를린의 제국의회 건

　　　 물에서 임시개관

1989년 베를린 장벽의 붕괴 및 독일 통일로 인해 설립계획안 변경

1990년 통일선포 당일에 연방정부는 기존의 '독일역사박물관'의 장서와 전시물을 새로운 독일역사박물관

　　　 으로 이관하기로 결정

1991년 초이크하우스(왕립무기고)였던 운터덴린덴가의 건물에서 독일역사박물관 제1회 전시회 개최

1998~2003년　초이크하우스를 폐쇄하고 전면 재건축

2003년 임시 전시를 위해 재개장

2008년 독일역사박물관, 연방정부의 공법재단으로서 최종적인 합법적 형태를 취함

베를린은 유럽에서 가장 주목할 만한 도시 중 하나다. 웅장한 건축물과
함께 수많은 공원, 공공정원, 이리저리 얽힌 운하 및 조용한 호수들로 둘
러싸여 있다. 이 도시에는 또한 중세 회화부터 현대 설치미술에 이르기까
지 모든 것을 보여주는 약 400여 개의 전시관이 있다. 그중에서도 독일역

사박물관Deutsches Historisches Museum은 독일 역사의 과거와 현재에 얽힌 이야기들을 가장 입체적으로 보여주는 곳이다.

독일역사박물관은 수도 베를린에서 독일 문화의 상징적인 거리인 운터 덴린덴가가 시작하는 첫 번째 건물(Unter den Linden가 2번지)에 자리 잡고 있다. 베를린 대성당에서 시작하는 이 거리는 브란덴부르크 문으로 이어지는데 그 양쪽에 훔볼트대학, 오페라하우스 등 독일 역사와 문화를 대표하는 건물들이 즐비하게 늘어서 있다. 그 초입에 독일역사박물관을 만든 데는 각별한 이유가 있다. 독일의 수많은 박물관 중 가장 중요한 박물관으로 기획되었기 때문이다. 그런 의도에 걸맞게 독일역사박물관은 많은 수의 방문객을 기록하고 있다.

설립 목적

이 박물관의 설립 목적은 "독일인과 유럽인이 공유하는 역사의 이해와 계몽"이다. 흔히 역사박물관은 그 나라의 민족적 또는 국가적 정체성과 자부심을 극명하게 드러내려는 의도로 기획되고, 따라서 전시 내용도 그에 상응하는 전시물로 채워지기 마련이다. 그러나 독일역사박물관은 그 설립 목적에서 드러나듯이 매우 독특한 의도성을 가지고 기획되었다. 이 설립 목적에는 독일인들이 겪었던 불행한 역사의 교훈이 응축되어 있으며, 제국주의 및 나치주의의 유산에서 비롯된 역사에 대한 반성과, 분단 국가로서 겪었던 고통과 모순을 지양하고 유럽연합이라는 새로운 시대에 독일 역사를 자리매김하려는 고뇌에 찬 몸부림이 반영되어 있다. 과거 독

박물관 안뜰에 신축한 현대적 양식의 접근로. '통일Einheit'이라는 구호가 시사적이다.

일이 보여주었던 국가지상주의, 독일인 우월주의의 극복 및 분단국가의 통합이라는 과제와 아울러 독일이 새로운 유럽의 일원이 되기 위한 만만치 않은 과제들을 해결하기 위한 몸부림이 아닐 수 없다.

이를 위해 하나의 이상, 즉 '독일인과 유럽인이 공유하는 역사'라는 개념 안에 그 과제들을 포섭하고 이를 새로운 지평에서 '이해하고 계몽'하려는 현대 독일인과, 독일 역사의 고뇌와 지향점이 설립 목적에 응축되어 있는 것이다. 이런 점에서 독일역사박물관은 다른 나라의 역사박물관과 차별화된다고 할 수 있다.

설립 과정

독일역사박물관은 1987년 10월 28일 베를린시 설립 750주년(1237년 기원) 기념을 계기로 추진되어 당시 서베를린의 제국의회Reichstag 건물에서 개관되었다. 그러나 개관 취지를 둘러싸고 많은 논쟁이 일었고, 특히 1990년 독일 통일은 이 박물관의 설립 취지를 한 단계 높은 차원으로 고양시켰다. 애초 이 기획을 발의한 사람은 당시 서베를린 시장이었던 리하르트 폰 바이체커(후일에 독일 대통령)였다. 1981년 그로피우스기념관에서 개최된 프로이센 전시회를 계기로 이 기획이 발의되었고, 당시 서독 총리였던 헬무트 콜의 전폭적인 지지를 받아 실현되었다. 바이체커는 하르트무트 보크만, 에버하르트 제켈, 하겐 슐츠, 미카엘 슈튀르머 등과 함께 1982년 1월 '베를린 독일역사박물관'이라는 제목의 각서를 의회에 제출했다. 이는 베를린에 독일역사박물관 건립의 유럽사적 중요성을 강조해오던 콜 연방 총리가 1985년 2월 27일 독일연방 의회에서 연설하면서 커다란 지지와 호응을 받게 되었다. 이 박물관의 유럽사적 의의에 대한 콜의 지지는 그날 의회에서 한 '민족의 국가Der Staat der Nation'라는 연설에 극명하게 드러나 있다.

이에 따라 연방정부의 위촉을 받은 미술사학자 및 박물관장 등 16명으로 구성된 설립위원회가 결성되어, 1985년과 1986년에 걸쳐 박물관의 개념을 연구하고 1986년 공청회를 거쳐 박물관 설립기획안을 확정했다. 초기 기획에서부터 이 박물관의 설립 취지는 '국제적 맥락에서 독일 역사를 제시'하는 것이었다. 즉 다국적 관점에서 일상생활의 국제화와 노동 및 상업의 세계화 시대를 맞이하여 역사와 문화에 대한 인식을 고양시키고 다른 민족에 대한 이해를 장려하는 데 목적이 있었다. 다시 말해 독일이라는 국가의 위상을 유럽의 일원 또는 국제적 맥락하의 독일국가라는 지향점을 통해 과거 독일인들이 저지른 역사적 실책에 대한 반성이 뚜렷이 드러나 있음을 알 수 있다.

이러한 노력의 결과 1987년 7월 28일, 민영 유한책임회사로서 독일역사박물관의 임시이사회 설립을 위해 독일연방 정부와 베를린시 정부의 쌍무적 파트너십 협약이 체결되었고, 이로써 재단법인 '독일역사박물관(DHM)'이 출범했다. 독일연방정부에 속한 재단 형태의 '운영이사회'는 연방정부와 연방의회 및 주정부에서 파견한 대표로 구성되었다. 이는 특정 정치세력이나 정권에 의해 박물관의 운영이 좌지우지되는 것을 막기 위한 장치라고 할 수 있다. 이 점에서 국가적 기획으로서의 박물관, 특히 역사박물관이 가지는 정치적 한계에 관해 많은 시사점을 던져준다.

박물관의 위치

원래 이 박물관은 슈프레 강가에 있는 정부청사 내에 위치하도록 기획되었다. 이 프로젝트를 위한 설계는 1988년 이탈리아 건축가 로시Aldo Rossi가 맡았다. 그러나 1989년 누구도 예측하지 못한 베를린 장벽의 붕괴는 이 박물관의 의의를 한층 더 고양시켰고, 설립 계획도 바뀌게 되었다.

독일역사박물관의 주 건물인 왕립무기고.

1990년 10월 3일 통일 선포 당일에 연방정부는 기존의 독일역사박물관
을 해체하고 이곳의 모든 장서와 전시물을 새로운 독일역사박물관으로
이관하기로 결정했다. 동독의 마지막 정부는 이미 1990년 9월에 그 박물
관을 해체하여 그 재산과 내용을 독일역사박물관에 제공하기로 한 바 있
었다. 이에 따라 운터덴린덴가에서 가장 오래된 건물인 왕립무기고가 독
일역사박물관의 새로운 자리로 결정되었다. 이 박물관의 첫 번째 전시회
는 1991년 9월 바로 이 새로운 역사적 건물에서 개최되었다.

초이크하우스(왕립무기고) 외관은 역사적 고증에 기초한 복원계획이
1994년부터 1998년 사이에 수립되었다. 이어서 기존 건물은 1998년부
터 2003년까지 폐쇄되어 빈프리트 브렌네 건축사무소의 책임하에 광범
위한 복원공사가 진행되었다. 같은 기간 이오 밍 페이의 설계로 박물관
내부가 재건축되었고, 안드레아스 슐뤼터는 박물관 안뜰인 슐뤼터호프

2008년 메르켈 독일연방 총리가 재단 설립을 축하하기 위해 박물관을 방문하여 방명록에 서명하고 있다.

Schlüterhof 위에 유리지붕을 설치했다. 4개 층에 2만 7000제곱미터의 규모로 새단장한 이 건물은 2003년 임시 전시를 위해 재개장했다. 이후 메르켈 총리의 취임을 계기로 2008년 12월 30일 독일역사박물관은 연방정부의 공법재단으로서 최종적인 합법적 형태를 취하게 되었다. 2009년에는 '망명 및 추방에 관한 기억과 문서화 센터'를 위해 설립된 '망명, 추방, 화해를 위한 재단Stiftung für Flucht, Vertreibung, Versöhnung'이 독일역사박물관 산하에 병합되었다.

박물관 시설 및 소장품

주 전시실을 포함한 박물관의 제반 시설은 다음과 같다.

　주 전시실 : 상설전시실인 '이미지와 유물로 본 독일 역사'를 전시하는 4개 층, 8000제곱미터의 규모이며, 4층은 특별전시회가 열리는 공간이다.
　도서관 : 독일의 일반 역사 및 박물관 업무에 관한 전문 연구 도서관에는 1만 3000여 권의 희귀도서, 4만 점의 잡지 및 신문, 5000권의 군사학

자료 및 1만 5000점의 박물관 카탈로그가 포함되어 있다. 그 밖에 참고도서실도 마련되어 있다.

영화관 : 165명의 관객을 수용할 수 있는 영화관인 초이크하우스키노는 시리즈별로 기획된 영화 상영과 함께 주제별 회고전을 통해 역사영화 자료를 홍보하고 있다.

온라인 데이터베이스 아카이브 : 독일역사박물관은 독일의 모든 박물관에 대한 가장 광범위한 소장품 데이터베이스를 보유하고 있으며, 인터넷을 통해 조회할 수 있다. 현재 약 50만 점의 자료를 보유하고 있으며, 이 중 약 70퍼센트가 디지털 사진으로 제공된다.

LeMO Lebendiges Virtuelles Museum Online, Living Virtual Museum Online : 인터넷 서비스를 통해 1871년부터 현재까지의 독일 역사에 대한 정보를 제공한다. 3만 개 이상의 HTML 페이지, 16만 5000장의 사진 및 오디오와 비디오 클립을 웹에서 이용할 수 있다.

소장품

박물관의 종류별 소장품은 다음과 같다.

일상생활 문화 I : 기술 및 의료제품, 악기, 가정용 제품, 제품 광고 약 7만 점
일상생활 문화 II : 패션, 의상, 배지, 종교 관련 기사 약 4만 5000점
일상생활 문화 III : 완구, 엽서, 정치 물체, 특별 재고 목록 약 4만 점

희귀 인쇄물 : 15~20세기 약 2만 5000점

문서자료 I : 1914년까지의 계약증서, 회계장부, 전단 및 지도, 사인, 인장 및 앨범 약 5만 점

동독에서 값싸고 효율적으로 제작된 트라반트. 몸체를 압축종이로 만들었다.

문서자료 II : 1914년 이후의 사진 앨범, 신문, 광고지, 선전 자료, 지도 및 사인 약 12만 점

사진 아카이브 : 개인 사진가 및 사진 관련 기업의 작품 약 500만 점

영화 컬렉션 : 850종

응용예술 및 조각 : 1900년까지의 가구, 도자기, 유리 및 금속예술, 디자인 제품 약 6000점

인쇄물 : 16~20세기의 사건화, 초상화 등 약 10만 점

미술 I : 1900년까지의 회화 857점

미술 II /사진 컬렉션 : 20~21세기의 회화와 조각. 약 3,000점의 회화와 2만 점의 사진

군사용품 I : 오래된 무기와 갑옷, 군사 장비 약 2만 점

군사용품 II : 유니폼, 깃발, 메달 및 장식, 군사 인쇄물 약 3만 점

포스터 : 한스 작스 컬렉션의 예술 포스터(1896~1938년), 볼프 컬렉션의 정치 포스터(1920~1960년) 및 동독 포스터 약 8만 점

전시 방식과 내용

독일역사박물관의 전시 내용은 크게 두 부분으로 나뉜다. 주된 전시는 독일 역사의 전 과정을 각종 그림, 사진 및 해설을 통해 입체적으로 전시하고 있는 상설전시관이며, 또 하나는 부정기적으로 열리는 특별전시회인데 이는 독일역사상 특별한 계기가 되는 사건들을 기념하고 홍보하기 위한 전시회이다.

상설전시관은 5세기부터 현재에 이르기까지 독일의 사람들, 그들의 생각, 다양한 사건 및 역사적 과정을 다채롭게 전시하고 있어서 역사박물관의 전범을 제시하고 있다. 8000제곱미터가 넘는 전시 공간에 독창적인 전시품목으로 지난날의 활기차고 생생한 장면을 웅변으로 보여주고 있다. 인접 국가들의 정치적·역사적·문화적 사건들과 교류를 보여주는 독일사의 사건들을 재구성하여 독일의 역사가 국제적 맥락에서 전개되었다는 점을 강조한다.

박물관 설립 직후 컬렉션을 확대하기 시작하여 1994년 12월에 개장한 이 상설전시관은 '그림과 유물로 보는 독일 역사'라는 주제로 2000점 이상의 전시품을 선보였다. 오늘날에는 7000점이 넘는 품목을 전시하고 있다. 역사개요 전시실에서 시작되는 전시는 독일과 유럽의 경계선의 변화와 독일 언어의 역사를 보여준다. 이어서 통치자, 정치인 및 정치체제에 따라 정립된 정치사를 개관한다. 이와 더불어 다양한 사회집단의 다채로운 일상생활에 대한 자료를 보여준다. 이 전시실은 2개 층 전체를 차지하며 연대순으로 배열된 역사적 시대를 제시하는데 1층에서 시작되는 전시는 1차 세계대전이 끝날 때까지의 역사를 다룬다. 2층으로 이어지는 전시

샤를마뉴 대제. 프랑크왕국을 독일 민족의 정치사적 시작으로 잡고 있음을 보여준다.

는 바이마르공화국, 나치정권, 전후 기간 및 1949년부터 1990년까지 분단된 독일의 역사를 개관하고, 1994년 연합국 점령군이 철수하는 시기까지를 다룬다.

이 전시는 시대순에 따라 모두 아홉 개의 전시실에서 이루어진다. 각 전시실의 역사적 의미를 상징하는 그림들이 박물관 카탈로그에 제시되어 있으며 각 시대의 역사적 개관을 다음과 같이 기술하고 있다.

1. 500〜1500년 : 중세

서유럽에서 로마제국의 멸망은 476년에 마지막 서로마 황제가 폐위되면서 시작되었다. 그러나 후기 고대 로마문화는 사라지지 않았으며 변형 과정을 통해 초기 유럽의 형성에 지대한 영향을 미쳤다. 프랑크왕국은 게르만족의 가장 성공적인 정치체제로서 민족 대이동기에 성립되었다. 샤를마뉴는 800년에 황제 대관식을 거행하고 로마제국의 권위를 이어받아 유럽 문명 형성의 기초를 다졌다. 그 후예들은 서프랑크왕국과 동프랑크왕국을 세웠으며 동부 왕국은 근대 독일의 모태가 되었고, 동시에 로마제국의 명칭을 계속 이어갔다. 전시된 그림들은 중세의 일상 문화와 중세 미술의 증언을 통해 종교와 제국교회의 중요성, 그리고 중세 사회의 계급적 질서에 대한 통찰력을 제공해준다.

2. 1500~1650년 : 종교개혁과 30년 전쟁

16세기에 마르틴 루터의 가르침은 인쇄술 발달에 도움을 받아 제국 내에서 심대한 종교적 · 정치적 변화를 가져온 교회 개혁을 야기했다. 정치권력자들은 종교개혁의 추종자들과 반대자들로 나뉘었다. 1555년 아우크스부르크의 종교화의는 잠정적인 평화를 가져왔으며 이어서 도시문화의 성장을 이끌었다. 1600년경에 이르러 종교적 신념과

종교개혁 시기 종교적 대립으로 인한 살육을 묘사한 그림.

정치적 지향 사이에 갈등이 커지면서 30년 전쟁(1618~1648)이 발발했다. 그 공포에 대한 증언은 여러 가지 그림과 문서뿐만 아니라 다양한 형태의 갑옷과 무기에서도 발견된다. 1648년 베스트팔렌조약 체결로 평화가 찾아오면서 유럽은 새로운 질서를 모색하게 된다.

3. 1650~1789년 : 근대 왕조 성립과 유럽의 동맹세력

30년 전쟁이 끝나자 여러 왕조가 우위를 차지하기 위해 경쟁했다. 프랑스 왕과 오스트리아의 합스부르크 왕조가 경합했고, 프랑스의 루이 14세는 절대군주의 전범을 제시하고 그의 궁정은 귀족문화의 기준이 되었다. 독일의 군주들은 느슨한 형태의 전제주의 아래 제한된 주권을 행사했다. 1740년 찰스 6세가 후계자 없이 사망한 후 오스트리아와 프로이센 사이에 정치적 투쟁이 격화되었다. 프로이센뿐만 아니라 바이에른과 프랑스도 황제 자리에 오른 마리아 테레지아(합스부르크)에게 반대하여 오스트

독일을 유럽 열강의 일원으로 편입시킨 프리드리히 대왕.

리아 왕위계승 전쟁을 촉발했고, 이로부터 5개의 유럽 열강이 출현했다. 영국과 프랑스가 해외 영토에서 충돌하고, 오스트리아와 프로이센은 실레지아 영토전쟁에 맞서 싸웠다. 오스트리아와의 7년 전쟁(1756~1763) 이후 프로이센과 러시아는 폴란드 분할을 주도했다.

4. 1789~1871년 : 프랑스대혁명에서 제2제국으로

나폴레옹 황제. 프랑스혁명의 귀결로 황제에 등극한 나폴레옹은 유럽 제국주의의 모델이 되었다.

프랑스대혁명의 반향은 유럽 전역으로 급속하게 퍼져나갔다. 나폴레옹은 전쟁을 일으켜 1806년에 신성로마제국을 붕괴시켰다. 나폴레옹 치하에서 프랑스의 위세는 1812년까지 중부 유럽으로 확대되었다. 정치개혁과 사회개혁을 수반한 프로이센과 라인연방이 수립된 이후 독일의 정치적·영토적 변화는 돌이킬 수 없는 상황이 되었다.

1814~1815년 빈 회의는 옛 군주제를 복원하면서 유럽에 평화와 안정을 가져왔다. 자유민주주의와 국가 운동에 대한 억압은 1848~1849년의 혁명을 촉발했다. 그 결과 독일국민회의가 프랑크푸르트에서 소집되어 헌

법을 채택했으나 민주적인 입헌국가를 세우려는 시도는 성공하지 못했다. 1871년 덴마크, 오스트리아, 프랑스를 상대로 세 차례 전쟁을 치른 후 독일은 프로이센의 헤게모니 아래 민족국가로 통일되었다.

철혈재상 비스마르크. 세 차례의 전쟁으로 독일 민족국가의 수립을 달성했다.

5. 1871~1918년 : 독일제국과 1차 세계대전

독일제국은 1871년에 입헌군주제하에 연방의회를 채택하면서 프로이센 왕 빌헬름 1세가 독일 황제가 되었다. 제국정부 총리였던 오토 폰 비스마르크는 유럽 동맹정책을 통해 제국의 지위를 확보하려고 노력했다. 국내적으로 그의 목표는 사회 안정을 유지하면서 독재정부에 의해 새로운 제국을 안착시키는 것이었다. 1888년에 황제로 즉위한 빌헬름 2세는 사회 및 정치개혁을 지지했지만 제국을 민주화하려는 생각은 거부했다. 20세기 초에 경제가 급팽창하면서 기업가들과 교육받은 중산층은 새로운 엘리트의 일부가 될 수 있었지만 심각한 사회 갈등을 목도했다. 노동계급과 사회민주당을 국가체제에 편입시키려는 시도는 농업, 산업 계급 및 중산층의 이해관계로 인해 좌절되었다. 경제 팽창과 사회 불안에서 기인한 내셔널리즘은 평화적 공존을 파괴하는 환경을 조성했다. 1914년 유럽의 국제정치적 충돌과 군비 경쟁으로 1차 세계대전이 발발했다. 참호전의 교착상태가 이어지다가 1918년에 독일은 항복했고, 빌헬름 2세는 퇴위해야 했다.

6. 1918~1933년 : 바이마르공화국

프롤레타리아. 독일 통일 후 급속한 산업화에 수반하여 출현한 새로운 사회계급.

바이마르공화국은 1차 세계대전의 혁명적 충격으로부터 1918년에 출현하여 의회 민주주의를 수립했다. 프랑스군의 루르 점령, 인플레이션 및 참혹한 경제위기는 젊은 바이마르공화국의 생존을 위협했다. 척박한 정치 풍토에서 난립하는 정당들은 좌익과 우익 극단주의로 분열되어 결과적으로 바이마르공화국의 민주주의적 정치질서를 위협했다. 상대적 안정의 짧은 기간 동안 경제가 회복되고 전위적인 예술과 문화의 융성이 일어났다. 그러나 정부는 사회적 불안과 실업을 퇴치하기 위한 효과적인 수단을 찾지 못했다. 세계 공황으로 상황이 더욱 악화되면서 정치적 급진주의자들인 나치당(NSDAP)이 다수당을 차지했다.

7. 1933~1945년 : 나치체제와 2차 세계대전

히틀러가 1933년에 총리로 임명되었을 때, 국가사회당은 국가와 사회의 급진적인 변화를 통해 전쟁을 준비하는 독재정권을 신속히 설립했다. 나치 국가는 정치적 반대자들을 잔인하게 박해했다. 국가사회주의자의 인종차별적 취지에 맞지 않는 유대인들과 여러 사람들이 사회로부터 배척당했다. 1939년에 독일이 폴란드를 침공하면서 2차 세계대전이 시작되었다. 1941년까지 독일 군대는 덴마크, 노르웨이, 베네룩스 국가, 프랑스, 그리스, 유고슬라비아 및 북부 아프리카 지역을 점령했다. 1941년 소련 침공

당시 특수 작전부대는 수십만 명의 유대
인과 점령국 시민들을 살해했다. 1942년
나치 국가는 수백만 명의 유대인을 강제
수용소에 가두어 유대인 학살을 조직적
으로 실행하기 위한 수단을 마련했다. 소
련, 영국, 미국은 독일의 침략전쟁에 맞
서기 위해 연합군을 결성했다. 1944년
노르망디에 상륙한 연합군은 독일 쪽으
로 진격했다. 소련의 적군은 1945년 4월
베를린을 공격하기 시작했다. 5월 8일
독일의 무조건 항복으로 5000만 명 이상
의 생명을 앗아간 2차 세계대전이 종식
되면서 나치 지배도 끝났다.

강제수용소에서 고뇌하는 유대인들.

8. 1945~1949년 : 연합국 점령시대의 독일

독일의 항복 후에 동맹국들은 황폐화된
나라를 4개의 점령구역으로 나눴다. 오
데르-나이세강 동쪽 지역은 폴란드 또는

연합군 점령기간 중 구호기관에 의지하여
생활하는 베를린 시민.

소련의 지배를 받았다. 1200만 명이 넘는 난민이 동쪽에서 밀려들었다.
처음에 독일인들은 정치적 미래를 결정할 수 있는 가능성이 매우 제한적
이었다. 독일에 대한 연합국들의 공통된 정책은 '냉전'의 출현으로 붕괴
되었다. 소련은 소비에트 사회주의 노선을 따라 점령지역의 구조조정을
추진하고, 서쪽의 연합국은 서구 민주주의 국가 연합에 그들의 점령지역

우리는 한 민족이다!

을 통합하려 했다.

9. 1949~1994년 : 분단 독일과 재통일

1949년 2개의 독일 국가가 수립되었다. 독일민주공화국(DDR)은 소비에트 모델에 따라 사회주의 일당 정권을 수립했다. 서독(BRD)은 서방 연합국의 영향으로 민주주의와 연방주의적 국가가 되었다. 두 나라의 경계선을 따라 철조망이 쳐졌고, 1961년 베를린에 장벽이 세워졌다. 초강대국 사이의 냉전은 국제적 외교정책을 결정했다. 그러나 1970년대에 화해(데탕트)가 시작되었다. 서독은 경제위기와 정당 간 대립에도 불구하고 민주주의 원칙에 헌신하고 있었으나, 1980년대 말 동독은 많은 국가부채, 경직된 계획경제 및 독재적 권력구조로 인해 체제의 몰락이 가속화되었다. 베를린 장벽 붕괴는 동독의 종말을 재촉했다. 1990년 10월 3일, 2+4 합의서에 의해 동맹국들이 동의함으로써 동독은 서독에 흡수되는 길을 열었다. 베를린은 연방정부의 수도가 되었다.

이상과 같은 상설전시관 이외에도 특별전시회가 수시로 열린다. 이는 시의에 맞는 주제를 정하여 일정 기간 동안 열리는 임시 전시회의 성격을 가진다. 또한 모든 연령대를 대상으로 역사적 통찰력을 제공해줄 수 있는 전시를 기획하고 있으며, 관람객과 전시물 간의 상호작용에 초점을 맞추고자 한다. 2014년에 1차 세계대전 발발 100주년을 기념한 특별전시회가 열렸고, 2017년에는 러시아 혁명 100주년을 기념하는 전시회가 열렸다. 그 내용을 잠깐 살펴보면 다음과 같다.

러시아 혁명의 진행 과정을 보여주는 지도.

주제 : 1917년 혁명–러시아와 유럽

전시 기간 : 2017년 10월 18일

~2018년 4월 15일

개요 : 1917년의 혁명적 사건과 내란으로 20세기 역사 전반에 걸쳐 심대한 영향을 미친 근본적이고 체계적인 변화가 일어났다. 정신적 · 문화적 관점에서 볼 때 혁명은 처음에는 사회의 모든 영역에서 급진적인 변화를 가져왔다. 그것은 새로운 형태의 경제 · 교육제도 및 문화를 이끌어냈으며, 국가적 · 정치적 · 사회적 분야에 걸쳐 자유주의적 운동을 촉발했다. 이에 영감을 받은 많은 예술가와 여러 문화 분야에서 새로운 경향의 인재들을 육성했다. 그러나 이 새로운 사회의 시도는 처음부터 공포, 폭력 및 억압을 수반했다. '1917년 러시아와 유럽의 혁명' 전시회는 러시아와 초기 소비에트연방의 혁명적 사건을 탐구하고 다른 유럽 국가들에도 초점을 맞춤으로써 정치적 · 사회적 격변이 유럽에서 촉발한 연쇄반응과 반작용들을 탐구한다.

임상우

11 독일 분단과 통일의 역사적 현장

— 본 독일역사의 집

1983년 헬무트 콜 총리, 서독 현대사박물관 건립 계획 발표

1985년 연방 각료회의 현대사박물관 건립 건의서 발표

1986년 잉에보르크, 하르트무트 뤼디거 부부, 박물관 건축 설계공모 당선

1989년 박물관 건축 공사 시작

1990년 공사 중 로마시대 유적 발굴

1994년 독일역사의 집 개관

역사학은 대개 실용성이나 현실과 다소 거리가 있는 순수학문 중 하나로 간주되지만, 이러한 인식이 늘 옳은 것은 아니다. 이를 뒷받침해주는 사례를 우리 주변에서 어렵지 않게 찾을 수 있다. 최근 들어 한국/중국 대 일본의 대립구도를 유발한 것은 다름 아닌 역사를 둘러싼 갈등이며, 갈등의 파장은 미국이 중국을 겨냥해 구상하고 있는 동아시아의 한·미·일 동맹 구축이라는 중요한 외교정책이 차질을 빚을 정도로 작지 않다. 국내적으로는 진보진영과 뉴라이트 간의 역사교과서를 둘러싼 치열한 논쟁에서 우리는 역사와 역사학이 발산하는 강력한 에너지를 느낄 수 있다.

이러한 현상이 나타나는 이유는 정체성이나 정통성을 찾는 개인이나

1945년 이후 분단 독일 및 통일 독일의 역사를 주로 전시하는 역사의 집 외관. 1994년에 개관한 이 박물관은 연평균 관람객 수가 85만 명에 육박하는 독일의 주요 박물관 중 하나다.

집단이 주로 역사에 의존하기 때문이다. 역사에 기초하지 않은 정체성과 정통성은 본질적으로 권위를 갖는 데 한계가 있으며, 가변적이고 불안정할 수밖에 없다. 따라서 역사란 흔히 말하듯 '재미있는 흘러간 이야기'가 아니라 집단적 동질감을 느끼게 해주며, 개인과 집단에게 정통성을 부여하고 이들을 권위로 치장하는 데 없어서는 안 될 매우 현실적이고 실질적인 도구다. 역사를 둘러싸고 국가 혹은 집단 간에 치열한 논쟁과 갈등이 벌어지는 것은 바로 이 때문이다.

역사의 이러한 기능은 대중과의 소통 과정에서 이루어지며, 중등학교를 비롯한 각종 교육기관과 박물관은 역사와 대중이 만나는 대표적인 공간이다. 두 공간은 사회구성원 전체에게 열려 있다는 점에서 역사의 활용을 의도하는 개인이나 집단에게는 더할 나위 없이 중요하게 간주된다. 역사박물관 건립이나 역사교과서를 둘러싸고 격렬한 논쟁과 갈등이 벌어지는 것도 바로 이 때문이다.

역사교과서와 박물관 전시는 역사와 대중을 매개한다는 점에서 공통점이 있지만 매체의 특성상 뚜렷하게 구분되기도 한다. 최근 들어 박물관은 다양한 형태의 유물 수집, 보존, 연구라는 전통적인 기능을 넘어서 상설 및 특별전시, 각종 역사 및 문화 관련 행사, 박물관 학습, 디지털 정보 제공 등으로 활동 영역을 넓힘으로써 역사의 대중화라는 역할까지 수행하고 있다.

이와 관련하여 서독에서는 1980년대에 2개의 대규모 박물관 건립 프로젝트가 추진되었다. 서독 정부는 1945년 이후 동서독 분단의 역사를 전시할 독일연방공화국 역사의 집Haus der Geschichte der Bundesrepublik Deutschland(이하 역사의 집)과 독일사 전체를 아우르는 독일역사박물관 Deutsches Historisches Museum 건립을 위한 작업에 착수했다.

분단 독일의 서쪽 수도 본

두 박물관의 입지와 관련해 독일사 전체를 전시하게 될 독일역사박물관을 옛 독일제국의 수도 베를린에, 분단의 역사를 전시하게 될 역사의 집은 본에 건립한다는 발상은 상식에 가까운 것이었다. 헬무트 콜 총리 역시 상식을 벗어나지 않았다.

독일연방공화국은 파국의 그늘 아래에서 탄생했습니다. 그간 공화국은 고유의 역사를 갖게 되었고, 우리는 가능한 한 조속히 연방 수도인 본에 1945년 이후 독일사, 즉 우리 나라 및 분단된 민족국가의 역사와 관련된 유물을 수집하고자 합니다.

본은 인구 30만 명에 불과한 소도시이지만 서독의 수도인 이상 도시의 규모와 상관없이 역사의 집이 있어야 할 곳이었다. 누가 보아도 서독의 정체성은 동독의 수도인 베를린이 아니라 본에 있었으며, 따라서 서독의 정체성을 전시하게 될 역사의 집이 있어야 할 곳은 본이었다.

또한 본은 독일의 고유한 역사가 아니라 서구화되고 유럽에 통합된 독일의 역사를 전시하기에도 적합한 장소였다. "이 박물관을 건립하려는 본질적인 동기는 독일 최초의 안정된 자유국가의 역사적 중요성을 선언하려는 데 있다. 즉 독일연방공화국의 역사적 발전과 민주적 전통을 국내외에 널리 알리고, 이 민주국가에 대한 이해와 책임을 촉진하는 데 있다." 말하자면 역사의 집은 분단 독일에서 적어도 서독만큼은 자유주의적 유럽의 일원임을 스스로 깨닫게 하고, 더 나아가 이를 유럽과 전 세계에 알리는 역할을 해야 한다는 의미였다.

본의 박물관 구역Musemumsmeile*에 위치한 역사의 집 건물은 기능적 합리성과 창조적인 형태가 절묘하게 조화를 이루는 것으로 평가받고 있다. 박물관 건축의 역사를 잠시 살펴보기로 하자. 건축가인 잉에보르크, 하르트무트 뤼디거 부부의 설계안이 1986년 박물관 건축 공모전에서 선정되

* 본 중심가의 남쪽에 있는 분데스슈트라세를 따라 약 3킬로미터에 걸쳐 형성된 박물관 구역에는 다섯 개의 박물관이 밀집해 있다. 박물관 구역은 독일 통일 이후 행정수도의 기능을 잃어버린 본이 문화도시로 재탄생하는 데 중요한 역할을 했다.

탁 트인 역사의 집 내부 공간. 대형 전시물을 전시해야 하는 현대사박물관의 특성에 맞게 개방적인 공간 형태가
이 박물관의 특징이다.

었다. 박물관은 무엇보다도 전시를 위한 커다란 공간을 제공하는 대형 홀
의 형태로 지어져야 했다. 동시에 이들 부부는 건물 외관과 관련하여 건
축의 기본 요소인 안정성, 기능성, 아름다움, 세 가지 요소 모두를 충족시
키는 데 주력했다. 내부 공간은 관람객이 전시물을 가능한 한 가까이서
느낄 수 있도록 설계되었으며, 공간의 배치와 통로의 설계는 개방성과 안
락함에 역점을 두었다. 역사의 집은 1994년 6월 14일 개관 당시 약 4000
제곱미터에 이르는 전시 공간에 무려 7500여 점을 전시하고 약 90여 개
의 시청각 시설을 갖춘 대규모 박물관으로 탄생했다.

1989년에 시작하여 무려 4년여에 걸친 공사는 예기치 못한 상황에 맞닥뜨리기도 했다. 즉 공사 현장에서 로마시대의 유적이 발견되었다. 유적 및 유물을 보존하는 차원에서 공사가 중단되어야 마땅했으나, 고대 유적을 박물관에 포함시키는 방식으로 문제를 해결했다. 로마 유적은 박물관의 첫 번째 대형 전시물로 확정된 연방총리의 전용열차와 함께 1990년 '로마 지하실Römerkeller'이라는 이름으로 박물관의 일부가 되었다.

현대사의 박물관 전시

"역사를 전시하는 게 가능한 일일까? 역사는 전시될 수 없으며, 역사의 유물만이 전시될 수 있다." 베를린 독일역사박물관 초대 관장을 지낸 슈뵐츨Christoph Stölzl의 이러한 주장은 박물관의 역사 전시에서 나타날 수 있는 당파성의 문제를 염두에 둔 것으로 이해될 수 있다. 실제로 박물관은 역사학, 역사정치, 기억문화 등이 융합되는 곳으로, 특정 역사관의 색깔이 선명하게 드러날 수 있는 공간이다. 따라서 슈뵐츨의 언급은 박물관이 전시하는 것은 유물이며, 전시물을 토대로 다양하게 재구성될 수 있는 역사는 박물관의 소관사항이 아니라는 의미로 해석된다.

　그러나 박물관은 이러한 문제에도 불구하고 역사 내러티브의 지평을 확대한다. 역사란 과거를 사실적이고 객관적으로 재현한 것이 아니라 역사가의 언어에 의해 구성된 것에 다름 아니라는 '언어로의 전환linguistic turn'이 선언된 마당에, 사료 가치를 인정받은 다양한 이미지들을 분석하여 과거를 재구성하는 '이미지로의 전환iconic turn' 또한 충분히 생각해볼

로마 지하실. 1989년에 시작된 역사의 집 건축 현장에서 발견된 로마시대의 유물. 역사의 집은 현대사박물관이
지만 예외적으로 이 고대 로마의 유물은 상설전시물로 편입되었다.

수 있다. 사료 가치를 지닌 전시물은 역사적 실체를 체현하며 기억의 담
지자로서 독특한 아우라를 발산한다. 기억의 하드디스크 역할을 하는 유
물을 통해 역사를 재구성하는 박물관의 역사 전시는 책이나 교실에서 볼
수 없는 새로운 형태의 역사 내러티브를 제공한다.

역사의 집의 경우처럼 박물관의 현대사 전시에서는 특히 사진이 중
요한 위치를 차지한다. 베를린 장벽 설치 공사가 시작된 지 사흘째 되던
1961년 8월 15일 공사장 주변에서 경비를 서던 19세의 동독 경찰 콘라
트 슈만Conrad Schumann이 철조망을 넘어오는 순간이 사진작가 라이빙Peter
Leibing의 카메라에 포착되었다. 동서독의 체제 경쟁을 압축적이고 상징적
으로 보여준 이 사진은 오늘날까지도 동독체제와 분단에 대한 집단기억

베를린 장벽 공사장을 경비하던 동독 경찰 콘라트 슈만이 철조망을 넘어 서베를린으로 넘어오는 장면. 훗날 이 사진은 체제 경쟁에서 서독의 우위를 보여주는 선전자료로 활용되었다.

의 구성에서 절대적인 권위를 가진다. 과거를 구체적으로 보여주는 이미지는 활자와 토론이 주요 소통수단인 역사책이나 역사 수업보다 박물관 전시에서 빛을 발한다. 역사의 집은 2009년 5월 '기억 속의 이미지들 – 현대사의 아이콘들Bilder im Kopf. Ikonen der Zeitgeschichte'이라는 이름의 순회 사진전을 기획했다. 이는 '이미지로의 전환'을 보여주는 대표적인 사례로 꼽힌다.

또한 박물관의 현대사 전시는 과거와 현재가 단절되지 않고 이어져 있다는 점에서도 특별하다. 일반적으로 대중이 접하는 역사란 과거 사료에 대한 역사학자들의 주관적인 분석과 해석의 결과물이다. 역사박물관에서 전시되는 역사 역시 대개 이러한 틀을 벗어나지 않는다. 그러나 시대의 증인들이 아직 살아 있는 현대사의 경우는 역사학자의 권위가 크게 약화된다. 그 이유는 특정 시대를 직접 경험한 개개인이 곧 역사의 일부이기 때문이다. 따라서 역사의 집은 현대사의 이러한 특성을 고려하여 관람객에게 정보를 전달하거나 역사학자의 해석을 학습시키기보다는 전시물을 보고 스스로 느끼게 하는 데 중점을 두고 있다. 그러나 일상사나 문화사가 아닌 정치사에서는 이러한 원칙이 지켜지기 어려운 게 현실이다. 역사의 집 건립이 격렬한 논쟁을 불러일으킨 것도 그 때문이다.

역사박물관과 집단정체성

앞에서 언급한 슈뵐츨의 조심스러운 주장과 달리, 박물관은 역사를 매개로 집단의 정체성을 형성하는 역할을 부여받는다. 집단정체성은 혈통이나 출신에 의해 생득되는 것이 아니라 학습이나 소속감의 획득을 통해 형성된다. '집단기억mémoire collective' 개념을 학계에 최초로 소개한 프랑스의 사회철학자 알박스Maurice Halbwachs에 따르면, 모든 공동체는 집단의 자의식 형성에 요구되는 과거를 주조해낸다. 이 과정에서 과거는 상징, 의미체계, '영원한' 진리 등으로 채워진 저장소로 활용되며, 이로부터 현재와 미래의 사회를 통합하는 데 필요한 집단정체성이 도출된다. 알박스의 이론을 계승한 아스만Jan Assmann 역시 우리가 흔히 '집단정체성'이라 말하는 사회적 소속감은 공동의 지식과 공동의 기억을 공유하는 데서 생성된다며 역사의 중요성을 강조한다.

집단기억이란 사회적으로 구성된 것으로 한 집단을 정서적으로 강하게 결속시켜주는 역할을 한다. 극단적으로 말하자면, 사회적 존재로서 인간은 결코 개별적인 의미체계나 기억을 통해 형성되지 않으며, 반드시 여하한 형태의 기억공동체에 속하게 된다. 그런데 기억이란 언어 혹은 문화와 마찬가지로 설명, 인지, 습득으로 이어지는 소통의 과정을 통해 생성된다. 역사란 이러한 집단기억에 다름 아니며, 사료나 유물은 집단기억에 정당성과 권위를 부여한다. 따라서 박물관의 역사 전시는 집단정체성을 구성하는 데 있어 매우 유용한 수단이 될 수밖에 없다.

"국가란 역사 없이, 역사로부터 얻은 경험 없이 결코 존재할 수 없다." 연방 내각회의가 마련한 1985년 7월 15일자 역사의 집 설립안에 첨부된 건의서에서 연방 건설부장관 슈나이더Oscar Schneider가 한 말이다. 역사박물관의 당위성을 주장한 건축가 출신 장관은 역사의 정치적 기능과 의미를 제대로 이해하고 있었다. "무엇보다도 우리 나라의 젊은이들이 (······) 우리가 어디에서 왔고, 독일인인 우리는 누구이며, 우리는 현재 어디에 있으며 어디로 가게 될지를 알 수 있게 해주는 곳에 자의식이나 자기인식의 장소를 만드는 것이 중요하다." 1985년 2월 27일자 정세 보고에서 콜 총리는 박물관의 설립 필요성을 좀 더 구체적으로 언급하고 있다. 역사박물관이란 단순히 유물을 보여주는 곳이 아니라 '의미를 생산하는 곳'이 되어야 한다는 것이다.

그러나 이러한 박물관 건립의 취지는 정치적 목적을 위해 역사를 이용하려는 것으로 오해될 소지가 있었다. 더구나 집단정체성 자체를 비판적으로 볼 경우, 이러한 의혹은 더욱 증폭된다. 에릭 홉스봄은 집단정체성의 역사적 토대인 전통이란 본질적으로 존재한다기보다 주조되는 것이라고 보았으며, 미국의 정치학자 앤더슨 역시 민족이란 현재의 목적을 위해 구성된 '상상의 공동체'라고 보았다. 실제로 민족 혹은 민족국가란 가족이나 친구처럼 구체적으로 경험할 수 있는 공동체가 아니라 관념의 세계에서 추상적으로 존재한다는 점에서 이들의 지적은 매우 날카롭다.

이처럼 민족이나 전통으로 표현되는 집단정체성은 흔히 실체가 없는 것으로 간주되지만, 인간은 놀랍게도 허구와 상상에 의존하여 집단의 결속을 추구한다. 인간의 이성은 적어도 집단의식에서만큼은 감성에 압도당하는 듯이 보인다. 유발 하라리Yuval Noah Harari는 인간에게 허구를 믿는 능력이 생겨난 현상을 '인지혁명'으로 규정하고, 인류의 역사는 이와 함께 시작되었다고 말한다. "인지혁명이란 역사가 생물학에서 독립을 선언한 지점이었다. 인지혁명 이전에 모든 인간 종의 행위는 생물학의 영역에 속했다." 그에 따르면, 인간이 지구상의 다른 생명체에게서 볼 수 없는 대규모 집단을 이룰 수 있었던 것은 허구를 믿는 능력 때문이고, 이것이 인간을 지구의 지배자로 만든 비결이었다.

현대사박물관과 역사정치

이와 같이 집단정체성은 비록 허구에 불과하지만 현실에서는 막강한 동원 능력을 발휘한다. 바로 이러한 이유에서 박물관의 역사 전시는 논란이 되기도 한다. 특히 현대사박물관은 현실정치와 직접적인 관련이 있기 때문에 항상 체제나 집권세력의 '용비어천가'를 제작하는 도구로 전락할 수 있는 위험에 노출된다. 통사박물관의 역할이 국민에게 민족국가에 대한 소속감을 불어넣어주는 것이라면, 현대사박물관의 경우는 자칫 체제나 집권세력을 미화하거나 선전하는 것으로 왜곡될 수 있다. 역사의 집 설립이 결정된 후 역사학자들로 구성된 4인 위원회의 위원장을 맡았던 프랑크푸르트대학의 갈 Lothar Gall 교수 역시 당시 박물관 건립에 관한 논의 과정에서 학문이 제도권 정치의 시녀로 전락할 수 있는 위험성을 늘 의식해야 했다고 회고한다.

역사란 이미 지나가버린 과거이기 때문에 재현할 수는 없지만 정치적으로 이용되거나 논란이 될 수는 있는데, 이처럼 역사가 현실정치와 결합되어 나타나는 제 현상을 일컬어 '역사정치'라 한다. 한편 역사정치적 관점에서 보면, 역사의 집은 집권 여당인 기독민주연합(CDU, 이하 기민련)의 업적을 전시하려 한다는 의심을 살 만했다. 왜냐하면 전후 서독의 '찬란한' 역사란 사실상 집권 기간에서 압도적으로 우위에 있는 기민련의 업적을 찬양하는 것과 별반 다르지 않기 때문이다. 당시 좌파 진영에서 역사의 집을 두고 '기민련의 궁정박물관'이니 '콜 박물관'이니 하고 비아냥댄 것은 이러한 점을 염두에 둔 것이었다.

이러한 현상은 한국에서도 나타났다. 이명박 정부에 의해 설립된 대한민국역사박물관 역시 설립 당시 이와 유사한 비판에 직면했다. 한국 보수세력의 자기변명과 자화자찬의 혐의가 짙은 뉴라이트 역사관을 박물관을 통해 선전하려 한다는 의혹이 제기되었다. 보수세력의 역사적 신화화는 두말할 필요 없이 보수정당의 집권이라는 현실정치적 이익을 의도한 것이었다. 물론 현재 대한민국역사박물관은 외부의 비판과 내부의 노력 덕분에 건립 초기에 제기된 의혹을 불식시킨 듯이 보이며, 진보정권이 들어선 이후에도 활발하게 활동하고 있다.

한편 특정 정치세력을 역사적으로 미화하는 것이 야기하는 폐해는 실로 막대하다. 한국에서는 전대미문의 최순실 국정농단 사태로 나타났다.

부도덕하고 무능한 대통령을 선택한 유권자의 판단력을 흐리게 한 것은 박근혜의 능숙한 속임수가 아니라 박정희 시대의 경제개발 신화였다. 후보 경선 과정에서 박근혜의 무능함이 수없이 목격되었지만, 박정희 신화는 유권자들을 맹목에 빠뜨렸다. 그 결과 북한의 3대 세습과 유사한 현상이 남한에서도 나타났다. 이러한 상황에서 박근혜 정권이 시대착오적인 역사교과서 국정화를 추진한 것은 지극히 당연했다. 즉 선거를 통해 검증된 개발 신화를 유일한 역사로 교육하겠다는 발상이 별로 이상하지 않다는 말이다. 아무튼 오늘날 한국 사회는 역사정치나 집단기억의 부작용을 생생하게 학습하고 있는 중이다.

집단정체성과 역사정치

콜 총리는 역사의 집이 '콜 박물관'이라는 비판에 직면하자 박물관이 자유민주주의와 유럽의 한가운데 자리한 독일을 보여주게 될 것이라고 항변했다. "우리가 원하는 것은 바로 이런 국가입니다." 콜 총리는 1994년 6월 14일 역사의 집 개관식 기념사에서 동독을 흡수 통일한 서독이 그가 원하던 국가였다고 말했다. 역사의 집은 서독의 정치체제가 1945년 이전과 이후에 공히 최선의 선택이었음을 보여주어야 했다. 즉 서구와는 다른 '독일의 특수한 길Deutscher Sonderweg'을 찾으려 했던 시도는 나치의 패망과 함께 끝나고 서독이 탄생했으며, 1945년 이후에는 서독이 동독보다 나은 체제였음을 보여주어야 했다. 오늘날 독일의 정체성은 이념과 체제에 있어 자유주의, 의회민주주의, 시장경제 등으로 구성되며, 역사의 집은 이

서독 민주주의의 산실인 초대 서독연방의회 본 회의장. 당시 사용되었던 의자들을 가져다가 본 회의장을 재현했다.

를 확인하고 학습하는 공간이라는 말이다.

그러나 박물관의 역사 전시는 집단정체성이나 소속감을 학습시키는 과정이지만, 동시에 체제를 더 건강하게 만드는 비판정신과 의식을 거세시키는 세뇌일 수도 있다. 이념과 체제에 대한 소속감은 그것들을 이상적인 것으로 여기거나 최소한 긍정하는 것을 전제로 한다. 실제로 통일 이후 동독 지역에서는 자유주의를 이상으로 설정한 채 '이중의 독재Die doppelte Diktatur'가 운위되고 있다. 서독은 자유민주주의의 도입으로 독재와 작별을 고한 반면, 동독에서는 사회주의통일당(SED)에 의해 나치와 색깔만 다른 독재체제가 지속되었다는 것이다. 이렇게 해서 나치체제와 동독체제는 자유민주주의의 대척에 있는 독재라는 범주를 통해 동일시되며, 이를 통해 냉전시대의 반공주의적 이론이라고 비판받아 오래전에 자취를 감춘 전체주의론이 부활한 것이다.

전체주의론의 효과는 단순히 동독체제의 폭력성을 고발하는 데 그치지 않고 한편으로 자유주의의 비폭력성과 우월성을 내세우고, 다른 한편으로는 자유주의의 어두운 이면을 가려준다. 자유주의적 집단정체성에 내재하는 역사정치에 주목해야 하는 이유는 이것이 전부가 아니다. 하늘 아래 존재하는 모든 것은 역사적 형성물이며, 자유주의 역시 역사법정의 피고석으로부터 자유로울 수 없다. 자유주의는 사회주의와 나치즘보다 일찍 역사의 무대에 등장했으며, 두 이념은 자유주의에 대한 저항이자 대안으로 탄생했음을 우리는 자주 간과한다.

이 단순한 연대기는 우리에게 중요한 사실을 일깨워준다. 즉 사회주의와 파시즘이 폭력적이었던 시점이 아니라 탄생하던 시기로 거슬러 올라가면, 자유주의의 폭력성과 추악한 면모가 여지없이 드러난다. 더구나 결코 지울 수 없는 그 오점은 한때 경쟁자이자 적이었던 두 체제가 사라진 오늘날에도 여전히 형태를 달리하며 존재하고 있다. 경쟁에서 이겼다고 허물마저 없어지는 것은 아니기 때문이다.

이처럼 자유주의적 집단정체성은 자유주의를 대상화하거나 비판적으로 평가하는 것을 어렵게 할 수 있다. 이러한 문제는 집단기억과 집단정체성의 형성을 의도하는 역사 전시에 그대로 적용되며, 이는 역사의 비판적 기능을 중시하는 역사학 및 역사교육의 윤리에 정면으로 배치된다. 역사란 모름지기 사회구성원에게 소속감을 부여하는 역할이 아니라 현재를 비판적으로 성찰하게 해주는 과거의 경험이 되어야 한다고 생각하는 역사학자들로서는 콜 정부의 박물관 계획에 동의하기 어려웠을 것이다. 이러한 이유에서 좌파 역사학자들은 박물관이 소속감이나 정체성을 찍어내는 공장으로 기획되어서는 안 된다고 비판의 목소리를 높였다.

현대사박물관에 관하여

그렇다면 현대사를 전시하는 박물관의 존재는 득보다 실이 더 많은 것일까? 현실정치적 이해와 대립으로 점철된 현대사에는 아예 역사의 지위를 부여하지 않는 것이 현명할까?

민주주의는 서로 대립하는 정치적 이해관계의 존재와 충돌을 당연시하며, 갈등을 조정하고 해결하는 과정에 의미를 둔다. 따라서 정치적으로 민감한 박물관의 현대사 전시에 관한 논의에서도 전시의 역사적·정치적 특성 자체를 거부하기보다 이를 민주적인 조정과 타협의 대상으로 인식하는 것이 생산적일지 모른다. 역사는 조정과 타협의 과정을 거치면서 흑백이나 회색을 넘어 다양한 색으로 그려진다. 균형 잡힌 역사와 다채롭고 입체적인 역사는 우리의 편협한 역사인식의 지평을 넓혀주며, 그것이 가져다주는 효과는 기대 이상이다. 만약 한국 사회에서 한국전쟁이 더 다각적으로 기억되고 해석되었더라면 오늘날까지도 남북한의 증오와 적대를 부추기고 선거 때마다 정치적으로 악용되는 폐해는 일찌감치 자취를 감췄을 것이다.

또한 집단정체성은 실체 여부에 관계없이 항상 요구되지만, 그것이 반드시 민족적이어야 할 이유는 없다. ICT 혁명과 대량이주로 표현되는 트랜스내셔널 시대에 민족/민족국가 같은 집단정체성은 근본적인 위기에 직면하고 있다. 예를 들면 9·11 이후 상당한 권위를 갖게 된 국가안보를 구실로 특정 이슬람 국가 출신 무슬림의 미국 입국을 금지한 트럼프 대통령의 행정명령이 격렬한 저항에 부딪힌 것도 이러한 변화와 무관하지 않다. 신교도 백인 같은 특정 집단의 정체성을 관철시키려는 시대착오적인 발상이 더 이상 용납되지 않는 것이다.

기억의 문화 역시 변화가 불가피한데, 아스만은 기억과 망각의 기준과 관련하여 날카로운 비판을 제기한다. 그가 보기에 민족국가 시대의 기억 문화는 지나치게 자기중심적인 나머지 이웃나라는 잊고 싶어하는 과거를 요란하게 기념한다든지, 이웃나라는 비난하는 것을 목소리 높여 칭송한다는 것이다. 이 같은 '유아독존적 기억의 구성Solipsismus der Gedächtniskonstruktionen'은 지구촌이 갈수록 긴밀해지고 있는 21세기에는 폐기되어야 마땅하다고 본다. 집단정체성에 대한 욕망이 인간의 본능이라면 어쩔 수 없이 인정해야 하겠지만, 그것이 19~20세기처럼 갈등을 야기해서는 곤란하지 않겠는가?

끝으로 여러 문제점에도 불구하고 박물관이 존재해야 하는 이유는 분명하다. 박물관은 유물을 보존하고 관리한다는 기본적인 기능 외에 다양한 시각적 자료를 통해 과거와 현재를 이어주는 가교 역할을 한다. 이를 통해 인간의 합리적 판단과 결단에 없어서는 안 될 역사의식을 일깨워주는 학습장이 된다. 박물관은 기억의 문화에 있어 하드웨어와 소프트웨어를 동시에 갖춘 하나의 완결된 체계다. 따라서 전시와 구성에서 드러나는 박물관의 완성도는 그 사회의 역사의식을 평가하는 기준으로도 손색이 없다. 특히 현대사박물관은 특정한 정치적 목적이나 집단의 이익을 위한 도구로 이용될 수도 있지만, 객관적이고 균형 잡힌 전시를 위한 지난한 토론 과정은 또 다른 형태의 민주주의다. 역사란 지나가버린 사실을 복원하는 것도, 개별적으로 기억된 과거를 전달하는 행위도 아니다. 역사는 다양하고 이질적인 현재에 의해 재구성되는 과거 아닌 과거이며, 역사박물관은 역사의 이러한 특성을 경험하고 학습하는 장이 될 수 있다.

윤용선

— 런던 대영박물관

1753년   의사이자 박물학자 한스 슬론 경, 유품 7만 1000점을 조지 2세에게 기증

1757년   조지 2세, 잉글랜드 역대 왕들이 보유한 책의 일부 기증

1759년   1월 15일 대영박물관 개관, 무료 관람 원칙 도입

1857년   도서관Reading Room 개관(마르크스, 이곳에서 영국 자본주의 발달을 연구해 《자본론》 집필)

1887년   자연사박물관 개관(유품 일부 이전)

1911년   박물관 안내인(가이드) 첫 도입

2002~2015년   닐 맥그리거 관장(혁신에 큰 기여, 재직 기간 중 박물관 방문객 40퍼센트 급증, 대도시에

전시물 대여)

1997년에 개봉한 뤽 베송 감독의 영화 〈제5원소〉. 지구를 침공한 외계인에 맞서 싸우는 외계인 투사 여주인공 릴루(밀라 요보비치 분)는 지구의 역사를 알기 위해 CD롬을 본다. 지구를 구하러 오던 외계인 공중 편대가 적의 공격을 받았고, 그중 겨우 남은 DNA로 복원한 게 릴루다. 그는 CD롬을 휙휙 넘기며 큰 충격에 빠진다. 문자로 기록된 지구의 역사에서 끊임없는 전쟁으로 인간들이 서로를 죽였다는 것을 도무지 이해할 수 없었기 때문이다. 하지만 그는 적대적인 외계인과 싸우는 과정에서도 사랑이 있

대영박물관 입구. 현관 바닥에는 "네 발이 앞으로 수천 년간 지식의 한가운데 있게 하라"라는 문구가 새겨져 있다.

었기에 인류는 생존했음을 깨닫는다.

　인류 최초의 문명 수메르. 2015년 IS(이슬람국가)가 점령 중이던 이라크 북부에 소재했던 이곳의 발자취를 보고 싶다면 어디로 가야 할까? 보통 때에도 가기가 쉽지 않은 곳인데 많은 유적들이 IS에 의해 파괴되었다. 릴루가 CD롬을 보는 것보다 지구 역사를 좀 더 입체적으로 이해하려면, 그리고 수메르 문명을 알고 싶다면 아무래도 대영박물관으로 가야 하지 않을까?

　최근의 자료에 따르면 2016년 약 640만 명이 대영박물관을 방문했다고 한다. 런던시 인구와 맞먹는 수의 사람들이 이곳을 다녀간 셈이다. 유명한 여행책자 《론리 플래닛_The Lonely Planet_》은 반드시 방문해야 하는 곳으로 대영박물관을 빼놓지 않는다. 프랑스의 루브르, 러시아의 에르미타슈와 함께 세계 3대 박물관 하나다.

대영박물관The British Museum*은 18세기 중반에 소박하게 출발했다. 원래 이곳은 영국 국민을 위한 무료 관람시설로 설립되었다. 하지만 19세기 영국이 세계 곳곳에 식민지를 건설하면서 인류 문명을 대표하는 인류의 박물관으로 자리매김하고자 했다. 19세기 제국주의 경쟁 시대에 박물관은 한 나라의 기억의 장소를 뛰어넘는 인류의 보고가 되려고 했다. 2차 세계대전 후 영국이 대부분의 식민지를 포기하고 쇠퇴하기 시작한 후에도 대영박물관은 이런 정체성을 유지하고 가꾸려 했다.

박물관 입구를 들어서면 큰 원 모양의 현관이 나온다. 여기 바닥에 쓰인 문구는 이런 야심을 잘 드러낸다. "네 발이 앞으로 수천 년간 지식의 한가운데 있게 하라(and let thy feet millenniums hence be set in midst of knowledge)."

출발은 소박했지만······

대영박물관은 의사이자 박물학자였던 한스 슬론 경Sir Hans Sloane의 수집품 기증에서 시작되었다. 세계를 두루 여행한 슬론은 1753년 유서에서 평생 수집한 7만 1000점을 조지 2세에게 넘겼고, 왕은 그 대가로 슬론의 상속

---

* 'British Museum'을 직역하면 영국박물관이다. 대영박물관은 일본을 통해 들어온 번역어이지만 국내에 정착하여 널리 쓰이므로, 이 글에서는 대영박물관으로 표기한다.

인에게 2만 파운드를 주었다. 당시 수집품 가격에 비해 매우 낮은 가격이다. 같은 해 영국 의회는 영국박물관법을 제정했다.

4만 권이 넘는 책과 희귀 원고, 자연사 표본(식물 채집본), 동전과 메달 약 2만 3000점, 1000점이 넘는 고대의 풍습과 관련한 일부 민족학 소장품 자료도 최초 수집품에 포함되었다. 1757년 조지 2세도 잉글랜드 왕들이 보유했던 도서관의 일부 책을 기증했다. 이런 준비 과정을 거쳐 대영박물관은 1759년 1월 15일에 문을 열었다. 당시 유럽의 박물관들은 왕이나 성당의 소유가 대부분이었다. 대영박물관은 국가가 설립하고 운영한다는 점에서 당시 상당수의 박물관과 구분되었다.

박물관이 들어선 곳은 17세기에 지은 몬터규Montagu 저택이다. 당시 버킹엄(지금의 버킹엄궁)과 몬터규 저택이 박물관 후보로 고려되었다고 한다. 결국 가격이 좀 더 싸고 위치가 적당한 몬터규 저택이 선정되었다. 슬론 경은 유서에서 무료 관람을 요청했다. "배우고 싶어하고 호기심이 있는 모든 사람들에게 무료로 개방"해달라는 요청에 따라 이 원칙은 260여 년이 지난 지금까지도 지켜지고 있다.

출발은 소박했지만 영국의 국력이 커지면서 박물관도 이에 비례해 커졌다. 19세기에 영국이 식민지를 건설하면서 세계 각지에서 가져온 수집품이 급증했기 때문이다. 이에 따라 전문 박물관으로 수집품이 이전되기도 했다.

대표적인 경우가 19세기 중반의 증축이다. 1823년 조지 4세가 선친이 사용하던 도서관 장서를 기증하자 이를 수용할 공간이 필요했다. 이에 따라 이 해에 첫 증축이 시작되었고 동서남북에 4개의 신고전(네오클래식)양식 건물을 순서대로 지었다. 로버트 스머크 경Sir Robert Smirke이 설계했으

박물관 정문에 세워진 신고전주의 양식의 대리석 기둥.

며, 증축공사는 30년이 걸려 1852년에 완공되었다. 런던 중심가의 블룸
즈버리 광장을 지나 박물관 문에 들어서면 거대한 둥근 기둥이 눈에 들어
온다. 이 기둥들과 그 안에 있는 4개 건물이 당시에 증축된 것이다. 증축
은 유럽에서 가장 큰 규모로 이루어졌다.

　1857년에는 시민들이 와서 책을 읽고 연구할 수 있는 둥근 리딩룸

Reading Room 건물이 신축되었다. 이 역시 스머크 경이 설계해 3년 만에 완공되었다. 현대 공산주의의 창시자 카를 마르크스가 영국 자본주의 발달사를 연구하여《자본론》을 쓴 곳이 바로 여기였다. 그는 무국적자로 1849년 6월 초 도버 해협을 건너 런던으로 온 후 1883년에 사망할 때까지 살았다. 병든 딸의 죽음을 지켜보았고, 허기진 배를 부여잡고 자본주의 발달의 운동법칙을 서술한 곳이 이 박물관 리딩룸의 한 켠이었다. 마찬가지로 망명 중이던 러시아의 블라디미르 레닌과《셜록 홈스》를 쓴 아서 코난도일 경도 리딩룸 애용자였다.

도서관부는 1972년 도서관법에 따라 박물관에서 분리되기까지 25년 동안 리딩룸에 자리를 잡았다. 박물관 공간을 효율적으로 사용하기 위해 이곳에 있던 책은 1997년 세인트판크라스역 인근의 영국도서관 건물로 이전되었다. 2007년부터 2013년까지 이곳은 임시 전시 공간으로 사용되었다.

전문 박물관으로의 소장품 이전도 수시로 이루어졌다. 자연사 표본은 1887년 인근의 자연사박물관으로 옮겨졌다. 원래 이곳은 대영박물관의 분관이었으나 1963년에 독립적인 박물관으로 승격했다. 1856년 당시 박물관 자연사 컬렉션을 관장 중이던 박물학자 리처드 오언 경Sir Richard Owen은 세계 각지에서 수집한 동식물 표본이 급증하자 별도의 자연사박물관을 지을 필요성을 집요하게 설득해 성공했다. 1970년에는 민족학 소장품을 인류학박물관으로 이관하기에 이르렀다.

2세기 반이 훨씬 지난 현재 대영박물관은 100개가 넘는 전시실을 보유하고 있다. 2013년에는 세계보존과 전시센터World Conservation and Exhibitions Centre 건물을 신축하기 시작했다. 2만 제곱미터의 규모에 이르는 이 센터는 이듬해 3월에 개관했으며, 더 많은 전시와 보존시설 등을 갖추고 있다.

제국과 함께 성장한 소장품

19세기 초 대영박물관은 로제타스톤(1802), 타운리 컬렉션(1805), 그리스 파르테논 신전의 대리석 조각품들(엘긴대리석, 1816)을 소장하게 된다. 타운리 컬렉션을 제외한 2개 희귀품은 제국주의 경쟁의 산물이다.

프랑스의 보나파르트 나폴레옹은 1798~1801년에 이집트 정복전쟁을 벌였다. 이 원정 과정에서 그는 많은 양의 고대 유물을 확보해 파리로 가져왔다. 유럽의 패권을 두고 프랑스와 경쟁했던 영국은 이집트에서 프랑

Hieroglyphs by Champollion

The brilliant young French scholar, Jean François Champollion deciphered Egyptian hieroglyphs in 1824. The Museum has a copy of the printed *Lettre a M. Dacier* (*Letter to Monsieur Dacier*) of 1822 in which Champollion announced the first stages of his decipherment. Above is a facsimile of the fold-out plate inserted into both which gives both the sound signs were used to write non-Egyptian names. Later he saw that they were also an essential part of the hieroglyphic script, which recorded the sounds of the Egyptian language. This realisation, together with his knowledge of the Coptic language, allowed him to start reading texts.

1802년 프랑스로부터 빼앗은 로제타스톤. 기원전 196년 이집트 프톨레마이오스 5세의 칙령을 상형문자로 기록한 것이다.

그리스 파르테논 신전의 대리석 조각품들(엘긴대리석, 1816년부터 소장). 당시 오스만제국의 대사로 근무 중이던 토머스 브루스가 이 제국의 식민지였던 현재 그리스 파르테논 신전 대리석에 있는 조각을 해체해 영국으로 가져갔다. 그의 대리인들은 당시 이 신전에 남아 있던 조각의 절반 정도를 해체해 영국으로 가져갔다. 브루스가 엘긴의 7대 백작이었기에 엘긴대리석이라 불리게 되었다.

스를 격퇴하기 위해 치열한 전투를 벌였다. 로제타스톤은 1799년 이집트에서 전투 중이던 프랑스 병사가 발견했으나, 1801년 나일강 전투에서 이긴 영국군의 손에 넘어갔다. 로제타스톤은 기원전 196년 이집트 프톨레마이오스 5세의 칙령을 상형문자로 기록한 것이다. 1802년부터 대영박물관에 전시되기 시작했고, 오늘날 관람객에게 가장 인기 있는 전시품 중 하나다.

엘긴대리석은 당시 오스만제국의 대사로 근무하던 토머스 브루스 Thomas Bruce가 이 제국의 식민지였던 그리스의 파르테논 신전 대리석에 있는 조각을 해체해 영국으로 가져갔다. 이 당시 그의 대리인들은 브루스의 지시로 당시 이 신전에 남아 있던 조각의 절반 정도를 해체해 영국으로 가져갔다. 브루스가 엘긴Elgin의 7대 백작이었기에 엘긴대리석이라 불리게 되었다.

당시의 시대상황을 현재 시각으로 보는 것은 다소 무리가 있다. 하지만 제국주의 국가들이 약소국을 침략해 귀중한 문화재를 약탈한 것은 명백한 사실이다. 이 때문에 이집트는 로제타스톤을, 그리스는 엘긴대리석을 반환해달라고 끈질기게 요구해왔으나 영국은 이를 거부하고 있다. 양국이 소장품을 제대로 보존할 능력이 없다는 게 그들이 내세우는 이유다. 그 후 두 나라가 새로 박물관을 지어 이 소장품을 돌려받을 준비를 마쳤음에도 영국은 여전히 반환을 거부하고 있다.

타운리 컬렉션은 1805년에 대영박물관이 구입했다. 기원전 2세기 그리스 시인의 흉상, 2미터가 훨씬 넘는 비너스 조각상, 원반 던지는 남자 등 수백 점의 조각품이 포함되어 있다. 1791년 박물관의 신탁인(수정 수장품 관리인)이 된 찰스 타운리Charles Townley가 사망하자 대영박물관에서 그의 소장품을 매입했다.

인류의 역사를 보여주려는 컬렉션

박물관의 부department는 소장품을 관리하고 전시하는 일을 맡는다. 현재 대영박물관은 9개의 부로 구성되어 있다. 박물관이 확대 개편되면서 부가 추가로 설치되고 그 규모도 커졌다.

인류의 역사를 모으고 분석한다는 박물관의 목적에 맞게 처음 설치된 부는 고대세계부Department of Antiquities였다. 1807년에 생긴 고대세계부는 1860년에 고대 그리스와 로마, 동전과 메달, 오리엔탈(현재의 중동) 고대부로 세분되었다. 고대 이집트와 수단부는 박물관의 역사와 함께 성장했다. 슬론 경이 163개의 이집트 소장품을 넘겨주면서 박물관 설립 때부터 이집트 소장품을 전시했으며, 현재는 10만 점이 넘는 이집트 소장품을 보유하고 있다. 카이로박물관을 제외하면 최대 규모다. 19세기 영국의 귀족들이 중심이 되어 이집트발굴펀드를 조성하여 이집트 전역에서 발굴활동을 벌였으며, 일부는 구입하여 소장품의 범위를 지속적으로 확대했다.

대영박물관에는 7개의 이집트 상설전시관이 있다. 4호실의 거대 조각품(기원전 1350년 아멘호테프 3세의 적색 화강암 조각상이 대표적이다)을 비롯하여 3층의 전시실(62호, 63호)에는 약 140개의 미라와 관이 전시되어 있다. 하지만 공간이 부족하여 이집트 소장품 가운데 4퍼센트만이 방문객에게 공개되고 있다.

그리스와 로마부도 이집트와 수단에 못지않은 소장품을 자랑한다. 기원전 3200년경 그리스 청동기시대의 유물부터 기독교를 로마제국의 국교로 인정한 313년 콘스탄티누스 황제의 밀라노 칙령까지 10만 점이 넘는 유물이 있다. 다루고 있는 역사도 3000년이 훨씬 넘는 시기를 포함한다. 18호실에는 앞에서 소개한 엘긴대리석이 있고, 21호실에는 고대 세계의 7대 불가사의 중 하나인 할리카르나소스의 무덤이 있다. 할리카르나소스는 현재 터키의 남서쪽 해안 도시 보드룸에 있었다. 그리스인과 아마존 부족의 전투장면을 새긴 프리즈와 마우솔로스 상으로 보이는 높이 3미터의 조각상도 이곳에서 볼 수 있다.

중동부 소장품은 33만여 점이다. 이라크를 제외하고는 인류 문명 발상지의 하나인 메소포타미아 지역의 유물을 최다 보유하고 있다. 인류 최초의 도시국가였던 수메르, 대제국을 건설했던 페르시아, 현재의 터키와 중앙아시아, 시리아 지역의 유물을 소장하고 있다. 1825년 이 지역의 유물이 확대된 후 19세기에 소장품이 추가로 확대되었다. 최초의 도시인 우르에서 나온 전쟁과 평화를 새긴 나무상자(약 기원전 2600년경)를 비롯하여 이 시기의 많은 유물이 56호실에 집중적으로 배치되어 있다.

레오나르도 다빈치와 라파엘로, 미켈란젤로 등의 그림을 관리하는 곳이 인쇄물과 그림부다. 14세기부터 현재까지의 그림과 인쇄물을 소장하고 있다. 5만 점이 넘는 유명 화가의 그림과 200만 점 이상의 인쇄물이 있다. 다빈치의 〈성모자와 성 안나〉, 미켈란젤로의 〈누워 있는 누드〉가 유명하다. 2011년 독지가의 기부로 대영박물관은 파블로 피카소의 동판화 화첩 〈볼라르 수이트Vollard Suite〉 전체를 매입하기도 했다. 1455년경에 인쇄된 것으로 보이는 구텐베르크 성경도 이곳에서 볼 수 있다. 당시 180부가 동판 인쇄로 제작되었는데 현재 온전히 보존된 것은 4부다. 그중 한 부가 이곳에 있다.

한국 전시품은 아시아부에서 관리 중이다. 동아시아, 남아시아, 중앙아시아, 동남아시아를 관할하는 이 부는 7만 5000여 점을 보유하고 있다. 중국 각 왕조시대의 도자기와 꽤 많은 일본 미술품을 소장하고 있다. 한국 전시실은 2000년부터 마련되었다. 250여 점의 도자기와 유물이 전시 중이다. 7~8세기 통일신라시대 불상, 13세기 고려청자, 조선 후기 백자, 18세기 김홍도의 〈풍속도첩風俗圖帖〉 등이 이곳에 진열되어 있다.

영국과 유럽 그리고 선사시대부는 1969년에 설치되었다. 대영박물관의 정체성이 인류의 역사를 보여준다는 것이므로 정작 자국과 유럽의 유물 수집은 매우 늦게 이루어졌다. 이 부가 설치되기 전에는 다른 부에 흩어져 있었다. 유명한 고고학자 루이스 리키Louis Leakey와 메리 리키Mary Leakey가 기증한 약 120만 년 전의 손도끼가 있다. 이들이 탄자니아에서 인류의 흔적을 찾다가 발견한 소중한 물품이다. 1939년에 발굴된 서튼후 투구는 이 부에서 가장 중요한 소장품 중의 하나다. 당시 잉글랜드 동부 서퍽주 우드브리지 인근에서 대규모 무덤 매장지가 발굴되었다. 여기에서 나온 앵글로색슨인의 장식적인 투구 유물이 서튼후다. 역사학자들은 이스트앵글리아의 왕 래드왈드의 것으로 추정한다.

아프리카, 오세아니아, 아메리카부는 주로 이 지역의 원주민 유물을 다량 보유하고 있다. 35만 점이 넘는 소장품은 이 지역의 다양한 원주민 문화를 연구하는 데 소중한 자료다. 멕시코와 콜롬비아, 폴리네시아, 미크로네시아 지역에 사는 원주민 문화를 조금이나마 이해할 수 있는 곳이다.

이 밖에 동전과 메달을 관리하는 부, 보존과 학문적 연구를 진행하는 부, 도서관과 문서고 역할을 하는 부, 이렇게 3개 부가 있다.

21세기 박물관의 미래와 대영박물관

2019년은 대영박물관이 개관한 지 260년이 되는 해다. 인류의 역사를 보여준다는 핵심 정체성은 그동안 많은 시대 변화를 겪으면서도 아직까지 남아 있다. 로제타스톤과 엘긴대리석, 중국 모가오 석굴(고대 실크로드가 시작되는 중국 둔황 근처에 소재)에 있던 2만 4000점이 넘는 두루마리 희귀 원고는 각각 이집트와 그리스, 중국이 줄기차게 반환을 요구했다. 이때마다 영국 정부는 원소유국이 이 유산을 제대로 보존하지 못할 것이며, 이미 보관 중인 인류 유산을 타국에 넘겨주지 않아도 되는 권리를 보유하고 있다고 주장한다. 소장품을 반환하면 박물관이 텅 빌 것이라는 논리다.

어쨌든 20세기 들어 이 박물관은 대중에게 더 가까이 다가가고 있다. 1903년에 박물관 요약 안내책자가 발간되었고 1911년에 가이드가 처음 도입됐다. 1950년대에 교육부와 출판부가 각각 설치됐다.

21세기에 들어서 이 박물관의 발전은 더욱 두드러졌다. 닐 맥그리거Neil MacGregor는 2002년 8월 관장으로 취임하여 2015년 12월까지 근무했다. 그는 박물관을 혁신하는 데 큰 기여를 한 것으로 평가받는다. 맥그리거는 연구와 이를 대중에게 알리는 데 주력했다. 런던을 방문하기 어려운 시민들을 위해 버밍엄 등 대도시 박물관에 전시물을 대여해주어 더 많은 시민들이 소장품을 관람할 수 있게 했다. 그의 이런 노력으로 그가 관장으로 재직하던 기간 박물관 방문객은 40퍼센트가 늘어났다.

대표적인 소통물은 〈100대 유물로 보는 세계사A History of the World in 100 Objects〉이다. BBC 라디오 4와 공동으로 제작했다. 200만 년 전부터 현재까지의 인류사를 박물관 소장품과 함께 알기 쉽게 설명한다. 2010년 1월 18일 첫 방송을 시작해 20주 동안 방영되었다. 매회 분량은 15분이다. 2년 후 같은 이름의 책으로 출간되어 베스트셀러가 되었다. 이 방송은 2016년 말 기준으로 4000만 회가 넘는 조회 수를 기록했다.

박물관은 공공시설이므로 정부의 지원을 받는다. 대영박물관의 경우 정부와 3년마다 지원 계약을 체결한다. 2016년 회계연도(2015년 4월 1일 ~2016년 3월 31일) 예산 결산을 보면 박물관의 예산은 1억 1773만 파운드

(우리 돈으로 약 1659억 원)으로 이 가운데 정부 지원은 5360만 파운드로 전체 예산의 45퍼센트를 차지한다. 나머지 절반이 넘는 예산을 박물관은 유료 전시회, 출판 등으로 자체 수익을 낸다.

영국의 유럽연합(EU) 탈퇴는 대영박물관에도 어느 정도 영향을 미칠 것으로 보인다. 영국 유권자들은 2016년 6월 23일 국민투표에서 브렉시트를 결정했다. 2019년 3월 말 영국은 유럽연합에서 탈퇴할 예정이다. 정확한 통계는 없지만 영국 내 박물관과 교향악단, 미술관 등 많은 예술 분야에서 유럽연합 회원국 시민들이 근무 중이다. 유럽연합 시민들은 비자나 별도의 취업 허가서 없이 자유롭게 이동하고 거주하며 일할 수 있다. 브렉시트 협상이 최종적으로 어떻게 타결될지 불확실하지만 최소한 자유 이동은 제한될 가능성이 높다. 영국 시민들은 너무 많은 유럽연합 시민들이 영국으로 와서 복지를 빼앗아갔다고 여겨 정부의 정책에 항의하는 뜻으로 브렉시트를 지지했다. 이 때문에 예술 분야에서 근무하던 많은 유럽연합 시민들이 불안감을 느껴 일부는 영국을 떠나고 있다. 런던 소재 빅토리아앨버트박물관 관장으로 근무했던 마르틴 로스Martin Roth는 2016년 9월 조기사임을 발표했다. 브렉시트 결정이 사직의 이유였다. 독일인인 그는 2011년 이 박물관의 관장으로 취임한 후 혁신을 추진하여 연 방문객을 사상 최대인 380만 명으로 끌어올리는 데 큰 기여를 했다. 임기 1년 반을 남기고 물러나면서 그는 브렉시트 결정에 매우 실망했다고 말했다.

안병억

13

과거의 유물로 미래를 설계하다

— 암스테르담 네덜란드국립해양박물관

1916년 암스테르담 해양박물관 개관

1973년 구해군기지 건물로 암스테르담 해양박물관 이전

1975년 국립박물관으로 승격

1991년 암스테르담호를 박물관 일부로 편입

2007년 보수공사를 위해 박물관 휴관

2011년 10월 보수공사 완료, 재개장

2014년 4월 비에레벨트Willem Bijleveld 박물관장 퇴임

2015년 11월 크리케Pauline Krikke 박물관장의 운영방식을 두고 박물관 내부 갈등

2016년 1월 크리케 박물관장 사임

　　　　7월 후이제르Michael Huijser 박물관장 취임

구해군기지를 차지한 박물관

네덜란드국립해양박물관Nederlands Scheepvaartmuseum(이하 해양박물관)은 오늘
날 네덜란드의 22개 국립박물관 가운데 방문객이 특히 많은 곳이다. 암스
테르담 중앙역에서 도보로 15~20분 정도 걸리는 곳에 위치하며, 버스로

도 쉽게 접근할 수 있기 때문에 암스테르담을 찾은 여행자라면 꼭 들러보는 명소다. 2007년부터 2011년까지 재건축에 가까운 대대적인 보수공사를 마치고 재개장한 이후에는 과거의 유물 전시장을 넘어 첨단 시청각 장비를 갖춘 놀이공간의 기능이 추가되었고, 이에 따라 자녀를 동반한 가족 단위 관람이 이어지고 있다.

해양박물관의 모태는 1916년에 개관한 암스테르담 해양박물관이다. 1913년 네덜란드 해군전시회가 개최된 것을 계기로 해군과 항해사 출신의 독지가들이 중심이 되어 해양박물관 건립을 추진했다. 암스테르담 해양박물관은 암스테르담 남쪽의 코르넬리스슈이트거리와 라이레세거리 코너 건물에 약 30만 점의 항해와 해군 관련 물품을 전시하면서 문을 열었다. 이후 박물관은 1973년에 해군기지로 사용되던 현재의 건물로 이전했고, 곧이어 국립박물관으로 승격했다.

해양박물관을 해군기지 건물로 이전한 것은 네덜란드의 해양역사가 막강한 해군력을 바탕으로 네덜란드 황금기를 열었던 시대와 오버랩된다는 점도 고려되었겠지만, 해군기지 건물 자체가 해양강국 네덜란드의 상징이었다는 사실과도 무관하지 않다. 1656년에 완공된 이 건물은 네덜란드 건축가 스탈페르트Daniël Stalpert가 설계한 것으로, 당시 고도의 기술과 국가의 지원이 집중되어 건립된 네덜란드의 자랑거리였다. 건물은 바다로 이어지는 암스테르담 하구에 자리 잡았는데 지대가 낮은 암스테르담에서 인공 섬 위에 건물을 짓는 방식이었다. 이를 위해 진흙 속 깊은 곳에 약 2000개의 나무말뚝을 박는 대공사를 했고, 네덜란드 고전 양식으로 웅장하게 건립했다. 첨단 건축기술을 사용한 이 건물의 완성은 해양강국으로 부상하던 당시 네덜란드의 자부심을 상징했다.

건물이 완공된 해는 네덜란드가 외세의 간섭으로부터 완전히 벗어난 지 10년이 채 안 된 시점이었다. 엄밀히 말해, 네덜란드가 네덜란드인의 의지를 구현할 수 있는 완전한 국가가 된 것은 1648년에 이르러서였다. 네덜란드 땅은 게르만 계통의 프리지아족과 바타브족이 살던 지역이었지만, 기원전 50년경 로마인 진출, 3~4세기 게르만족 진출, 9~10세기 바이킹족 침입 등 끊임없는 이민족의 유입을 거치며 민족 구성원이 지속적으로 변했고, 통치자도 유럽 왕가의 전쟁과 전략적 혼인에 따라 수시로 바뀌었다. 1515년부터는 스페인 왕 겸 독일 황제인 카를 5세가 통치하면서 스페인 왕가의 간섭과 통치를 받았다.

네덜란드인들은 1517년 종교개혁의 영향으로 신교를 믿었는데, 카를 5세와 그 뒤를 이은 펠리페 2세는 신교도를 탄압했다. 이에 네덜란드인들은 1566년 스페인 왕가에 대항하여 독립전쟁을 벌였다. 하지만 스페인 왕가의 반격이 만만치 않았기 때문에 독립은 쉽지 않았다. 이후 간헐적으로 독립을 위한 충돌이 계속되다가 30년 전쟁(1618~1648)이 막을 내리면서 네덜란드는 완전한 독립국가가 될 수 있었다.

주목할 점은, 스페인의 간섭을 받는 와중에 네덜란드 상인들이 선박을 이용하여 해외무역을 활발히 전개했고, 17세기 초부터 해외시장 개척의 가시적 성과들을 거두고 있었다는 사실이다. 네덜란드인들은 1602년에 동인도회사를 설립했으며, 신대륙에 진출하여 1612년에 북아메리카에 네덜란드령 뉴암스테르담을 건설하고, 1621년에 서인도회사를 설립했다. 스페인의 간섭에서 완전히 벗어난 후에는 막강한 해군력을 갖추고 유럽의 강국들과 대적하면서 세계 최강의 해양강국으로 올라섰다.

이처럼 네덜란드인들의 해양 진출이 활발했던 이유는 네덜란드가 유럽의 서북 변경이자 저지대에 위치하여 농사를 짓기 어려웠다는 사실에 기인한다. 농사 대신 상업에 종사하는 사람이 많았고, 네덜란드 상인 중 일부는 포르투갈에서 후추와 향신료 등 동방무역의 물품을 받아다가 발트해 연안의 북유럽에 파는 무역으로 큰 이득을 남겼다. 그런데 종교개혁이 확산되고, 가톨릭 수호자를 자처하던 스페인과의 갈등이 계속되면서 상인들은 이베리아반도에 대한 접근이 불가능해졌다. 그러자 네덜란드인들은 직접 동방무역에 나섰고, 암스테르담에 동인도회사를 건립하기에 이르렀다.

네덜란드의 해양무역 장악을 14세기로 보는 기록도 있다. 14세기 중반에 뵈클손Willem Beukelszoon이라는 어부가 갓 잡은 청어를 소금물로 통절임하여 주변국에 판매하면서 네덜란드의 부가 크게 확대되었다는 이야기가 전해지고 있다. 15세기와 16세기를 거치며 네덜란드인들은 북동유럽, 영국, 남유럽, 아프리카를 상대로 화물무역을 하면서 바다를 통한 상업 규모를 지속적으로 확대했다. 지리적으로 라인강 하구에 위치하고, 간척사업을 통해 해상 네트워크 교통체계를 구축한 덕에 네덜란드인들은 선박을 통해 먼 곳까지 다량의 물품을 수송하는 데 유리했다.

상인들은 부를 축적하면서 도시의 기존 관리자였던 귀족들에게서 자치권을 사들이고, 법을 제정하여 귀족의 간섭을 막고 도시의 정치체제를 시민자치제로 전환시켰다. 왕실의 허가를 받은 칙허기업勅許企業인 동인도회사는 이러한 과정을 거쳐 식민지 획득으로 이어지는 무역을 주도하게 된다.

동인도회사는 아시아와 유럽 간 원거리 무역에만 만족하지 않고, 아시아 역내 무역에까지 관여했다. 인도네시아의 설탕을 페르시아에 팔았고,

인도의 옷감을 아랍에 팔았으며, 일본의 은으로 중국에 물건 값을 지불하기도 했다. 이 과정에서 아시아 지역에 대한 전문지식과 정보를 축적하게 되었고, 동인도회사 안에 연구소를 마련하여 아시아 지역을 연구했다. 당시 동인도회사가 운영하던 아시아 연구소 본부는 오늘날 암스테르담대학 건물로 사용되고 있다.

요컨대 17세기에 시작된 네덜란드의 황금기는 중앙정부의 힘이 미치기 전에 민간상인의 활약으로 그 기반이 마련되었고, 동인도회사라는 거대 기업의 활약으로 공고해졌다. 오늘날 해양박물관에 동인도회사의 유산이 상세히 소개되는 이유를 여기서 찾을 수 있다.

박물관의 구성

해양박물관은 국립박물관으로 승격되면서 중앙정부로부터 재정 지원을 받기 시작했고, 이를 통해 네덜란드의 대표적인 박물관으로 성장했다. 특히 2007년부터 2011년 사이에는 박물관을 휴관하고 대대적인 보수공사를 마친 후 네덜란드를 대표하는 매력적인 박물관으로 거듭나게 되었다.

보수공사는 건축가 반 데르 폴Liesbeth van der Pol이 설계했으며, 일차 목적은 크게 늘어난 방문객의 수용에 있었다. 넓은 공간을 확보하고 건물 자체의 온도 조절 기능을 갖출 필요가 있었다. 보수공사를 마치고 재개장했을 때, 박물관은 시설의 현대화를 넘어, 과거와 다른 공간으로 재탄생했다. 과거 유물을 전시하던 공간에서 네덜란드의 과거와 현재, 그리고 미래를 체험하는 여가공간으로 탈바꿈한 것이다.

유리천장이 설치된 박물관 안뜰 모습.

　박물관의 변화는 입구에서부터 확인할 수 있다. 남쪽에 있는 박물관 입구에 들어서자마자 정원이 나온다. 건물로 둘러싸인 내부 정원은 과거에는 건물 외부지만 유리천장을 덮어 실내공간이 되었다. 유리천장에는 LED 조명을 설치하여 밤에도 화려한 영상을 즐길 수 있다. 박물관 관람은 이 내부 정원에서 시작되어 서쪽, 북쪽, 동쪽에 각각 다른 성격의 공간으로 이어진다.

정원의 북쪽은 체험공간으로, 2층 전망대에서 암스테르담 항구를 한눈에 내려다볼 수 있다. 1층은 건물 외부의 선착장으로 이어진다. 선착장에는 옛날 동인도회사의 선박 암스테르담호가 있다. 관람객은 이 암스테르담호에 승선할 수도 있다.

박물관 건물 앞에 떠 있는 거대한 배 암스테르담호는 과거 네덜란드 동인도회사 소속의 범선으로 네덜란드와 동인도를 오가던 중 1749년에 난파된 후 1969년 영국 해안에서 발견되었다. 이후 박물관 측이 잔해를 토대로 복원에 나섰고, 1990년에 약 42미터의 실제 크기로 복원작업을 마쳤다. 관람객은 4층짜리 이 범선 안에 들어갈 수 있다. 그 안에서 전시된 유물들은 당시 선원들의 생활모습을 보여준다. 이 범선은 보수공사로 박물관 본관이 휴관하는 동안에도 인근의 뉴메트로폴리스 과학센터로 옮겨져 일반에 공개되었다.

다시 정원으로 돌아와 건물 동쪽으로 가면 네덜란드 해양역사를 알려주는 유물들을 만나게 된다. 2층으로 올라가면 유리, 은, 도자기 제품 등 과거 네덜란드인들이 사용하던 생활용품들을 모아놓은 전시관이 나오고, 다른 한편에 과거와 현재의 요트모델이 시대별로 전시되어 있다. 3층으로 올라가면 항해사들과 여행자들의 사진자료 전시관, 항해 관련 도구 전시관, 화려한 선박 장식품들이 진열된 전시관을 마주하게 된다. 이어서 4층으로 가면, 네덜란드 항해 역사와 해양강국 네덜란드의 황금기를 소개하는 회화자료관이 나온다.

마지막으로 서쪽으로 가면 이야기 공간이 펼쳐진다. 2층의 한쪽에는 17세기 네덜란드 황금기에 살았던 특별한 사람들의 이야기를 주제로 한 전시관이 있다. 이야기의 주인공 가운데에는 일본 나가사키로 가던 길에 태

해양박물관 앞 선착장에 전시된 암스테르담호.

풍을 만나 제주도에 상륙한 후 박연이라는 이름으로 조선에서 삶을 마친 네덜란드 선원 벨테브레Jan Janszoon Weltevree도 있다.

다른 한쪽에는 어린이들을 위한 놀이공간처럼 꾸며진 고래 이야기라는 전시관이 있다. 이곳에서는 16세기에 거대한 괴물로 여겨지던 고래가 네덜란드 항해사 바렌츠Willem Barentsz의 북극 항해를 계기로 세상에 알려진 이후 오늘날 인류에게 친숙한 동물이 된 이야기를 테마로, 고래의 다양한 모습을 보여준다.

3층으로 올라가면 방문객은 긴 항해 중인 선원들의 생활을 주제로 하

암스테르담호에 승선한 관광객들.

선박 장식품 전시관 내부.

는 게임에 참여하게 된다. 게임 참가자는 선원이 되어 청소, 음식과 음료 준비, 영양부족으로 인한 괴혈병 등을 경험하고, 잘못된 행동에 대한 벌칙을 부과받기도 한다. 그렇게 선원에서 선장이 되는 과정을 통해 대항해시대부터 현재까지 이어지는 항해사의 삶을 이해하게 된다.

지하에는 식당과 기념품가게, 도서관 등이 있다. 이곳 도서관에는 해양의 역사를 알려주는 약 6만 권의 장서가 소장되어 있다. 특히 500년 이상된 고서들은 해양역사 연구의 중요한 자료가 되고 있다. 도서관은 매주 월요일 아침 9시 30분부터 오후 5시까지 운영되며, 1850년 이전에 발행된 고서들은 도서관 내 열람만을 허용하지만, 이후 시기의 자료들은 연구

고래 이야기 전시관 입구.

자와 학생들에게 대여하여 해양역사 연구에 기여하고 있다.

박물관의 의미

해양박물관이라는 명칭대로, 이 박물관의 전시물은 모두 바다와 관련되어 있다. 환언하면, 이곳의 전시물은 바다와 관련이 있는 것으로 한정된다. 이 바다 관련 전시물을 통해 관람객은 16세기부터 오늘날까지 이어지는 네덜란드의 역사 전반을 이해할 수 있다. 박물관은 네덜란드 문화가 어떻게 해양의 영향을 받았고, 해양을 통해 형성되었는지 설명하면서 지난 500년 동안 네덜란드인의 생활상을 종합적으로 보여준다.

해양박물관은 거친 바다에서 삶을 개척해온 서민의 삶이나 바다를 다스린 귀족의 삶뿐만 아니라 네덜란드 왕실의 삶까지 이야기한다. 이를 상징적으로 보여주는 것이 박물관 내부에 전시된 네덜란드 왕실선 Koningssloep이다. 이 배는 나폴레옹 전쟁이 끝나고 독립한 네덜란드의 초대 국왕 빌럼 1세가 즉위 직후인 1815년에 지시하여 제작되었다. 홀라비만스Cornelis Jan Glavimans가 설계하여 1816년부터 1818년까지 정성들여 제작되었다. 선수에 바다의 신 넵투누스가 두 아들을 거느린 채 세 마리 바다말이 끄는 커다란 조개를 타고 있는 형상이 황금으로 도금된 화려한 배다. 네덜란드 오렌지 왕가의 재산으로, 왕실의 경축 행사가 있을 때 노 젓기 등의 행사에 사용되었다.

네덜란드 왕실은 중요한 행사 때 이 배를 약 서른 번 정도 사용했다. 가장 마지막으로 사용한 것이 1962년 율리아나 여왕과 베른하르트 공의 은혼식 때다. 이후 해양박물관에 기증했다. 관람객은 이 왕실선을 보면서 네덜란드 해양역사가 왕실 역사와 연결되었음을 쉽게 이해할 수 있다.

박물관의 정체성 논란

해양박물관이 들려주는 이야기는 네덜란드의 해양역사인 동시에 네덜란드 사회 전반의 역사다. 박물관은 과거의 유물들을 시대순으로 보여주면서 네덜란드의 발전 과정을 이야기하고, 나아가 미래 세대에게 네덜란드의 역사를 이해하고 미래의 네덜란드 역사를 설계해나가도록 제안한다. 특히 2011년에 재개장한 박물관의 모습에서 미래 세대를 위한 세심한 배려를 확인할 수 있다. 아이들은 어린아이의 눈높이에 맞춘 게임공간에서 놀면서 바다와 친숙해지고, 바다와 마주한 삶 속에서 네덜란드를 발전시

해양박물관에 전시된 왕실선.

1900년경 황실 행사에 사용되던 왕실선 모습.

켜온 네덜란드인의 모습을 이해하게 된다. 하지만 이와 같이 미래를 강조한 점 때문에 박물관의 정체성에 관한 논란이 일기도 했다.

박물관의 대대적인 보수와 재개장을 총지휘한 사람은 박물관장 비에레벨트Willem Bijleveld였다. 그의 야심찬 작품이 모습을 드러내자 일각에서는 해양박물관이 지나치게 상업적인 측면을 고려하여 놀이동산으로 변했다고 비판했다. 네덜란드 정부의 문화정책을 모니터링하고 정부의 박물관 지원에 대한 자문 역할을 하는 문화위원회도 재개장한 해양박물관은 박물관의 고유 업무를 충분히 고려하지 않고, 재미 추구에만 집중했다고 평가했다.

비에레벨트는 2014년 4월 임기를 마쳤고, 이후 박물관의 정체성에 대한 비판은 잠잠해져갔다. 엄숙한 박물관과 테마파크 같은 박물관을 두고 벌어진 논쟁은 명확한 결론이 내려지지 않았다. 그러나 굳이 전문가들에게 결론을 요구할 필요는 없는 것 같다. 부모와 함께 온 아이들도, 선생님과 함께 체험학습을 온 아이들도 박물관에서 재미있게 노는 모습을 보면 역사와 친해지는 장소로서의 역할을 충분히 하고 있는 것으로 보이기 때문이다. 많은 사람들을 불러들이고, 이들에게 과거를 배우고 미래를 설계하도록 유도한다는 점에서, 해양박물관은 자신의 소임을 충분히 하고 있다고 평가할 만하다.

오정은

가톨릭과 서구문명의 보물창고

— 바티칸박물관

1506년 〈라오콘 군상〉을 일반에 공개한 것을 계기로 바티칸박물관 설립

1506년 도나토 브라만테, 교황 율리오 2세의 요청으로 피냐 정원 구성

1510년 라파엘로, 시스티나 성당의 프레스코 벽화 〈아테네 학당〉 완성

1511년 미켈란젤로, 4년 만에 시스티나 성당의 천장벽화 〈천지창조〉 완성

1520년 라파엘로, 미완성 유작인 〈그리스도의 변용〉을 남김

1541년 미켈란젤로, 시스티나 성당 제단 위 벽화인 〈최후의 심판〉 완성

1593년 성 베드로 대성당 완공

1771년 교황 클레멘스 14세, 비오클레멘스박물관 개관

1800년 교황 비오 7세, 키아라몬티미술관 확장

1822년 교황 비오 7세, 키아라몬티의 새 날개, 브라치오누오보(신관) 개관

1837년 교황 그레고리오 16세, 에트루리아미술관 개관

1839년 교황 그레고리오 16세, 이집트미술관 개관

1854년 교황 비오 9세, 비오크리스찬미술관 개관

1932년 교황 비오 11세, 피나코테카 바티카나 개관

1973년 교황 바오로 6세, 바티칸역사박물관 설립

2006년 바티칸박물관 개관 500주년 기념식

가톨릭과 유럽 역사의 산실 바티칸

바티칸박물관Musei Vaticani은 가톨릭교회의 역사가 살아 숨 쉬는 성스러운 도시 바티칸에 위치하고 있다. 미술관 건물은 한때 역대 교황의 사저로 이용되기도 했으며, 로마 가톨릭교회가 후원·수집했던 중세 작품부터 현대 미술작품에 이르기까지 방대한 작품을 전시하고 있다. 전문가들은 1506년 교황 율리오 2세가 〈라오콘 군상〉을 일반에 공개한 것을 바티칸 박물관의 기원으로 보고 있다. 2006년 10월 500주년 기념 전시회를 성대하게 열었다.

　바티칸박물관은 단지 하나의 전시관을 이르는 것이 아니다.* 교황을 선출하는 시스티나 성당과 피냐 정원을 비롯하여 모두 25개의 박물관, 미술관, 기념관으로 구성되어 있다. 따라서 박물관의 명칭에도 단수형인 무제오Museo 대신에 복수형인 무제이Musei를 쓴다. 전시관은 각기 다른 테마로 전시를 진행하며, 작품들은 초기 기독교 미술, 그리스·로마 문명, 이집트, 르네상스, 현대 성화聖畵에 이르기까지 매우 다양하다.

　바티칸이 가톨릭과 교황을 상징하는 것처럼 바티칸박물관의 역사와 특성을 이해하기 위해서는 교황과 가톨릭의 밀접한 연관성을 살펴볼 필요가 있다. 바티칸은 16세기 테베레강 제방 인근에 축조된 성벽의 안쪽에 위치해 있다. 교황을 중심으로 전 세계 가톨릭교회를 이끄는 도시국가이자 주요 결정이 이루어지는 곳이며, 절기와 축일에 따라 다양한 행사가 열린다. 로마 콘스탄티누스 황제가 즉위하여 밀라노 칙령을 통해 그리스

---

* 바티칸박물관은 보통 '피나코테카 바티카나(Pinacoteca Vaticana)'를 가리키며, 미술관들을 통칭할 때에는 바티칸박물관이라고 칭한다.

바티칸박물관 입구에 미켈란젤로와 라파엘로의 조각상이 있다. 작자 미상.

도 박해에 종지부를 찍었고, 로마 성벽 근처 라테라노 궁을 밀티아데스
교황에게 기증하여 세계 최초 그리스도교 대성전basilica을 세웠다. 이후
르네상스와 계몽시기를 거쳐 19세기 통일 이탈리아 시대에 이르러 지금
의 주권 국가로서의 바티칸 시국이 되었다. 시국은 1929년 2월 11일 이
탈리아 정부와 교황청이 라테라노조약에 조인하면서 수립되었다. 교황
청은 이 조약을 통해 국제적 지위와 교황의 권위를 인정받았으며, 세속권
력으로부터 완전히 독립하게 되었다. 시국은 국가에 준하는 행정체계를
갖추고 있으며, 이탈리아 정부로부터 재정적 지원을 받지 않고 독립적으
로 운영한다.

　바티칸의 면적은 대략 0.44제곱킬로미터로 여의도 면적의 6분의 1에
불과하다. 크지 않은 면적을 고려하면 바티칸은 시국 전체가 하나의 문화

유산인 셈이다. 미술품과 공예품, 건축물 등 모두가 역사적 중요성을 지니고 있으며, 경외감을 주는 성 베드로 대성당을 비롯하여 프레스코 벽화, 조각, 교황의 보물 등 세계 어디에서도 찾아볼 수 없는 진귀한 문화유산의 보고다.

바티칸박물관은 시국 영토의 대부분을 차지하는 만큼 중요한 위상을 지니고 있다. 미술관은 단순히 작품을 전시하고 알리는 것 이상을 추구하며, 오랫동안 수집하고 소장한 작품들은 서구의 역사 그 자체이기도 하다. 이러한 이유로 바티칸시국을 전 세계에서 가장 위대한 예술품이 모인 안식처라고 말하는 이도 있다.

성 베드로 대성당과 박물관 부지의 역사는 고대 로마시대로 거슬러 올라간다. 네로 황제는 67년 7월 18일 밤에 발생한 화재를 빌미로 바티칸 언덕과 야니클룸 사이에 있는 원형경기장에서 기독교도들을 처형했다. 이는 국가 차원에서 시행된 최초의 조직적 박해였다. 이때 예수의 12사도 가운데 한 명인 베드로가 순교했다. 그는 첫 번째 교황이자 사도 베드로를 이을 후계자를 선출하면서 '사도 전래성Successione apostolica' 체계를 확립한 인물로 지금의 성 베드로 대성당 자리는 바로 순교자 베드로가 묻힌 곳이다.

가톨릭은 이처럼 박해받던 종교에서 이탈리아의 국교로 발전했지만 바티칸 및 로마라는 실질적인 영토를 가지게 된 것은 교황 스테파노 2세 때인 754년에 이르러서다. '콘스탄티누스 황제의 증여 문서Donatio Constantini'를 통해 황제가 자신에게 세례를 주고 나병을 낫게 해준 대가로 교황 실베스테르 1세에게 서로마제국의 모든 영토를 증여했다고 알려졌으나 후에 이 문서는 1440년 이탈리아 학자 로렌초 발라Lorenzo Valla에 의해 위조된 것임이 밝혀졌다. 그럼에도 불구하고 이 문서는 교황령의 통치는 물론 세속권력 행사의 근거로 오랫동안 참조되어왔다.

다시 바티칸박물관의 이야기로 돌아와서, 박물관은 중세 후기를 지나 르네상스 시대로 접어들면서 활기를 띠기 시작했다. 중세 후기에는 왕권이 강화되어 교황이 70년간 프랑스 아비뇽에 머물기도 했다(아비뇽 유수, 1339~1377). 후에 이탈리아로 돌아온 교황은 가톨릭교회의 권위를 회복하려 애썼다. 이러한 가톨릭 부흥 운동은 르네상스 시기와 맞물려 진행되었으며, 그 중심에 문화와 예술이 있었다. 문화예술에 대한 교황의 적극적인 후원으로 바티칸과 로마는 르네상스 문화의 중심으로 성장했으며, 오늘날 우리가 관람하는 바티칸박물관 체계로 보존되었다.

바티칸박물관은 서방교회 분열이 일단락되고 교황 마르티노 5세(재임 1417~1431)가 1420년 로마로 돌아오면서 시작되었다. 마르티노 5세는 거처를 바티칸으로 옮기고, 실추된 교황의 권위를 회복하는 동시에, 피렌체 르네상스의 영향을 받아 성 베드로 대성당 등 고대 건축물의 복구·복원 작업에 박차를 가했다. 니콜라오 5세(재임 1447~1455) 때에는 본격적으로 르네상스 사고를 도입하여 프라 안젤리코, 레온 바티스타 알베르티, 베르나르도 로셀리노 같은 예술가들의 작품활동을 지원했다. 식스토 4세(재임 1471~1484) 때에는 예술품과 조각품 수집을 넘어 1473년 조반니노 데 돌치Giovannino de Dolci에게 시스티나 성당 건축을 주문하고, 바티칸도서관의 증·개축을 단행했다.

이 과정에서 주목할 인물은 교황 율리오 2세(재임 1503~1513)다. 그는 교황청 스위스 근위대를 모태로 바티칸에 상설 부대를 창설했으며, 성 베드로 대성당의 초석을 세웠다. 또한 라파엘로에게 교황 거주지의 장식을 맡기고, 미켈란젤로에게 시스티나 성당 천장에 프레스코를 그리게 했으며, 무엇보다 〈라오콘 군상〉을 발견하여 바티칸박물관의 기초를 닦았다는 평가를 받는다.

1506년 1월 14일 로마의 산타마리아 마조레 대성전 인근 포도밭에서 그리스 신화에 등장하는 인물인 〈라오콘 군상〉 조각이 발견되었다. 율리오 2세는 미켈란젤로를 보내 이 조각상을 구입하게 했고, 바티칸궁의 팔각형 벨베데레 정원Cortile del Belvedere에 조각품을 설치하여 대중에게 공개했다. 벨베데레 정원을 개방한다는 소식을 듣고 사람들이 몰려들었다. 평소 보기 힘든 아름다운 작품들을 대중에게 전시했다는 점에서 많은 전문가들은 이 시점을 바티칸박물관의 시초로 보고 있다.

율리오 2세의 뒤를 이어 교황 레오 10세(재임 1513~1521)도 문화예술과 대규모 성당 복원 프로젝트에 막대한 재정을 사용했다. 이를 통해 로마는 예술과 문화의 중심으로 변모했지만 성 베드로 대성당의 건축비를 마련하기 위해 면죄부 판매를 승인하게 된다. 사람이 죽으면 천국에 가기 전 연옥에서 생전에 지은 죄를 정화하는 과정을 거치는데 면죄부는 이를 면해준다는 증서였다. 마르틴 루터는 1517년 면죄부 판매에 저항하는 의미로 비텐베르크 성당 앞에서 95개 조 반박문을 성당에 붙였다. 루터의 반박문은 종교개혁의 촉매가 되었으며, 이후 유럽 사회에 큰 변화를 가져왔다.

가톨릭이 교회의 권위 회복에 집중하는 동안 신대륙 발견과 지동설을 둘러싼 갈릴레이와 교회의 갈등이 알려지면서 유럽은 자연스럽게 계몽 시대로 진입했다. 교황은 과학의 발전에 적응하지 못하는 모습을 보이면서도 장식의 극대화를 추구한 바로크 예술과 건축에 대한 지원은 멈추지 않았다. 1612년 교황 바오로 5세(재임 1605~1621)는 벨베데레 마당에 특별히 건축한 바티칸도서관Biblioteca Apostolica Vaticana 안에 지금의 바티칸 비밀 문서고를 만들었다. 현재 이 서고에는 1000년 이상 된 고문서와 자료들이 보관되어 있다. 그중에는 예술가들과 건축가들이 수행한 작업에 대한 보고서뿐만 아니라 영국의 헨리 8세와 아라곤의 카타리나의 혼인 무효선언 요청 서류도 있다고 한다. 교황 우르바노 8세 치세 때인 1626년에 성 베드로 대성당이 착공된 지 120년 만에 완공되었다. 이 웅장한 성당을 보기 위해 유럽 각지에서 사람들이 몰려들었다. 1648년 베스트팔렌조약으로 왕권이 신권을 능가하게 되었고 각 군주들은 자신이 다스리는 지역에서 종교적 문제를 자유로이 결정하게 되었다. 이에 따라 교황의 권력이 상당히 위축되었음에도 문화예술에 대한 후원은 멈추지 않았다.

교황과 로마의 권위는 예전 같지 않았지만 유럽의 젊은 귀족들 사이에서는 그랜드투어Grand Tour가 유행하기 시작했다. 로마제국 시절의 유적, 바로크 시대, 르네상스 시대, 건축과 예술, 문화를 경험하기 위해 이탈리아를 여행하는 것이었다. 이는 약화된 교황권에도 불구하고 문화예술에 대한 지속적인 투자를 하는 동기가 되었다. 교황 클레멘스 12세는 로마와 바티칸을 더 아름답게 꾸미고자 1735년 라테라노에 있는 산조반니 대성당의 외벽을 조각하게 했다. 1762년에는 클레멘스 13세(1758~1769) 개인 궁 뒤편에 트레비 분수를 완공했다. 클레멘스 14세(1760~1774)와 비오 6세(1775~1799)는 수많은 예술작품들을 수집하여 비오클레멘스박물관Museo Pio-Clentinio을 건립했다. 폼페이 발굴이 마무리된 직후였기 때문에 로마 유적과 고고학자들이 발굴한 작품들은 이곳에 수장되었다. 프랑스혁명으로 교황의 권력은 더욱 약화되었다. 그런 와중에도 비오 7세

(1800~1823)는 키아라몬티미술관Museo Chiaramonti을 확장했고, 지금의 신관인 브라치오누오보Braccio Nuovo를 추가로 개관했다.

19세기 들어 나폴레옹 전쟁이 끝나고 교황권이 어느 정도 회복되면서 평화가 찾아오는 듯했다. 그러나 민족주의가 발흥하면서 이탈리아반도 전체에 혼란이 찾아왔다. 그레고리오 16세(1831~1846)는 보수적이고 민주주의에 반감을 가진 교황이었다. 그는 1828년부터 발굴된 남부의 유물들을 전시하기 위해 1837년 에트루리아미술관Museo Nazionale Etrusco을 건립했고, 카피톨리노미술관Musei Capitolini과 라테란이교도미술관Lapidario Profano ex Lateranense의 이집트 유물과 바티칸 소장의 이집트 유물들을 바탕으로 1839년 이집트미술관Museo Egizio을 개관했다. 이탈리아가 통일된 후 교황 비오 9세(1846~1878)는 바티칸에 갇혀 지내게 되었지만 1854년 비오크리스찬미술관Museo Pio Cristiano을 건립하여 훌륭한 작품들을 전시하는 업적을 남기기도 했다.

1929년 라테란궁에서 이탈리아 총리 무솔리니와 조약을 맺은 교황 비오 11세(재임 1922~1939)는 파시스트 이탈리아의 정당성을 인정하는 대신 바티칸시국을 지켰다. 이후 교황 요한 23세(재임 1958~1963)는 19세기 이후에 수집된 컬렉션을 그레고리안이교도미술관Museo Gregoriano Profano과 비오크리스찬미술관으로 옮겨 1970년 대중에게 공개했다. 이렇듯 바티칸박물관은 교회가 예술에 지속적으로 관심을 갖고 후원한 역사적 성과로 볼 수 있다.

오늘날 바티칸박물관은 단순히 교회 유물뿐만 아니라 서양 문명의 역사를 고스란히 반영하는 다양한 작품들을 전시하고 있다. 고전시대 조각, 종교용품, 회화, 모자이크 등 다양한 문명의 소장품을 보유하고 있다.

18세기 신고전 양식으로의 전시 공간 변화, 근대 박물관학의 시작점

유네스코 세계문화유산으로 지정된 바티칸박물관은 과거 선조들의 삶과 종교를 기억하게 하는 공간이다. 앞에서 언급한 대로 바티칸박물관은 여러 개의 전시실로 구성되어 있다. 미술관은 1506년 소규모 예술품을 공개한 것을 시작으로 바티칸의 역사와 함께 확대되어왔기 때문에 사실 미술관의 각 전시 공간은 다양한 형태의 연결고리를 지니고 있다. 초기 전시 공간이 궁전 내부에 종교적인 예술품을 모아두는 역할을 했다면, 이후에는 단순히 예술품의 보존과 수장고 역할을 넘어 다양한 사회적 역할과 기능을 가진 공간으로 발전해왔다. 따라서 현재 바티칸박물관은 초기의 전시 형태와 근대 박물관학을 여는 체계적 전시 공간의 배치 등이 혼재되어 있다. 여기에서는 주요 전시관을 중심으로 전체 구조를 살펴보면서 다기능적 공간을 고찰하고자 한다.

피나코테카 바티카나, 비오크리스찬박물관

1815년 빈 협약에 따라 나폴레옹의 로마 침공 때 약탈당한 작품들을 되돌려받게 되자, 비오 11세(재임 1922~1939)는 돌려받은 유화 249점을 전시하기 위해 피나코테카 바티카나Pinacoteca Vaticana를 지었다. 연분홍색 벽돌로 단순하게 지어진 건물 안에는 12세기 초기 르네상스부터 18세기까지 바로크 시대의 전성기 이탈리아 회화작품들이 전시되어 있으며, 미술관 앞에는 정원과 이중원형의 분수대가 자리하고 있다. 회화관 건물 앞뒤로는 성 베드로 대성당과 비오크리스찬박물관이 위치하는데, 비오크리스찬박물관에는 카타콤베를 비롯한 묘지에서 발견된 초기 기독교 유물이 다수 보존되어 있다.

피냐 정원(솔방울 마당)

피나코테카 바티카나를 나와 입구 좌측으로 들어가면 거대한 솔방울 작품이 있는 피냐Pigna 정원(솔방울 마당)에 다다른다. 정원 한가운데에는 전장 4미터 높이의 청동 솔방울이 놓여 있는데, 1세기 혹은 2세기 로마 분수의 일부였다고 한다. 이를 둘러싼 직사각형 모양의 큰 정원 둘레에 조각 입상들이 전시되어 있다.

키아라몬티 전시관, 그레고리안 이집트 전시관

피나코테카 바티카나에서 피냐 정원을 거쳐 우측으로 돌아서면 키아몬티 전시관으로 가는 좁은 통로가 나온다. 조각가 카노바Antonio Canova가 교황 비오 7세(재임 1800~1823)를 위해 설계했으며, 고대 로마 조각상들이 진열되어 있다. 통로 계단 좌측 전시실은 그레고리안 이집트 전시관으로 고대 이집트 유물들이 전시되어 있다. 복도형 공간 배치는 관람객이 전체 공간 구조를 쉽게 파악하게 하며, 18세기 이후 공공미술관의 구조를 보여준다.

비오클레멘스박물관, 팔각형 정원

피냐 정원 안쪽에는 비오클레멘스박물관과 팔각형 정원이 있다. 정원 공간은 예술품을 대중에게 처음 공개하여 바티칸박물관의 시작을 알린 역사적 장소라는 점에서 주목된다. 비오클레멘스박물관은 관람객의 동선과 전시품을 고려하여 설계되었다는 점에서 근대 공공미술관의 시초로 평가받는다.

벨베데레 중정에는 〈라오콘 군상〉을 비롯하여 다양한 조각들이 전시되어 있다. 미술관 초기 건축 양식과 달리 비오클레멘스박물관은 작품의 수장 및 전시 모두를 고려해 설계되었다. 교황 클레멘스 14세의 재정 담당관이었던 잔안젤로 브라스키Gianangelo Braschi는 이후 비오 6세 교황이 선출되자 로마 가톨릭교회에 경의를 표하기 위해 여러 가지 예술 사업을 벌였다. 비오클레멘스박물관 건립을 추진했고, 벨베데레 정원을 여러 전시 공간으로 탈바꿈시켰다. 이들 공간은 판테온이나 궁전 건축에서 사용한 돔형의 건축 모티프가 의도적으로 사용되었고, 이 돔을 두 개의 벽 혹은 네 개의 중정이 받치는 형태를 하고 있다. 즉 직사각형 형태의 전시실과 넓은 홀, 기념비적 계단을 중심으로 배치하는 신고전주의 양식은 미술관 건축의 전형이 되었으며, 우피치미술관 및 루브르박물관 등 유럽 전역에 영향을 미치게 되었다.

또한 전시실에 배치된 대공간large space은 관람객이 방향을 잃지 않고 여유 있게 둘러볼 수 있도록 해주며, 전시 공간도 상당히 발전된 형태다. 알레산드로 도리Alessandro Dori(1702~1772)가 설계한 고전시대 조각들을 위한 전시실, 시모네티 계단, 팔각형 정원의 안쪽에는 뮤즈의 방, 원형의 방과 그리스 십자가형 전시관 등이 이에 해당한다. 계단을 오르면 교황 그레고리오 13세(재임 1572~1585) 시기 이탈리아 교황령의 각 지역 지도 40장이 프레스코화로 그려진 지도 전시실이 나오는데, 이곳도 유사한 형태를 하고 있다.

성 베드로 대성당 중앙홀 천장.

지도의 방

지도의 방은 교황 그레고리오 13세에 의해 만들어졌으며, 당시 교황령에 속했던 40개 성당이 있던 지역을 중심으로 그려진 이탈리아 지도들로 장식되어 있다. 천장에는 그림들이 금색 테두리로 장식되어 있어 바티칸박물관에서 가장 화려한 곳으로 꼽힌다.

라파엘로의 방

2층 지도의 방 전시실이 끝나는 곳에 율리오 2세의 집무실인 라파엘로의 방Stanz di Raffaello 전시관이 나온다. 교황 율리오 2세는 1508년 움브리아 출신의 25세의 라파엘로에게 도서관이자 개인 사무실이었던 공간의 벽에 그림을 그리게 했다. 성서에 나오는 주제 이외에도 가톨릭 종교와 밀접한 관고대 신화, 역사, 철학, 예술, 법 등을 다양한 프레스코화로 장식하도록 하여 교황의 권위를 과시했다. '서명의 방'이라고 불리는 〈아테네 학당〉이 있는 방에는 〈성체논의〉, 〈세 가지 덕〉 등이 네 면에 그려져 있다. 교황은 이 방에 감명받아 이후 교황이 사용하는 헬리오도로스의 방, 보르고 화재의 방, 콘스탄티누스의 방의 벽화를 라파엘로에게 그리게 했다.

시스티나 성당

1층 가장 안쪽에 위치한 시스티나 성당Cappella Sistina은 입구에서 상당히 멀어 찾기가 어려운 편이다. 교황 식스토 4세(재임 1471~1484)에 의해 건립되었으며, 교황을 선출하는 회의(콘클라베Conclave)가 열리는 곳이기도 하다. 이 건축물은 구약에 묘사된 솔로몬의 성전과 동일하게 길이 40.23미터, 폭 13.41미터, 높이 30미터의 구조이며, 좌우 상단에 여섯 개의 아치

지도의 방.

〈아테네 학당〉. 플라톤, 아리스토텔레스, 소크라테스를 비롯한 수학자, 철학자, 천문학자들이 그려져 있다. 가운데 중심에는 철학의 거장인 플라톤과 아리스토텔레스가 서 있다. 플라톤의 위를 향한 손가락은 이상론을, 아리스토텔레스의 아래를 향한 손가락은 현실론을 주장하고 있음을 상징했다.

형 창문이 있다. 미켈란젤로의 〈천지창조〉와 〈최후의 심판〉이 천장과 벽에 그려져 있어 바티칸박물관의 상징적인 장소로 유명하다.

성 베드로 대성당

시스티나 성당에서 뒤편 출구로 나오면 미켈란젤로가 설계한 돔과 초기 작인 〈피에타〉가 전시되어 있는 성 베드로 대성당으로 연결된다.

이처럼 바티칸박물관은 교황의 재임 시기에 따라 전시관이 확장되고 신설되었다. 여기서 주목할 점은 근대 초기(16~17세기) 미술관의 수집 풍조가 후세에 전해야 할 '축적된 지식의 일체'라는 개념에 맞게 새로이 정립되었다는 것이다. 바티칸박물관은 아름다운 예술품을 대중에게 공개한 것이 바티칸박물관의 시초라고 하지만, 당시 실제로 전시를 관람할 수 있는 사람은 소수 특권층에 한정되어 있었다. 그러나 18세기 이후 전시 공간은 공공미술관의 성격으로 조금씩 변모하게 된다. 이는 17~18세기 독일, 영국을 비롯한 유럽의 귀족 자제들이 예술 유산을 체험하고 인본주의적 교양을 쌓고자 그랜드투어를 떠나면서 기존과 차별화되는 컬렉션의 유형, 교육적 효과를 고려한 전시 공간의 확대, 공공성 등의 요구를 수용한 결과로 풀이된다.

성스러운 종교 공간이자
근대 유럽과 그리스 문화의 연결고리

바티칸박물관의 전시 범위는 너무나 다양해서 일일이 나열하기 어렵다. 25개의 공간에 초기 교회 유물부터 중세, 르네상스 회화, 조각, 이집트, 지도, 벽화와 현대 성물에 이르기까지 전시 범위가 매우 넓고 다양하기 때문이다.

그럼에도 불구하고 바티칸박물관에서 반드시 언급해야 하는 예술작품 중 하나는 벨베데레 정원에 전시된 〈라오콘 군상〉이다. 높이 2.4미터의 대리석 조각으로 그리스 신화를 소재로 다루고 있다. 포세이돈 신전의 사제였던 라오콘 군상은 사제로서의 약속을 어기고 쌍둥이 아들을 낳아 신들의 미움을 받았다. 더욱이 신의 뜻을 어기고 트로이 사람들에게 그리스

군이 '선물'하는 목마의 위험성을 폭로했다. 그러자 아폴로는 그를 벌하기 위해 두 마리 뱀을 보내 그와 그의 두 아들을 죽였다. 포도밭에서 발견된 이 대리석 조각은 라오콘 군상이 두 아들과 함께 뱀들과 사투를 벌이는 모습을 묘사하고 있다. 두 마리 뱀에게 몸이 감긴 채 고통스럽게 절규하면서도 강렬하게 저항하는 모습이 마치 살아 움직이는 것처럼 생생하다. 뱀이 그의 대퇴부를 물려는 마지막 순간 라오콘 군상의 근육과 힘줄, 슬픈 표정이 그의 고통을 그대로 보여준다.

〈라오콘 군상〉을 발견한 1506년은 르네상스의 인본주의적 전통이 부활하던 시기였다. 고대 그리스 신화와 로마 철학에 대한 관심이 높아졌고 유적 방치에 대한 자성의 목소리가 쏟아졌다. 이러한 까닭에 당시 성당 근처 포도밭에서 나온 〈라오콘 군상〉에 대한 관심은 가히 폭발적이었다.

〈벨베데레의 아폴로〉도 중요하게 다루어지는 조각이다. 아폴로는 르네상스 남성상의 대표적인 인물로 꼽힌다. 청동 조각가 레오카레스의 작품을 모각한 이 조각은 네로 황제의 별장에서 발견되었다. 아폴로는 아름다운 인간의 몸을 대표하는 기준으로 자리 잡았다. 아폴로가 목표물을 바라보며 발걸음을 옮기는 모습이나 몸에 걸친 망토의 살아 있는 질감, 섬세한 다리근육 등은 보는 이로 하여금 찬사를 자아낸다. 당시 이러한 그리스 문화의 수용은 분명 익숙하지 않은 것이었다. 지금은 그리스·로마 문화를 유럽 문화의 근간으로 이해하는 것이 일반적이지만, 중세 이전에 그리스 문화는 단절되어 있었기 때문이다. 4세기에 로마제국이 기독교화되면서 고대 조형물은 이교의 우상으로 비난받았다. 간혹 지배층에서 이를 수집하거나 정치적 목적으로 사용하기는 했으나 서로마제국이 476년 게르만족에게 멸망하고 1453년 비잔티움제국이 오스만튀르크의 수중에 떨

〈라오콘 군상〉. 높이 2.4미터의 대리석 조각. 발견 당시에는 라오콘의 오른쪽 팔이 없었다고 한다. 당시 전문가들이 모여 논의하여 팔을 펴고 있는 형태로 복원했으나 1905년 로마에서 뒤늦게 발견된 모습은 구부러진 형태였기에 1906년경 새로 복원되었다.

어지면서 그리스 지역은 이슬람 문화권에 속하게 되었다. 학문적 교류가 되살아난 것은 중세 유럽 사회의 안정기 이후로 파악된다. 즉 아리스토텔레스의 철학이 전파되고 15세기 비잔티움제국의 학자들이 이탈리아로 망명한 이후다. 그러나 이때만 해도 그리스 문화는 유럽인들에게 낯설었다. 그리스 문화를 자연스럽게 수용하게 된 결정적인 계기는 요한 빙켈만의 영향이다.

독일에서 거주하던 빙켈만은 1755년 11월 18일 오랫동안 갈망하던 로마에 도착했다. 그는 고대 예술작품을 직접 접하면서 고대 그리스 예술의 이론을 확립해나갔다. 빙켈만은 《그리스 회화와 조각작품의 모방에 관한 사유의 주해. 이 사유의 서한에 대한 답변》(1756)에서 당시 로마에서 유행하던 인위적이고 호화스러운 로코코 양식을 비판하며 로마적인 것에서 그리스적인 것으로 전환해야 한다고 주장했다. 빙켈만은 자연도덕 속에서 살아가는 참된 인간상을 고대 그리스인으로 보고, 그리스 회화와 조각에 나타난 '위대한 영혼'을 통해 타락한 문명 속에서 삶의 가치를 찾으려고 했다. 빙켈만에게 최고의 미는 '고귀한 단순성'에서 찾는 역동적 상태, 즉 '고요한 위대함'이다. 그는 '라오콘 군상'을 격정에 찬 육체적 고통이 고요한 형태로 대리석에 조각되어 있다고 표현하며, "고귀한 단순성과 조용한 숭고함eine edle Einfalt une eine stlle Grö'ße"을 찬양했다. 또한 〈벨베데레의 아폴로〉에 대해서도 차분한 자세와 상응하는 관조로 인간의 자연적 본성을 초월한 이상적인 모습을 상징한다고 해석했다. 빙켈만의 이러한 평가는 로마 지식인들이 그리스 문화에 대해 새롭게 접근하는 계기가 되었다.

실제로 교황 아드리안 6세(재임 1522~1523) 때까지만 해도 많은 그리스 조각이 이교도의 전유물로 인식되었다. 그래서 이들의 수집품들은 주로 정원에 마련된 별도의 공간에 설치되었고, 대중에 쉽게 공개되지 않았다. 그러나 빙켈만이 관여하기 시작하면서 바티칸박물관은 그리스 문화를 서양 문명의 근간으로 받아들이는 데 중요한 역할을 했다. 교황 클레멘스 14세 치세 동안 알레산드로 알바니 추기경Alessandro Albani(1692~1779)의 예술품 수집을 담당했던 미술학자 빙켈만은 그리스 유물을 높이 평가했고,

정원에 있던 그리스 작품들을 전시실 중앙으로 배치했다. 나아가 신성모독이라고 비판받던 누드 조각상들을 대중이 아름다움의 절정encapsulating beauty으로 받아들이도록 인식의 전환을 이끌어냈다. 빙켈만은 전시 컬렉션에 많은 변화를 가져왔고, 교회의 계몽적 시선에서 벗어나는 전시를 실현한 인물로 평가받는다. 그리스 문화를 본격적으로 수용하게 된 것은 19세기의 일이지만, 고대 그리스 문화의 수용에 있어 바티칸박물관은 분명 선구자적 역할을 담당했다.

다음으로 언급할 작품은 미켈란젤로Michelangelo Buonarroti(1475~1564)의 작품이다. 미켈란젤로는 바티칸 대성당의 돔, 피에타, 시스티나 성당의 프레스코 등 르네상스 시대 종교적 의미를 담은 작품을 다수 남겼다. 1508년에 율리오 2세는 미켈란젤로에게 푸른색 바탕에 별이 그려져 있던 성당 천장을 새로 그리도록 맡겼다. 걸작으로 꼽히는 천장화는 성서의 내용을 담고 있다. 천장의 중앙부분에는 세상의 창조를 나타내는 아홉 개의 부분으로 이뤄져 있는데, 하느님이 빛과 어둠을 가르고 해, 달, 물, 땅, 아담과 이브를 창조하고 원죄, 노아의 제사, 대홍수를 보여준다. 중앙의 둘레에는 구약성경과 신약성경에서 따온 스물네 개의 주제와 인물들로 구성되어 솔로몬, 요나, 모세와 구리 뱀, 다윗과 골리앗 등이 그려져 있다. 흥미로운 점은 미켈란젤로가 초기에는 아래에서 관객들이 보게 될 거리를 예측하지 못하고 인물의 크기를 매우 작게 그렸다가 인물이 잘 보이지 않아 이후에는 인물의 크기가 점점 크게 그려 완성했다고 한다. 실제로 중앙의 대홍수를 묘사하는 면은 세세한 인물들이 잘 보이지 않는데 반해 둘레에 그려진 이시아를 묘사한 부분은 인물들이 크게 잘 드러난다. 천정화가 있는 시스티나 성당에는 열세 개의 벽화도 그려져 있다. 특히 재단

뒤로 〈최후의 심판〉이 그려져 있는데, 이는 종교개혁을 앞둔 시점에서 구원받을 자와 저주받을 자의 모습을 형상화해 보여줌으로써 교황권을 강화하려는 의도에서 제작되었다. 그러나 당시 교회의 정책에 비판적 입장을 견지하던 미켈란젤로는 기존 〈최후의 심판〉 도상이 갖는 전통적 요소를 배제했다. 예수님의 모습은 우람한 남성으로 표현되었고, 아폴로는 이교도적 의미를 내포하고 있었다. 천국에서는 일반적으로 옷을 입는 게 관례이며 1545년 트렌토 공의회에서 누드 종교화를 금지했음에도 많은 인물들이 누드로 표현되었다. 이외에도 천국과 지옥의 뒤섞임, 교황청의 얼굴 표정을 풍자적으로 묘사한 점은 그가 르네상스 이후 구시대적 종교관에서 완전히 벗어났음을 보여준다. 〈천지창조〉에서 알 수 있듯이 바티칸의 작품들은 교회의 정치적 의도를 드러내기도 하고, 서구 사회의 모습을 형상화하기도 한다. 중요한 점은 바티칸박물관에서 종교적 의미를 내포하고 있는 공간이 전시의 중추적 역할을 담당하고 있다는 것이다.

전통의 보존 및
현대미술과의 소통을 통한 현대화 작업

바티칸박물관은 문화유산에 대한 복원작업도 진행하고 있다. 현재 시스티나 성당 벽에 걸린 라파엘로 산치오Raffaello Sanzio(1483~1520)의 작품은 1527년 로마 약탈 때 대부분 소실된 것을 복원한 것이다. 미켈란젤로의 〈피에타〉 성모자상도 1972년 부서진 조각들을 대리석을 갈아 점토로 메우고 접착제를 사용해 복원한 것이다. 이처럼 바티칸은 모자이크 복원 장

〈피에타〉. 미켈란젤로의 최대 걸작으로 손꼽히는 〈피에타〉는 미켈란젤로의 서명이 유일하게 새겨진 작품이다.

인팀, 회화 복원 장인팀, 복원 기술을 가르치고 후학을 양성하는 학교를 두고 있다. 이들은 작품의 안전성을 검사하고 원형이 보존되도록 노력한다. 중요한 작품을 복원하는 데는 상당한 비용이 들기 때문에 때로는 작품을 팔아 비용을 충당하기도 한다. 1983년부터는 바티칸박물관 예술품 후원회Patrono delle Arti가 만들어져 이들 예술작품의 복원을 재정적으로 후원하고 있다. 모자이크 복원은 표면을 검사한 다음 유리와 모자이크 복제를 통해 작품을 정밀하게 복원해나간다. 프레스코화의 경우 수천 년 전에도 회반죽 프레스코 기술이 이용되었다. 현재는 표면 청소에 공을 들이고 있으며, 명확한 색 표현을 위해 재현과 보존 작업에 힘쓰고 있다.

바티칸박물관에는 고대, 중세, 근대 이전의 작품들만 있는 것이 아니다. 600여 점의 현대 작품도 소장되어 있으며, 대표적으로 피냐 정원에 있는 현대 조각가 아르날도 포모도로Arnaldo Pomodoro의 작품을 꼽을 수 있다. 이곳에는 지름 4미터의 커다란 구 속에 작은 원이 들어가 있는 포모도로의 〈구 속의 구〉가 전시되어 있다. 사실 프랑스혁명 이전까지만 해도 미술과 종교는 매우 밀접한 관계를 맺고 있었다. 19세기 이후 단절되었던 분위기를 쇄신하고자 최근 바티칸은 교회의 현대화를 위한 '세상과의 대화', 즉 대중과의 소통을 중요시하고 있다. 1962년부터 1965년까지 총 4회에 걸쳐 개최된 2차 바티칸 공의회를 보면, 이전의 보수적이고 경직된 비타협적 입장에서 선회하여 2013년 제55회 베네치아 비엔날레에 참여하는 등 적극적인 변화를 꾀하고 있다. 이는 국제엑스포에 참여하여 소장 작품 전시를 통해 대중과 소통하던 과거의 방식과는 조금 다른 접근이다. 교회 현대화의 일환으로 교회와 현대예술과의 간극을 좁히려는 이 같은 시도가 바티칸박물관의 새로운 전시를 이끌 것으로 기대한다.

김새미

어두운 과거의 반성, 성찰적 대면

— 부다페스트 테러의 집 박물관

2000년	테러의 집 박물관 설립 결정
2002년	테러의 집 박물관 개관, 슈미트 마리어 관장 취임
2012년	테러의 집 박물관 개관 10주년 기념
2016년	대한민국역사박물관과 '1956년 헝가리 혁명 50주년 특별전' 공동 개최

정치적 목적으로 설립이 결정되었으나

'테러의 집 박물관'은 과거 헝가리의 나치 파시스트 시대와 사회주의 시대(1948~1989)에 자행된 테러와 고문, 반인권적 사건을 역사적 기억의 공간으로 재현해놓은 박물관이다. 특히 1956년 반소 헝가리 혁명 시기의 모습과 혁명 실패 이후 공산당에 의한 '테러 통치', 그에 의한 '희생자'들에 대한 기억을 중심적인 전시 주제로 삼고 있다.

테러의 집 박물관은 1989년의 체제전환 이후 헝가리 사회의 뜨거운 쟁점이 된 '사회주의 시대의 과거사 문제'에 대한 논쟁의 결과물로 건립되었다. 체제전환 이후 자본주의 경제체제를 도입한 헝가리는 개혁과 변화의 과정에서 수많은 어려움에 직면했다. 이러한 상황은 국내 정치상황과 맞물려 사회주의적 과거와 자본주의적 현재 중 어느 때가 더 좋았는가 하는 원색적인 논쟁으로 이어지며, 헝가리 사회의 통합을 방해하는 요소가 되었다. 이러한 와중에 2000년 총선에서 과거 집권당이었던 사회당은 그래도 그 시절이 좋았다는 슬로건을 내세웠다. 이에 대해 1989년 체제전환의 주역이었던 집권 '청년민주주의자 연합'과 진보적인 학자들은 과거에 대한 '사정없는 대면'이 선행되어야 헝가리 현대사에 대한 논쟁이 사라진다는 인식하에 공산주의와 파시즘의 기억을 재현할 수 있는 '기억의 장소'를 건립해야 한다는 데 의견을 모으게 되었다. 그 결과 헝가리 정부의 재정적 지원을 받는 '중 · 동유럽 역사와 사회 연구를 위한 공익재단'이 설립되었고, 연구와 조사 과정을 거쳐 테러의 집 박물관Terror háza Múzeum(헝가리어), House of Terror Museum(영어)이 건립되었다.

테러의 집 박물관이 다루는 시간적 공간은 헝가리 역사에서 암흑기로 불리는 2차 세계대전 중 파시스트 정권이 권력을 잡았던 시기와 전후 공산당이 정권을 장악한 1949년부터 1989년까지다. 특히 1956년 10월 23일 수도 부다페스트에서 발생한 헝가리혁명을 주요 전시 주제로 삼아 개관했다.

이 박물관은 영웅주의적 승리 사관에서 탈피하여 반성과 회고를 바탕으로 하는 '성찰적' 접근방식을 택했다는 점에서 그 의미가 남다르다. 이러한 성격 때문에 설립 과정에서 여러 가지 우여곡절을 겪었지만 '성찰적' 접근방식이 개인과 사회 속에 오랫동안 뿌리내려온 과거의 아픈 기억을 치유하는 효과적인 대안이며, 지금은 다소 불편하지만 궁극적으로 평화와 안식을 찾는 가장 좋은 방법이라는 공감대가 형성 되었다.

현재 테러의 집 박물관은 헝가리 파시스트 시기와 사회주의 시기를 경험하지 못한 젊은 세대에게 헝가리 현대사의 '어두운 면'을 알려주는 교육의 장으로 활용되고 있고, 세계적으로 유명한 관광명소가 되었다. 이 박물관은 헝가리가 유럽연합에 가입하기 위한 협상을 진행하는 중에 완공되었는데, 당시 유럽연합 이사회는 이 박물관을 헝가리가 사회주의 과거사를 청산하려는 노력의 일환으로 높이 평가했다고 한다.

테러와 고문의 장소에서 반성과 화합의 장소로

테러의 집 박물관이 위치한 언드라시 거리는 우리나라의 명동과 세종대로를 합쳐놓은 모습으로 부다페스트의 중심가다. 1896년 헝가리 건국 1000주년을 기념해 만들어진 언드라시 거리는 부다페스트에서 가장 아름다운 거리 중의 하나로 꼽힌다. 거리의 양쪽에는 외국 대사관과 관공서, 정부의 문서보관소, 옛 귀족이나 고관대작들의 저택, 관저들이 즐비하다. 최근에는 고풍스러운 건물 사이로 현대적인 자태와 위용을 자랑하는 현대식 건축물도 들어서 있다. 지금도 이 거리는 동유럽의 샹젤리제라는 애칭으로 불린다.

테러의 집 박물관은 이 아름답고 우아한 언드라시 거리의 중간쯤에 자리 잡고 있다. 겉으로 봐서는 이 거리와 잘 어울리는 건물 안에 헝가리 현대사의 흑역사를 간직하고 있는 '테러의 집 박물관'이 자리하고 있는 것이다.

테러의 집 박물관 건물은 네오르네상스풍의 건물로서 파시스트 시대와 사회주의 시대에 수천 명의 사람들이 가혹한 고문을 당하고 처형되기도

테러의 집 박물관 외관. 처마 부분의 'terror'라는 글자를 거꾸로 배치했는데, 그림자가 드리워지면 'terror'라는
글자가 벽면에 비친다.

했던 장소다. 공포정치와 테러, 사회주의 시대의 끔찍한 기억들이 남아
있는 이 건물이 이제는 과거의 잔혹했던 기억을 대면하게 하는 성찰의 공
간이 되고 있는 것이다.

　이 건물은 지하층과 지상 4층으로 건립되었다. 1945년까지 헝가리 파
시스트 정당인 화살십자당이 당사로 사용했고, 1945년부터는 헝가리 공

테러의 집 박물관 외벽에 부착된 희생자들의 사진 명판.

산당 보안부가 사용했다. 지하층에는 고문실과 감옥과 사형장이 있었다. 1944년 겨울 이곳 지하 사형장에서 수백 명의 유대인이 혹독한 고문 끝에 처형당했고, 사회주의 시기에는 반체제운동가와 일반 시민들이 고문과 처형을 당했다.

　헝가리 공산당원들은 의도적으로 화살십자당 당원들이 버리고 간 이 건물을 접수하여 '계급의 적'으로 판명된 자들에게 고통을 주고, 그들을 제거하기 위한 본부로 사용하고자 했던 것이다. 1989년의 체제전환 시기까지 이 건물에 자리하고 있던 헝가리 공산당 보안부 역시 자신들의 임무를 충실히 수행했다. 따라서 이 건물은 고문과 테러 등 인권유린의 역사적 현장이라고 해도 과언이 아니다. 이곳에 테러의 집 박물관이 들어서야 하는 상징적인 이유이기도 하다. 이러한 상징성으로 인해 '중·동유럽 역사와 사회 연구를 위한 공익재단'이 이 건물을 매입하여 박물관으로 사용하기로 결정한 것이다.

　박물관으로 재탄생하기 위한 작업은 약 1년간 진행되었다. 박물관의 내부 전시실은 코바치 페렌츠Kovács Ferenc의 지휘 아래 구성되었다. 그는 박물관 내부의 조형적 설계가 박물관의 전시와 일체감을 이루도록 효과적으로 구현했다. 건물 자체의 내부 디자인을 전시물의 배치와 배열을 고려하여 파시스트 시기와 공산주의 시기의 모습을 표현하는 데 초점을 맞추었다. 이 박물관의 외형을 재건하는 작업은 건축가인 산도르 야노시

Sándor János와 우이사치 칼만Újszászy Kálmán이 담당했다. 전시장 전체에 흐르는 배경음악은 코바치 아코시Kovács Ákos가 준비했다. 코바치 아코시는 파시스트와 공산주의 시대를 재현하기 위해 당시 사용되었던 악기들과 음악들을 발굴하여 장중하고 우울하고 공포스러운 분위기를 구현해내는 음악 작업을 성공적으로 마무리했다.

테러의 집 박물관은 이러한 과정을 거쳐 2002년 2월 24일 오후 5시에 개관했다. 개관식은 고문과 교수형으로 희생된 사람들의 사진 명판을 박물관 외벽에 제막하는 행사와 더불어 시작되었다. 박물관 외벽에 게시된 이들의 명판과 사진은 자유를 위한 그들의 투쟁을 영원히 기억하겠다는 의지를 상징적으로 보여준다.

테러의 집 박물관은 개관과 더불어 헝가리 현대사에 대한 객관적인 전시와 교육을 위해 박물관의 연구 기능을 강화하여 헝가리 현대사 전공자가 학술연구와 전시 기획을 전담하도록 했다. 특히 대학, 학회 등 역사연구기관과 공동으로 헝가리 현대사에 관한 연구를 진행하여 우수한 연구 업적을 생산하고 있는 점은 테러의 집 박물관이 갖는 강점이라고 할 수 있다.

과거와 현재, 실제와 추상을 성찰적 대면으로 구현한 전시

테러의 집 박물관 전시의 특징은 전시물을 통한 '대면'과 '이해'라는 전통적 방식과 더불어, 헝가리 현대사의 주요 사건에 상징적·의례적 가치를 부여하여 추상적 형태로 표현했다는 점이다. 즉 '실제'와 '추상'이라는 두 요소가 상호작용하는 형태로서 현대 역사박물관의 전시기법의 큰 방향을 이루는 '실재로부터 추상으로의 전화'를 구현해내고 있는 것이다.

테러의 집 박물관 전시는 사실적이다. 그러나 필요한 곳에 테러의 양상을 추상화한 미술작품들을 배치하여 사실과 추상의 조화를 느끼게 해준다. 먼저 육중한 형태의 정문을 열고 박물관 안으로 들어서면 좁은 회랑 형태의 계단이 나타난다. 두 사람이 지나가기에 다소 불편한 공간이지만 의도적으로 확장공사를 하지 않고, 당시의 규모로 재현해놓았다. 이 같은 배치로 인해 관람객은 이 박물관에 들어서는 순간부터 부담감과 두려움을 느끼게 된다. 이렇게 불편함을 주는 배치는 이곳이 그리 친절한 장소가 아님을 말하는 듯하다. 특히 회색으로 칠해진 외벽과 내부의 채색에 일관성을 준 것은 회색빛 사회주의 시대를 은연중에 느끼게 하려는 의도다.

정문에서 연결되는 좁은 복도를 따라 지상층(1층, 이하 1층으로 표기)의 입구에 다다르면 회색의 장중한 엘리베이터가 있다. 이 박물관의 특징은 엘리베이터를 이용하여 1층(한국식으로는 2층, 이하 2층으로 표기)의 전시실로 입장하도록 설계되었다는 점이다. 엘리베이터는 바깥을 내다볼 수 있는 투명한 유리로 만들어졌으며, 거의 정지해 있다고 느낄 정도로 느린 속도로 올라간다. 엘리베이터가 올라가는 삭도索道 주변에 있는 전시물을 관람할 수밖에 없는 구조다. 엘리베이터가 올라가는 삭도의 아래쪽을 내려다보면 기획자가 이렇게 설계한 의도를 알아차리게 된다. 엘리베이터가 올라가는 옆면에는 중앙 아트리움이 자리하고 있고, 그 중심에 1956년 소련군이 헝가리 혁명군을 진압하기 위해 사용했던 T-54형 전차의 실물이 전시되어 있다. 이 전차를 중심으로 두 면의 벽에는 헝가리혁명 당

헝가리 혁명 당시 소련군이 사용했던 T-54 전차.

시 소련군과의 전투에서 숨진 희생자의 사진을 배치해놓았는데, 마치 희생자들이 부릅뜬 눈으로 전차를 응시하고 있는 것처럼 보인다. 전차와 희생자를 동일한 시선에 배치함으로써 탱크에 맨몸으로 맞섰던 민중의 모습을 사실과 객관이라는 두 개의 장치를 통해 대비시킨다. 이곳을 보면서 관람객은 이 박물관이 지향하는 전체 주제에 자연스럽게 접근하게 된다.

엘리베이터를 타고 도착한 1층 전시실은 2차 세계대전이 끝나고 헝가리에 공산정권이 들어선 이후의 삶을 영역별로 구분하여 12개의 전시 공간으로 구성했다.

먼저 1층의 첫 번째 방은 2차 세계대전 이후 헝가리에서 벌어진 강제이주를 보여준다. 세계대전이 끝난 후 헝가리의 공산당 정부는 헝가리에 거주하고 있던 20여만 명의 독일계 헝가리인을 '체제의 적'으로 규정하여 집단 수용소로 강제이주시켰다. 첫 번째 방은 이 내용을 '소개疏開와 (강제)이주'라는 이름으로 명명하여 전시하고 있다. 1층의 전체 전시실에서는 이 내용을 필두로 하여 공산당 집권시기의 모습을 주제로 삼아 각 전시 공간마다 사회주의 시대의 일반적인 현상을 이해할 수 있는 특징적인 이름을 붙이고, 그 이름에 걸맞은 전시물을 배치했다. 이러한 방식을 통해 관람객은 자연스럽게 사회주의 시대에 대한 개념을 습득하고, 그 개념이 현실적인 전시물로 현현되는 과정을 경험하게 된다.

방의 이름을 살펴보면 '소개疏開와 (강제)이주', '테러의 복도', '피의 방', '(생필품)배급', '국가보안부의 거실', '피터 가보르의 방', '진실을 제공하는 방(교실)', '선전', '일상의 삶', '보석함', '교회와 종파', '민젠티 Mindszenty'*라고 명명하고 있다. 각 방의 명칭을 시대나 사건 상황, 혹은 그 사건을 대표하는 인물의 이름을 붙임으로써 자연스럽게 그 시대를 이해할 수 있게 한 것이다. 예를 들어 '국가보안부의 거실'에는 당시 이 건물에서 근무하던 국가보안부 요원들의 사진을 붉은 별과 함께 전시하여 이들이 사회주의 헝가리를 지탱하던 폭력적 권력기관이었음을 보여준다. 이 사진에 적혀 있는 "우리의 정치적 지지대, 국가보안부 근무자들"이라는 설명은 헝가리의 지배가 국가보안부라는 권력기구에 의해 이루어졌으며, 이들이 국가를 지지하는 받침대의 역할을 했다는 사실을 그들 자신의 표현을 빌려 드러낸 것이다.

2층 전시실은 본격적인 상설전시장으로서 8개의 전시 공간과 작은 보조 전시실로 구성되어 있다. 이곳에서는 헝가리의 전체주의 독재와 관련된 각 전시 주제를 시대순으로 배치하고 있다. 제1전시실은 전체 상설전시의 도입부적인 성격을 갖는 곳으로 나치와 소련의 점령을 표현하고 있

---

* 헝가리 가톨릭 추기경, 민젠티 요제프(Mindszenty József)

공산당 국가보안부 보안부 직원 사진.

다. 즉 1944년 3월 19일 헝가리가 나치의 지배를 받게 되는 과정과 모습, 이후 헝가리가 소련의 점령과 지배에 놓이게 되는 모습을 표현함으로써 헝가리가 연속적으로 주권을 빼앗긴 채 독일과 소련의 지배를 받았다는 사실을 알려주고 있다. 즉 독일 나치 추종세력과 소련 공산당 추종세력의 지배를 직접적으로 표현함으로써 헝가리의 암흑기가 이렇게 시작되었다는 것이다.

　2층 전시실 또한 각 방마다 나치와 공산주의 시대를 상징하는 이름을 붙였다. '이중의 점령', '화살십자당의 복도', '화살십자당 당원', '굴라크', '환복(작업복으로 갈아입음)', '소련 고문단의 방', '반대(취조실)' 등이다. 예를 들어 '화살십자당의 복도' 전시실에는 화살십자당 당원의 복장을 나치당의 그것과 동일하게 묘사한 포스터를 붙이고 '우리가 간다'라는 구호를 표기함으로써 나치당이 헝가리로 들어오는 상황을 묘사하고 있다. 특히 이 전시실에는 헝가리를 공간적으로 상징하는 입체적 조형물을 배치하여

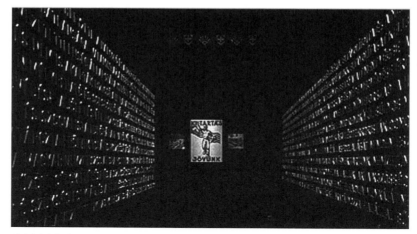
화살십자당원(나치 당원)의 복도.

실제와 상징을 통해 헝가리가 나치에 의해 점령당했음을 표현하고 있다.

또한 '소련 고문단의 방'은 헝가리에 주재하던 소련 고문단의 사무실을 그대로 재현하여 헝가리의 통치가 소련에 의해 이루어졌음을 보여준다. 특히 스탈린과 소련 군인의 그림을 사진 중앙부에 배치하여 이곳이 소련 고문단이 사용하며 헝가리를 지배했던 곳임을 알려주고 있다.

지하에 자리 잡은 세 번째 전시실은 글자 그대로 지하 고문실에서 겪었을 고통과 절망의 현장을 재현했다. 나치 파시스트와 공산당 국가보안부가 어떻게 사람들을 고문하고 처형했는지를 생생하게 보여주는 공간으로서 대부분 당시 모습 그대로 전시실을 구현한 것이 특징이다. 이 전시 공간 역시 각 방마다 특징적인 이름을 붙여 고문과 처형의 과정을 자연스럽게 체감할 수 있도록 했다. 각 방의 이름은 '(인간)개조실', '수용소', '56년의 방', '보복', '눈물의 방', '가해자들의 벽'이다. 이런 이름은 각 방의 기능을 너무나 사실적으로 표현하고 있어 관람객에게 따로 설명할 필요가

소련 고문단의 방.

없을 정도다.

'인간개조실'은 감방을 표현한 곳이고, 수용소는 강제작업장을 묘사한 방이다. 이곳에서 관람객은 그 시대의 현장에 있는 것처럼 극적인 몰입감을 느낀다. 이러한 효과를 극대화하기 위해 지하 고문실로 통하는 입구부터 상징적 요소를 배치했다. 먼저 지하 고문실로 통하는 문을 열면 방음장치가 된 육중한 벽을 만나게 된다.

관람객은 이 벽을 통해 이곳이 고문 장소였음을 자연스럽게 알게 된다. 이 부분은 실제 공간을 그대로 되살려 전시하고 있다.

테러의 집 박물관 전시 개념에서 특별한 점은 '가해자와 피해자의 직접적인 대면'이다. 예를 들어 '가해자들의 방'에는 먼저 피해자들의 사진을 전시한 공간의 맞은편에 가해자들의 사진을 배치하고, 당시의 직위와 역할을 적은 패널을 붙였다. 이렇게 사실적 전시물을 맞은편에 배치함으로써 가해자와 피해자를 극명하게 대비시키고 있는데, 테러의 집 박물관을

지하 고문실 입구.

관람하며 놓치지 말아야 할 부분이다. 특히 가해자의 대표, 예를 들어 국가보안부 부장 한 사람만 전시한 것이 아니라 그 일을 직접 담당했던 사무실 직원, 관련자들을 모두 전시함으로써 이들이 영원히 흑黑역사 속에 기억(!)되게 하는 전시기법은 우리나라의 현대사박물관도 고려해볼 점이라고 생각한다.

이러한 전시기법을 통해 이 건물이 공산주의에 반대하던 시민들이 조사받고, 고문받고, 처형되었던 장소라는 점을 직접적이고 극명하게 보여준다. 이처럼 이 건물 안에서 일어났던 테러와 폭력을 가해자와 피해자가 동시에 마주하는 상황으로 치환하여 묘사하고 있는 전시 개념은 매우 독특한 발상이다.

어두운 과거와의 직접적인 대면을 통한 반성과 성찰의 장場

가해자들의 벽.

테러의 집 박물관은 헝가리 역사에서 가장 어두운 시기로 간주되는 파시스트 시기와 사회주의 시기를 전시하고 있다. 특히 1956년 헝가리혁명을 주제로 하여 헝가리인의 자유에 대한 투쟁과 반공, 반소정권에 대한 항쟁을 사실적으로 보여주고 있다. 특이한 점은 가해자와 피해자를 직접적으로 대면시키지 않는 기존 역사박물관의 전시기법에서 탈피하여 피해자와 더불어 가해자의 실명과 실물 사진까지 전시하고 있다는 것이다.

숨기고 싶은 역사와 대면하는 방식은 불편하고 익숙하지 않다. 그러나 그 불편하고 익숙하지 않은 대면을 상설화하고 공적 토론의 장으로 끌어내는 전시 방법은 역사 전시의 전형을 보여주는 것이다. 이러한 방식으로 불편한 과거 혹은 숨기고 싶은 과거와 대면하게 함으로써 관람객은 은연중에 그러한 불편함을 초래하는 비정상적 상황을 피하고자 노력할 것이고, 이는 곧 관람객의 의식과 실제 행동에서 비정상적인 사고 혹은 상황을 배제하는 기제로 작용할 것이다.

역사박물관은 역사를 대중 앞에 끌어와서 소개하고 보여준다. 그렇기 때문에 역사박물관에서 전달하고자 하는 메시지의 파급력은 지대할 수밖에 없다. 이러한 점에서 역사박물관의 전시기획자는 탄탄한 학문적 역량을 바탕으로 역사를 이해하고 해석하는 능력을 가져야 한다. 물론 이러한 작업은 학계와의 긴밀하고 효율적인 협조 속에서 가능할 것이다. 이러한 점에서 테러의 집 박물관은 박물관 전시기획자와 학계의 긴밀하고 효과적인 소통과 협업이 잘 이루어진 사례다. 당연하게도 독일에 있는 '역사의 집'과 더불어 헝가리의 테러의 집 박물관이 전문가와 대중 양쪽으로부터 칭송받는 흔치 않은 위치를 점하게 된 데에는 지난한 논의 과정을 끈기 있게 지켜보며 적극적으로 역사논쟁에 참여하고, 그 토론의 결과를 적극적으로 전시에 반영한 박물관 측의 신념과 용기가 큰 역할을 했음을 부인할 수 없다. 비록 규모는 작지만 테러의 집 박물관은 헝가리가 처했던 비극적 상황을 세계적 관심을 받는 사건으로 이끌어냈다는 평가를 받고 있으며, 현대사박물관의 모범적인 역할을 보여주는 사례라고 할 수 있다.

김지영

4부

유럽/유럽통합

200년경   고대 로마 공중목욕탕 완공

1450~1514년   클뤼니 숙소 건물로 개조

1844년   클뤼니박물관 개관

1946년   건축물 보수와 새로운 컬렉션 전시로 재도약

1992년   중세국립박물관으로 거듭남

박물관 위치의 역사성과 상징성

파리의 생미셸 대로와 생제르맹 대로가 교차하는 근처에 클뤼니박물관 Musée de Cluny이 있다. 클뤼니박물관은 상스 대주교 저택, 장상-퓌르탑 등과 더불어 파리의 대표적인 15세기 건물이다. 클뤼니박물관은 고대 로마 공중목욕탕 유적과 클뤼니 저택Hôtel de Cluny를 합쳐 부른 것이다. 고대 로마와 중세 프랑스 건축의 아름다움을 간직하고 있는 클뤼니박물관은 1000년에 이르는 파리의 역사를 들려주고 있다. 공식 명칭은 중세국립박물관Musée national du Moyen Âge으로 고대 로마의 유적과 15세기 화려한 고딕 양식의 아름다움을 보여주는 역사적 건축물이다. 기원전 55년 로마 군

클뤼니박물관.

대가 쳐들어올 당시 시테섬을 중심으로 조성된 '강 중류에 있는 거류지'
란 의미의 라틴어 '루테티아Lutetia'였던 작은 마을에서 카페 왕조와 더불
어 국제도시로 성장한 파리의 역사를 한눈에 설명하고 있다. 클뤼니박물
관은 그 내부 또한 매우 소중한 문화재와 역사적 가치가 높은 수집품을
보유하고 있는 대표적인 중세 박물관이다. 한 마디로 예술품, 역사, 음악,
시, 문화 등 유럽의 중세를 소개하는 가장 다양하고 뛰어난 프랑스 박물
관이라고 할 수 있다.

클뤼니박물관은 고대 로마부터 16세기 초에 이르는 조각, 금은세공, 그
림, 태피스트리, 스테인드글라스, 철공예, 도자기, 가구 등 2만 2300여 점
의 전시품을 소장하고 있다. 건물 2층 내부에는 23개의 전시실이 있다.
소장품의 대부분은 중세의 미술 공예품이며 그 외에도 회화, 조각, 가구,
자기류 등 폭넓은 작품을 갖추고 있다.

클뤼니박물관에서 먼저 만나게 되는 독특한 장소는 고대 로마인들이
만든 목욕탕을 포함한 고대 로마의 유적이다. 고대 로마 공중목욕탕은
200년경에 완공되어 파괴되었다가 15세기 클뤼니 수도원의 수도승들을
위한 숙소로 거듭났다. 즉 옛 목욕탕의 붕괴된 벽과 지붕을 보수하고 연

결하여 클뤼니 수도승들의 숙소로 만들었다. 15세기 고딕풍의 이 숙소 건축물은 내부를 통해 공중목욕탕으로 연결됨으로써, 고대와 중세를 잇는 문화유적이 되었다. 이 공중목욕탕에는 파리 일대에서 발견된 고대 로마 시대의 조각들이, 숙소에는 중세의 회화와 공예품 등이 전시되어 있다.

이후 클뤼니박물관 건물은 부호 알렉산드르 뒤 소메라르Alexandre du Sommerard(1779~1842)의 소유가 되었다. 중세 예술품 수집에 열성적이었던 그는 1833년에 자신의 수집품들을 이곳에 옮겨다놓았다. 그가 죽은 후 프랑스 정부가 건물과 수집품을 인수하여, 1843년에 클뤼니박물관을 설립했다. 아버지의 열정을 이어받은 에드몽 뒤 소메라르Edmond du Sommerard는 〈귀부인과 유니콘〉 등의 작품을 수집하여 클뤼니박물관을 더욱 풍성하게 했다. 그는 1만 1000여 점의 수집품을 시간 순서에 따라 전시했고, 처음으로 박물관 카탈로그를 발행했다. 그의 뒤를 이은 알프레드 다르셀Alfred Darcel은 클뤼니박물관을 과학적으로 운영하고자 했다. 그는 박물관 전시실을 단순화하고 진열장을 체계화했으며 무엇보다도 위작들을 찾아내는 데 주의를 기울였다. 20세기에 접어들면서 클뤼니박물관 운영자들은 소장품 확충 정책과 공간의 효율적인 활용에 관심을 쏟았다. 그런 과정을 거쳐 박물관은 오늘날의 모습을 갖추게 되었다.

고대 로마와 고딕 양식의 아름다움을 갖추다

고대 로마의 유적과 15세기 고딕 양식의 화려함과 아름다움을 보여주는 클뤼니박물관은 크게 고대 로마 공중목욕탕, 클뤼니 수도원장실, 예배당, 정원으로 구성되어 있다. 19세기 중반 생미셸 대로 공사 당시, 고고학자이자 건축가였던 테오도르 바케르Theodore Vacquer는 방치된 목욕탕을 박물관 건물과 연결시키고자 시도했다. 2차 세계대전 이후 폴-마리 뒤발Paul-Marie Duval과 장 트루블로Jean Trouvelot가 주요 발굴 작업을 마쳤으며, 1990~1993년 발굴을 거쳐 대규모의 복잡한 건축물로 재탄생했다.

클뤼니박물관의 북쪽에 위치한 공중목욕탕은 웅장한 북부 루아르강의 로마 갈리아 양식을 잘 보존하고 있는 건축물이다. 이 공중목욕탕은 1~2세기경에 건설된 것으로 추정되며 3세기 말까지는 그 기능을 담당한 것으로 보인다. 약 6000제곱미터의 면적을 가진 이 공중목욕탕은 벽, 바닥, 욕탕 등은 색깔 있는 돌, 대리석, 모자이크, 화장 회반죽 등으로 고대 로마 시민들의 취향에 맞춰 화려하게 장식되었다. 또한 공중목욕탕의 보존된 벽은 수평적인 벽돌 층과 석회암의 교호交互로 시공된 특징을 보이며, 수도관과 지하실뿐만 아니라 바닥에서 천장까지 14미터에 이르는 냉방冷房, frigidarium과 온방溫房, caldaria 시설을 갖추고 있다. 연료실, 배관, 바닥자재와 여러 번 칠한 바닥 아래층 등은 이 건물의 역사를 증언하고 있다. 건축물 아래에 있는 벽들은 건축물의 통합성을 유지해주며, 1~3세기 건축물의 진화 과정을 거의 완벽에 가까울 만큼 재현하고 있다. 위베르 로베르Hubert Robert의 그림에서도 알 수 있듯이, 18세기까지 통 제조 작업실로 사용된 냉방은 감탄스러울 만큼 잘 보존되어 있으며, 외부의 온방으로 이어져 있다. 특히 2009년에 냉방의 벽돌은 물의 느낌과 이미지를 불러일으키는 짙은 파란색으로 복원되었다. 이는 석회와 모래를 섞어 여러 번 칠한 후 천연 안료로 채색하는 프레스코기법으로 완성되었다.

15세기 후반 클뤼니 수도회는 파리와 아비뇽, 돌에 클뤼니 수도회의 인재들을 교육하기 위해 기숙학교인 콜레주를 두고 있었다. 14세기경 부르고뉴의 클뤼니 수도원장이 고대 목욕탕과 등지고 있으면서 당시 조성된 대학과 마주 보고 있는 곳에 위치한 집 몇 채를 구입했다는 기록이 남아 있다. 이 건물은 현재 남아 있지 않으며 완공이 되었는지도 확실하지 않다. 1485년 클뤼니 수도원장 자크 당부아즈Jacques d'Amboise(1485~1510)가 공사를 시작한 것으로 알려진 현재의 클뤼니 수도원장실은 고딕 양식으로 건축되었으며, 서쪽으로는 공중목욕탕을 등지고 있다. 장 3세Jean de Bourbon(1456~1480)와 자크 당부아즈가 사적인 용도로 지은 이 건물은 중세 말 대영주의 호사스러움을 제대로 보여주고 있다. 안마당과 정원 사이에 사다리꼴 모양의 안마당 내부 경계를 만드는 2개의 작은 날개 관으로 이어지는 곳에 첫 번째 건물이 세워졌다. 공중목욕탕을 등진 이 건물은 청회색의 높은 지붕을 가지고 있으며, 내부는 원래 배치대로 보존되어 있다.

　건물 내부는 여러 나선형 계단으로 이어지고, 서쪽에 있는 남쪽 날개 관은 잎이 오글오글한 양배추와 동물들로 장식된 아케이드를 가진 아름다운 회랑을 통해서 안마당으로 이어진다. 예배당을 보호하는 다른 날개 관은 오늘날 재정비된 정원으로 연장된 북쪽 정면을 향하고 있다. 궁륭穹窿은 중세 전성기의 화려한 고딕 건축물과 조각을 보여준다. 예배당은 제대를 보호하는 우아한 오리엘Oriel(건물의 툭 튀어나온 부분)과 스테인드글라스로 장식된 높은 창으로 이어져 있다. 계단은 정원으로 이어지는 방으로 안내하고, 교차 궁륭들은 샤를 8세의 문장紋章인 왕관王冠을 쓴 'K'자를 새긴 꽃바구니 장식을 포함한 잎 모양 장식의 기둥머리를 가진 중앙 기둥에 기대고 있다. 프랑스대혁명 당시 국가 재산으로 간주된 수도원장의 숙소 건물은 1843년에 국가가 구입하기 전까지 여러 차례 변화를 겪었다. 프랑스기념물박물관Le musée des monuments français 설립자의 아들인 건축가 알베르 르누아르Albert Lenoir 는 클뤼니박물관의 지붕과 개구부開口部의 강화작업을 시작으로 난간과 천창들의 장식을 재건했다. 그러나 입구 마당부터 전반적인 모습은 거의 그대로 보존되었다.

클뤼니박물관의 중세적 특징을 보여주는 또 다른 공간은 바로 정원이다. 19세기까지 클뤼니박물관은 서쪽으로는 아르프 거리, 북쪽으로는 푸앵 거리, 동쪽으로는 생자크 거리, 남쪽으로는 마튀랭(현재 '뒤 소메라르') 거리로 둘러싸여 역사적 건축물의 진가를 드러내는 데 한계가 있었다. 그러나 1853년부터 시작된 조르주-외젠 오스만 남작Baron Georges-Eugène Haussmann의 파리 개조사업으로 클뤼니박물관은 아름다운 외관을 갖추게 되었다. 그런데 1869년 동쪽에 있는 마튀랭 수도원이 철거되면서 북쪽에 있는 조각과 나무들로 가득 찬 방대한 정원 때문에 클뤼니박물관은 생제르맹 대로에서 고립되는 결과를 가져왔다. 지속적인 보수공사를 거쳐 2000년 9월에 클뤼니박물관은 조경사 에릭 오사르Eric Ossart 와 아르노 모리에르Arnaud Maurières에 의해 중세풍의 정원을 갖추게 되었다. 고증을 통해 15세기 클뤼니 수도원장실의 정원을 재현하고자 했으나 현실적으로는 과거의 모습을 찾아볼 수 없는 아쉬움이 남는다.

정원 면적은 약 5000제곱미터이며 격자무늬 목재로 가장자리를 두른 커다란 테라스는 생제르맹 대로까지 이어진다. 현재 클뤼니박물관의 정원은 다음과 같은 주제를 가지고 구성되었다. 먼저 파 · 배추 · 근대 · 당근 등 수프를 만들 수 있는 채소와 카시스 · 구즈베리 · 꽈리 같은 작은 열매 과일이 심어진 곳, 캐모마일 · 민트 · 샐비어 · 운향芸香 등의 약용식물이 있는 곳, 바이올렛 · 아이리스 · 장미 등으로 둘러싸인 성모 마리아를 연상시키는 천상의 정원과, 모형물로 장식된 은밀한 공간인 사랑의 정원 등 4개의 사각형 구역으로 정돈되었다.

클뤼니박물관의 컬렉션

1843년 프랑스 정부는 알렉산드르 뒤 소메라르의 컬렉션을 포함하여 파리시가 기증한 것들을 포함한 클뤼니박물관의 컬렉션과 고대와 중세의 다양한 조각들로 가득 찬 고대 로마 공중목욕탕을 구입했다. 중세 예술품 수집에 열정적이었던 알렉산드르 뒤 소메라르에 이어 1843년 그의 아들 에드몽 뒤 소메라르는 클뤼니박물관의 큐레이터가 되었다. 그다음 해인 1844년 3월부터 클뤼니박물관은 대중에게 문을 열었으며 그 결과는 성공적이었다. 1885년 에드몽 뒤 소메라르가 죽은 뒤 컬렉션은 열 배로 늘어났다. 2차 세계대전까지 클뤼니박물관은 중세부터 19세기까지 다양한 종류의 컬렉션을 갖추었는데, 태피스트리, 법랑과 가구들은 클뤼니박물관을 프랑스 박물관 중 최고의 위치로 끌어올렸다.

1946년 클뤼니박물관은 건축물 보수와 새로운 컬렉션들의 전시로 재도약을 맞이했다. 고대 로마 공중목욕탕에는 〈노트의 기둥〉 같은 고대 루테티아 조각들이 전시되어 있고, 클뤼니박물관 내부에는 중세 예술품과 유물이 주로 전시되어 있다. 컬렉션은 13세기 말 루이 성왕 통치기에 작성된 에티엔 부알로Etienne Boileau의 《수공업총람Le livre des métiers》의 목록 순서에 따라 전시되어 있다. 1977년 파리의 노트르담 대성당 측면에서 발굴된 〈유다 왕들의 두상〉은 20세기 고고학의 중요한 결과물이며, 클뤼니

〈노트의 기둥〉.

〈유다 왕들의 두상〉.

박물관 컬렉션에서 중요한 위치를 차지하고 있다.

　1992년 중세국립박물관으로 거듭난 클뤼니박물관은 그 명칭에 걸맞게 조각, 금은세공품, 그림과 태피스트리, 철공예, 도자기, 가구 등과 더불어 고대 말기부터 르네상스 초기까지 중세의 삶을 보여주는 2만여 점 이상의 작품을 전시하고 있다. 특히 클뤼니박물관은 비잔티움제국과 이슬람 세계를 포함한 중세 기독교 세계를 친절하게 소개함으로써 서양 중세인들의 삶뿐만 아니라 유럽인의 정체성을 이해하는 데 도움을 준다. 클뤼니박물관의 컬렉션은 크게 고대부터 중세 초기, 로마네스크 예술, 리모주 작품, 고딕 예술, 15세기로 구성되어 있다.

고대 로마를 품다

먼저 고대에서 중세 초기는 고대 로
마, 콥트 예술, 초기 서유럽 왕국,
비잔티움 등의 영역으로 나뉜다. 클
뤼니박물관에는 원사原史 시대의 황
금 팔찌, 주괴와 아르베르니족의 동
전 같은 금속품들이 전시되어 있다.
넓은 냉방에서 관람객은 유명한 〈노
트의 기둥〉을 비롯하여 파리 지역이
로마화되는 과정을 만날 수 있다.

　중세 초기의 것으로 추정되는 상
아로 만들어진 예술품이나 켈트족

〈쇠사슬에 매달려 있는 봉헌 왕관〉.

의 황금 보석들도 있다. 그리고 기독교 공동묘지에서 발견된 수의를 장
식했던 천 조각들은 이집트에서 기독교 문명이 수용되어 나타나는 콥트
의 사회적 · 문화적 양상을 보여준다. 1894년 클뤼니박물관은 콥트 천 조
각들을 사들여서 고대와 중세 사이, 이교도와 기독교 사이를 이어주는
다양한 컬렉션을 풍성하게 마련했다. 3~5세기 훈족은 로마인들에게 '야
만인barbarians'이라고 불리던 전사들의 이동을 초래했고, 476년에 멸망한
서로마제국을 이어 수립된 메로빙거왕국은 로마 갈리아 양식을 계승했
다. 파리 생제르베Saint Gervais의 메로빙거 왕실 묘지는 고대 공동묘지와 일
치한다. 이베리아반도에 정착한 서고트족 역시 기독교 문명을 수용했는
데 클뤼니박물관에 전시된 〈쇠사슬에 매달려 있는 봉헌 왕관과 십자가〉

가 대표적이다. 중세 서유럽에서 비잔티움 예술은 고대 그리스-로마의 문학과 철학, 예술을 계승함과 동시에 이국적인 동쪽 세계와의 특권적인 관계를 뜻하는 것으로 받아들여졌다. 4세기부터 견방직 기술은 비잔티움 제국에서 발달했으며 비단옷은 곧 궁정 엘리트의 특권을 상징했다. 상아를 다루는 기술 역시 탁월했다. 클뤼니박물관의 컬렉션 중 〈상아로 된 제단화〉가 대표적이다.

로마네스크와 고딕

로마네스크 예술은 프랑스, 잉글랜드, 이베리아반도, 이탈리아와 시칠리아, 신성로마제국으로 나뉘어 전시되어 있다. 로마네스크 예술의 개념은 비교적 최근에 등장한 것이며, 그 경계 또한 불확실하다. 18세기 전까지 중세는 모두 고딕으로 표현되었으나 1818년 샤를 드 제르빌Charles de Gerville 이 편지에 처음으로 '로마 예술'이라는 용어를 사용하면서 로마네스크를 구별하기 시작했다.

로마네스크는 프랑스에서 탄생했으며, 기독교의 확산과 더불어 발전했다. 성유물은 더 이상 무덤에만 머무르지 않고 제대altar와 신앙을 증거하는 자료로 제공되었다. 1066년 노르만 공 윌리엄의 잉글랜드 정복 후 풍성한 당초무늬 장식으로 표현되는 '채널 스쿨Channel School'로 알려진 독특한 기법이 등장한다. 이와 달리 11~12세기 이베리아반도 북쪽에서는 로마네스크와 고딕 양식이 강하게 나타나고 이슬람과의 지속적인 교류를 통해 상아와 천을 이용한 화려한 예술품들이 생산되었다.

〈성 토마스 베킷의 성유물함〉.　　　　　〈죽은 자의 부활〉.

　　북부 이탈리아에서는 고전고대, 초기 기독교 그리고 유스티니아누스 황제 시기의 고전적인 영향을 받았으며, 남부 이탈리아와 시칠리아에서는 노르만과 이슬람의 영향을 강하게 받았다. 클뤼니박물관의 소장품 〈책제본판〉과 〈성유물함판〉은 신성로마제국의 대표적인 작품이다.

　　또한 12세기 이후 등장하는 리모주 작품도 중세 예술에서 한몫을 담당하고 있다. 1169년 리모주 작업장에서 생산되는 금속세공과 법랑철기를 수용하면서 리모주 작품들이 관심을 끌었다. 게다가 1215년 4차 라테란 공의회에서 샹르베Champleve(칠보로 된 제례기)를 사용하기로 결정하면서 12세기 후반 리모주 작업 방식은 유럽으로 넓게 확산되었다. 대표적인 리모주 작품으로는 〈성 토마스 베킷의 성유물함〉과 〈주교장〉 등이 있다.

　　로마네스크 양식에 이어 12세기 말 프랑스에서 발달한 고딕 양식은 게르만족의 일부인 고트족에서 유래했으며, 알프스 북부와 잉글랜드, 이탈리아와 스페인으로 퍼져나갔다. 클뤼니박물관은 초기 고딕 예술(1140~1200), 일드프랑스, 북부와 남부 프랑스, 독일 국가들, 잉글랜드,

〈황금장미〉.

이탈리아, 스페인으로 나누어 고딕 양식의 컬렉션을 전시하고 있다.

고딕 양식의 특징은 빛에 의한 아름다운 채색 효과를 보여주는 스테인드글라스와 첨탑으로 수직선을 강조하는 고딕 건축이다. 고딕 양식은 '늑골 궁륭Ribbed Vault'과 '공중 부벽Flying Buttress'이라는 외부 버팀목으로 가능한 것이었다. 초기 고딕 양식을 보여주는 대표적인 클뤼니박물관의 소장품으로는 〈성 베네딕투스의 승천〉과 〈성 마르셀〉 등이 있다. 클뤼니박물관의 소장품 〈죽은 자의 부활〉이라는 파리 생트샤펠의 스테인드글라스와 〈황금장미〉는 고딕 양식의 정점을 보여주는 13~14세기의 대표적인 작품이다.

중세 다시 보기

클뤼니박물관의 컬렉션은 프랑스의 대표적인 중세 박물관으로서의 존재 감을 부각시킨다고 할 수 있다. 15세기 유럽에서는 성직자, 왕과 제후 그리고 귀족과 도시민들, 길드와 여러 단체들의 예술작품에 대한 수요가 증가하는 현상이 나타났다. 도시민들의 부는 예술작품 생산을 촉진했으며, 가구, 스테인드글라스 창, 태피스트리, 식기와 게임 도구 등 주로 일상생활에 필요한 것들이 제작되었다. 15세기 내내 부르고뉴인들은 네덜란드와 부르고뉴, 이어서 스페인 사이에 예술가들의 작품활동을 고무했다. 백년 전쟁(1337~1453)이 끝나가는 동안 파리는 다양한 예술가들이 몰려드는 화려한 '고딕의 수도'로 자리 잡았다. 금세공은 얕은 돋을새김에 투명한 봉랍 유약을 칠하여 구워내는 기술과, 유약으로 덮는 기술까지 갖추게 되면서 책장은 그리자유Grisaille(회색 단색 화법), 색깔과 황금으로 장식되었다. 클뤼니박물관의 소장품 〈성모 마리아와 아기 예수〉는 이 시기의 섬세하고 화려한 금세공 기술을 보여준다. 또한 15세기 리모주에서 제작된 것으로 보이는 십자가를 담은 〈명판名板〉은 유약을 덧입힌 기술이 두드러져 보인다.

이베리아반도에서는 서유럽의 예술과 이슬람적 요소가 결합하여 발달했다. 발렌시아의 도자기 작업장에서 제작된 〈고리가 달린 접시〉와 〈날개가 달린 꽃병〉 등이 대표적이다. 이 시기 이탈리아에서도 밀라노의 비스콘티가와 스포르차가, 피렌체의 메디치가의 적극적인 후원 아래 예술 작품이 활발하게 제작되었다.

이러한 변화와 더불어 가정이나 개인적인 예배당에서 필요한 기도서, 소小제단 뒤에 장식할 그림과 조각품, 성유물함 등의 수요도 급증했다. 주목할 만한 현상은 태피스트리에 대한 수요 증가다. 아라스, 릴, 투르네, 브뤼셀 등이 대표적인 생산지이며, 태피스트리는 공적·사적 신앙심을 담아내는 '제단 뒤 그림'으로 중요한 역할을 담당했다. 특히 그림과 조각이 종종 조합을 이루는 알프스 이북에서 큰 인기를 끌었다. 15세기 정치적·경제적 중심지로 성장한 네덜란드는 이탈리아 상인과 은행가들의 관심을 끌었고 예술작품 시장을 이끌어가는 주도권을 장악했다.

클뤼니박물관 역시 이 같은 다양한 곳에서 생산된 15세기 작품들을 소장하고 있으나 대부분 작자 미상이다. 〈귀부인과 유니콘〉은 클뤼니박물관의 대표적인 태피스트리 작품이며, 〈세 가지 일화로 보는 성모 마리아

〈귀부인과 유니콘〉.

일생〉과 〈성 스테파노〉, 〈포도 수확〉 등 15세기 태피스트리의 아름다움을
선사하고 있다.

　그뿐 아니라 클뤼니박물관은 중세인들이 노동에 시달렸고 비위생적이
라는 오해를 풀 수 있는 자료를 소개하고 있다. 예를 들면, 중세인들은 자
주 씻지 않는다는 이미지와 달리 공중목욕탕에 가거나 몸을 씻는 일이 일
상적이었으며, 손님이 방문하면 손 씻을 물을 준비하는 것이 예의였다.
또한 1.3킬로그램을 넘지 않는 중세 기사의 칼이나 23킬로그램이나 되는
갑옷의 무게 때문에 달리거나 말 위에 오르는 일이 어렵다는 등의 정보뿐
만 아니라 펜싱을 훈련하는 방법 등을 전시하고 있다. 시시비비를 가리거
나 무죄를 입증하기 위한 결투재판으로 시작했으나 중세 기사들의 오락

거리이자 경기로 수용된 것이 마상시합이라면, 체스와 게임 상자 등은 중세 여성들과 귀족들의 오락이었다.

고대와 중세를 잇다

예술작품을 전시하고 철학적 토론을 하는 장소였던 고대 그리스의 무세이온은 고대 로마에서 '철학적 토론을 나누는 저택'이라는 의미의 무세움Museum으로 번역되었다. 그 결과 전시 기능을 담당하는 공간은 신전들이 담당하는 것으로 이해되고 중세의 박물관은 기독교의 사상과 교리를 가르치는 데 필요한 성유물을 포함한 예술작품을 전시하는 고대 로마 신전의 기능을 이어받았다. 인문주의적 관심이 부활한 르네상스와 대항해시대를 거치면서 서유럽의 귀족과 대부호들은 고전고대와 중세 예술품에 열정과 관심을 갖게 되었다. 이들 예술품을 소장하고자 하는 이들의 관심과 수집은 아직까지는 사적인 동기와 목적을 충족시키는 단계에 머물렀다.

그러나 고전고대와 중세 예술품에 대한 관심과 열정은 사적인 것에서 공적인 것으로 확대되기 시작했다. 17~18세기 일부 특권층만이 아니라 일반 대중에게도 예술품 전시를 공개하는 교육적 기능과 역할이 강조되는 근대적 박물관과 문화재, 문화유산이라는 개념이 등장했다. 특히 '가르치는 국가'의 이념을 선포한 프랑스대혁명 후 근대 박물관은 국가가 주도하여 관장하는 곳이 되었다.

19세기는 공공박물관의 전성기였으며 박물관의 가장 중요한 기능은 전시를 통한 교육이었다고 해도 과언이 아니다. 중상주의의 확대 및 세계무역의 발달과 더불어 도시가 빠르게 번영하면서 도시민들의 교육에 대한 요구가 높아졌다. 이를 수용하는 데 있어 근대 박물관은 1차 세계대전이 발발하기까지 주요한 역할을 담당했다.

이 과정에서 눈에 띄는 현상은 문화사적 발달 과정을 계통적으로 전시하는 방법이 출현한 것이다. 예를 들어 1856년에 설립된 게르만박물관은 고대부터 근대까지 독일의 문화, 생활, 종교, 과학을 알기 쉽게 전시하여 게르만 문화를 고무鼓舞하려는 국민적 전통의 결과물이었다.

클뤼니박물관은 고대 그리스의 무세이온에서 근대 박물관으로 이어지는 과정을 품고 있다. 파리의 고대와 중세를 잇는 역사적 건축물일 뿐만 아니라 근대 박물관의 역사를 한눈에 보여주는 박물관이다. 오늘날 클뤼니박물관은 프랑스의 박물관들의 지지와 후원 아래 서양 중세에 대한 이해와 유럽인의 정체성에 관한 개념과 이해를 더욱 풍부하게 전달해주고 있다. 열정적이고 지속적인 역사적 건축물에 대한 관심과 손길은 클뤼니박물관의 위치를 돈독하게 할뿐더러 이 박물관의 다양하고 풍부한 컬렉션은 존재감을 돋보이게 한다.

오늘날 과학적이고 국제적인 관계망을 적극적으로 활용하면서 클뤼니박물관의 명성은 드높아지고 그 중요성 또한 인정받고 있다. 무엇보다 클뤼니박물관을 방문하는 모든 사람들에게 파리의 1000년 역사와 프랑스인들의 정체성과 자긍심의 뿌리를 소개하고 있다. 고대와 중세를 잇고자 하는 끊임없는 열정은 현재의 관심 속에서 성장하고 오늘도 숨 쉬고 있다.

이정민

17 "그들의 역사는 우리의 역사다"

— 파리 국립이주사박물관

1931년   파리 국제식민박람회 개최

        식민지박물관 개관

1932년   식민지 · 프랑스해외영토박물관으로 개칭

1935년   프랑스해외영토박물관으로 개칭

1961~2003년   아프리카 · 오세아니아예술박물관으로 운영

2001년   리오넬 조스팽 총리 이주사박물관 건립 보고서 작성 지시

2003년   시라크 대통령 문화부장관 자크 투봉에게 박물관 건립 지시

2007년   국립이주사박물관 개관

2012년   명칭을 'Cité nationale de l'histoire de l'immigration'에서 'Musée national de l'histoire de l'immigration'으로 변경

"프랑스의 역사, 그 정체성과 문명 형성의 역사는 프랑스에 정착하고 프랑스인이 되기 위해 모국을 떠났던 수백만의 남성과 여성의 역사이기도 하다." 프랑스 국립이주사박물관Musée de l'histoire de l'immigration 초대 관장 자크 투봉Jacques Toubon이 개관식에서 한 이 선언이 이 박물관의 설립 의의를 잘 드러내고 있다. 조부모대로 거슬러 올라가면 프랑스인 4명 가운데 한 명이 이주민 출신이라는 조사 결과가 있듯이 오늘날의 프랑스는 이주 문

제와 떼려야 뗄 수가 없다.

파리 남동부 뱅센 숲 근처 옛 포르트도레궁에 자리 잡은 국립이주사박물관(이하 이주사박물관)은 이주의 역사에 바쳐진 프랑스 최초이자 유럽 최초의 국립박물관이다. 자크 시라크 대통령 때 건립을 추진하여 2007년 니콜라 사르코지 대통령 재임 때 개관한 이 박물관은 시라크 정부의 문화부장관이었던 자크 투봉이 박물관의 설립을 주도하고, 초대 관장을 맡았다. 박물관의 성격은 개관 당시 대통령이었던 사르코지의 이민정책과는 분명 맞지 않았다고 할 수 있는데, 이민에 엄격한 조치를 취한 사르코지 대통령의 정책과 달리 이 박물관이 내건 모토는 "그들의 역사는 우리의 역사다"였다. 이러한 이유에서인지 사르코지 대통령은 이주사박물관 개관식에도 참석하지 않아 논란이 되었다.

이주사박물관은 단순히 프랑스에 세워진 여러 박물관 중 하나가 아니다. 이는 프랑스가 이민자들로 구성된 국가임에도 불구하고, 주류사회가 이민자들을 과연 진정한 프랑스인으로 받아들이고 있는지, 과거 식민지인들을 오늘날 프랑스의 한 구성원으로 받아들이고 있는지를 보여주는 투시경일 뿐 아니라, 유럽통합과 관련하여 미래지향적 세계관을 보여주는지를 가늠하는 잣대 역할을 한다고도 볼 수 있다.

이러한 점을 고려하면서, 우리는 우선 박물관의 설립 배경과 함께 박물관 위치의 역사성과 상징성을 살펴볼 것이며, 그다음으로는 박물관 건물 구조의 특수성과 전시물의 콘셉트를, 마지막으로 박물관이 구현하고자 하는 정체성을 살펴보는 것으로 글을 마무리할 것이다. 특히 박물관의 정체성과 관련해서는 박물관의 설립을 둘러싼 논쟁을 살펴봄으로써 이주사박물관의 성격을 조금 더 명확하게 드러낼 수 있을 것으로 본다. 이러한 논의는 한 나라에 건립된 이주 관련 박물관이란 것이 오늘날 그 나라의 이민정책과 무관하지 않을 뿐 아니라, 해당 국가의 정체성과도 매우 밀접하게 연관되어 있음을 보여주기 때문이다.

박물관의 설립 배경과 박물관 위치의 역사성

1. 프랑스 이민 문제의 중요성과 이주사박물관 설립 배경

프랑스는 오래전부터 이민자들을 받아들인 나라였지만, 스스로 '이민국'임을 천명한 적은 없다. 프랑스에는 자국민과 외국인만이 존재할 뿐이지 오랫동안 법적으로 이민자라는 범주를 갖고 있지 않았다. 이는 프랑스에 정부 부처로서 이민부(이민 및 국가정체성부)가 공식적으로 처음 등장한 것이 2007년 사르코지 정부 시절이라는 사실에서 확연히 드러나며, 이 부서도 불과 2년 후에 같은 정부 아래에서 사라졌다. 오늘날 프랑스에서 '이민=북아프리카인=알제리인=무슬림=테러리스트'라는 등식이 존재할 정도로 이민에 대한 인식은 부정적이다. 그만큼 이민자들의 공헌을 '기억'할 공간은 필요하지 않았다. 오히려 이민자는 프랑스의 정체성을 훼손하는 자로서 프랑스에서 떠나야 할 존재로 인식되곤 했다. 프랑스에서 이민은 누구에 의해, 언제부터 정치적으로 중요한 의제가 되었을까?

이민이 프랑스에서 중요한 정치적 의제로 등장한 것은 이민자들의 적극적인 역할 때문이라기보다는 이민자 추방을 주요 의제로 전면에 내세운 극우정파인 민족전선Front National 때문이었다. 1972년에 설립되어, 2018년 현재 프랑스 제2의 정당으로 발돋움한 민족전선은 초기부터 줄곧 이민자 문제를 선거공약으로 내세웠으며, 오늘날에는 국민 상당수의 지지를 받고 있다. 민족전선은 특히 탈냉전이 본격화된 1990년대 이후 프랑스뿐만 아니라 전 세계적 이슈가 된 무슬림에 대한 문제 제기로 표를 얻었으며, 최근에는 시리아 난민 할당 문제, 테러 문제 등을 등에 업고 정치권에서 확고한 위상을 차지하고 있다. 그 결과 2017년 대통령 선거에서 결선투표까지 진출하여 그 세력의 막강함을 보여주었다. 강령의 주요 부분이 이민, 난민 문제에 할당되어 있음은 말할 나위도 없다.

1980년대만 해도 무슬림 이주 문제가 지금처럼 첨예한 논쟁의 대상이 되지는 않았다. 하지만 1989년 7월 14일 프랑스혁명 200주년 행사를 성대하게 치른 후 얼마 지나지 않아 11월에 냉전의 상징인 베를린 장벽이 무너짐으로써 세계는 거대한 변화를 맞이하게 되었다. 냉전 이데올로기는 이제 종교, 인종, 문화, 이주, 이슬람이라는 새로운 키워드에 길을 내어주게 되었다.

이러한 분위기에서 알제리 카빌리아 지방 출신 이민자 2세로 프랑스 축구선수 출신 공직자였던 자이르 케다두시Zair Kedadouche가 처음 이민과 관련한 박물관 설립 아이디어를 내놓았다. 그의 제안에 이민 문제에 큰 관심을 보여온 프랑스 국립정치학교 교수이자 역사가인 피에르 밀자Pierre Milza, 사회과학고등연구원 제라르 누아리엘Gérard Noiriel 교수가 관심을 표명했고, 이에 힘입어 시라크 대통령이 박물관 건립을 추진했다. 이슬람 문제로 이민자 문제가 크게 공론화되던 시기인 1990년대 중반부터 2000년대 중반까지 12년 동안 대통령직을 수행한 시라크는 이민자들을 프랑스 사회에 통합하는 데 이 박물관이 어느 정도 공헌할 것으로 판단했고, 프랑스인의 이민자들에 대한 태도와 시각이 긍정적으로 바뀌는 데도 상당한 역할을 할 것으로 기대했다. 하지만 박물관은 시라크의 기대와 달리 정치적 논란에 휩싸여 특별한 행사 없이 2007년 말 후임 대통령인 사르코지 정부 시절에 개관했다. 이 프로젝트에 참여한 12명의 학자 가운데 8명만이 개관식에 참석했고 사르코지 대통령은 관례를 깨고 국립박물관 개관식에 불참했다. 그만큼 프랑스에서는 이민 문제가 뜨거운 현안이었으며, 국론을 양분할 수도 있는 주제였다.

이처럼 박물관 건립 추진은 그리 순탄하지 않았고 박물관 개관에 이르기까지 거의 20년의 세월이 필요했다. 지지부진한 상황에 활력을 불어넣은 것은 1998년 프랑스의 월드컵 우승이었다. 이 대회에서 유니폼에 삼색기를 단 다양한 피부색의 이주민 출신 선수들이 활약함으로써 이주민에 대한 부정적 시선이 일시적으로나마 완화될 수 있었다. 이주 배경을 지녔음에도 불구하고 지네딘 지단, 티에리 앙리, 파트리크 비에라, 다비드 트레제게, 릴리앙 튀랑 등은 프랑스인들의 사랑을 듬뿍 받았다.

이러한 분위기 속에서 2001년 사회당 소속 총리 리오넬 조스팽이 박물관 건립 보고서 작성을 지시함으로써 이주사박물관 건립에 정부가 적극적으로 개입하게 되었다. 2002년 대통령 선거에서 이민에 반대하는 정책을 기치로 내건 민족전선의 후보 장-마리 르펜이 사회당 후보를 제치고 결선투표에 진출함으로써 역설적으로 다시 한 번 이주사박물관 건립의 필요성이 부각되었다. 이 선거를 통해 재집권에 성공한 시라크 대통령은 민족전선이 부추기는 "인종주의에 맞서" 2003년 자신의 최측근이자 문화부장관이었던 투봉에게 박물관 건립을 지시했다. 그로부터 4년 후인 2007년 봄, 마침내 이주사박물관은 문을 열게 되었다. 그러나 사르코지 대통령이 개관식에 불참하면서, 2014년 12월 15일 프랑수아 올랑드 대통령이 공식적으로 박물관 개관식을 거행했다. 박물관 명칭 또한 2012년 1월 1일부터 개정되었는데, 한국어로는 '국립이주사박물관'으로 동일하게 번역되지만, 프랑스어로는 'Cité nationale de l'histoire de l'immigration'에서 'Musée national de l'histoire de l'immigration'으로 변경되었다.

2. 이주사박물관의 위치와 식민주의

이 박물관은 파리 동쪽 뱅센 숲 언저리에 있던 국립아프리카 · 오세아니아예술박물관Musée national des Arts d'Afrique et d'Océanie이 위치한 포르트도레궁에 자리 잡았다. 이 박물관은 1931년부터 1935년까지 '식민지박물관'이었다가 그 후 2003년까지는 아프리카 · 오세아니아예술박물관으로 운영되었다. 이처럼 이주사박물관은 장소부터 식민주의와 밀접한 관련을 맺고 있었다. 그렇다고 처음부터 이 장소가 이주사박물관 자리로 정해진 것은 아니었다. 건립 초기에는 이주사박물관이 들어설 자리로 파리의 여러 곳이 거론되었다. 예컨대 레알, 샤요궁, 베르시의 미국센터, 라빌레트, 라데팡스의 신개선문 등이 물망에 올랐다. 그러나 많은 후보들을 제치고 선정된 곳이 바로 파리 12구의 포르트도레궁이었다.

왜 이곳이 낙점되었을까? 1961년 이후 포르트도레궁에는 아프리카 · 오세아니아예술박물관이 들어서 있었다. 그러나 시라크 대통령 재임 시 아프리카, 아시아, 오세아니아, 아메리카의 유물을 한곳에 모아 전시할 케브랑리박물관Musée du Quai Branly 건립이 추진되었고, 그에 따라 모든 소장품을 케브랑리박물관에 넘겨주게 된 아프리카 · 오세아니아예술박물관은 2003년 문을 닫게 되었다. 따라서 이주사박물관 부지를 물색하고 있던 시기에 포르트도레궁은 비어 있었다. 이주사박물관이 포르트도레궁에 들어선 이유가 빈 공간을 활용하기 위한 것이었다고 볼 수도 있겠지만 포르트도레궁의 식민지 관련 역사를 살펴보면 최적의 선택일 수도 있었다.

포르트도레궁의 원래 명칭은 식민지박물관Musée permanent des colonies이었다. 1931년 5월에 열린 파리 국제식민박람회에 맞춰 건립된 식민지박물관은 프랑스의 식민제국에 바쳐진 최초의 국립박물관이다. 식민지 활동을 정당화하기 위해 프랑스 제3공화국은 이국 취향의 매력을 가진 국가적 자랑거리이자, 정치적 계산의 집합체인 식민지 문화를 의식적으로 선전하고자 했다. 식민지 활동은 영화, 연극, 노래, 문학작품, 언론, 교과서, 그림뿐만 아니라 전시회 등을 통해서도 소개되었는데, 식민지 박람회는 그 결정판이었다. 1931년 만국식민지박람회가 개최될 때 프랑스의 거의 모든 단체와 상당수 국민이 참여할 정도로 박람회는 대성공을 거두었다. 1931년의 식민지박람회는 프랑스 제3공화국이 수행했던 식민지화와 그에 대한 선전과 전파라는 측면에서 가장 상징적인 해이자 '기억의 장場'으로 이해될 수 있었다.

이 같은 상황에서, 국제식민박람회장 입구에 자리 잡아 개막식과 폐막식을 비롯한 중요한 행사들이 열렸던 식민지박물관은 다른 박람회 시설들과 달리 영구 보존을 목적으로 세워짐으로써 프랑스 식민주의의 상징이 될 수 있었다. 식민지박물관의 건립으로 마침내 프랑스는 벨기에의 콩고박물관Musée du Congo Belge, 네덜란드의 식민연구소Koloniaal Institute, 영국의 제국연구소Imperial Institute 등 앞서 식민박물관을 개관했던 유럽의 식민열강들과 어깨를 나란히 할 수 있게 되었다.

1931년 이래 이 박물관은 4개의 기관을 수용했다. 1931년부터 1935년까지는 식민지박물관, 1935년부터 1959년까지는 프랑스해외영토박물관 Musée de la France d'outre-mer, 1961년부터 2003년까지는 아프리카 · 오세아니아예술박물관, 그리고 마지막으로 이주사박물관이 2007년에 이곳에 자리를 잡게 되었다.

1932년 식민지박물관은 공식적인 식민지뿐만 아니라 보호령이나 위임통치국까지 모두 포괄한다는 의미에서 식민지 · 프랑스해외영토박물관 Musée des colonies et de la France extérieure으로 이름을 바꾸었고, 1935년에는 다시 프랑스해외영토박물관으로 바꾸었지만 식민박물관으로서의 기능은 변하지 않았다. 물론 1961년 당시 문화부장관이던 앙드레 말로가 이 박물관의 명칭을 아프리카 · 오세아니아예술박물관으로 바꿈으로써 식민박물관을 일종의 미술관으로 탈바꿈하려는 시도를 했다는 점은 특기할 만하다. 이는 당시 탈식민화의 바람에 프랑스 정부도 어느 정도 부응하려는 조치였던 것으로 보인다.

그럼에도 불구하고 박물관을 들어가다 보면 왼편에 인도차이나 전쟁에 참여한 재향군인을 추모하는 광장이 눈에 띄며, 같은 12구에 북아프리카 재향군인 광장이 자리 잡고 있다는 것은 어쩌면 오늘날 이주사박물관이 이곳에 자리 잡고 있는 의미를 또 다른 시각에서 볼 수 있는 여지를 남긴다고 하겠다. 박물관의 변천사와 관계없이 초기부터 이 장소에 열대 아쿠아리움이 계속 존재했다는 것도 눈여겨볼 만하다.

이주사박물관 외관.

박물관 건물 구조의 특수성

이 박물관은 건축가 알베르 라프라드Albert Laprade가 프랑스의 신고전주의
건축, 모로코의 건축 그리고 식민지 예술로부터 영감을 받은 요소들을 가
미한 아르데코 양식의 종합이라고 할 수 있다. 18세기 말 프랑스에서 유
행했던 신고전주의 건축 양식을 갖춘 이주사박물관은 일종의 '배움의 전

현관에 걸려 있는 현판.

당'이라는 느낌을 강하게 풍긴다. 이러한 건축 양식의 경우 박물관 전시품은 가르치는 자의 권위를 상징하며 관람객의 자의적인 해석보다는 권위의 수용을 나타내는 경향이 짙다고 할 수 있다. 일반적으로 식민지에서 수집된 다양한 유물들을 소장한 19세기 서구 인류학 박물관들이 신고전주의 건축 양식을 채택하는 경우가 많은 것도 그러한 이유라 할 수 있다. 즉 이러한 건축 양식은 서구의 힘과 지배력을 찬양하는 일종의 기념비 역할을 한다. 많은 경우 새로운 박물관 건립 계획이 만들어지자마자 가장 먼저 건축 양식과 구조에 대한 논쟁이 발생하는 이유도 여기에 있다고 하겠다.

이주사박물관의 건축 외관만이 아니라 내부를 살펴볼 때 박물관의 성격은 더욱 뚜렷해진다. 1층에 들어서자마자 이 건물이 식민지와 관련이 있음을 잘 보여주는 글귀를 접하게 된다. 현관에서 바라보이는 강당 Auditorium 입구 위편에 다음과 같은 글귀가 동판에 새겨져 있다. "이 건물은 프랑스공화국 대통령 가스통 두메르그, 식민부장관 폴 레노, 국제식민박람회 총책임자인 위베르 리오테 원수에 의해 기공되었다."

박물관 1층의 양옆에는 폴 레노의 방과 위베르 리오테의 방이 자리 잡

리오테의 방.

고 있어 이 건물과 식민지 사이의 연관성을 더 뚜렷이 보여준다. 리오테의 방이 아시아에 헌정된 방이라면, 폴 레노의 방은 1931년 국제식민박람회 때 식민부장관의 접견실로 꾸며진 방으로 아프리카와 아프리카 문화의 풍요로움에 헌정된 방이다. 화가 루이 부케Louis Bouquet 는 이 방을 1930년대 유행하던 환상적이면서도 단순한 블랙아프리카의 모습, 즉 야생적이면서 마술적이고 영감을 주는 이미지로 꾸며놓았다. 이 방의 블랙아프리카는 본질적으로 종교와 과학의 앵글에 따라 표현되었는데, 철학, 역사, 천문학, 건축, 음악 그리고 이슬람의 가치가 서로 다른 알레고리로 표현되고 서사적 장면으로 펼쳐진다.

그 외에도 가구와 의복으로 방을 장식했는데, '코끼리들'이라 불리는

폴 레노의 방.

소파, 상아처럼 아프리카산의 다양한 재료로 만들어진 책상과 가구들이 전시되어 있다. 이러한 이국적이고 가치 있는 장식들은 궁극적으로 식민지의 풍요로움을 나타내기 때문에 식민주의를 정당화하는 것으로 생각할 수 있다. 폴 레노는 이처럼 전 세계에 흩어져 있는 프랑스의 식민지를 담당한 식민부장관으로 화려한 이력을 자랑했지만, 1940년에는 페탱 원수에게 자신이 맡고 있던 총리직을 인계함으로써 프랑스가 결국 히틀러의 '식민지'로 전락하게 만든 인물이기도 하다.

한편 국제식민박람회 조직위원장이었던 리오테는 리오테의 방을 공식 접견실로 사용했다. 이 방의 장식은 아시아풍 프레스코로 식민지 아시아의 풍요로운 문화를 보여준다. 특히 아시아의 3대 종교에 초점을 맞추고 있는데, 플루트를 불고 있는 인도의 크리슈나, 명상하고 있는 부다, 제자들을 가르치고 있는 공자가 표현되어 있다. 얼핏 보면 아시아 문화에 대한 동경 및 존중을 나타내는 것 같지만, 당시 프랑스가 인도차이나를 식민 지배하고 있었다는 사실을 고려한다면 단순히 아시아 문화에 대한 존중으로만 볼 일은 아닐 것이다.

이처럼 박물관의 구조 또한 식민주의를 충분히 대변한다고 할 수 있다. 이 건물의 내부뿐만 아니라 외부의 구조와 장식들 또한 서로 유기적으로 결합되어 프랑스 식민주의를 대변한 것으로 알려져 있다. 포르트도레궁은 "구조, 장식, 설비의 모든 측면에서 과거와 현재 프랑스의 위대함이 식민지에 실현한 전체 업적을 상징"하는 공간으로서 사실상 프랑스의 식민주의에 바쳐진 최대의 그리고 최고의 기념비였다.

비록 그것이 자리 잡은 지명을 따서 포르트도레궁으로 바꾸어 부른다거나, 이 건물에 전시되었던 유물들을 다른 곳으로 옮겼다고 하더라도 이 건물의 성격이 쉽게 바뀌지는 않을 것이다.

전시

박물관 전시는 주로 메저니Mezzanine(다른 층들보다 작게 두 층 사이에 지은 층)와 2층 전시실로 이루어진다. 전시실의 면적은 대략 1100제곱미터로, 이곳에서는 19세기 초부터 현재까지 프랑스 이주의 역사와 문화를 소개하고 있다.

박물관 정관에 따르면, 이주사박물관의 임무는 특히 19세기 이래 프랑스 이주사와 관련한 물품을 수집, 보존, 활용 및 접근 가능하게 하는 것이며, 프랑스 사회에 이주민들이 통합되는 과정을 보여주고, 프랑스인들의 시각을 넓히는 데 있다. 이 박물관은 프랑스에서 이주사와 이주 문화만 다루는 유일한 국립박물관이다. '이정표Repères'라는 상설전시회를 통해, 박물관은 두 세기에 걸친 이주사를 소개하고 있는데, 이는 역사, 인류학 그리고 예술적 관점이 교차하는 새로운 시각으로 본 이주사다. 이들을 표현하는 박물관의 컬렉션은 대체로 세 가지 아이템으로 구성되어 있다.

첫째는 사진이다. 외젠 앗제Eugène Atget, 제랄 블롱쿠르Gérald Bloncourt, 로버트 카파Robert Capa, 이브 잭슨Yves Jackson, 장-자크 포티에Jean-Jacques Pottie 등에 의해 촬영된 것이다. 둘째로는 프린트, 포스터, 드로잉, 카툰, 만화, 영상물이며, 셋째는 일상생활 용품과 영토, 경계, 이민자의 뿌리와 관련된 작품들이다.

전시 구성은 다음의 순서로 되어 있다. 〈이주해오다〉, 〈국가에 직면하여〉, 〈환영의 땅, 적대적 프랑스〉, 〈여기에 그리고 저기에〉, 〈삶의 거처〉, 〈일터에서〉, 〈정착〉, 〈스포츠〉, 〈다양한 종교〉, 〈다양한 문화〉가 그것이다.

'이주하는' 일은 거의 자발적이지도 않을뿐더러 쉽게 실행할 수 있는 일은 더더욱 아니다. 고국을 떠나는 동기는 정치적·경제적·문화적으로 매우 다양하다. 프랑스를 선택한 이유는 거리가 가깝거나, 자유를 향한 열망, 혹은 두 국가 사이의 긴 역사와 관련된 매력, 특히 일자리 기회와 관련될 수 있다. 그러나 이 모든 이유를 넘어서는 것은 바로 이들이 겪는 비슷한 시련이다.

전시는 이러한 공통분모 아래 우선 '19세기부터 1914년까지의 이민자들, 그 가운데 특히 유럽인들'의 모습을 보여준다. 다음으로, '환영의 땅

2층에 위치한 상설전시관.

프랑스(1914~1944)', '노동력의 부족(1945~1975)', '이주의 감소(1975년부터 오늘날까지)'의 상황을 보여준다. 이 전시에서는 좀 더 구체적으로 폴란드인, 유대인, 벨기에인, 영국인, 이탈리아인, 포르투갈인, 아르메니아인 들의 이주, 헝가리 망명자, 에스파냐인 들의 이주를 사진 및 여러 자료들과 함께 보여준다. 마그레브인, 아프리카인의 이주 모습과 남동아시아 난민, 즉 베트남 보트피플에 관한 자료들도 이곳에서 볼 수 있다.

자국민과 외국인의 출입국을 통제하는 '국가의 역할'은 19세기 중엽 이후 더욱 커진다. 1차 세계대전을 기점으로 신분증이 만들어지며, 조직적인 노동력 확보도 시도된다. 그리고 2차 세계대전 이후에야 진정한 이민정책이 시작되었다고 볼 수 있지만, 노동력이 부족한 시기에는 국가도 방임적인 태도를 취하게 된다. 이와 관련한 항목에서는 '자유로운 입국, 그러나 통제되는 체류(1830~1914)', '국가가 직접 노동력을 확보하다(1914~1931)', '국경 폐쇄와 억압(1931~1944)', '통제 혹은 방임(1945~1974)', '통제와 통합 사이에서(1974년부터 현재까지)'의 순서로 자료들이 전시되어 있다.

프랑스는 '환영의 땅이지만 적대적인 땅'이기도 하다. 이민자에 대한 선입견은 거의 변하지 않았다. 각 시기마다 우애와 연대를 표시하는 프랑스인들도 있지만, 이민자가 너무 많고, 그들은 병균을 옮기는 자들이며 잠재적인 말썽꾼으로 보는 프랑스인도 많다. 특히 경제위기 때마다 반복되는 외국인 혐오는 반유대주의와 짝을 이루며, 궁극적으로는 인종주의의 토대가 되기도 한다. 이민 초기(1830~1880)는 상대적으로 '너그러운' 시기였으며, 그 이후는 '외국인에서 국민으로(1880~1914)' 진화하는 시기였다. 1차 세계대전 직후에는 전쟁으로 노동력 손실이 너무 큰 나머지 '외국인들에게 매우 관용적인' 시기(1914~1931)였으나, 경제공황 이후(1931~1944)에는 외국인이 '더 이상 바람직하지 않은' 존재가 되었다. '억압과 연대'(점령기)를 지나, 2차 세계대전 이후에는 이민자가 '근대화의 사회적 표상'(1945~1974)이었지만, 1974년 이후에는 프랑스가 위기를 겪으면서 다양한 인종으로 뒤섞인 '모자이크의 나라'가 되었다.

이민자는 모국을 떠나면서 자기의 과거를 말끔하게 지우지 못한다. 그들은 '여기에 그리고 저기에' 부유하는 존재다. 그들은 이민을 가면서도 자신의 언어와 문화를 가져간다. 새로운 곳에 도착해서는 혹시 있을 동포들을 찾으려 하고, 그들과 함께 소사회를 구축한다. 19세기 말에 이탈리아인들, 중동부 출신의 유대인들이 그랬으며, 양차 세계대전 사이 기간에 폴란드인, 아르메니아인, 러시아인이 그랬고, '영광의 30년' 시기 에스파냐인, 알제리인, 포르투갈인이 그랬으며, 오늘날 아프리카인들과 아시아인들이 그렇다. 하지만 그 후손들은 대부분 이러한 측면에서 느슨해진다.

시간이 흘러도 이민자들의 〈삶의 터〉는 매우 불안정하여, 같은 공동체에 속한 사람들끼리 모여 사는 경향이 있다. 1945년 이후 국가의 적극적인 개입으로 이민자들의 주거 상황은 조금 나아졌다. 여기에서는 시기에 따른 주거 형태의 변화를 잘 보여준다.

19세기 이래 이민자들은 프랑스의 근대화를 위해 모든 분야의 〈일터에〉 적극적으로 참여해왔다. 경제위기나 실업의 시기에도 이민자들은 쉬지 않았다. 낮은 임금, 장시간 노동, 혹독한 근로조건, 전망이 밝지 않은 직종은 외국인 노동자나 식민지의 몫이었다. 하지만 때로 더 나은 임금과 조건, 그리고 평등한 권리를 위해서 외국인 노동자들은 프랑스 노동자들과 연대 투쟁을 벌이기도 했다. 이 항목에서는 1차 세계대전 전까지의 산업 발전, 양차 세계대전 사이의 이민자 조직, 2차 세계대전 이후의 재건과 근대화, 1974년 이후의 위기, 그리고 마지막으로 두 세기 간의 사회적 투쟁을 전시하고 있다.

〈정착〉 부분에서는 이민자들이 어떻게 삶을 지속적으로 꾸려나가는가를 보여준다. 하루하루의 삶과 일터는 사람들과의 만남의 기회다. 집단투쟁, 군대, 특히 족외혼으로 꾸려진 가정은 새로운 국가에서 정착하는데 큰 도움을 준다. 특히 1920년대부터는 학교가 부모를 따라 이민 온 아이들을 새로운 사회에 통합시키고 적응시키는 데 중요한 역할을 했다. 이중국적제도가 시행된 1889년부터 국적을 쉽게 얻게 된 이민자들은 프랑스 정착에 한결 쉽게 다가갈 수 있었다. 이후 세대를 거치며 프랑스는 다양한 인종으로 구성된 나라가 되었다.

〈스포츠〉와 〈종교〉, 〈문화〉 또한 이민자들에게 매우 중요한 요소로 작용했다. 스포츠에서는 1998년 월드컵에서 프랑스의 우승을 이끈 알제리 이민자의 아들 지단이 결정적인 장면을 연출했다. 한편 최근 이슈가 되고 있는 이슬람은 '세속국가' 프랑스에서 이민자들의 정체성을 강하게 내비치는 요인이다. 프랑스에서 두 번째로 신도 수가 많은 이슬람은 급속히 증가하는 모스크의 건설과 대외 긴장관계로 세속주의자들과 상당한 갈등을 겪고 있다.

마지막 주제 전시는 다양한 이민 문화다. 수 세기 전부터 많은 예술가들이 정치적 이유로, 혹은 예술을 선택하기 위해 프랑스에 정착했다. 그들 가운데에는 발터 벤야민, 로버트 카파, 바실리 칸딘스키, 사뮈엘 베케트, 에우제네 이오네스코, 다카다 겐조 등이 있다.

지금까지 주제별로 살펴본 이주사박물관의 상설전시에서는 식민지 출신 이주민의 역사가 다른 유럽 지역 출신 이주민의 역사와 특별히 다르게 취급되지는 않은 것으로 보인다. 초대 관장이었던 자크 투봉이 말한 "그들의 역사가 우리의 역사다"라는 취지의 발언이 어느 정도는 그대로 받아들여질 수 있을 것 같다. 일부에서는 이 전시 과정에서 식민지 출신 이주민의 삶과 긴밀히 관련된 식민사가 폄하되거나 은폐되는 경향이 적지 않다고 지적한다. 하지만 있는 그대로 보여주고 판단은 관람객에게 맡기는 것도 한 방법이다. 반드시 이 전시가 '우리의 역사' 안에 '그들의 역사'를 편입시키려는 의도를 드러낸다고는 할 수 없다. 자크 시라크나 초대 관장 투봉은 이주사박물관 개관이 '그들의 역사'를 프랑스식 용광로에 녹일 수 있으리라 희망했다.

박물관을 나서며

지금까지 이주사박물관의 설립 배경과 박물관 위치의 역사성, 박물관 건물 구조의 특수성과 전시물 콘셉트를 통해 프랑스의 이주 문제 전반과 박물관의 정체성을 살펴보았다. 이주사박물관의 위치의 역사성 및 건물 구조의 특수성을 볼 때 이 박물관은 프랑스 식민주의와 불가분의 관계를 맺고 있다는 것을 알 수 있었다. 주지하다시피 19세기는 제국주의의 시대였고, 프랑스는 영국과 함께 세계를 지배한 양대 제국의 한 축이었다. 아프리카와 아시아는 프랑스 식민지가 가장 많았던 대륙이고, 프랑스에 들어온 상당수의 이주민들이 이들 식민지 출신이기에 자연스레 이 박물관은 이들 식민지인의 역사 문화와 밀접한 관련을 가질 수밖에 없다.

하지만 프랑스는 식민지인들과 별개로 유럽 국가들로부터도 수많은 이주민들을 받아들였다. 특히 2차 세계대전 이전 프랑스로 유입된 대다수의 이주민들은 식민지 출신이라기보다는 프랑스와 이웃한 나라들 출신이었다. 벨기에, 이탈리아, 독일, 폴란드, 에스파냐에서 온 이주민들이 많았고, 2차 세계대전 이후에는 포르투갈 이주민이 다수를 차지했다. 오늘날 이주민 하면 대부분 북아프리카 무슬림계 이주민을 떠올리지만, 사실 프랑스가 1차 세계대전의 폐허를 딛고 산업을 부흥시킬 수 있었던 것은 지하 갱도에서 험난한 노동을 견딘 폴란드 출신 광부, 이탈리아 출신 제철공들 덕분이었다. 출신지와 시기가 달랐지 프랑스에 건너와 고생하면서 프랑스 시민이 되고자 한 이들의 희망은 모두 같았다.

이주사박물관이 보여주는 이주민들의 삶과 노동은 큰 차이가 없다. 그들이 유럽 출신이든 아프리카 식민지 출신이든 모두 모국을 떠나 새로운 삶을 개척했기에 고난을 극복한 용자들로 불릴 수 있다. 비록 박물관은 이들의 삶과 노동을 커다란 편견 없이 보여주고, 보여주려 노력하지만, 정작 이들에 대한 프랑스인들의 차별은 전시에서 드러나지 않는다. 박물관의 설립 취지와는 다르기 때문일까? 이주민에 대한 프랑스인들의 차별, 더 나아가 식민지인에 대한 차별, 유럽 출신 이주민에 대한 차별을 주제로 한 전시를 기대해본다. 이 또한 이주사박물관의 주요 전시 콘셉트가 될 수 있을 것이다.

박단

18 프랑스와 독일의 화해, 새로운 유럽의 시작

— 베르됭 · 캉 양차대전기념관

베르됭기념관

1916년   베르됭 전투

1939년   베르됭기념관 건립 계획 시작

1967년   베르됭추모국가위원회 주도로 건립 계획

　　　　　베르됭기념관 개관

2006년   프랑스와 독일의 공동 교과서 계획 발표, 베르됭기념관 리노베이션 결정

2013년   베르됭기념관 재개관 및 박물관 콘셉트 변화

캉–노르망디기념관

1944년   노르망디 상륙작전

1969년   노르망디기념관 건립 구상

1986년   기념관 공사 시작

1988년   캉–노르망디기념관 개관

2006년   예산 재원 구성 변화, 첫 번째 리노베이션

2009~2010년   두 번째 리노베이션, 박물관 콘셉트 변화

양차 세계대전은 유럽 국가들에게 암흑의 역사다. 유럽 본토에서 일어난 1차 세계대전은 약 1000만 명, 2차 세계대전은 5500여만 명의 사망자를 야기하고, 주요 시설을 파괴하는 등 유럽 국가들의 경제적 · 사회적 기반

을 무너뜨린 역사적 사건이었다.

양차 세계대전 당시 수많은 전투가 치열하게 벌어졌지만 그중에서도 베르됭 전투와 노르망디 전투는 각각 1차, 2차 세계대전을 상징할 정도로 큰 상흔을 남긴 전투다. 베르됭기념관Mémorial de Verdun과 캉-노르망디기념관Mémorial de Caén은 당시 전투의 치열함과 역사의 비정함을 오랜 시간이 흐른 지금도 뚜렷하게 기억하고 있다.

두 박물관이 전투 현장에 자리 잡은 것은 당시 역사를 생생하게 보여주기 위해서다. 박물관을 둘러보던 관람객은 불현듯 눈앞에 재현되고 자세히 설명된 역사적 사실이 바로 그 자리에서 일어났음을 깨닫게 된다. 역사적인 전투 현장에 있다는 사실에서 한 걸음 더 나아가 양차 세계대전, 특히 베르됭 전투와 노르망디 전투가 현재 어떠한 의미를 갖는지 생각해 보게 되는 것이다.

과거의 역사는 현재의 시각에서 새롭게 해석될 수 있듯 1차, 2차 세계대전 역시 새롭게 해석되고 있다. 베르됭기념관이 개관한 1967년과 캉-노르망디기념관이 문을 연 1988년만 해도 두 기념관은 당시 상황을 다음 세대에게 설명하고 이해시키는 데 목적을 두었다. 2000년대 들어 시설의 노후화와 정치적 변화, 다음 세대에 대한 교육의 필요성이 대두되면서 기념관은 새로운 변화를 겪었다.

베르됭기념관과 캉-노르망디기념관 모두 최근에 리노베이션되었다. 베르됭기념관은 2016년에, 캉-노르망디기념관은 2002년에 첫 번째 리노베이션을 했고, 2009년부터 2010년까지 두 번째 단장을 했다. 리노베이션을 통해 두 기념관 모두 콘셉트의 변화를 겪었다. 리노베이션 전에는 두 기념관 모두 1차, 2차 세계대전의 희생자를 기리고 독일 전범에 대한 연합군의 승리를 강조하는 데 목적이 있었다.

하지만 리노베이션 후에 베르됭기념관은 프랑스와 독일의 화해가 평화 구축에 필수적이며 추후 평화를 위해서는 협력 관계를 유지해야 한다는 새로운 메시지를 담기 시작했다. 캉-노르망디기념관도 두 차례 리노베이션되었다. 2002년에는 양차 세계대전에 냉전이라는 새로운 테마를 추가했으며, 2009~2010년에는 2차 세계대전과 냉전 부분을 보완하는 형식으로 진행되면서 독일의 시각을 반영하기 시작했다.

두 기념관의 발전은 역사, 정치 등 프랑스와 독일 간 관계 발전과 맥을 같이한다. 2006년 프랑스와 독일이 공동 교과서를 집필해 고등학교 교육과정에 사용하기 시작하면서 양차 세계대전 기념관 역시 변모한 것이다. 2006년 전에는 프랑스의 승리와 독일과의 화해에 초점을 맞추었다면, 이후에는 독일이 패전국으로 겪었던 피해를 이해하려는 노력을 보였다.

베르됭기념관 :
전범국가인 독일에 대한 포용의 메시지를 담은
1차 세계대전 기념관

1. 1차 세계대전 최대 격전지에 대한 기억

베르됭기념관은 베르됭 전투를 기념하기 위한 장소다. 베르됭 전투는 1차 세계대전 당시 가장 장기간에 걸친 전투로 가장 많은 희생자를 낸 것으로 기록되었다. 베르됭 전투는 1916년 2월 21일부터 12월 19일까지 무려 10개월이나 지속되어, 1942년 스탈린그라드 전투와 함께 역사상 가장 치열

베르됭 전투 당시의 프랑스 군
인들.

한 전투로 기억되고 있다. 베르됭 전투의 희생은 실로 막대했다. 총 230만
명이 동원된 이 전투에서 16만 명의 프랑스군과 14만 명의 독일군 등 30
만 명의 사망자가 발생했으며, 양측에서 40여만 명이 부상을 당했다.

　베르됭 전투는 프랑스와 독일의 국경선에서 벌어진 전투 중 하나다. 일
례로 같은 해 여름 독일군은 베르됭에서 약 30킬로미터 북서쪽에 위치한
솜 지역에서도 공세를 퍼부었다. 솜 전투에서는 영국군과 프랑스군이 연
합해 독일에 맞서 싸웠고, 베르됭에서는 프랑스군이 독일군과 대치했다.

　베르됭기념관은 베르됭 전투 현장인 플뢰리-드방-두오몽이라는 작은
마을에 위치한다. 베르됭기념관 건립 계획은 1939년, 2차 세계대전이 시
작되기 전에 시작되었으나 같은 해 2차 세계대전이 발발하면서 중단되고

말았다. 기념관 건립 사업이 구체화된 것은 1967년으로 베르됭추모국립위원회Comité nationale du souvenir de Verdun의 주도로 시작되었으며, 건립 목적은 1차 세계대전 참전군인들을 기념하기 위한 것이었다. 베르됭기념관은 플뢰리-드방-두오몽의 옛 기차역에 건립되었으며 베르됭이 내려다보이는 언덕에 자리하고 있다.

건축가 샤를 르그랑 및 큐레이터 페르낭 뒤콤 등 베르됭 전투에 참가했던 군인들이 직접 기념관 건립 사업에 참여했다. 참전군인들이 전투에 대한 기억을 되새기고, 이를 방문객들에게 소개함으로써 전쟁을 경험한 세대가 전쟁에 대해 잘 모르는 세대에게 설명하고자 했다.

1967년 9월 17일 개관식에서 전쟁희생자 및 참전용사부 장관이었던 앙리 뒤비야르Henri Duvillard는 "이 기념관은 베르됭 전투 생존자들이 베르됭 전투 희생자를 기리고 그들의 희생을 기억하며 희생자들이 지키고자 했던 이상과 신념을 담고 있다"라고 말했다. 이러한 발언은 베르됭기념관의 목적이 프랑스의 희생자와 참전군인들을 기리는 데 있음을 반증한다.

당시 전투를 기념하기 위해 베르됭기념관에 2000여 점이 넘는 물건이 전시되어 있다. 군복, 대포 등의 무기, 이동식 부엌, 트럭, 비행기, 식기, 파이프 등의 생활용품, 장난감, 애국심을 고취하는 물건들, 훈장, 깃발, 묘비 등의 추모용품 외에도 신문, 포스터, 그림 등의 자료들이 있다.

전시실은 1층과 2층으로 나뉘어 있다. 1층은 당시 전쟁에 참여한 군인들의 경험을 보여준다. 1층 전시실에 들어서면 100제곱미터 크기의 화면이 포탄 폭발음과 함께 당시 참전용사들의 증언과 자료들을 소개하고 전투 상황을 재현한다. 화면 뒤쪽으로는 총알 자국이 남은 전투모, 게임용 카드, 소묘용 스케치북 등 생활용품 전시와 함께 베르됭 전투의 보급물자도로로 이용되었던 '신성한 길Voie sacrée'과 당시 사용되었던 트럭, 대포 등이 소개된다. 신성한 길은 베르됭 전투에 무기와 군인, 보급물자를 실어 나르던 길로 베르됭에서 바르-르-뒥을 잇던 곳이다. 14초에 한 대꼴로 트럭이 왕래할 정도로 군수물자 보급이 대규모로 이루어졌는데 이는 당시 전투가 얼마나 치열했는지를 반증한다. 현재는 베르됭 전투를 기념하기 위해 '국도 1916'번으로 명명되었다.

2층의 전시실은 당시 전투 상황을 보여준다. 전투 현장과 비행장, 비행기 등 최전선 밖의 지원 조직, 휴가를 얻은 군인들의 일상뿐 아니라, 야전 병원 등 전쟁을 지원하던 의사와 간호사들의 헌신 등 전쟁 현장들을 볼 수 있다. 마지막으로 옥상의 야외 테라스에서는 전투장 풍경을 재발견할 수 있다. 야외 테라스에 설치된 멀티미디어 시설을 통해 지금은 울창한 숲이 되었지만 100년 전에는 치열한 전투 현장이었던 그곳의 이야기를 들을 수 있다.

상설전시 외에도 특별전시전도 진행된다. 2018년에는 '전쟁에서 남은 것은 무엇인가?', '1918: 뫼즈 전투에 참가한 프랑스군, 독일군, 미국군' 등의 전시가 기획되어 전쟁의 참상을 보여주는 한편 이로 인한 피해가 패전국뿐만 아니라 승전국에도 미쳤음을 강조했다.

2. 프랑스의 일방적 기억에서 승전국과 패전국의 공동의 기억으로

개관한 지 40년이 다 되어가던 2010년대, 박물관을 리노베이션해야 할 필요성이 커졌다. 기념관 건립 사업에 참여했던 참전군인들이 모두 사망한 데다가 새로운 세대에게 1차 세계대전에 대해 설명하기 위해서는 새로운 기술과 전시 구상이 필요하기 때문이었다. 또 노후된 기념관 시설뿐 아니라 부족한 독창성, 박물관 자체의 콘셉트로 인해 제한적인 발전에 머물렀다는 비판이 제기되었다(Anglaret 2014). 2013년 9월부터 베르됭기념관은 대대적인 확장공사와 리노베이션 작업에 들어갔다. 2016년 2월 21일 재개장한 기념관은 교육적인 정보와 감동을 함께 줄 수 있도록 전시실 구성에 변화를 주었다.

2006년에 신설된 프랑스, 독일, 미국, 영국 연구자들의 학술위원회가 주도한 리노베이션은 큰 의미가 있었다. 현장성을 살리기 위해 전투 현장에 지은 박물관이라는 콘셉트를 유지하는 것과, 1967년에 창설되었을 때처럼 예전 참전군인들이 참여해야 한다는 것이 그러했다. 특기할 만한 사실은 베르됭기념관이 1967년에 설립되었을 때만 해도 1차 세계대전에 대한 프랑스의 입장만을 내세웠는데, 2016년에 새로 개관했을 때에는 프랑스와 독일의 시각을 모두 고려해 전시장을 재구성한 것이다.

베르됭기념관의 획기적인 콘셉트 수정은 2006년 프랑스와 독일의 새로운 화해 결정에 따른 것이었다. 2006년 5월 4일, 프랑스와 독일의 문화부장관이 역사적인 발표를 했다. 세계 역사상 최초로 양국의 고등학교 역사교과서를 공동 제작한다는 계획이었다. 필진은 프랑스와 독일의 역사학자로 구성되었으며, 양국의 언어로 동시에 출간되었다. 양국의 국가수반 모두 공동 교과서가 "양국의 더 친밀하고 긍정적인 관계" 개선을 보여주는 모범적인 사례가 될 것이라고 자찬했다. 프랑스는 공동 역사교과서 집필이 "프랑스와 독일 간 화해를 다짐하는 상징적인" 일이라며 높이 평가했다.

베르됭기념관의 변화는 2000년대 들어 프랑스와 독일의 관계가 더욱 돈독해진 것과 맥을 같이한다. 베르됭기념관은 2013년 9월, 확장과 신축

베르됭기념관 전경.

공사를 위해 문을 닫았다. 약 3년 반 동안 1250만 유로가 공사비로 투입되었는데, 이 중 90퍼센트가 공적자금으로 구성될 정도로 국가적 지원이 중요한 역할을 했다. 프랑스 정부의 역사에 대한 새로운 시각을 반영한 베르됭기념관은 리노베이션 공사 기간 동안 기념관 전시품들을 베르됭에 위치한 세계평화센터Centre mondial de la paix에 보관했다. 그 기간 동안 전시품들을 활용해 "전쟁에서 남은 것은 무엇인가?"라는 전시회를 진행했는데 주요 메시지는 프랑스의 승리가 아니라 전쟁은 프랑스와 독일, 즉 승전국과 패전국 모두에게 상처를 남겼다는 것이었다. 2016년 재개관식 때 올랑드 프랑스 대통령과 메르켈 독일 총리가 나란히 참석한 것도 이러한 의미에서였다.

베르됭기념관 리노베이션을 통한 프랑스와 독일 역사의 재해석은 건물 구조에서도 구체적으로 나타난다. 새로운 기념관은 1900제곱미터가 추가되었다. 기념관 옥상에 600제곱미터의 테라스와 기념관 좌우에 345제곱미터의 구조물, 주차장 부근에 700제곱미터의 안내소가 새로 들어섰다. 특히 옥상 테라스에서는 전쟁터였던 베르됭 부근을 바라보면서 전쟁의 상흔은 프랑스뿐 아니라 독일에도 힘든 경험이었음을 강조한다.

교육 시설 역시 새로이 신설되었는데 이는 세계대전, 특히 베르됭 전투에 대해 잘 알지 못하는 새로운 세대를 겨냥한 것이었다. 베르됭 전투와 1차 세계대전에 대해 초등학생, 중학생, 고등학생 등 연령별로 학습할 수 있도록 구분했으며, 음향 효과를 갖춘 시설이나 동영상, 사진, 증언 녹취록을 통해 베르됭 전투를 쉽게 이해할 수 있도록 했다. 베르됭기념관에는 매년 20만 명의 관람객이 방문하며, 모든 전시물은 프랑스어와 영어, 독일어로 설명된다.

캉-노르망디기념관 :
평화를 지향하는 2차 세계대전 기념관

1. 노르망디 상륙작전에 대한 새로운 기억

2차 세계대전에서 가장 유명한 작전은 노르망디 상륙작전이다. 나치에 점령당한 프랑스 등 서유럽의 해방을 위해 시작된 노르망디 상륙작전과 전투는 역사상 가장 규모가 큰 상륙작전이었으며, 2차 세계대전 중 가장 치열한 전투였다. 1944년 6월 6일, 프랑스 노르망디 지방의 5개 해안가에 미국, 영국, 캐나다, 프랑스 연합군이 상륙작전을 펼쳤다.

유명한 작전명 D-데이로 시작된 상륙작전 당시, 총 15만 6000여 명의 군인과 1213척의 전함, 736척의 지원 선박, 864척의 화물선, 4126척의 상륙용 주정과 전차, 2만여 대의 차량이 동원되었다. 유타, 오마하, 골드, 주노, 스워드 등 5개 구역으로 나뉜 노르망디 해변에 도착한 연합군은 6월 6일부터 7월 19일까지 독일군과 치열한 교전을 벌였다. 투입된 병력은 지속적으로 증가하여 연합군은 6월 11일 100만 명에서 독일에게 승리를 거둔 뒤인 8월 말에는 280만여 명으로 늘어났다. 희생자 수 역시 많았다. 연합군은 육해공군을 합쳐 약 35만 명, 독일군은 약 20만 명의 사상자가 발생했다. 공기를 넣어 부풀린 전차가 등장하고, 독일의 통신망을 교란할 정도로 극비리에 실시되었던 노르망디 상륙작전과 뒤이어 벌어진 노르망디 전투는 나중에 많은 영화와 소설로 재현되었다.

캉-노르망디기념관은 프랑스 및 서유럽 국가들을 해방시킨 노르망디 상륙작전을 기념하기 위해 건립되었다. 1969년 캉 시장이었던 장-마리 지로가 기념관 건립을 구상한 뒤 여러 논의를 거치는 등 긴 준비 작업에 들어갔다. 그리고 1986년부터 2년간의 공사 끝에 1988년 6월 6일에 개관했다. 독일 나치에 대한 연합군의 승리를 상징하는 캉-노르망디기념관 개관식에는 프랑수아 미테랑 프랑스 대통령 외에도 11개국 정상들이 참석해 이 기념관의 역사적 · 정치적 의의를 보여주었다. 이후 2차 세계대전을 종결시킨 노르망디 상륙작전에 관한 이 기념관은 학생 단체 관람객

1944년 6월 6일. 노르망디에 상륙하는 영국군.

등 많은 사람들이 즐겨 찾는 곳이 되었다.

사실 노르망디 상륙작전과 전투를 기념하는 기념관은 캉-노르망디기념관만이 아니다. 베유에 위치한 노르망디전투기념박물관, 마로망슈-레-벵에 있는 상륙박물관, 팔레즈에 있는 전쟁시민기념관, 두브르-라-벨리브랑스에 위치한 레이더1944박물관 등이 모두 노르망디 상륙작전과 전투를 기념하는 박물관이다. 그중 캉에 위치한 캉-노르망디기념관은 여러모로 가장 중요한 곳이다. 일단 노르망디 상륙작전 및 전투 관련 기념관과 박물관 가운데 규모가 가장 크고 전시물도 가장 풍부하다. 더불어 기념관이 있는 캉이라는 도시는 연합군이 다섯 개 해변으로 상륙한 뒤 프랑스 내륙으로 진격하기 전에 집결했던 곳이다.

캉-노르망디기념관도 베르됭기념관처럼 리노베이션을 거치면서 전시 콘셉트에 변화를 주었다. 2000년대 들어서며 노후화된 시설과 변화된 시대상을 반영하지 못하는 역사관에 대한 비판이 제기되었기 때문이다(La Croix 2010). 2006년 이후 캉-노르망디기념관의 변화는 예산과도 관계가 있다. 베르됭기념관의 리노베이션은 국가 지원으로 진행되어 국가의 역사적 시각이 대폭 반영되었으나, 캉-노르망디기념관은 2006년 이후 국가와 지자체 등 공공기관의 지원을 받는 혼합경제법인으로 바뀌면서 국가와 함께 국가의 영향력이 상대적으로 제한되었다. 이 기념관의 관장은 조엘 브뤼노 캉 시장, 스테판 그리말디 총책임자가 공동으로 맡고 있다는 점에서도 그 특징을 찾아볼 수 있다.

리노베이션의 필요성 제기와 공공기관의 예산 지원으로 캉-노르망디기념관은 두 번의 리노베이션 작업을 진행했다. 2002년에는 2차 세계대전 외 냉전시대에 관한 전시실을 새로 열었다. 전쟁을 경험하지 못한 세대에게 양차 세계대전 외에도 냉전이 시작된 이유와 종결된 사건들에 대해 설명하기 위해서였다.

2009년과 2010년에는 두 번째 리노베이션이 실시되었다. 2차 세계대전과 관련해 '세계대전, 총력전'과 '노르망디 상륙작전과 전투' 전시실이 문을 열었으며, 냉전시대에 관해서는 '베를린, 냉전의 중심' 전시실이 새로 생겼다. 캉-노르망디기념관의 두 번째 변화는 베르됭기념관이 변모한 이유와 맥을 같이한다. 2006년에 구성된 학술위원회가 리노베이션을 주도하여 독일의 전시품을 함께 전시하는 등 독일의 시각을 반영하고, 홀로코스트에 좀 더 초점을 맞추었다. 기념관은 노르망디나 프랑스뿐 아니라 독일 및 세계를 반영하기 위해 2011년부터 매년 1월 인권을 주제로 한 국제변호대회, 고등학생변호대회, 변호사지망생변호대회 등을 개최하여 현직 변호사 및 변호사 지망생들에게 인권보호의 중요성을 일깨워주고 있다.

2010년까지만 해도 상설전시와 특별전시는 연합군이 2차 세계대전과 노르망디 상륙작전에서 획득한 승리나 연합군 쪽의 피해를 강조했으나 새로 개관한 박물관에서는 프랑스, 미국, 영국 군인들의 소지품이나 무기 뿐 아니라 독일군의 물품도 전시했다. 그러나 캉-노르망디기념관의 콘셉트 변화는 제한적이었으며 베르됭기념관처럼 큰 변화가 있었던 것으로 보이지 않는다. 변화가 제한적이었던 까닭은 베르됭기념관은 프랑스의 피해가 상대적으로 적었던 1차 세계대전에 관한 것인 반면, 캉-노르망디 기념관은 1940년 6월 22일 파리가 나치에 함락당하고, 1940년부터 1944년까지 비시 괴뢰정부가 수립되는 등 프랑스가 큰 위기를 겪었던 2차 세계대전에 관한 것이기 때문이었다. 캉-노르망디기념관의 콘셉트 변화가 제한적일 수밖에 없었던 것도 독일에 의한 점령 시기에서 독일과의 화해로 나아가기에는 무리가 있었으며 예산도 국가와 민간부문의 공동 재원 마련으로 형성되었던 만큼 아직 독일에 대한 적개심이 남아 있는 민간부문의 의견을 반영하지 않을 수 없었을 것이다.

2. 파리 지역 외 최대 관람객을 불러모은 박물관

캉-노르망디기념관은 외관부터 독특한 면이 있다. 기념관 입구 앞 광장에는 노르망디 전투에 참여했던 12개국의 국기가 게양되어 노르망디 상륙작전과 전투에 참여한 국가들을 기린다. 다른 한편에는 유리창 안에 12개의 돌이 놓여 있는데, 이는 12개국에서 직접 공수한 초석으로 12개국의 노르망디 전투 참여가 캉-노르망디기념관과 더 나아가 오늘날의 프랑스와 서유럽, 그리고 세계를 만들었음을 상징한다. 이 중 노르웨이에서 공수된 초석은 특히 눈에 띄는데, 다른 국가에서 온 초석은 보기 좋게 다듬어진 반면 노르웨이의 초석은 캐낸 상태 그대로이기 때문이다. 이는 생명에 대한 절대존중을 표하기 위한 것이다.

캉-노르망디기념관의 목적은 나치로부터 유럽이 해방된 것을 기념하는 데 있다. 전시관 테마를 '평화'로 정한 것도 이러한 이유에서다. 기념관은 1919년 베르사유조약으로 시작하여 1989년의 베를린 장벽 붕괴로 끝난다. 전시실은 1945년을 기점으로 '1945년 이전의 세계'와 '1945년 이후의 세계'로 구분하고, 1944년 노르망디 상륙작전 및 전투와 유럽 해방을 그 분수령으로 간주하여 전시실을 새로 개관했다.

'1945년 이전의 세계' 전시실은 2차 세계대전의 시작부터 종결까지를 보여준다. 세부 전시실로는 2차 세계대전의 원인과 참상에 관한 '평화에 대한 실패', '1939년 8월부터 1940년 5월까지의 이상한 전쟁', 프랑스 함락 후 프랑스인들의 일상생활을 보여주는 '프랑스의 암흑시대', 1941년 독일의 러시아 침공부터 2차 세계대전을 조망하는 '세계대전, 총력전', 유대인 학살에 관한 '대량학살과 폭력, 유럽에서 유대인 말살', 수용소에 끌려갔던 프랑스인의 의복 등을 보여주는 '총력전', '전쟁에 맞선 사회', '회복과 해방', '전쟁으로 인한 손실과 종전', '노르망디 상륙작전과 전투'가 있다.

두 번째, '1945년 이후의 세계'는 1945년부터 1989년까지, 즉 2차 세계대전이 종전 이후에 미친 영향을 소개한다. 프랑스 박물관에서 세계대전과 냉전을 연결시켜 관람객들로 하여금 장기간에 걸친 시각을 갖게 하는 곳은 이 기념관이 유일하다. 세부 전시실로는 팝콘 기계와 공산당 카드 등 서방과 공산주의 진영의 물품을 대비시킨 '이념의 대결', 쿠바 미사일

노르망디 상륙작전과 전투를 기념하기 위해 건립된 캉–노르망디기념관.

위기 등 '냉전의 위기', '공포의 균형', 냉전의 상징이었던 베를린 분단에 관한 '냉전 중 베를린'이 있다. 캉–노르망디기념관 외부에는 숲이 펼쳐져 있으며 미국, 영국, 캐나다 군인들을 기리는 기념비가 세워졌다.

상설전시 외에 특별전시도 진행된다. 대표적인 전시로 '노르망디 전투에 관한 100가지 물건과 전쟁의 장면'(2014), '전쟁의 인간화?'(2015), '살인에 관한 그림–반유대주의의 경향'(2016)을 들 수 있다.

캉–노르망디기념관은 파리 지역을 제외하면 프랑스에서 관람객이 가장 많은 곳 중 하나다. 특히 2007년에는 파리와 파리 부근 외 박물관으로는 가장 많은 방문객이 찾은 곳으로, 2007년 한 해 동안 40만 명이 방문했다. 베르됭기념관은 캉–노르망디기념관보다 규모가 작지만 2017년 기준 70만여 명이 방문했을 정도로 중요한 박물관으로 꼽힌다(France 3 2017). 기념관의 전시품 역시 취득과 기부 등으로 매년 늘어나는 추세다. 특히 프랑스 레지스탕스, 강제이주, 정치적 선전, 최전선 군인의 일상생활 물품에 대한 관심이 높다. 차후 식민지 국가의 해방에 관한 전시실도 포함되어 2차 세계대전이 유럽 등 서구 국가뿐 아니라 제3세계에 미친 영향까지 조망할 계획이다. 캉-노르망디기념관은 2002년 '프랑스 박물관 musée de France'이라는 호칭을 획득했으며, 국제평화박물관네트워킹의 회원이 되었다.[*]

심성은

---

[*] 평화박물관 목록은 다음 링크를 참조. https://www.inmp.net/?s=caen.

나치 범죄를 기억하는 두 가지 방식

— '유럽에서 학살된 유대인을 위한 추모비'와
자료 박물관 '테러의 지형도'

유럽에서 학살된 유대인을 위한 추모비

1989년   추모비 건립을 위한 성명서 게재

1992년   독일 연방 정부의 추모비 건립 약속

1997년   2차 디자인 공모와 피터 아이젠만의 설계안 선정

1998년   정보센터 건립 결정

1999년   독일 연방정부의 재구성과 추모비 건립안에 대한 재신임

2000년   추모비 건립을 위한 재단 창설과 시공

2005년   완공

테러의 지형도

1933년   프린츠 알브레히트 거리 8번지(현재 니더키르히너 거리 8) 게슈타포 본부가 들어섬

1934년   그 옆 9번지 건물로 SS사령부 이전해옴(전신 프린츠 알브레히트 호텔)

1939년   매우 가까운 건물로(빌헬름 거리 102) 제국안전본부가 이주해 들어옴

1945년   연합군의 폭격으로 폐허

1950년대 중반   철거

1983년   나치사령부 건물 일대를 일명 '게슈타포 구역'으로 총괄, '행동하는 박물관 연합—파시즘과 저항' 조직

1987년   '테러의 지형도' 옥외전시회 개최

1992년   상설 옥외전시회와 자료관 건립을 위한 재단 조직

2005년   우어줄라 빌름스와 하인츠 할만의 자료관 설계 선정

2010년   완공

새로운 독일의 정체성과 홀로코스트 추모비

1990년 독일 통일은 독일 역사에서뿐만 아니라 세계 역사에서도 매우 중요한 사건이다. 과거 하나였던 독일은 '더' 강력한 국가를 꿈꾼 나머지 두 번에 걸쳐 세계대전을 일으킨 전례가 있기 때문이다. 따라서 독일이 다시 한 번 '거대한 독일'의 꿈을 꾸지 않을까, 하는 서방의 우려 속에서 통일된 독일은 우선 자신의 정체성이 무엇인지 입증해야 하는 과제를 떠안게 되었다. 그것은 무엇보다 제3제국의 꿈을 꾸었던 히틀러의 독일과는 다른 모습이어야 했다. 이러한 대외적 요청 속에서 헬무트 콜 정부는 통일 이전에 이미 베를린의 시민단체가 제안했던 홀로코스트 추모 조형물 건립에 대해 지지 의사를 표명하게 된다. 물론 레아 로시가 이끄는 시민단체의 요청은 나치 홀로코스트가 전 유럽의 유대인을 절멸시키고자 했던 만큼 '엄청난 범죄에 대한 자백'으로서 유럽에서 희생된 모든 유대인들을 추모하는 '기념비적인' 조형물(모뉴멘트)을 세워야 한다는 것이었지만, 콜 정부는 이런 요청을 국가적인 공식적 기억 작업의 일환으로 수용함으로써 새로운 하나의 독일이 여전히 나치 독일의 만행을 기억하고 반성하고 있음을 '보여줄' 수 있는 기회로 수용한 것이다.

레아 로시가 이끄는 '베를린 관점'이라는 시민단체와 연방정부, 베를린 시의회, 기억문화 연구자들 및 관련 정치인들이 공동으로 참여하여, 홀로코스트 추모 조형물을 건립하기 위해 공론의 장을 마련했다. 그러나 장소의 문제부터 추모 조형물의 규모, 그 형식에 이르기까지 일대 격론이 벌어지게 된다. 가령 장소 문제만 하더라도 주창자였던 레아 로시는 과거 나치사령부가 있었던 게슈타포 구역을 지목했지만, 이는 곧 나치

공중에서 촬영한 홀로코스트 추모비.

테러의 역사를 밝히고자 하는 또 다른 기억 운동 '테러의 지형도'에 의해
거부당하게 된다. 시민단체는 대안적 장소로서 통일 독일의 수도 중심부
과거 히틀러 수상처가 있던 자리 인근의 '정부처 정원' 터를 지목하였고
〔분단 시절에는 일명 '죽음의 지대'로서 무인지대였다〕 1992년 연방정부가 이를
승인함으로써 전 독일이 격론에 빠져들게 된 것이다. 이 터는 베를린의
오랜 역사적 도심이자 통일 독일의 정체성을 보여주는 수도 도심이었기
때문이다.

추모비 설립 장소의 의미가 다층적이고 중요했던 만큼 추모비의 형식
의 문제 또한 전 국민의 주목을 받게 된다. 프로젝트의 추진자로 권한을
이양 받은 연방정부와 베를린시는 두 번에 걸쳐 세계적인 예술가들을 초
청하여 홀로코스트에 대한 독일인의 기억을 담아낼 수 있는 '기념물'의
디자인을 공모하게 된다. 이로써 과연 가해자의 나라에 '기념비적인' 조
형물이 합당한가를 둘러싸고 시민단체, 정부, 기억문화 전문가들의 찬반
이 엇갈리게 된 것이다. 통일 직전에 시작된 논의는 거의 10년 동안 합의
점을 찾지 못하다가 마침내 1997년 건축가 피터 아이젠만의 기획안이 위
원회와 연방정부의 동의를 얻게 되었다. 그리고 아이젠만의 추상적 조형
물을 보완하는 의미에서 지하에는 '정보센터Ort der Information'를 마련하기

기울어진 바닥의 추모비
중앙부.

로 했다. 1999년 마침내 독일연방의회는 아이젠만의 설계로 베를린의 한
가운데 일명 '정부지구'에 '유럽에서 학살된 유대인을 위한 추모 조형물
Denkmal für die Ermordeten Juden Europas'를 짓기로 의결한다.

　그리고 2004년 12월 15일 베를린의 도심 한가운데, 수도의 역사적 정체
성을 상징하는 제국의사당과 브란덴부르크 문 바로 옆에 1만 9000제곱미
터의 오픈스페이스에 높낮이가 다른 2711개의 콘크리트로 된 잿빛 석관
모양의 직사각형 조형물이 아무런 표지 없이 세워졌다. 이 추모 조형물은

어느 측면에서 접근하든 중앙으로 갈수록 지반이 깊어지고 콘크리트 관이 높아져, 마치 거대한 콘크리트 묘지 속으로 들어가는 느낌을 준다.

앞서 언급한 것처럼 이 추모 조형물은 건립되기 이전부터 위치와 규모, 형식을 둘러싸고 많은 논란을 불러일으켰다. 그동안 유대인 추모시설들은 (아우슈비츠수용소박물관, 부헨발트강제수용소박물관, 작센하우젠수용소 등) 대개 나치의 강제수용소 현장에 세워졌고, 구체적인 물증으로 나치의 악행을 고발하고 희생자들의 고통과 죽음을 형상화해왔다. 그런데 이 베를린의 홀로코스트 '추모비'는 유대인 박해가 일어났던 장소가 아니라 독일과 프로이센의 수도로서 750년 넘게 역사적 정체성을 유지해온 베를린의 한가운데에 세워졌다. 이 때문에 마르틴 발저와 같은 독일의 문호는 "축구장 크기의 악몽", "치욕의 기념비"를 전시했다고 비난하는가 하면 홀로코스트의 사실성도 기억의 진정성도 보존되지 못하는 전시물은 유대인 희생자를 위한 것이 아니라 "독일인의 기억을 위한" 조형물(이그나츠 부비스)이라는 비난이 쏟아지기도 했다.

그러나 연방의회는 통일 독일 수도의 역사적이고 문화적인 중심부에 대규모의 돌무덤과 같은 추모 조형물을 세움으로써 전 세계에 그들 스스로 자초한 서구 문명의 파국과 단절을 상징적으로 질료화하는 동시에 독일이 저지른 일을 잊지 않겠다는 기억에의 의지를 다시 한 번 국내외에 알리게 되었다. 이로써 독일 통일로 인해 불안해하는 이웃나라들의 우려를 불식시키고 독일의 위상을 높이는 등 중요한 '정치적인' 역할을 하게 되었다. 나아가 유럽과 러시아 등지에 흩어져 있는 홀로코스트 추모물을 '총괄'하는 센터의 의미도 부여되었다. 또한 이 추모비가 도심 한가운데 오픈스페이스에 자리 잡고 있기 때문에 주로 도시 외곽에 위치한 어둡고 숙연한 홀로코스트 추모 장소가 아니라, "누구나 가보고 싶은 곳"(게르하르트 슈뢰더), 베를린 도시민의 일상 속에서 홀로코스트를 기억하는 장소로서 의미를 지니게 되었다. 무엇보다 이 전시물은 독일인이 더 이상 나치의 범죄를 억압하거나 은폐하지 않고 오늘날의 현실 속에서 직시하고 애도할 수 있음을 보여준다는 점에서 의의가 있다.

이 추모 조형물은 형식적인 면에서도 매우 이례적이다. 홀로코스트를 상징하는 어떤 구체적인 표현도, 유대인 희생자들을 특정하는 어떤 표식도 없이 서로 다른 높낮이의, 짙은 회색으로 통일된 직사각형 콘크리트 석관을 나열했기 때문이다. 그러나 짙은 회색이 유대인의 잿빛 머리칼을 상징한다고 보았을 때, 이 조형물의 형식은 유대인의 집단적 고통과 죽음을 간략하고도 미니멀하게 드러낸 추상적 표현의 경지를 보여준다고 할 수 있다.

혹자는 이 같은 추모 조형물 형식을 두고 홀로코스트의 끔찍함을 사실적으로 전달하지 못한다, 진정성이 없다고 비판하기도 하지만, 서로 다른 높낮이의 콘크리트 조형물 사이의 좁은 길을 걷다 보면, 방문객은 생각지도 못하게 바닥이 점점 더 꺼지고 자기 키보다 더 높이 올라오는 짙은 회색의 벽면에 에워싸이는 경험을 하게 되고 출구를 찾지 못할 것 같은 막연한 두려움과 불안감에 서서히 압도당하게 된다. 이런 느낌은 자연스럽게 삶을 향한 어떤 출구도 없이 어두운 강제수용소에 갇혀 있었던 유대인들의 심정을 떠오르게 할 것이다. 이처럼 이 추모 조형물은 홀로코스트를 직접 지시하지는 않지만 석관들 사이를 걷다 보면 잠깐이라도 희생자의 공포를 직접 체험하게 하는 '새로운 기억 형식'을 제공한다.

이것은 바로 건축가 아이젠만이 의도한 바이기도 하다. 그는 기획에 앞서 "홀로코스트라는 끔찍한 사건을 어떻게 미적 형식에 담아낼 수 있을까" 하고 고민했다고 한다. "홀로코스트의 규모와 기준은 전통적 수단으로 그것을 재현하려는 모든 시도를 불가피하게 출구 없는 것으로 만든다. 우리의 추모물은 노스탤지어와는 명확히 구분되는 새로운 기억의 이념을 전개시키고자 한다." 그리고 그는 거대한 침묵의 형식으로 그에 대해 답하고자 했던 것이다.

이 추모물 자체는 통일 독일의 수도 한가운데에 누워 아무 말도 하지 않지만, 표지 없이 누운 석관들 사이를 오가다 보면 독일을 넘어서 '유럽에서 학살된 유대인들', 그리고 그로 인해 초래된 유럽 문화의 공백을 기억하는 각자의 길을 만들 수 있기 때문이다. 그것은 기억하라는 요청에 따른 해답은 아니지만, 분명 '계속 진행 중인 기억의 과정'(제임스 영)을 보여준다고 할 수 있다.

기억하고 싶지 않은 과거를 기억하기 : 테러의 지형도(1987~2010)

이 홀로코스트 추모 조형물이 전시된 장소에서 얼마 떨어지지 않은 곳에 통일 독일의 정체성과 관련하여 또 하나의 주목할 만한 사료전시관 '테러의 지형도'가 2010년에 문을 열었다. 앞서 말한 홀로코스트 추모 조형물이 나치 독일의 범죄에 대한 책임으로서 기억해야만 하는 사건을 기억하기 위한 형식이라면, 이 테러의 지형도 자료관은 독일로서는 '기억하고 싶지 않은' 과거, 히틀러와 그의 수뇌부에 의해 자행된 폭력의 역사를 지

2010년에 완공된 테러의 지형도와 옥외전시관.

형학적으로 기억하기 위해 마련된 전시관이다. 더 정확히 말하면 나치가 '테러와 고문, 살해'의 시스템을 조직하고 실행한 장소를 밝히고 그에 대한 정보를 제공하는 시설물이라고 할 수 있다. 따라서 테러의 지형도 자료관은 우선 1933년에서 1945년 사이 나치 테러의 주요 감시기관들이 위치했던 건물 터를 모두 포괄한다. 구체적으로 이곳은 히틀러의 비밀경찰 게슈타포 사령부, 나치 돌격대 및 친위대 본부, 제국안전본부 건물이 있던 터를 말한다. 여기에 지난 20여 년 동안의 발굴 작업에서 발견된 게슈타포 본부 건물 외벽 200미터와 게슈타포의 지하감옥 바닥, 지하식당 터도 전시유물에 포함된다. 바로 이 터 위에 새로 지어진 자료관에서 나치 기관들이 자행한 폭력의 역사를 보여주는 방대한 자료들이 전시되고 있는 것이다.

상설전시회 테러의 지형도 내부.

앞의 사진에서 볼 수 있듯이 가운데가 비어 있는 육면체의 나지막한 2층 건물이 자료 박물관이다. 이 건물을 중심으로 좌우 앞뒤의 빈터가 바로 나치사령부 기관들이 소재했던 곳이다. 전체 면적 4만 5700제곱미터의 방대한 부지에 자료관 건물만 800제곱미터이며 자료관 건축비는 1500만 유로, 오랫동안 황폐해진 외부 '터'를 정비하고 내부 시설을 마련하는데 500만~900만 유로가 투입되었다고 한다.

이 대규모 시설물에서 제공되는 전시는 크게 세 가지로 구성된다. 우선 외부의 빈터로 보이는 부지는 일종의 옥외전시관이라고 할 수 있는데, 그동안 발굴된 건물 잔해를 중심으로 15개의 정거장을 두어 테러 기관의 전체 지형을 조망할 수 있도록 제공된다. 자료관 내부에는 상설전시 '테러의 지형도. 빌헬름 거리와 프린츠 알브레히트 거리의 게슈타포, 나치친위대. 제국안전본부'가 열리고 있고, 여름에는 니더키르히너 거리를 따라 남아 있는 베를린 장벽 아래에서 발굴된 게슈타포 건물 외벽 터에서 옥외 전시회 '베를린 1933~1945. 프로파간다와 테러 사이에서'가 개최된다.

상설전시 '테러의 지형도. 빌헬름 거리와 프린츠 알브레히트 거리의 게슈타포, 나치친위대, 제국안전본부'는 크게 다섯 부분으로 나누어, 나치 테러의 조직과 정체, 범죄의 내용을 상세히 규명하고 있다. 나치가 권력을 장악하자마자 국가적 규모의 테러 시스템을 조직한 과정과 범죄에 동원된 수단, 독일 내에서뿐만 아니라 유럽의 점령국에서 자행했던 잔혹한 범죄와 학살 등을 도큐멘테이션 형식으로 보여주고 있다.

전시 내용

나치는 1933년에 권력을 장악하자 민주주의를 파괴하고 새로운 폭력적 질서를 구축했다. 이때 나치돌격대(SA)와 친위대(SS) 조직은 시민들에게 공포를 퍼뜨림으로써 히틀러 정권을 가동시킨 가장 큰 조력자였다. 이들은 총기를 소지할 수 있었고 '불순분자'로 보이는 시민을 향해 '의도적으로' 공공장소에서 폭력을 행사함으로써 효과적으로 공포를 퍼뜨렸으며, 이들의 폭력과 불심검문 및 연행은 '보호구금Schutzhaft'이라는 조치*에 따라 합법적으로 자행되었다(마치 유신헌법의 긴급조치를 연상시킨다). 나치주의자들의 조직적 폭력은 유럽의 유대인뿐만 아니라 정치적 저항세력, 성소

---

* 나라와 민족의 안위를 보호하기 위해 위험이 되는 자들을 구금한다는 요지.

수자, 사회 부적응자, 외국인
노동자들을 향했다. 이들은 나
치정권의 이념을 따르지 않는
다는 이유로, 또 나치가 제시
한 표준 인간형에 부합하지 않
는다는 이유로 '국가의 적'으
로 간주되었고 (게슈타포 사령부
건물 내에 있던) 지하감옥에 구
금되었을 뿐만 아니라 가혹한
고문을 당했다. "순간적으로
입이 틀어막혔고 얼굴을 강타
당했다. 가슴과 등에는 채찍질
이 쏟아졌다." 실제로 게슈타
포와 친위대 사령부 건물에는
고문실도 있었다고 한다.

나치가 국가의 적으로 규정하고 구금한 정치범들.

러시아 저항군의 처형 장면을 구경하고 있는 친위대 소
속 독일 군인들.

독일 내에서 자행되던 '합법
적인' 폭력은 곧 히틀러의 독
일에 의해 점령된 폴란드와 소
련으로, 또 서유럽에서 동유럽
으로 퍼져갔고 점점 더 잔인무
도해졌다. 소비에트연방의 한

독일군이 점령한 소련 지역에서 자행된 민간인 학살.

지역에서 자행된 민간인 학살을 보여주는 사진은 방아쇠를 당기기 직전
에 웃고 있는 독일군의 모습을 보여줌으로써 그 자체로 인간 안에 내재한

파시즘적 폭력의 야만성을 폭로하고 있다.

어떻게 이렇게 끔찍한 일이 오랜 독일의 수도 베를린의 한가운데, 그것도 포츠다머플라츠와 안할터반호프 사이 정치적·문화적으로 유서 깊은 이곳에서 조직되고 자행될 수 있었을까?

베를린 시내의 빌헬름 거리와 프린츠 알브레히트 거리에 있는 프린츠 알브레히트 호텔과 궁전 및 인접한 주거건물에 1934년 이후부터 각각 나치친위대와 돌격대 사령부, 제국안전본부가 들어섰고, 바로 옆 공예박물관에는 나치 비밀경찰 본부가 설치되었다. 바로 이곳에서 나치는 자국민뿐만 아니라 유럽의 반나치 저항단체에 대해 국가적 테러를 조직했다. 한 국가의 공식적인 중앙정부 기구가 자리한 곳에서 멀지 않은 곳에 국가를 위한다는 미명 아래 억압과 박해, 절멸의 파시즘 정치가 이루어졌고, 그런 정치가 독일을 넘어서 전 유럽으로 퍼져나간 것이다.

그런 의미에서 이곳은 독일 역사뿐만 아니라 유럽 역사에도 테러를 가한 장소라고 할 수 있으며, 파시즘의 물리적 흔적을 간직한 중요한 장소라고 할 수 있다. 그리고 이 자료전시관은 바로 독일과 유럽을 파국으로 몰고 간 '역사적' 장소를 드러내고 파국의 역사를 낱낱이 기록한 전시관이라고 할 수 있다. 실로 이 자료관에서 처음으로 접하게 된 나치 조직의 주도면밀함과 테러 대상의 광범위함에 놀라지 않을 수 없다.

다른 한편으로 이 같은 대규모의 자료전시관이 통일 독일의 수도이자 새로운 정부 청사가 들어선 구역에서 멀지 않은 곳에 설립되었다는 점은 주목할 만하다. 왜냐하면 오늘날 유럽연합에서 중추적 역할을 맡고 있는 독일은 당시 조직적으로 이루어졌던 이 테러의 시스템을 밝힘으로써 자신들이 과거 유럽 역사에 테러를 가한 가해자였음을 공공연하게 밝히고

있기 때문이다. 실제로 1987년에 처음으로 개최된 전시 '테러의 지형도'
는 오랫동안 망각되었던 이 장소의 '역사적 의미'를 드러내고, 나치즘에
동조했던 독일인들의 과거를 다시금 인식하도록 하는 데 결정적인 역할
을 했다.

　특히 인근의 홀로코스트 추모 조형물에 대한 기억의 대응물로서 무수
한 희생자들을 만들어낸 나치 독일의 구조적 실체를 폭로하고 있다. 이로
써 두 조형물은 통일 독일의 한가운데 나치 범죄에 대한 기억의 장소들
을 완성함과 더불어 국가적 차원의 공적 기억의 문제, 독일의 젊은 세대
가 나치 독일을 기억하고 역사적 책임을 인정하는 윤리적 문제에 대한 적
절한 답을 내놓고 있다고 할 수 있다. 그러나 다른 한편으로는 20세기 말
~21세기 초 '기념비적인 조형물'을 통해 한 시대를 기억하는 고전적인
방식을 선보임으로써 국가적 · 국제적 차원에서 홀로코스트 투어리즘을
만들어내고 있다는 비판 또한 피할 수 없게 되었다.

전시의 역사

나치사령부 건물들은 2차 세계대전 때 연합군의 폭격으로 파괴되었고,
남아 있던 건물의 잔해는 1956년에 대부분 철거되었다. 1961년에는 이
장소를 가로질러 동서 분단의 장벽이 세워지고 일부가 동서독의 군사경
계지역, 일명 '무인지대No man's Land'에 귀속되면서 황폐화되기 시작했고
점차 이 장소는 독일인의 기억에서 잊혀갔다(물론 이 게슈타포 본부에 끌려갔
다 다행히 살아남은 베르톨트 브레히트 같은 시인은 이 장소를 보존해야 한다고 주장

했지만 당시 연합군은 무관심했고 패전의 트라우마에 시달렸던 독일인들은 이 장소를 기억에서 지우고 싶었을 것이다).

그러다 이 '터'의 의미는 1970년대 말 서베를린에서 국제건축박람회 (IBA)를 준비하면서 베를린 도시비평가 디터 호프만–악스트헬름Dieter Hoffmann-Axthelm 에 의해 주목받았다. 이어서 서쪽 장벽 바로 옆에 있던 제국안전본부 건물 지하 부지가 발견되었다. 이후 1980년대부터는 시민단체가 조직되어 이 끔찍한 역사의 '터' 위에 '파시즘의 희생자를 위한 추모비'를 세울 것을 요청했다. 이때부터 이 황폐한 장벽 터로 여겨지던 이 장소가 어떤 곳이었는지 시민사회에 알려지면서 베를린 시민들은 이곳을 '게슈타포 구역'이라고 부르게 되었다.

실제로 쓰레기로 뒤덮이고 황폐해진 장벽 서쪽 부지에 나치 테러 본부 건물 터가 발굴되고 이 자료관이 들어서기까지는 시민사회의 역할이 매우 컸다. 1983년에는 '행동하는 박물관 연합―파시즘과 저항'이 조직되었으며,* 이들은 추모비 대신 더 '능동적인 박물관ein aktives Museum'을 지을 것을 요청했다. 이 모임의 활동이 언론을 통해 계속 조명되면서 여론의 폭넓은 지지를 받게 되었고, 서베를린 의회는 1987년에 베를린 도시 750주년을 맞는 기념행사에 맞춰 이 게슈타포 구역도 조명할 수 있도록 승인했다.

이에 역사학자 라인하르트 뤼루프Reinhard Rürup와 문화학자이자 박물관 전문가인 고트프리트 코르프Gottfried Korff가 750주년 기념행사의 부속 행사로 이 장소의 '과거'를 밝히고 바로 이곳에서 시작된 히틀러 제국의 테

---

* 여기에는 1985년 말 아카데미 데어 퀸스테, 에반겔리셔 아카데미, 독일 노동조합총연맹, 독일 공예협회, 행동하는 박물관, 국제인권연합 등이 참여한다. 이들은 또 '게슈타포 구역의 활용을 위한 추진단'에 동참하게 된다.

남아 있는 베를린 장벽 아래의 옥외 전시회(2008년 촬영).

러 시스템을 소상히 밝히는 '임시' 전시회를 기획하게 된다. 학술팀은 우선 나치사령부가 들어선 건물 터를 밝히고 여기서 조직된 범죄 내용을 밝히기 위해 발굴 작업과 자료 조사에 착수했다. 그리고 1986년 여름 발굴 작업에서 예상치 못하게 베를린 장벽이 있는 니더키르히너 거리를 따라 대략 200미터의 나치 테러 본부 건물 외벽과 게슈타포의 지하감옥 바닥, 지하식당 터가 발굴되면서 이 작업은 새로운 동력을 얻게 되었다. 마침내 이 장소의 사라진 역사를 드러낼 수 있는 잔해가 발견된 것이다.

1987년 전시회 '테러의 지형도'는 바로 이 발굴된 지하식당 터에 임시 전시홀Ausstellungspavillon을 만들어 '역사적–범죄적' 장소를 중심으로 나치의 범죄 조직 및 그들에 의해 희생된 사람들의 자료를 전시하는 것으로 시작되었다.

특히 이 전시회에서 주력한 것은 우선 시민들의 의식 속에서 사라진 테러의 장소를 밝히고 그동안 알려지지 않았던 테러를 조직한 '국가적' 기관들의 정체를 알리는 것이었다. 그리고 무엇보다 어떤 정치적·사회적 조건에서 이 같은 범죄가 가능했는지 자료를 통해 밝히는 데 주력했다. 이런 시도는 지하감옥 터의 발굴로 말미암아 자연스럽게 나치정권에 저항함으로써 희생된 사람들에 대한 설명으로 이어졌고, 그 결과 히틀러에 저항했던 사회민주주의자들, 교회단체, 노동단체, 평화주의자들과 1944년 7월 20일 체제전복을 시도했던 사람들의 이야기를 조명할 수 있었다. 다시 말해 이 전시회는 궁극적으로 '가해자'의 정체와 범죄 내용을 밝히고 있지만 그 잔인무도한 폭력의 대상으로서 끊임없이 무고한 희생자들을 떠오르게 하는 것이었다. 그런 의미에서 이 전시회에서 밝힌 나치 테러의 역사적 공간이 결코 가해자를 추모하는 공간이 아니라는 점을 강조할 수 있었고, 그럼으로써 많은 사람들이 우려했던 점, 즉 나치 조직을 밝히고 전시하는 것이 그들을 미화하거나 추모하는 것으로 비치지 않을까 하는 오해를 불식시킬 수 있었다.

이렇게 시작한 전시회는 대대적인 성공을 거두어 오늘날 볼 수 있는 대규모 전시장 및 자료전시관의 모태가 되었다. 특히 가해자의 장소에서 나치의 희생자들을 생각하게 한다는 점, 사실의 전달성을 높이기 위해 일체의 인위적인 효과나 예술적 장치를 배제하고 도큐멘테이션 형식을 취한다는 점 등은 2010년 자료전시관에서도 확인되는 주요 콘셉트라고 할 수 있다.

임시로 열렸던 1987년 전시회는 마침내 1989년 상설 옥외전시회로 인가되었고, 사람들이 다시 의식하기 시작한 '나치의 테러 구역'을 나치 범죄를 기억하는 장소로 존속시키는 문제는 결국 '국가적 과제'가 된다. 실제로 이 '테러의 지형도'에서 보여준 콘셉트는 독일의 입장에서 보면 기억정치적으로 매우 중요한 계획 중 하나라고 할 수 있다. 이 콘셉트는 독일이 더 이상 과거를 은폐하거나 억압하지 않고, "이제 자기비판적으로, 특히 공공연하게 독일 나치 과거를 직시할 수 있다는 증거"(뤼루프)로 보이기 때문이다. 사실 나치의 범죄를 감정에 치우치지 않고 '사실적으로' 기억하는 것은 유럽 역사에서 보더라도 중요한 일이다. 그것은 유럽 역사에 파국을 초래한 파시즘의 만행을 기록하는 일이기 때문이다. 이런 연유에서인지 이 전시회는 처음에는 나치 과거를 '추모하려는 것 아닌가' 하는 우려를 낳았지만, 전시가 개최된 이후로는 독일 국내 및 이웃국가들로부터 큰 호응을 얻었다.

1992년 독일연방의회는 마침내 '테러의 지형도' 부지를 확보하고 새 건물을 짓기로 결정했다. 그리고 2010년 이 게슈타포 구역에 자료관이 완공되면서 마침내 20여 년의 옥외전시회를 끝내고 독립적인 전시관을 갖게 되었으며, 25년 전부터 수집해온 방대한 자료도 새 전시관의 도서관으로 자리를 찾아갈 수 있게 되었다.

새로 문을 연 자료관과 전시장은 앞서 말한 것처럼 형식이나 기획 의도에서 1987년 전시의 주요 콘셉트를 이어받고 있지만 몇 가지 주목할 만한 점이 있다. 그중 하나는 2차 세계대전 이후 건물이 철거되면서 사람들의 시선에서 사라졌던 이 게슈타포 구역의 전체 지형을 학술조사와 발굴을 통해 '흔적'으로 보여주고 있다는 점이다. 관람객은 안내 표지판을 따라 걸으면서 테러의 장소를 재구성할 수 있다. 이는 베를린 장벽이 철거된 이후 1990년부터 학술 부문 책임자였던 역사학자 뤼루프에 의해 구상된 것으로, 2010년에 완공된 자료관 및 전시관에서도 확인되는 가장 중요한 기획 콘셉트라고 할 수 있다.

또 하나의 새로운 콘셉트는 신축 자료관 건물 자체라고 할 수 있다. 우르줄라 빌름스U. Wilms와 하인츠 할만H. Hallmann이 설계한 이 이층 건축물(지하 1층과 지상 1층)은 통유리로 되어 있으며, 방문객이 들어가는 전면 파사드의 입구 부분(약 20미터)을 제외하고는 회색의 금속 조형물이 마치 블라인드처럼 유리면 위에 약 50센티미터 간격으로 둘러처져 있다. 물론 금속 조형물인 만큼 실제 블라인드처럼 내리거나 올리는 등의 조작을 할 수는 없지만 블라인드 효과를 낸다. 즉 이 블라인드 외벽은 건물 밖에서 안을 바라보는 시선을 방해하면서 동시에 건물 안에서 밖을 바라보는 감시자의 시선을 연상시킨다. 이런 효과는 마치 나치 테러 조직의 핵심 메커니즘이었던 '감시 체계Überwachungssystem'의 구조를 연상시키는가 하면, 다른 한편으로는 밖에서 보면 무슨 건물인지, 안에서 어떤 일이 벌어지는지 전혀 알 수 없다는 점에서 비밀에 싸인 나치 조직의 정체를 알레고리적으로 보여준다고도 할 수 있다.

그러나 무엇보다도 관람객으로서 건물 안에 들어섰을 때의 효과가 가장 주목할 만하다. 통유리로 된 건물이지만 전시관에 들어서면 금속 조형물의 블라인드 효과로 인해 어둠침침한 전시실 공간을 경험하게 된다. 또한 회색의 금속 조형물은 바깥으로 향하는 관람객의 시선을 끊임없이 차단한다. 이는 관람객에게 이중적인 효과를 미친다. 즉 블라인드를 내리고 폭력적인 테러 업무를 처리했던 나치 테러 기관 내 사무실의 분위기를 조성하는 동시에 당시 이곳에서 취조받고 지하감옥에 갇혀 있던 수용자들의 절망을 떠오르게 하는 것이다.

전시관 전면에 들어가는 입구.

　관람객은 바깥 풍경을 가리는 시야로 인해 철창에 갇힌 듯한 답답함을 느끼게 되는데, 이런 느낌은 전시실 모서리마다 서 있는 회색의 묵직한 시멘트 벽면을 볼 때마다 더욱 증폭된다. 다시 말해 회색의 공간에 갇혀 통과할 수 없을 것 같은 느낌에 사로잡히는 것이다. 이런 느낌은 자연스럽게 게슈타포의 감옥에 갇혔던 희생자들의 심정을 추체험하게 한다. 가해자의 실체에 대해 이야기하지만 끊임없이 희생자들의 입장을 환기시키고자 했던 전시기획자의 의도가 건축적으로 구현된 것이라 할 수 있다.

　오늘날 '테러의 지형도' 자료관은 베를린의 기억문화에서 독특한 위치

전시실 내부에서 바라본 바깥 풍경.

를 차지한다. 물론 이전에도 다른 장소에 나치 박물관이나 전시회는 있었지만, 이 전시회는 히틀러가 사랑했던 구역의 나치 조직에 대한 지형학적 접근을 보여준다는 점에서 기존의 나치 박물관과는 구분된다. 또한 나치 범죄의 희생자로서 유대인뿐만 아니라 정치적 저항단체들, 이방인들, 이념적 또는 성적 소수자 등을 상기시킨다는 점에서 나치의 희생자들에 대한 포괄적인 기억의 풍경을 만들어내고 있으며, 이를 통해 바로 인근에 마련된 '유럽에서 학살된 유대인을 위한 추모 조형물'를 보완하는 역할을 하는 것이다.

이처럼 '테러의 지형도'는 무수한 시간이 지났음에도 가해자였던 독일이 범죄의 현장이었던 장소들의 흔적을 찾아내고 복구함으로써 자신들이 저지른 테러의 역사를 세부까지 소상히 밝히고 있다. 이런 과정에서 잔혹하고 계획적인 2차 세계대전의 범죄자였다는 과거가 폭로되었지만, 그럼에도 그처럼 나쁜 '과거'라도 자료를 찾아 세부적이고 구체적으로 적시한 이 작업을 통해 독일은 과거 역사에 대한 책임을 지는 기억의 나라로 거듭나고 있다.

전범국가에서 기억의 나라로

앞에서 살펴본 것처럼, 독일 통일 이후 완성된 대표적인 두 전시물인 '유대인 추모비'와 '테러의 지형도'는 통일 독일이 여전히 나치 독일의 어두운 유산을 겸허히 받아들여, 새로운 독일의 정체성의 일부로 수용하고 있음을 상징적으로 보여준다. '독일을 배운다는 것은 기억하기를 배우는 것'이란 말이 있을 정도로 독일은 기억의 대가다. 그리고 무엇을 기억하고 있는가는 한 사람의 정체성을 규정지을 뿐만 아니라 한 국가의 정체성을 보여주기도 한다. 2차 세계대전이 끝난 지 70여 년이 지났지만 독일은 끊임없이 나치 과거를 반성하고 기록하는 기억문화를 만들어내고 있다. 그리고 이런 기억문화를 통해 독일은 일찍이 이웃국가들과 화해를 할 수 있었고, 2차 세계대전으로 인한 상처로 갈가리 찢긴 유럽을 통합의 길로 이끌 수 있는 토대를 마련한 것인지도 모른다. 이처럼 독일의 박물관은 과거를 직시하고 기억하는 것이 '과거'에 머물기 위한 것이 아니라 평화로운 미래를 만들어가기 위한 첫걸음이라는 것을 스스로 보여주고 실천하고 있다.

구연정

광기의 상흔, 야만의 기억

— 오시비엥침 아우슈비츠박물관

1940년   독일 나치정권 아우슈비츠수용소 건립 결정

　　　　폴란드 정치범 728명 아우슈비츠수용소 최초 수용

1941년   비르케나우수용소 건립 시작

　　　　치클론 B 독가스 최초 사용

1942년   비르케나우수용소 유대인 대량학살 시작

1943년   요제프 멩겔레 인체실험

1945년   소련군 아우슈비츠수용소 해방

1947년   폴란드 의회 아우슈비츠–비르케나우박물관 설립법안 의결

1979년   유네스코 세계문화유산 지정

아우슈비츠인가, 오시비엥침인가

아우슈비츠Auschwitz는 폴란드 도시 오시비엥침을 독일어로 부르는 명칭이다. 1939년 9월 1일 독일이 폴란드를 침공하며 2차 세계대전을 일으킨 뒤 점령한 폴란드 도시의 이름을 독일식으로 바꾼 데에서 유래한다. 한편 아우슈비츠 인근에 있는 제2수용소인 비르케나우Birkenau는 폴란드어로 브

이중으로 된 전기 철조망.

젠진카Brzezinka, 즉 자작나무(폴란드어로 브조자brzoza)가 많은 곳이란 뜻이다.

　지도를 펼쳐보면 폴란드는 유럽의 한가운데 위치하고 있으며, 다시 폴란드의 중심에 있는 도시가 바로 아우슈비츠다. 독일이 2차 세계대전 당시 최대의 수용소를 아우슈비츠에 세운 첫 번째 이유가 바로 여기에 있다. 유럽의 한가운데 위치한 도시, 그리하여 전 유럽의 유대인들을 한곳으로 실어 오기에 가장 좋은 철도 교통의 요충지가 바로 아우슈비츠인 것이다. 2차 세계대전이 발발하기 이전 유럽에는 1100만~1200만 명의 유대인이 살고 있었으며, 이 중 4분의 1에 해당하는 300만 명은 폴란드에 거주하고 있었다. 2차 세계대전 와중에 유럽 유대인의 절반인 600만 명이 희생됐으며, 그중 300만 명이 바로 폴란드에 살고 있던 유대인이었다. 1939년 기준으로 유럽에서 만나는 유대인 4명 중 한 명이 폴란드 국적을 가졌을 정도로, 당시만 해도 폴란드는 '유대인의 파라다이스Paradisus Iudaeorum'라고 불릴 정도로 유대인들에게는 살기 좋은 나라였다. 당시 세계에서 가장 많은 유대인이 살고 있던 도시는 지금도 그러하듯이 미국의 뉴욕이었으며, 두 번째로 많이 살고 있던 도시가 바로 40여만 명이 거주하던 바르샤바였다. 그리고 그중 한 명이 영화 〈피아니스트〉의 주인공인 브와디스와프 슈필만이다.

바르샤바에서 숨어 지내던 슈필만은 2차 세계대전 당시 유일하게 유대인들이 집단으로 저항한 1943년의 바르샤바 게토 봉기 와중에서 기적적으로 목숨을 건질 수 있었다. 게다가 폴란드인들이 일으킨 1944년 바르샤바 봉기에서도 살아남은 천운을 타고난 유대인이었다. 이 영화를 찍은 로만 폴란스키 감독 또한 폴란드 출신의 유대인이다.

2차 세계대전과 유대인에 관한 또 하나의 걸작인 스티븐 스필버그(역시 유대인이다) 감독의 〈쉰들러 리스트〉의 실제 무대인 크라쿠프가 바로 폴란스키가 어린 시절을 보낸 곳이다. 폴란스키의 어머니는 아우슈비츠 가스실에서 목숨을 잃었다. 하지만 어린 폴란스키는 폴란드인들이 목숨을 걸고 숨겨준 덕분에 살아남을 수 있었다.

아우슈비츠는 폴란드왕국의 500년 수도였던 크라쿠프에서 서쪽 독일 방면으로 70킬로미터 떨어진 곳에 위치하고 있다. 만약 2차 세계대전만 아니었다면 1945년 이후 노벨상을 수상하는 4명 중 한 명은 폴란드 국적을 가졌을 것이라는 이야기가 있다. 그만큼 전전 유럽에서 가장 많은 유대인이 살았던 곳이 폴란드였다. 나치가 최대 수용소를 독일 본국이 아닌 폴란드 아우슈비츠에 세운 두 번째 이유다.

세 번째 이유는 아우슈비츠수용소가 있던 곳이 당시 폴란드 군대 병영이 위치하고 있던 곳이기 때문이다. 즉 아우슈비츠가 시내에서 멀리 떨어진 군대 기지가 있던 곳이라 외부로부터 숨기기에 유리했으며 막사 같은 부속 시설을 짓기도 용이했다. 바로 이 같은 지리적 조건 때문에 나치 독일이 최대의 강제수용소를 지을 장소로 아우슈비츠를 선택한 것이다.

유대인 문제의 최종 해결, 홀로코스트의 현장

아우슈비츠는 나치 독일이 지구상에서 마지막 한 명의 유대인까지 제거한다는 목적을 실행에 옮긴 장소다. 독일어로 엔트뢰중Endlösung(최종 해결)이라 불리는 역사상 전무후무한 민족 말살 정책을 주도한 사람은 하인리히 힘러였다. 1939년 9월 1일 2차 세계대전이 발발한 후 아우슈비츠는 나치 독일에 합병됐다. 1940년 4월 나치친위대(SS)와 게슈타포 대장인 힘러가 수용소 건립을 결정하며 아우슈비츠 도시 역사에서 일대 전환점이 찾아온다. 그 후 힘러는 독일 작센하우젠수용소 소장이던 루돌프 헤스를 신임 수용소장으로 임명했다. 헤스는 전후 뉘른베르크 전범재판에서 아우슈비츠 수용소장으로 근무할 당시 50만 명이 기아로 죽고 자신이 250만 명을 죽였다고 증언했다.

1940년 6월 14일 폴란드 타르누프에 갇혀 있던 폴란드 정치범 728명을 수용하며 문을 연 아우슈비츠는 전쟁이 끝날 때까지 계속 증축되었다. 그 결과 전쟁 말기가 되면 수용소 전체 면적은 대략 40제곱킬로미터(약 1만 2000평)로 늘어난다. 1941년 6월 22일 독일이 소련을 침공한 후 잡은 포로 1만 2000명을 수용하기 위해 제2수용소가 건립되었다. 1943년 10월에 이르면 수용소는 크게 셋으로 분할된다. 제1수용소는 최초에 세워진 아우슈비츠이고, 제2수용소는 비르케나우, 제3수용소는 기타 부속 수용소다. 1944년 11월 25일 제1, 제2 수용소가 통합되고 제3수용소는 독립된다.

1945년 1월 27일 베를린을 향해 진격하던 소련군에 의해 아우슈비츠 수용소가 해방됐다. 예상치 못하게 소련군이 너무 빨리 진격해오는 바람에 독일군은 수용소 전체를 파괴할 시간이 없었다. 그래서 가스실만 폭파하고 생존자들을 기차에 싣고 허겁지겁 퇴각했다. 이때 부상이 심해 기차역까지 걸어갈 수 없어 독일군이 버리고 떠난 7000여 명만이 생존할 수 있었다. 전쟁이 끝난 후 폴란드는 탱크를 앞세운 소련에 의해 소비에트 블록의 일원이 돼버렸다. 나치 히틀러의 독재가 끝나자 스탈린의 독재가 시작된 것이다.

폴란드 공산당은 '민주주의'와 '자본주의' 서유럽을 대표하는 독일이 저지른 죄상을 낱낱이 고발하기 위한 목적으로 아우슈비츠를 박물관으로 만들기로 결정했다. 1947년 7월 2일 폴란드 의회는 제1, 제2 수용소를 박물관으로 만드는 법안을 의결했다. 동서 냉전 덕분에 아우슈비츠가 보존된 것은 역사의 아이러니라 하지 않을 수 없다. 1979년 유네스코는 아우슈비츠수용소를 세계문화유산으로 등록했다.

노동이 너희를 자유롭게 하리라 Arbeit macht frei

아우슈비츠는 히틀러가 정권을 장악한 이후 나치 독일이 세운 최대 규모의 수용소다. 즉석 해결의 현장으로, 특히나 유대인 절멸계획을 실행한 장소다. 아우슈비츠에서는 2만 1000명의 집시를 포함한 20개 민족의 대략 130만 명이 수송되었고, 그중 110만 명이 살상된 것으로 추정된다. 아우슈비츠 희생자 수에 대해서는 수용소 존재 자체를 부정하며 허구라는 주장부터 무려 600만 명에 달한다는 추정까지 다양하다. 하지만 정확한 숫자는 영원히 역사의 수수께끼로 남을 수밖에 없다. 전쟁 초기만 해도 수송 인원을 기록했으나 강제이송이 대규모로 행해지던 전쟁 막바지에 이르면 숫자도 세지 않은 채 유대인들을 수송해 곧바로 가스실로 보냈기 때문이다.

생존자들의 증언에 따르면 수송 인원의 70퍼센트 정도, 즉 1000명이 수송되는 경우 700명은 곧바로 가스실에서 목숨을 잃었다고 한다. 130만 명의 수송 인원 중 단지 40만 명만이 등록되었을 뿐이다. 130만 명 수송 인원의 85퍼센트, 그리고 희생자 110만 명의 90퍼센트는 유대인이었다. 110만 명의 희생자 중에는 아우슈비츠에 도착하자마자 가스실로 직행한 유대인이 90만 명에 달한다. 40만 명의 등록된 인원 중 과반수인 20만 명이 목숨을 잃었으며 이 중에는 유대인 10만 명, 폴란드인 6만 4000명, 집시 2만 1000명, 소련군 포로 1만 4000명과 기타 민족 1만 명이 포함되어 있다.

1939년 국경선 기준으로 아우슈비츠수용소로 강제이송된 유대인들의 국적과 인원수는 다음과 같다. 헝가리 43만 명, 폴란드 30만 명, 프랑스

| 표 1 | 아우슈비츠 수송 인원과 희생자 수

민족	수송 인원	희생자 수	수송 인원 중 희생된 비율	전체 희생자 비율
유대인	110만(85%)	100만	90%	91%
폴란드인	14만(10.8%)	7만	46%	5.8%
기타 민족	2만 5000(1.9%)	1만 2000	48%	1%
집시	2만 3000(1.8%)	2만 1000	91.3%	1.7%
소련군 포로	1만 5000(1.2%)	1만 4000	93%	1.3%
합계	130만(100%)	110만	84%	100%

6만 9000명, 네덜란드 6만 명, 그리스 5만 5000명, 체코 4만 6000명, 슬로바키아 2만 7000명, 벨기에 2만 5000명, 독일과 오스트리아 각각 2만 3000명, 유고슬라비아 1만 명, 이탈리아 7500명, 라트비아 1000명, 노르웨이 690명으로 전부 합치면 110만 명에 달한다.

이외에도 가스실로 직행하지 않고 일정 기간 막사에 수용된 40만 명의 등록된 사람들의 민족 구성은 다음과 같다. 유대인 20만 명(50퍼센트), 폴란드인 14만 명(35퍼센트), 기타 민족 2만 5000명(6퍼센트), 집시 2만 1000명(5.3퍼센트), 소련군 포로 1만 2000명(4퍼센트). 기타 민족 2만 5000명은 다시 체코인 9000명, 벨라루스인 6000명, 독일인 4000명, 프랑스인 4000명, 러시아인 1500명, 유고슬라비아인 800명, 우크라이나인 500명, 기타 (이탈리아, 벨기에, 덴마크, 스페인, 네덜란드, 그리스, 룩셈부르크, 노르웨이, 알바니아, 리투아니아, 라트비아, 루마니아, 슬로바키아, 헝가리) 200명(총합 40만 명)이다.

아우슈비츠와 비르케나우를 합친 최대 수용 인원은 50만 명 정도였다.

"노동이 너희를 자유롭게 하리라"라고 적힌 수용소 정문.

아우슈비츠수용소는 이중의 전기 철조망으로 둘러쳐진 28개 막사로 구성되었다. 한꺼번에 1만 3000~1만 6000여 명을 수용했으며 총 40만 명을 수용한 것으로 추정된다.

제1수용소 아우슈비츠의 일부 막사를 전후 전시실로 개조하여 유대인들이 남긴 유품이나 나치 범죄의 증거인 서류 또는 사진과 문서 등을 전시하고 있다. 우선 들어가는 정문부터가 충격적이다. 아우슈비츠수용소 정문 상단에는 저 유명한 "Arbeit macht frei"라는 문구가 걸려 있다. "노동이 너희를 자유롭게 하리라"라는 뜻이다. 이는 요한복음 8장 32절인 "진리가 너희를 자유롭게 하리라"를 차용한 것이다. 1872년 독일 민족주의 작가인 로렌츠 디펜바흐Lorenz Diefenbach가 자신의 소설 《노동이 너희를 자유롭게 하리라》라는 제목으로 성경 구절을 패러디한 것이 그 시초다. 이후 나치주의자들이 1930년대 실업 문제 해결을 위한 선전 구호로 사용하며 이 문구가 인기를 끌었다.

아우슈비츠 정문의 철제 문구를 만든 사람은 1940년에 이곳으로 이송된 대장장이 대가이던 폴란드인 얀 리바츠Jan Liwacz(수용소 번호 1010번)다. 리바츠와 함께 이 철제 문구 제작에 참여했던 유대인들은 'B'자를 거꾸로 만들어 저항심을 담았다고 한다. 하지만 일부 생존자들은 이는 단순한 실수일 뿐이라고 말했다. 어쨌든 아우슈비츠의 상징이 된 이 문구는 그 사연만큼이나 많은 이야깃거리를 간직하고 있다.

1945년 아우슈비츠를 해방시킨 소련군은 이 철제 문구를 본국으로 후송하기 위해 기차에 실었다. 하지만 에우게니우쉬 노살Eugeniusz Nosal(수용소 번호 693번)이라는 폴란드 생존자와 우연히 기차역 근처에 있던 폴란드 마부가 이 사실을 알고 음모를 꾸몄다. 그들은 밀주 보드카로 소련군 보초를 매수하여 이 문구를 돌려받아 몰래 숨겼다. 전쟁이 끝나고 박물관이 만들어지면서 이 문구도 원래 자리로 돌아오게 되었다.

이제 아우슈비츠 제1수용소의 내부 전시실을 자세히 살펴보면 다음과 같다. 수용소의 15번 막사는 2차 세계대전 발발 이유와 히틀러의 잔악상을 보여준다. 4번 막사는 조직적인 학살 체계와 실행 과정, 그리고 1944년 부다페스트 유대인의 수송 과정을 나치친위대가 촬영한 사진들을 전시하고 있다. 5번 막사는 재산 약탈과 7000킬로그램의 머리카락과 치클론 B 독가스 통을 전시하고 있다. 나치는 1941년부터 1944년까지 30만 마르크어치의 독가스를 구매해 1942년과 1943년에 2만 킬로그램을 사용했다. 1500명을 죽이는 데는 5~7킬로그램의 가스면 충분했다. 독일군은 100미터 길이의 가스실에 2000여 명을 가두고 15~20분 후에 전원이 사망한 것을 확인하고 나서 환기를 했다. 그런 후 희생자들의 머리카락을

가스실에서 죽어간 유대인들의 신발.

자르고 금이빨과 반지 그리고 목걸이와 귀걸이 등을 빼낸 후에 소각실로
보냈다.

　6번 막사는 수용소 생활과 강제노동을 보여준다. 1300~1700칼로리에
불과한 하루 식사는 0.5리터 커피의 조식과 1리터 국의 중식 그리고 300
그램의 빵, 20그램의 소시지, 30그램의 버터와 치즈, 커피 등으로 구성된
석식을 전시하고 있다. 몸무게가 겨우 23~25킬로그램에 불과한 전시실
사진 속의 여자는 이곳 생활이 얼마나 처참했는가를 잘 보여준다.

　7번 막사에서는 위생 상태 그리고 수용소에 남을 사람과 가스실로 보
낼 사람을 선별하는 순간을 증명하는 사진들이 전시되어 있다. 11번 막사
는 이른바 '죽음의 막사'로 정치범과 탈출을 시도하거나 저항하는 사람들

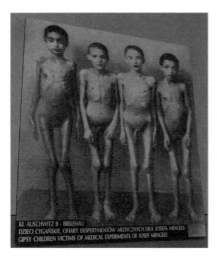

요제프 멩겔레 박사의 생체실험에 희생된 어린 집시 여자 아이들.

을 가두던 곳이다. 이곳에 한 번 들어가면 시체가 되어 나왔다.

11번 막사의 지하감방은 1941년 9월에 600명의 소련군 포로와 250명의 환자들을 대상으로 치클론 B 가스를 최초로 실험한 죽음의 감방, 1941년 막시밀리안 콜베 신부를 굶겨 죽인 감방인 18호(가운데에는 요한 바오로 2세가 영혼을 달래기 위해 바친 커다란 초를 볼 수 있다), 공기 부족으로 수용자를 죽이던 암흑 감방인 20호, 수용자들이 남긴 그림을 볼 수 있는 21호, 90센티미터×90센티미터 크기의 사방이 벽으로 된 암흑 공간에 4명을 세워두던 벌방인 22호 등으로 구성되어 있다. 한편 11번 막사와 10번 막사 사이에는 2만여 명을 총살시킨 죽음의 벽이 있다. 10번 막사는 생체실험을 자행했던 막사다. 바로 이곳에서 '죽음의 천사'라 불리던 요제프 멩겔레 박사가 어린아이 등을 상대로 잔인한 생체실험을 자행했다.

계속해서 13번 막사는 벨기에·네덜란드·독일, 14번 막사는 러시아, 15번 막사는 헝가리, 16번 막사는 체코·슬로바키아, 17번 막사는 유고슬라비아 정부가 전후 자국 희생자들을 기리기 위한 전시실로 개조한 곳이다.

특히 27번 막사는 유대 민족을 위해 이스라엘이 만든 특별전시실이다. 강제노동에 나가고 들어올 때 숫자를 확인하던 집합장에서는 1940년 7월

유대인들을 수송한 철로와 빈터만 남은 비르케나우 제2수용소.

6일과 7일에 걸쳐 19시간 동안 세워놓고 인원 파악을 한 것으로 유명하다.

이중 철조망을 벗어나면 곧바로 가스실로 이어진다. 가스실로 들어가기 전 한편에 고즈넉이 세워져 있는 교수대를 볼 수 있다. 바로 이 교수대에서 헤스 수용소장이 크라쿠프 법정에서 재판받은 뒤 1947년 4월 16일에 사형이 집행되었다. 헤스는 패전 후 잠적했다가 변장을 한 채 남미로 탈출하려고 했다. 하지만 오스트리아 국경에서 1946년 영국군에게 체포됐다. 가스실에서는 1941~1942년 사이 주로 소련군 포로와 유대인이 살해됐다. 가스실과 연결된 소각장은 독일군이 폭파시키고 떠난 소각로 3개를 복구하여 전시하고 있다. 1940~1943년에 독일군은 소각로 하나에 시신 2~3구씩 넣어 소각했다. 소각로는 24시간 가동되었고 하루에 350구의 시신이 처리된 것으로 추정된다.

제2수용소인 비르케나우는 아우슈비츠에서 3킬로미터 떨어진 곳에 위치하고 있다. 비르케나우수용소는 175헥타르(약 53만 평)의 면적에 300개

비르케나우 제2수용소의 내부 모습.

막사(현재 시멘트 막사 45개, 목재 막사 22개만 남아 있다)로 이루어져 있다. 왼쪽은 여성과 소련군 포로수용소이고 나머지 막사는 빈터만 남아 있다. 1944년 8월 당시 비르케나우수용소는 10만 명을 수용했으며, 4개의 가스실과 소각장에서 한 번에 8000명을 처리한 것으로 유명하다. 특히 1944년 헝가리 유대인 수송 시 건설한 철로를 통해 '죽음의 대문'을 통과한 것으로 악명이 자자하다. 기차로 실려 온 유대인들은 서류 처리도 없이 곧바로 가스실로 보내졌고, 주로 이곳에서 학살이 자행되었다.

역사를 잊은 민족에게 미래는 없다

인문학을 하는 사람으로서, 아니 하나의 인격체로서, 동물이 아닌 인간으로서, 아우슈비츠박물관에 갈 때마다 갖가지 생각이 든다. 베토벤과 괴테를 낳은 유럽 최고의 지성 민족인 독일인들이 왜 그랬는지? 영화 〈피아니스트〉의 주인공인 슈필만이 영화의 바탕이 된 자신의 생존기 첫머리에서 했던 말을 똑같이 던져본다.

> "젊은 시절 나는 베를린에서 2년 동안 음악 공부를 한 적이 있다. 그 때 만났던 독일 사람들에게 도대체 무슨 일이 일어난 것인지, 나는 도저히 이해할 수가 없다. 그토록 음악을 사랑하던 사람들이었는데!"

인간은 동물 중에서 가장 뛰어난 종족이다. 가히 만물의 영장인 것이다. 천상의 소리 같은 모차르트의 음악을 듣거나 대문호 셰익스피어나 톨스토이의 문학작품을 읽어보라. 로마 콜로세움이나 이집트 피라미드 그리고 인터넷이나 스마트폰을 떠올려보라. 과연 지구상 어떤 동물이 이런 능력을 발휘할 수 있단 말인가. 하지만 인간은 배가 고프지 않은데도, 더군다나 자기 종족을 잡아먹는 유일한 종일 것이다. 사자가 사슴을 공격할 때는 배가 고플 때뿐이다. 그리고 사자가 사자를 잡아먹는 법은 없다. 하지만 인간이란 동물은 단지 미워한다는 이유 하나로, 자신들과 다르다는 이유만으로 같은 종족을 죽인다. 이처럼 인간이 얼마나 잔인하고 포악해질 수 있는지를 극단적으로 보여주는 곳이 바로 아우슈비츠수용소다.

유대인들은 2000년이 넘는 디아스포라와 그 절정인 아우슈비츠라는 역경을 이겨내고 마침내 꿈에 그리던 조국을 건설했다. 그러나 나라 없는 설움을 누구보다 뼈저리게 겪은 유대인들이 팔레스타인 사람들에게 가하는 잔혹함을 바라보고 있자면, 역사는 돌고 도는 것인지, 과연 역사에 정의란 존재하는 것인지 의구심이 들지 않을 수 없다.

아우슈비츠의 첫 번째 전시실에 들어서면 입구에 "역사를 기억하지 못한 자, 그 역사를 다시 살게 될 것이다(The one who does not remember history is bound to live through it again)"라는 스페인 출신의 미국 철학자 조지 산타야나(George Santayana)의 말이 적혀 있다. 즉 과거를 기억하지 못하는 사람은 잘못된 과거를 반복하기 마련이고, 따라서 잘못된 과거를 반복하지 말라는 경종의 의미로 역사의 중요성을 강조하고 있는 것이다. 나라 없는 민족이 얼마만큼 참혹함을 겪을 수 있는지를 적나라하게 보여주는 곳, 그리하여 내 나라 내 민족이 왜 강해져야 하는지를 단적으로 보여주는 곳, 바로 이것이 아우슈비츠가 우리에게 던져주는 교훈이자 화두일 것이다. 왜냐하면 역사는 이기는 자의 것이 아니라 기억하는 자들의 것이기 때문이다.

아우슈비츠의 모토는 'Forgive, but never forget!'이다. 즉 용서는 하되 잊지는 말자는 것이다. 하지만 2차 세계대전 이후 지나온 현대사를 떠올리자면, 과연 그럴 수 있을까?

그리고 우리는 우리들만의 '아우슈비츠'를 잊고 사는 것은 아닐까?

김용덕

산업혁명의 세 가지 거울

— 런던 과학박물관, 파리 기술공예박물관, 뮌헨 독일박물관

런던 과학박물관

1857년   런던 대박람회에 전시했던 산업제품들을 전시하는 사우스켄싱턴박물관 개관

1862년   과학 및 기술산업에 관련된 유물들을 엑지비션로드에 위치한 별도의 건물로 이전

1893년   순수과학, 실용과학, 산업기술을 전시하는 런던 과학박물관으로 분리 개관

1928년   동관 개관

1966년   중앙관 개관

2000년   웰컴윙 개관

파리 기술공예박물관

1794년   국립기술공예학교 설립에 관한 법령 제정

1798년   루브르박물관 등에 흩어져 있던 유물들을 이전 및 정리

1802년   기술공예박물관 개관

뮌헨 독일박물관

1903년   독일 자연과학과 기술박물관 건립추진위원회 설립

1905년   이자르강의 '석탄섬'에 박물관 착공

1925년   독일박물관 개관

박물관에 전시된 유물들은 한 집단의 삶의 결과물이지만 선택된 유물, 전시 방식, 배치, 전시장 운영 방식 등은 박물관이 속한 집단의 역사는 물론 문화적 특성과 미래의 지향점까지도 보여준다. 이러한 박물관들 중에 과학과 기술 그리고 산업의 발달 과정을 보여주는 박물관은 우리에게는 생소하지만 산업혁명을 주도했던 서구 국가들에서는 쉽게 찾아볼 수 있다. 박물관의 역사에는 학예를 관장하는 여신들의 신전, 승자와 영웅의 서사시, 거상과 귀족의 호기심이나 과시 같은 여러 가지 이야기가 있지만 서사시와 과시와 호기심은 물론 미래까지 가늠할 수 있는 박물관은 과학기술산업박물관이 유일하다.

그런데 오늘날 과학과 기술 및 산업은 서로 융합되어 있고, 전시 공간에는 전시물은 물론이고 관람객을 위한 교육의 공간이 공존하기 때문에 과학기술산업과 관련된 박물관과 과학관의 구별은 모호하다. 그래도 군이 구별하자면 과학과 기계의 원리와 기능을 보여주면서 교육을 위한 전시 공간이 더욱 강조된 곳을 과학(기술산업)관이라고 하고, 전시물의 역사적 의미를 강조하는 전시 공간을 과학(기술산업)박물관이라고 할 수 있겠다.

현재 한국에는 과학관은 많이 있지만 과학기술산업박물관은 없는 상태다. 아마도 뒤늦게 선진 산업기술을 따라잡느라 과거는 물론 미래에 대한 생각조차 제대로 하지 못하고 있는 우리의 현실을 반영하는 것이 아닌가 한다.

영국, 프랑스, 독일의 과학기술산업 발전의
특징을 보여주는 박물관들

유럽의 선진 산업국가인 영국, 프랑스, 독일은 근대 이후에 과학 발전을
주도했을 뿐만 아니라 과학을 응용한 산업기술의 발달에도 핵심적인 역
할을 했다. 잘 알려진 대로 영국은 산업혁명을 최초로 일으켰고, 프랑스
는 영국의 맞수로서 대륙의 산업 발전을 주도했다. 뒤늦게 통일국가를 이
룩한 독일은 영국과 프랑스를 따라잡기 위해 두 나라와는 다른 방식으로
짧은 기간 동안 산업 발전을 이루었다.

산업은 인문주의적 자연철학을 바탕으로 한 과학과 경제적 효용성에
가치를 둔 기술이 자본과 융합되어 발전한 결과물이다. 서구에서 인문주
의가 부활하면서 과학 발전이 가속되었고, 기술 또한 경험의 축적이 근대
에 등장한 자본의 힘과 결합하면서 산업을 창출해냈다. 그 결과 근대 이
후에 각국의 산업은 과학과 기술이 문화적·경제적 환경에서 다양한 방
식으로 융합되면서 성장하기도 하고 태동하지 못하기도 했다. 과학과 기
술을 융합시키는 촉매 중에는 국가의 구성원, 사상과 경제제도 그리고 정
책이라는 수단이 있는데, 이 촉매들의 효율에 따라서 국가의 산업 발전이
결정되었다.

영국에서는 사상과 경제제도라는 촉매가 산업혁명의 발생국이라는 지
위를 안겨주었고, 프랑스와 독일은 정책이라는 촉매를 중심으로 산업 발
전을 추진했지만 촉매의 효율 차이로 인해 산업 발전이 서로 다른 모습으
로 전개되었다. 그리고 그러한 산업 발전의 다른 모습을 보여주는 곳이 3
국의 과학기술산업박물관이다.

영국, 프랑스, 독일의 과학기술산업의 역사와 지향을 보여주는 대표적인 박물관은 영국 런던의 과학박물관Science Museum과 프랑스 파리의 기술공예박물관Musée des Arts et Métiers, 독일 뮌헨의 독일박물관Deutsches Museum이다. 런던의 과학박물관은 산업혁명 발생국인 영국의 과학기술산업의 발전 과정과 융합 그리고 미래를 조망할 수 있는 박물관이다. 파리의 기술공예박물관은 과학과 기술의 발달 과정 그리고 그 결과물인 방대한 산업제품들을 전시하고 있다. 뮌헨의 독일박물관은 후발 국가 독일이 짧은 기간 동안 전략적으로 이룩한 산업화의 결과를 보여주는 방대한 기계제품들을 전시하고 있다.

영국, 프랑스, 독일의 과학기술산업 발전의 특징

과학은 주로 자연에 대한 심도 깊은 사고를 가진 지식인과 부유층에 의한 체계적인 지식이지만, 기술은 편리성을 추구하는 장인계층의 경험과 사고의 융합이라고 할 수 있으므로 사실상 별개의 분야로 발전해왔다. 그러나 18세기 말 상업 발달로 형성된 자본이 기계력과 공장제 생산에 기반을 둔 경제체제와 결합하면서 산업혁명이 일어나는데, 이 과정에서 과학과 기술 그리고 자본이 융합되었다. 그런데 이 세 분야의 융합 과정은 근대 산업국가의 발전 과정에서 나라마다 과학이 발전하는 과정과 밀접한 관계가 있었다.

유럽에서는 대부분의 학문이 수도원과 대학을 중심으로 발전했지만 과학은 학회라는 집단을 통해 발전했다. 과학과 관련된 학회는 16~17세기 이탈리아에서 그 초기 형태가 등장했다. 하지만 교회가 아닌 사상적 집단에 대한 통제와 르네상스 시대 인문주의자들에 대한 종교계의 억압 및 실험을 도입한 갈릴레이의 현시적 변혁과, 아리스토텔레스의 사변적 전통이 충돌하는 과정에서 이탈리아의 학회는 곧 소멸되었다.

한편 영국에서는 실험을 통한 귀납적 과학 연구가 유용한 지식을 생산하여 국가에 경제적 이익을 가져다 준다고 주장한 베이컨Francis Bacon이 학회의 필요성을 역설한 뒤에 1662년 런던의 한 과학자 모임의 요청이 받아들여져 왕립학회가 만들어졌다. 그러나 이 학회는 왕으로부터 형식적인 면허장만 획득했을 뿐 재정적 지원은 받지 못했기 때문에 회원들이 학회 운영 경비를 조달해야 했다. 그 결과 이 학회는 재정은 열악하지만 자율적인 활동을 할 수 있었고, 회원 가입 자격도 비교적 유연하여 다양한 계층의 회원들을 받아들일 수 있었다. 왕립학회의 이런 형태는 다른 학회에도 영향을 미쳐서 독립적인 연구 풍토와 다양한 계층과의 교류가 영국 과학계의 특징이 되었다. 즉 과학자와 귀족, 장인과 사업가 등이 학회에서 토론하고 교류하면서 과학과 기술과 기업이 협력하고 융합하는 계기를 만들게 된 것이다. 예를 들어 1765년에 찰스 다윈의 할아버지인 에라스무스 다윈이 만든 달빛학회Lunar Society에는 기술자 제임스 와트와 사업가 매슈 볼턴이 회원으로 활동했다. 훗날 두 사람은 이미 반세기 동안 사용되고 있던 증기기관을 획기적으로 개량하여 영국의 산업혁명에 결정적인 역할을 했다.

영국에서 산업혁명이 먼저 일어날 수 있었던 요인 중 하나는 철을 다루는 기술을 꾸준하게 발전시킨 것이었다. 목탄을 에너지원으로 사용하던 전통적인 철의 정련 과정을 코크스와 도가니 그리고 반사로와 압연기 등의 개발을 통해 다양한 성질의 철을 값싸고 신속하게 만들게 수 있게 되자, 영국에서는 철이 목재와 석재를 대신하여 더욱 정밀한 제품 제조와 대규모 건설을 촉진하게 되었다. 한편 영국에서는 두 번에 걸친 농업혁명 덕분에 자본이 형성되기 시작했다. 이때 값싼 연료비와 설치 장소가 자유로운 이점을 가진 와트의 증기기관이 때마침 부상하고 있던 방직업과 융합하여 대량생산의 기반을 만들었다. 여기에 철도, 기차, 기선 등의 빠른 운송 수단이 결합하면서 세계 최초의 산업혁명이 발생하게 되었다.

프랑스의 과학기술산업 발전은 영국과 대조적이었다. 영국의 왕립학회 출범 소식을 전해들은 재무상 장-밥티스트 콜베르는 베이컨의 공리주의적 과학이 중상주의에 도움이 될 것이라고 생각하고는 왕을 설득하여 왕립과학아카데미를 설립했다. 그러나 왕의 직속기구인 프랑스 왕립과학아카데미는 열악한 재정 상태와 정부의 간섭에서 벗어나지 못하고 수동적이고 권위적인 전통을 가지게 되었다. 이러한 과학아카데미의 특성은 훗날 산업혁명 시기에 과학자와 기술자 그리고 자본가들과의 교류가 원활하지 못한 문화적 원인이 되어, 산업혁명에 필요한 기술들을 발전시키지 못했다. 시민혁명 이후 농민 중심의 토지개혁과 국가 주도의 경직된 금융제도도 프랑스에서 산업혁명에 필요한 자본을 충분히 형성하지 못한 원인이 되었다. 그 결과 프랑스는 당대 최고의 산업인 방적기와 증기기관 및 운송수단 기술도 영국에 의존할 수밖에 없었다. 또한 민간 자본이 아닌 유연성이 부족한 국가 주도 금융기관의 자본을 이용해야만 했기 때문에 프랑스는 느리고 수동적인 산업화 과정을 겪었다.

1871년에 뒤늦게 통일국가를 이룬 독일은 유럽 선진국을 따라잡기 위해 국가 주도의 산업화를 추진했다. 프로이센 시절부터 정부는 대학의 행정력을 장악하고 경쟁원리를 도입하여 연구진에 대한 지원을 시행했다. 또한 국가가 주도하여 다양한 과학연구소를 설립·지원하여 짧은 기간 안에 다양한 과학기술을 개발하는 데 성공했다. 경제 부문에서도 국가 주도의 전략적 계획을 지방의 특성에 맞춰 수립하고 지방정부 간의 경쟁을 유도했다. 그 결과 독일은 통일 후 30여 년 만에 강력한 산업국가로 거듭나게 되었다.

런던의 과학박물관

영국의 런던 시내(Exhibition Road, South Kensington, London SW7 2DD)에 자리 잡은 런던과학박물관은 1851년에 하이드파크에서 개최된 대박람회에 그 기원을 두고 있다. 박람회가 끝난 뒤 전시되었던 산업제품과 공예품을 중심으로 제조품박물관Museum of Manufactures을 건립했다. 그 후 이 박물관은 대박람회의 수익금에 왕실의 후원을 더하여 1857년에 하이드파크 인근으로 옮겨져 사우스켄싱턴박물관South Kensington Museum으로 바뀌었다. 이곳에서는 산업기술과 장식공예에 관련된 전시와 산업기술 관련 특허업무를 병행했다.

사우스켄싱턴박물관의 초대 관장이었던 헨리 콜은 예술의 경제적 가치를 인식하고 산업과 미술의 융합을 강조하면서 대박람회를 제안하고 기획한 인물이었다. 그는 이 박물관을 영국의 산업 발전에 기여하는 기술 및 장식예술에 관한 교육의 장으로 만들고자 했다. 이에 따라 사우스켄싱턴박물관은 예술, 과학, 기술 등의 유물들 외에도 산업제품과 장식예술품

과학박물관 전경.

을 전시하여 영국 산업기술의 우수성을 홍보하고 지적 재산권까지 관리하는 역할을 맡았다.

그 후 소장품이 늘어나면서 전시 공간이 부족해지고 기술혁신에 바탕을 둔 기계공업이 산업 발전을 주도하게 되자 과학 및 기술산업에 관련된 유물들은 1862년에 엑지비션로드Exhibition Road에 위치한 별도의 건물로 옮겨갔다. 그곳에서는 순수과학과 실용과학 그리고 산업기술을 주제로 하는 전시를 했다. 1893년에는 이러한 기능만을 담당하는 과학박물관Science Museum으로 분리되었다. 또한 1899년에는 사우스켄싱턴박물관이 장식예술품 전시 중심의 빅토리아앨버트박물관Victoria and Albert Museum으로 바뀌자, 과학박물관은 1909년에 행정적 분리작업을 마무리 짓고 국립박물관London Science Museum-National Museum of Science and Industry이라는 명칭을 추가로 갖게 되었다. 그러나 협소한 공간이 문제가 되면서 1910년에 장기적인 계획을 위한 위원회가 구성되었다. 위원회는 박물관의 공간 확장과 기능 변화의 필요성을 제시했다. 즉 박물관의 역할에 전시뿐만이 아니라 학습과 관람객의 흥미를 유도하는 방안을 추가하고, 이를 위해 전시장 내에 시연장을 설립한다는 계획이었다. 그리하여 현재 런던의 과학박물관은 박물관이라기보다는 복합적인 과학관의 성격을 띠고 있다. 즉 과학의 역사적 발전 과정과 산업혁명 이후의 기술 발전 그리고 다가올 시대를 예시해주는 기능과 더불어 과학적 원리를 직접 체험하고 배우는 곳이 되었다. 이를 위해 박물관에서는 유아와 어린이, 청소년뿐만 아니라 전 연령대의 관람객을 대상으로 자연의 개념 이해, 물건의 생산과 이용, 미디어 생산 실습 등 다양한 교육 프로그램을 운영하고 있다.

　과학박물관은 하이드파크 남쪽 박물관들이 밀집한 구역에 자리 잡고 있다. 런던 지하철 순환선을 타고 사우스켄싱턴역에 내리면 출구에서 바로 연결된 통로를 이용해 접근할 수 있다. 과학박물관은 현재 약 30만 점의 유물을 보유하고 있다. 과학, 의학, 통신, 기술의 4개 분야로 나뉘어 22개의 전시실을 갖추고 있으며, 11개의 체험실도 운영하고 있다. 상설전시실은 과학, 산업기술, 의학, 통신 및 교통 등을 주제로 한 유물들을 전시하고 있으며, 체험실은 전시물을 직접 만져보고 실행하면서 작동원리를 이해할 수 있도록 구성되어 있다. 박물관은 동관Eastern Block (본관)과 중앙관Central Block 그리고 웰컴윙Wellcome Wing, 3개 건물이 서로 연결되어 있는 형태다. 각 건물들은 건축된 시기의 특징을 갖고 있기 때문에 전시물의 종류도 건축적 특징에 맞춰 배치하고 있다.

스티븐슨의 로켓호.

동관은 1928년에 개관했는데 당시에는 전기 보급이 원활하지 않았기 때문에 자연광을 이용하는 방식으로 설계되었다. 이 때문에 동관은 높은 층고와 중앙 채광구역을 구현하여 지붕 창을 통해 건물 내부까지 자연광을 끌어들이고 있다. 1966년에 완공된 중앙관은 동관에서 좁게 뻗어 나온 부분에 맞춰 지어졌기 때문에 폭이 좁고 깊은 형태이지만 전기조명을 사용하여 자연채광의 제한으로부터 자유로운 구조다.

2000년에 완공된 웰컴윙은 디지털화된 전시를 통한 교육에 중점을 두었다. 동관과 중앙관은 각 층이 서로 연결되어 한 건물처럼 운영되지만 웰컴윙은 지상층(Ground: 한국에서 말하는 1층을 영국에서는 Ground라고 하며 그 위층을 1층이라 한다. 이 글에서는 Ground 층을 지상층이라고 하겠다)과 3층만 연결되어 있다.

동관과 중앙관을 하나의 건물로 생각할 때 지상층은 산업혁명 초기에 만들어진 다양한 증기기관들과 로켓, 교통과 스포츠에 관련된 전시 구역이고, 1층은 물질, 통신, 농업, 측정, 기상 관련 전시 구역이다. 2층은 화학과 생물 그리고 선박과 핵물리 관련 전시 구역이다. 3층은 열에너지와 광학 및 항공 관련 전시 구역이며, 4층은 의학 관련 전시 구역이다.

웰컴윙에는 탐구형 전시물과 디지털화된 전시기기를 갖춘 인체와 생명공학 관련 전시 구역과 미래의 세계를 가늠해볼 수 있는 전시 구역, 그리고 아이맥스 상영관이 있다.

파리의 기술공예박물관

과학혁명과 산업혁명이 처음 일어난 곳은 영국이지만 과학기술산업박물관을 처음 만든 나라는 프랑스다. 그 이유는 또 다른 종류의 혁명인 시민혁명 때문이었다. 프랑스는 시민혁명 이후에 왕실과 교회 및 귀족 등이 소유했던 예술품들을 루브르박물관에 모아 1793년 대중에게 공개했다. 그러자 혁명을 이끈 주요 인물이자 루브르박물관을 만드는 데 중요한 역할을 했던 앙리 그레구아르Henri Grégoire 신부는 왕립과학아카데미와 왕실 등이 소유하고 있던 과학 관련 물품들과 기계들 그리고 발명품 및 도면과 기술 서적 등을 보관할 별도의 장소가 필요하다고 주장했다. 그는 이러한 장소가 프랑스인들의 상상력을 자극하고 기술공예에 대한 관심을 불러일으켜 산업 발전에 이바지할 수 있다고 생각했다. 사실 그레구아르 신부는 문화적 개념을 바탕으로 과학기술산업을 박물관과 연계시킨 최초의 인물이기도 하다. 그는 박물관을 인간 정신행위의 산물이 결집된 장소라고 했던 근대 계몽주의의 백과전서식 정신에 기반하여, 과학박물관은 문화적 기능과 교육적 기능 그리고 유희적 기능을 종합적으로 구현해야 한다고 주장했다.

1794년에 국립기술공예학교Conservatoire national des arts et métiers 설립에 관한 법령이 통과되자, 그레구아르 신부는 왕실 수도원이었던 생마르탱 데 샹 수도원 건물을 개조하여 공작실과 제도실 및 도서실을 설치하고, 1798

년부터는 루브르박물관 등에 흩어져 있던 유물들을 정리하여, 1802년에 기술공예박물관Musée des arts et métiers이라는 이름으로 대중에게 공개했다. 기술공예박물관이 학교conservatoire라는 형태로 시작된 것은 기계 작동을 이용한 실습을 통해 기술을 전수하는 곳이었기 때문인데, 실제로 수도원 건물이 선택된 것도 수도원이 당시 산업지구 안에 위치하고 있었기 때문이다.

이렇게 파리 시내 수도원 건물에 자리 잡은 기술공예박물관은 소장품이 늘어나자 협소한 공간 문제를 해결하기 위해 파리 외곽의 생드니 지역에 별도의 공간을 마련했다. 그렇지만 여전히 협소한 공간적 제약 때문에 전시물의 규모를 제한할 수밖에 없는 형편이다. 또한 초창기 그레구아르 신부가 추구했던 기술공예박물관의 교육 기능과 유희적 기능은 훗날 설립된 '발견의 전당Palais de la Decouverte'과 '과학산업도시La Cite des Science et de l'Industrie'에 넘겨주고 기술공예박물관은 명칭 그대로의 박물관 기능에 충실하고 있다.

파리의 아르트 에 메티에르 지하철역에 내려 지상으로 올라오면 바로 기술공예박물관을 볼 수 있다. 박물관 앞 작은 광장에는 조각가 바르톨디 Frédéric Auguste Bartholdi가 뉴욕 자유의 여신상을 제작할 당시에 만든 16분의 1 축소 시제 동상과 실용적인 발전기를 만들었던 그람Zénobe Théophile Gramme 의 동상이 서 있다. 이 박물관이 추구하는 예술과 산업의 융합을 상징적으로 보여주는 동상이라고 하겠다.

박물관 건물은 층고가 높은 복층의 수도원 건물을 개조하여 ㄷ자 형태의 전시 공간을 갖추고 있다. 박물관이 소장하고 있는 약 8만여 점의 유물과 1만 5000여 점의 기계도면 중에서 선별된 전시품을 과학기구, 재료,

기술공예박물관 전경.

건축, 통신, 에너지, 기계, 교통수단 등의 7개 주제로 나누어 1750년 이전, 1750~1850년, 1850~1950년, 1950년 이후의 시대순으로 전시하고 있다.

  박물관 입구에 들어서면 지구의 자전을 눈으로 확인할 수 있는 푸코의 진자를 볼 수 있다. 이 진자는 철로 만들어진 것으로 팡테옹에 있는 황동제 진자와 더불어 푸코가 제작한 것으로 유명하다. 또한 천장에는 아데르

아데르의 증기기관 비행기.

퀴뇨의 증기자동차.

라부아지에의 실험기구들.

Clément Ader가 최초로 증기기관을 장착하여 만든 박쥐 모양의 비행기가 매달려 있다.

박물관 입구 좌측에서 시작되는 전시실에는 지도 제작의 강국답게 '세상에 대한 인식'을 주제로 각종 측정기와 천문관측기부터 앙투안 라부아지에의 화학 실험기구들, 블레즈 파스칼의 계산기, 자크 드 보캉송의 직조기, 니콜라-조제프 퀴뇨의 증기자동차와 뤼미에르 형제의 사진기 등 역사적으로 귀중한 유물이 헤아릴 수 없이 많다.

뮌헨의 독일박물관

독일은 1871년 통일 전후에 참가했던 여러 산업박람회에서 미적 감각이 없는 제품들을 생산한다는 혹독한 평가를 받았다. 그 후 독일 정부는 베를린에 공예박물관과 여러 공예실업학교를 설립하여 예술과 실용성을 연계한 교육을 강화하는 정책을 추진했다. 그 결과 독일은 30여 년 만에 산업국가 반열에 들어서게 되었다. 이에 따라 국가적 업적을 과시하고 과학기술과 산업의 밀접한 연관성을 국민들에게 홍보하는 기관을 설립할 필요성이 대두되었다.

그리하여 1903년 전기공학자 밀러Oskar von Miller는 산업자본가들과 함께 독일 자연과학과 기술박물관Deutsches Museum von Meisterwerken des Naturwissenschaft und Technik 건립추진위원회를 조직한 뒤 22년에 걸쳐 최고의 전시 환경을 위한 여러 차례의 설계 변경을 거쳐 독일박물관Deutsches Museum을 설립했다.

이 박물관의 특징은 세계 최초로 관람객이 직접 전시품을 동작할 수 있도록 한 것이다. 전시와 교육 그리고 오락을 결합시킨 것이다. 이러한 전시 방식은 훗날 다른 나라의 과학박물관 전시에도 영향을 미쳤다. 또한, 전시 환경을 고려한 박물관 건설 방식도 훗날 다른 박물관들에 중요한 본보기가 되었다.

박물관 건립추진위원회는 1905년에 건설기금을 조성하고 바이에른 왕국의 루트비히 공이 제공한 이자르강의 '석탄섬'으로 불리던 곳에 박물관을 짓기 시작했다. 박물관 설계는 자이들Gabriel von Seidl이 맡았다. 하지만 밀러가 전시 계획을 수정할 때마다 수차례 설계 변경을 요구함에 따라 박물관 개관은 계속 지연되었다. 1914년에 1차 세계대전이 발발하고 뒤이

독일박물관 전경.

어 인플레이션까지 겹치면서 박물관 건립은 어려움에 처했다. 하지만 밀
러는 건설회사와 철강회사를 설득하여 재원을 마련하고 건립을 계속 추
진했고, 1925년에 독일박물관Deutsches Museum을 개관할 수 있었다.

　독일박물관이 뮌헨에 건립된 것은 당시 뮌헨이 독일 과학기술산업의 중
심지였기 때문이다. 원래 뮌헨은 중세 이후로 줄곧 남부 바이에른 주의 정
치, 경제, 사회의 중심지였고 독일연방 수립 이후에도 1918년까지 군주체
제를 유지해왔다. 그러다가 19세기 후반 뮌헨공과대학이 설립된 후 독일
의 과학과 산업기술의 중심지로 성장했다. 이 때문에 당시 뮌헨은 독일 산
업혁명의 중심지로 인식되고 있었다. 오늘날에도 뮌헨이 속한 바이에른
주에는 벤츠센터와 BMW박물관을 비롯하여 독일 박물관의 6분의 1 정도
가 자리 잡고 있다. 그만큼 뮌헨은 독일의 문화와 과학기술의 도시다.

릴리엔탈의 글라이더.

뮌헨의 지상철(S-Bahn)을 타고서 이자르토어역에 내려 루트비히 다리 쪽으로 걷다 보면 이자르강이 나온다. 그 한가운데 건물이 꽉 들어차 있는 박물관섬Museumsinsel이 있는데, 이 섬을 가득 채우고 있는 건물이 독일 박물관이다.

독일박물관은 9만여 점의 소장품 가운데 3만여 점을 50개 전시관에 나누어 전시하고 있다. 전반적인 전시 양식은 과학적 원리로 만들어진 산업 제품들을 전시하여 산업기술의 발달 과정을 보여주는 데 초점을 맞추고 있다. 또한 전시 주제를 효과적으로 전달하기 위해 각 층이 서로 연결되어 있다.

지상층에는 대형 선박을 비롯한 항해술 관련 전시품, 각종 동력기기와 철도 및 자동차, 공구와 기계들, 금속 및 광산 관련 전시물이 있다. 지상층과 지하층에 걸쳐 광산 시설을 재현해놓았다. 지하층에는 광산 갱도와 광부들의 생활을 보여주는 전시물을 만들어 어린이들이 놀이하듯 관람할 수 있게 꾸며놓았다.

1903년에 제작된 U보트 1호를 비롯하여 각종 항해 관련 전시관과 환경 및 생물 관련 전시실도 있다. 지상층부터 1층까지 오토 릴리엔탈의 글라이더를 비롯한 각종 비행체가 전시되어 있다. 1층에는 순수과학의 원리에 대한 이해를 돕는 전시물과 더불어 의약과 에너지 관련 전시실 그리고 특별전시실이 위치하고 있다. 2층에는 유리와 광학기기, 섬유와 세라믹 그리고 종이 및 인쇄와 관련한 전시실이 있으며, 악기와 움직이는 장난감을 보여주는 전시실도 있다. 특히 종이와 관련한 전시실에서는 종이가 생산되는 과정을 지켜볼 수 있다.

　3층에는 측정과학과 그에 기반한 산업제품들의 전시실로 구성되어 있다. 천문 및 측지 기기, 시계와 저울, 반도체와 컴퓨터 관련 전시물을 볼 수 있다. 4층부터 6층까지는 통신 관련 전시실을 포함한 천문학과 관련한 전시실이 배치되어 있다. 4층에는 특별히 두 곳의 천문관측소가, 5층에는 우주론을 이해할 수 있는 전시실, 6층에는 천체 투영관이 있다.

정영진

닫힌 국경을 열어 유럽을 하나로

— 룩셈부르크 유럽쉥겐박물관

1985년 프랑스, 독일, 베네룩스 3국(벨기에, 네덜란드, 룩셈부르그)간 쉥겐협정 체결

1990년 쉥겐협약에 의해 보완

1999년 쉥겐협정의 주요 내용이 암스테르담 조약에 포함됨

2010년 쉥겐협정 체결 25주년을 기념하여 룩셈부르크에 박물관 개관

룩셈부르크, 프랑스, 독일 3국 국경의
접경지역에 위치한 유럽쉥겐박물관

유럽쉥겐박물관European Museum Schengen은 룩셈부르크 남동부 지역에 있는 인구 4000여 명 규모의 작은 시골 마을인 쉥겐에 위치해 있다. 쉥겐은 룩셈부르크, 프랑스, 독일 3국의 국경이 만나는 접경지역으로, 서쪽으로는 프랑스 모젤 지방과, 동쪽으로는 독일의 자를란트 지방과 접한다. 이러한 3국 접경지역이라는 지리적 특성으로 인해 국경을 넘는 이동의 문제가 언제나 중요한 일상이 되었던 지역이다.

이처럼 룩셈부르크의 작은 시골 마을인 쉥겐이 유럽 대륙은 물론 전 세계에 그 이름을 널리 알리게 된 것은 1985년 6월 14일에 이곳에서 체결

유럽쉥겐박물관 전경.

된 쉥겐협정Schengen Agreement 때문이다. 쉥겐협정은 베네룩스 3국인 벨기에, 네덜란드, 룩셈부르크가 프랑스와 독일에 제안하여 체결되었다. 주요 내용은 이들 회원국들 사이에 세관 및 여권 검사 면제 등 국경 통제를 점진적으로 완화하고 자유로운 이동을 보장하는 것이다.

　하지만 쉥겐협정 체결에는 작은 난관이 있었다. 이곳이 3국 접경지역이라는 점에서 이 협정의 체결지로서는 상징적인 의미가 컸지만, 워낙 작은 마을이라 국제적 협정을 체결할 장소가 마땅치 않았다. 그래서 당시 협정 체결 5개국의 대표들은 쉥겐 지역의 모젤강에 정박한 프린세스 마리-아스트리드호라는 유람선에서 협정을 체결했다. 유럽쉥겐박물관은 쉥겐협정 체결 25주년을 기념해서 협정 체결 장소인 선박이 정박했던 쉥

1985년 6월 14일 쉥겐협정 체결 장소.

겐 지역 강가에 세워져 2010년에 개관했다.

　당시 쉥겐협정을 베네룩스 3국이 주도한 이유는 이들이 전후 유럽대륙에서 가장 먼저 관세동맹과 경제연합을 완성했던 경험을 가지고 있었기 때문이다. 베네룩스 3국은 2차 세계대전 때 영국에 망명 중이던 세 나라의 정부가 역내 관세 철폐와 역외 공동 관세 부과를 골자로 하는 '베네룩스 관세동맹' 조약, 일명 '런던 관세조약'에 합의했다. 이 조약은 전쟁이 끝난 직후인 1948년에 발효되었다.

　1958년에는 관세동맹에서 한 단계 더 나아가 역내 노동, 자본, 서비스, 상품의 자유로운 이동을 보장하는 '베네룩스 경제연합' 조약을 체결하여 1960년부터 발효시켰다. 베네룩스 3국은 비록 중소국들의 연합이었지만 관세동맹이나 경제연합을 통해서 이후 프랑스, 독일, 영국 등 주요 국가들이 참여하는 유럽통합의 심화 및 확대를 선도해온 측면이 있다.

쉥겐협정

쉥겐협정은 오늘날 회원국들 간의 국경 통제를 없애 자유로운 이동을 보장한 유럽 쉥겐지역Schengen Area을 구성하게 된 지역협정이다. 이 협정은 1985년 6월 14일 당시 유럽경제공동체(EEC)의 10개 회원국 중 5개 회원국(룩셈부르크, 벨기에, 네덜란드, 프랑스, 독일)의 참여로 시작되었으며, 2017년 12월 현재 회원국은 26개로 늘어났다. 초기 쉥겐협정은 1990년에 쉥겐협약Schengen Convention에 의해 보완되었으며 이후 최종적으로 협정이 발효된 것은 1995년 3월 26일이다.

쉥겐협정은 처음에 유럽경제공동체(EEC)나 유럽연합(EU)의 관련 조약이 아닌 별도의 조약 형태로 체결되었다. 그러나 1999년 암스테르담조약에 쉥겐협정의 실질적인 내용들(Schengen acquis)이 포함되면서, 사실상 유럽연합의 관련 조약 성격을 갖게 되었다. 그러나 암스테르담조약 체결 당시 영국과 아일랜드는 쉥겐협정의 적용을 배제하는 조건을 인정받아 이 두 나라에는 쉥겐협정이 적용되지 않는다.

쉥겐협정의 주요 내용은 ① 인적 · 물적 이동의 자유 보장, ② 쉥겐정보시스템Schengen Information System(SIS)을 통한 범죄 예방 등이다. 우선 쉥겐협정은 회원국들 간 공동의 출입국 관리정책을 운영하고 국경 장치를 최소화하여 자유로운 인적 · 물적 이동을 보장하는 것이다. 회원국 국민은 회원국의 국경을 입국·출국 절차 없이 자유롭게 이동할 수 있으며, 비회원국 국민은 회원국 중 하나에서 입국심사를 받으면 일정 기간 안에는 자유롭게 역내 국경 이동이 가능하다.

　그러나 이러한 국경의 최소화가 범죄자나 범죄조직에게 악용될 우려가 있으므로, 이를 예방하기 위해서 쉥겐정보시스템(SIS)을 운영한다. 회원국들은 테러, 불법이민, 마약 등과 관련된 범죄정보를 프랑스 스트라스부르에 위치한 쉥겐정보시스템과 공유한다. 이를 통해서 회원국 간 국경을 넘는 범죄에 대해 공동 대응하며, 이를 바탕으로 각국의 경찰 및 사법기관들의 협력과 공조를 강화해오고 있다. 또한 국가안보를 위해서라면 단기적인 국경검사소 설치도 가능하다.

쉥겐협정 회원국(가입 연도)

유럽연합 회원국 : 룩셈부르크(1985), 벨기에(1985), 네덜란드(1985), 프랑스(1985), 독일(1985), 이탈리아(1990), 스페인(1991), 포르투갈(1991), 그리스(1992), 오스트리아(1995), 덴마크(1996), 핀란드(1996), 스웨덴(1996), 체코(2003), 에스토니아(2003), 헝가리(2003), 라트비아(2003), 리투아니아(2003), 몰타(2003), 폴란드(2003), 슬로베니아(2003), 슬로바키아(2003)

유럽연합 비회원국 : 노르웨이(1996), 아이슬란드(1996), 스위스(2008), 리히텐슈타인(2008)

안과 밖이 하나로 어우러진
작지만 커다란 젊은 박물관

유럽솅겐박물관은 200제곱미터 규모의 현대식 단층건물로 지어진 작고 아담한 박물관이다. 유럽 절대왕정 시대의 화려하고 웅장한 전통적인 박물관에 익숙한 사람은 다소 실망할 수도 있다. 하지만 유럽솅겐박물관은 그 지역의 역사성과 상징성으로 인해, 전시물뿐만 아니라 외부에 펼쳐지는 지역의 전경까지도 의미를 가진다.

관람객은 솅겐협정과 관련된 전시물들을 본 후 자연스럽게 박물관 밖으로 발길을 옮겨서 너른 시야에 펼쳐지는 이 지역의 풍경을 목도하게 된다. 박물관 안에서 본 룩셈부르크, 프랑스, 독일의 국경 지도가 이 지역의 목가적 풍경 위로 자연스럽게 겹쳐지는 것을 경험하게 되는 것이다. 그리고 국경의 자유로운 이동을 보장한 솅겐협정이 왜 필요했는지, 그리고 왜 상징적으로 이곳에서 체결되었는지를 비로소 이해할 수 있게 된다.

박물관 바로 앞에 흐르는 모젤강은 프랑스, 룩셈부르크, 독일을 거쳐서 라인강과 만나고, 다시 네덜란드를 거쳐 북해로 흘러간다. 아주 오래전부터 사람과 물자는 이 강물의 흐름을 따라서 이동해왔을 것이다. 그리고 박물관 주위에 펼쳐지는 광대한 포도밭은 유럽에서 가장 유명한 화이트와인의 산지 중 하나이기도 하다. 하지만 어느 나라에서 생산되었든 모두 모젤이라는 이름으로 불린다. 자연에는 경계가 없기에 어찌 보면 당연한 일이다.

그러나 이러한 자연과 사람, 물자의 흐름은 근대 주권국가의 배타적 권리를 위해 강화되어온 국경이라는 제도적인 장벽에 가로막혀왔다. 두 번

유럽쉥겐박물관 앞 광장.

의 세계대전 기간 동안 유럽 대륙에서 일어난 참혹한 전쟁에 대한 반성과
성찰은 이러한 막힌 흐름을 열어서 고이고 썩어 들어간 관계를 회복하는
것이 시급하다는 결론에 도달했다. 그래서 그 흐름을 복원하는 반세기 동
안의 과정을 통해서 유럽은 통합되고 발전하고 평화로워진 것이다.

  유럽쉥겐박물관은 이처럼 이 지역이 갖는 지리적 · 상징적 의미를 박물
관의 설계에도 고스란히 담아냈다. 단순히 전시물을 닫힌 공간에 두어서
그 의미가 박물관 안에 고이도록 가두는 것이 아니라, 박물관의 내부와
외부가 공간적으로도 의미적으로도 온전히 하나로 연결되어 흐르게 한
것이다. 그래서 안과 밖이 자연스럽게 어우러진 작고도 커다란 이 박물관

은 어쩌면 세계에서 가장 큰 전시 공간을 가진 곳이라고도 할 수 있다.

유럽통합과 쉥겐협약에 대한
시민교육과 학교교육의 장

유럽쉥겐박물관은 2010년에 개관한 현대식 박물관이다. 오랜 역사적 유물이나 작품들을 전시하고 있는 유럽의 전통적인 박물관들과 달리 인터랙티브 디지털 전시물이 주를 이루고 있다. 이는 유럽연합 차원의 시민교육이나 학교교육 활용을 염두에 두고, 유럽통합과 쉥겐협정에 대한 교육과 학습이라는 목적을 고려한 큐레이팅의 결과다. 실제로 관람객 중 다수는 여러 유럽 국가들에서 온 가족 단위의 여행객이나 수학여행을 온 학생이다.

유럽쉥겐박물관의 공간은 크게 상설전시 공간과 자료실로 나뉜다. 상설전시 공간은 쉥겐협정의 역사적 배경과 전개, 그리고 유럽통합사적 의의를 주로 다루고 있다. 쉥겐협정이 양차 세계대전 이후부터 지금까지 이어져온 유럽통합사에서 얼마나 중요한 의미를 차지하는지, 그리고 오늘날 유럽 시민들의 일상에 얼마나 많은 변화를 가져왔는지를 사진, 문헌, 동영상 등 다양한 시청각 자료와 인터랙티브 전시물을 통해서 보여준다.

이외에도 유럽 각국의 국경 통제와 관련한 전시물들이 있다. 우선 쉥겐협정에 체결한 서명본과 각종 공식 문서들이다. 다른 곳에서는 볼 수 없는 협정 체결 당시의 다양한 사진들과 전시물들을 볼 수 있다. 그중에서도 가장 눈에 띄는 것은 과거 쉥겐협정 체결 이전에 국경 통제를 위해 사

유럽쉥겐박물관 내부 상설 전시 공간.

용되었던 각국 언어로 된 안내 표지판들과 국경 경비인력이 사용해오던 각종 복장 및 도구들이다.

특히 이 박물관은 통합 유럽의 미래를 이끌어갈 어린이 관람객을 위한 배려가 곳곳에 눈에 띈다. '어린이를 위한 쉥겐(Schengen for Kids)'이라는 명칭으로 어린이 눈높이에 맞춘 별도의 인터랙티브 전시물을 마련하고 있으며, 어린이 방문객을 위한 별도의 박물관 가이드 프로그램도 운영하고 있다. 박물관의 모든 자료와 설명, 그리고 가이드는 프랑스어, 독일어, 영어로 제공되며, 기본 브로셔는 유럽연합 회원국의 24개 언어로 제공된다.

유럽쉥겐박물관은 이러한 상설전시 공간 외에도 유럽직접정보센터 Europe-direct-information centre(이하 유럽정보센터)라는 문헌 자료실도 운영하고 있다. 유럽정보센터는 유럽연합이 유럽통합과 유럽연합에 운영 정보를 제공하고 유럽 시민들의 궁금증을 풀어주기 위해 조직한 유럽다이렉트 Europe Direct라는 유럽정보센터 네트워크의 일부로서, 시민교육과 학교교육의 장으로 활발히 운영되고 있다. 이 지역의 지리적 특성상 룩셈부르크, 프랑스, 독일 3국의 시민들이 자유롭게 이용하고 있다.

룩셈부르크의 '열림Openness'이라는
국가 정체성의 유럽화

유럽�솅겐박물관은 룩셈부르크 정부가 최근 국가 정체성National Identity으로 만들어가고 있는 '열림'이라는 개념과 긴밀히 조응하고 있다. 인구 약 60만 명의 작은 나라인 룩셈부르크는 963년경 지크프리트 백작에 의해 건국되어 1400년대부터 400여 년 동안 부르고뉴공국의 영향력 아래 들어 갔다가, 1800년대에 영세중립국으로서 독립하게 된다. 그러나 양차 세계 대전 기간 때 독일에 점령당하기도 했다.

양차 세계대전 이전부터 룩셈부르크는 영세중립국으로서 유럽에서 외국인에 대해 가장 열린 정서를 가지고 있는 나라로 명성이 높았다. 현재 유럽에서 전체 인구수 대비 유대인 인구수가 가장 많은 나라도 룩셈부르크다. 특히 2차 세계대전 직후에는 독일에서 홀로코스트를 피해 3000여 명의 유대인이 피난을 왔고, 독일의 룩셈부르크 침공 이전까지 유대인이 전체 인구의 10퍼센트를 차지하고 있었다.

그러나 독일이 룩셈부르크를 침공하자 유대인들은 다시 프랑스와 벨기에로 피난을 갔다. 그리고 남아 있던 유대인 중 2000여 명이 강제수용소 나 가스실로 끌려갔다. 전쟁이 끝나고 유대인들이 돌아오면서 룩셈부르 크에 지금의 유대인 사회가 재안착했는데, 룩셈부르크에 금융산업이 발달한 것도 이러한 배경에 기인한다. 특히 최근 들어 젊은 유대인들의 이민 유입이 늘고 있는 추세다. 무엇보다도 유럽 주요 국가들에서 극우정당이 급부상하는 현상이 룩셈부르크에서는 나타나지 않고 있다는 점에 주목할 만하다. 룩셈부르크 정부에 따르면 2002년을 마지막으로 유대인 혐오범죄 또한 발생한 적이 없다.

룩셈부르크는 이처럼 반유대주의로부터 자유로운 거의 유일한 유럽 국가이고, 회원국 간 국경을 개방한 쉥겐협약을 주도하고 체결한 곳이라는 점에서 최근 '열림'이라는 국가 정체성을 대외적으로 홍보하고 있다. 이에 따라 유럽쉥겐박물관 인근 지역에서 유대인의 역사를 적극 발굴하고 이를 쉥겐조약과 연결 짓는 내러티브를 개발하고 있다. 이를 통해서 국경을 초월하는 자유로운 사람과 물자의 이동이라는 쉥겐협약이 사실 룩셈부르크가 오래전부터 유지해온 국가적 전통이나 가치와도 잘 맞아떨어진다는 점을 부각하고 있다.

영국의 브렉시트 결정으로 인해 유럽통합의 흐름이 일시적으로 흔들리고 있는 상황에서, 유럽쉥겐박물관은 유럽통합에 문을 닫으려는 영국의 길이 결코 답이 될 수 없음을 간접적으로 보여주고 있다. 오늘날 룩셈부르크가 1인당 국민소득(GDP) 10만 달러를 넘으며 세계 제1위의 부국이 된 것은 바로 이러한 열림Openness의 가치가 있었기에 가능한 일이다. 인구 60만 명의 작은 나라 룩셈부르크가 이러한 열린 가치를 바탕으로 브렉시트 국면에서 던질 수 있는 메시지는 바로 이 유럽쉥겐박물관에 응축되어 있다고 할 수 있다.

윤석준

— 마르세유 유럽지중해문명박물관

1878년 파리 트로카데로궁에 세계의 민속학 관련 물품을 전시하는 트로카데로민속학박물관 개장

1884년 트로카데로민속학박물관 내 프랑스관 개장, 프랑스 내의 민속학 관련 전시품 전시

1937년 파리 만국박람회 개최로 트로카데로궁이 철거되고 샤요궁이 지어지면서 민속학박물관 폐관. 민속
학박물관 내 프랑스관에 있던 컬렉션은 같은 자리의 샤요궁에 새롭게 세워진 민속전통예술국립박
물관에서 전시

1972년 민속전통예술국립박물관 불로뉴 숲으로 확장 이전하며 박물관 컬렉션을 중세 및 현대까지 확대

2000년 민속전통예술국립박물관 폐관 이전 계획. 그 결과 마르세유에 이 박물관의 컬렉션을 계승하는 동
시에 유럽 지중해 민속학을 주제로 한 새로운 박물관의 건립 계획

2005년 민속전통예술국립박물관 폐관. 뮈셈 개장 이전까지 박물관의 컬렉션은 프랑스 및 해외 등지에서
특별 순회 전시

2013년 마르세유, 유럽연합 문화수도로 지정됨

마르세유에 유럽지중해문명박물관(MuCEM) 개장

2015년 유럽의회 지정 올해의 박물관 선정

다채로운 매력의 지중해 도시 마르세유

유년기의 쇼펜하우어는 가족과 함께 떠난 유럽 여행 중 마르세유를 방문
한 후 "나는 프랑스 도시 중 마르세유가 가장 아름답다고 확신한다. 마르

세유는 프랑스의 어떠한 도시와도 다른 모습을 지니고 있다"라고 기록했다. 비록 마르세유가 프랑스에서 가장 아름다운 도시라는 주장에는 이견이 있을 수도 있겠지만, 19세기 초 쇼펜하우어가 마르세유를 '가장 프랑스적이지 않은 도시'라고 묘사했던 이 관점은 오늘날 우리가 바라보는 마르세유가 가진 특징과 매력을 설명하는 데에도 무리가 없을 것이다.

마르세유는 잘 가꾸어진 경관을 자랑하는 도시는 아니다. 특정한 시대의 양식을 잘 보존하여 아름다움을 뽐내는 다른 도시들과는 분명 거리가 있다. 하지만 쇼펜하우어가 이야기했듯이 마르세유의 진정한 매력은 프랑스적이지 않은 모습에 있다. 기원전 600년경 그리스인들이 마살리아라고 불렀던 이곳에 정착할 때부터 지금까지 마르세유의 중심이 되어온 구舊 항구Vieux-Port, 항구가 내려다보이는 언덕 위에 자리 잡은 13세기의 노트르담 드 라 가르드 대성당, 알렉상드르 뒤마의 소설《몬테크리스토 백작》의 배경이 되기도 했던 중세 감옥 이프섬, 그리고 마르세유의 오랜 역사를 간직하고 있는 구시가지의 파니에 지구, 수십여 개의 만灣 사이로 석회암 절벽이 아름다운 절경을 자랑하는 칼랑크 등 2600년이라는 긴 시간 동안 마르세유가 걸어온 역사가 한곳에 다채롭게 펼쳐져 있는 것이 이 지중해 도시의 특징이자 매력이라 할 수 있다.

더불어 마르세유는 프랑스 최대의 지중해 항구라는 역할에 걸맞게 오랜 시간 동안 다양한 사람들을 맞이하고 떠나보냈다. 그리스인의 해양기지로 시작된 마르세유는 로마제국 시대 갈리아로 통하는 관문이었으며, 중세에는 프로방스 백작령의 핵심 도시로, 또는 아라곤왕국과 시칠리아왕국의 항구도시로 지중해 해운의 중요한 역할을 맡았으며, 근대에 이르러서는 프랑스의 지중해 무역 중심지로 성장했다. 19세기에는 프랑스 '제

구항구와 뮈셈 생장 요새를 잇는 육교. 구시가지 끝에 위치한 육교를 통해 뮈셈의 생장 요새로 입장할 수 있다.

국의 항구'라고 불리며 프랑스 본토와 제국 식민지의 연결고리로 성장했
으며, 20세기 초에는 이탈리아인이 인구의 40퍼센트를 차지하기도 했고,
프랑스의 아프리카 식민지 지배로 마그레브 지역의 사람들이 대거 마르
세유로 유입되기도 했다. 이렇듯 마르세유는 그 출발부터 현재에 이르기
까지 항상 지중해의 여러 지역 사람들이 어울려 생활해온 장소다. 이러한
역사와 사회 구성원의 다양한 활동이 한자리에서 펼쳐져 왔고 현재에도
지속되고 있다는 점이 마르세유의 정체성이자 마르세유를 프랑스에서 가
장 특별한 도시로 만들어준 토대일 것이다.

뮈셈 :
박물관을 통해 드러나는 마르세유와 프랑스의 미래

오랜 역사 속에서 다양한 사회 구성원들을 품어온 마르세유에 새롭게 등장한 것이 바로 유럽지중해문명박물관Musée des civilisations de l'Europe et de la Méditerranée(MuCEM, 이하 뮈셈)이다. 이름에도 드러나듯이, 이 박물관은 유럽과 지중해의 연결고리 역할을 수행해온 마르세유의 특성을 잘 반영하고 있다. 마르세유가 2013년 유럽 문화수도로 지정된 것에 맞추어 2013년 6월 7일 일반 관람객에게 문을 연 뮈셈은 마르세유시의 노력뿐 아니라 프랑스 정부의 전폭적인 지원과 관심의 결과물이다.

뮈셈은 몇 가지 인상적인 타이틀을 가지고 있는데, 그중 하나는 프랑스 최초로 지방에 세워진 국립박물관이라는 점이다. 2000년대 이후 진행되어온 수도와 지방의 지역 균등발전 계획사업 중 하나였던 뮈셈의 건립은 당시 대통령인 프랑수아 올랑드가 개관식에 참석하고 문화부가 중점적으로 사업을 추진할 정도로 국가적인 관심을 받았다.

뮈셈의 또 다른 특징은 프랑스 최초로 유럽 및 지중해 문명을 주제로 다루고 있다는 점이다. 대부분의 프랑스 박물관이 과거의 특정 시대와 지역에 집중하여 컬렉션을 수집하거나 제국주의 시대 세계 각지에서 수집한 유물을 전시하는 데 초점을 맞추어온 것과 달리, '21세기를 위한 문명박물관'이라는 테마를 내세운 뮈셈은 기존의 박물관이 다루지 않았던 유럽과 지중해 문명의 상호성과 관련성을 주제로 전시를 기획하고 있다.

뮈셈은 유럽지중해Euroméditerranée라는 새로운 개념을 제시하며 과거부터 지금까지 유럽과 지중해를 이어왔던 마르세유가 앞으로 나아갈 방향

을 보여줌과 동시에 유럽 중심주의에서 벗어나 유럽과 지중해의 상호연
관성을 통해 새로운 역사관을 제시하는 박물관으로 거듭나겠다는 마르세
유와 프랑스의 큰 그림을 반영하고 있다.

　2013년에 개관한 뮈셈은 시설이나 박물관의 주제라는 측면에서 가장
현대적인 박물관이며, 마르세유와 프랑스가 지향하는 미래를 명확하게
보여주는 박물관이라 할 수 있다.

마르세유의 역사 위에 세워진 뮈셈

마르세유를 여행하는 관광객의 발걸음은 자연스레 뮈셈을 향하게 된다.
보통 마르세유를 방문하는 여행자들은 가장 유명한 구항구와 구시가지를
걷기 마련이다. 그리고 이 여정의 마지막에 이를 즈음 자연스레 뮈셈을
만나게 된다. 구항구의 끄트머리에 자리 잡고 있는 뮈셈은 그 위치와 특
별한 외관으로 인해 관광객의 눈길을 끈다.

　뮈셈은 마르세유의 상징적인 장소에 위치해 있다. 구항구의 끝에 위치
하고 있는 뮈셈은 두 건물로 이루어져 있는데,* 그중 하나는 마르세유의
유적인 생장 요새이며, 다른 하나는 박물관의 메인 건물인 J4(môle J4)이
다. 구시가지의 맨 끝에 자리 잡고 있는 생로랑 교회 앞의 육교를 통해 생
장 요새로 입장할 수 있으며, 생장 요새에서는 J4의 옥상 테라스와 연결

---

*　뮈셈은 구항구에 위치한 생장 요새와 J4를 포함하여 마르세유 중앙역 뒤편의 자료보존센터(Centre de conservation et
de resources: CCR)까지 3개의 건물로 구성되어 있으나, 자료보존센터는 연구 및 자료 보관 기능을 주로 수행하는 곳이므
로 이 글에서는 구항구의 생장 요새와 J4 건물만을 소개하도록 한다.

되는 육교를 통해 박물관의 전시장으로 들어갈 수 있다. 현대식 건물인 J4와 역사 유적인 생장 요새가 절묘하게 조화를 이루는 뮈셈은 첫인상부터 여느 박물관보다 더 특별한 느낌을 준다.

마르세유 구항구와 바다가 접하는 부분에 위치한 생장 요새는 뮈셈의 개장과 함께 박물관의 입구이자 특별전의 갤러리라는 새로운 역할을 맡게 되었다. 중세 마르세유에서 활동했던 예루살렘 성 요한 기사단에 의해 명명된 생장 요새는 마르세유의 구항구를 방어하던 곳이었으며, 생장 요새라는 이름이 붙기 이전에도 명칭만 달랐을 뿐, 마르세유에 그리스인들이 정착한 시점부터 항상 구항구를 지키며 마르세유의 역사와 함께 해왔던 장소다. 생장 요새가 위치한 만灣과 바다의 접점에서는 고대 그리스-로마시대의 망루 유적이 발견되었으며, 요새 안에는 12세기 예루살렘 성 요한 기사단이 세운 교회의 유적, 프로방스 백작이자 아라곤과 시칠리아의 영주였던 르네 당주가 15세기 생장 요새에 세운 르네탑, 17세기 프랑스 정부가 세운 등대 같은 유적들이 고스란히 남아 있다. 이처럼 마르세유의 종교적 · 군사적 · 민간적 차원의 내용이 모두 반영되어 있는 그야말로 마르세유 역사를 고스란히 간직하고 있는 장소다.

뮈셈의 본관 J4가 지어진 장소 역시 중요한 의미를 지닌다. 신항구가 건설되기 전까지 이곳은 마르세유를 오가는 수많은 여행객들을 맞이하고 떠나보내던 항구 대합실이었다. 1920년대 마르세유를 중심으로 발전한 재즈 문화는 이곳 항구를 통해 미국에서 프랑스로 건너왔으며, 유럽의 작가와 예술가들이 나치를 피해 유럽을 떠나 미국으로 향했던 곳 역시 바로 이 장소였다. 신항만 건설 이후에는 부두 창고로 사용되다가, 1995년 도시재정비 사업 때 새로운 박물관 자리로 선정되었다.

뮈셈은 시민들의 방문을 유도하고 접근성을 높이기 위해 본관 전시관을 제외한 모든 구역을 자유롭게 입장할 수 있게 허용하고 있다. 실제로 마르세유 구항구의 경치를 즐기기 위한 관광객들이 생장 요새 안을 거닐면서 유적들을 감상하고 경관을 내려다보곤 한다. J4의 테라스에는 바다를 바라보며 독서하는 시민들, 피크닉을 즐기는 가족들을 쉽게 만나볼 수 있다. 생장 요새와 구항구 대합실 터는 뮈셈 건립을 통해 박물관이 표현하고자 하는 유럽과 지중해의 만남을 보여주는 가장 이상적인 위치에서 시민들과 함께 하고 있다.

바람과 돌, 물의 박물관 뮈셈

뮈셈을 바라볼 때 가장 먼저 눈에 띄는 부분은 본관 건물인 J4의 화려하고 아름다운 외관일 것이다. 뮈셈의 J4는 루브르박물관의 이슬람 전시관과, 파리의 종합경기장 중 하나인 스타드 장부앙을 재설계한 프랑스의 건

J4와 생장 요새. 왼쪽이 루디 리치오티가 설계한 J4이고, 오른쪽이 생장 요새다.

축가 루디 리치오티Rudy Ricciotti*의 작품이다. 바다 한가운데 떠 있는 느낌을 주는 4층 높이의 박물관은 마치 그물 모양의 검은 콘크리트가 투명한 유리 건물을 감싸고 있는 모습이다. 이는 루디 리치오티가 항구와 바다를 품은 마르세유의 특징을 살려 '돌, 물, 바람'을 모티프로 삼아 표현한 것이라고 한다. 그는 J4 건물이 '단순한 건축물을 넘어서 방문하는 모든 사람이 햇빛과 그늘, 창살, 지중해의 지평선을 공유할 수 있는 장소'가 되기

---

* 루디 리치오티의 작품은 서울에서도 찾아볼 수 있다. 서울시와 프랑스의 '2000년 위원회'의 공동 협력사업의 일환으로 건설된 선유도와 양평동을 잇는 보행자 전용 다리인 선유교가 그의 작품이다.

를 바랐다고 밝혔다.

세계 최초로 초고성능 섬유강화 콘크리트를 사용한 뮈셈 J4는 그물 모양의 여러 조각들로 구성된 콘크리트를 정교한 작업으로 이어 붙여 건물을 두르는 형태로 제작되었다. 콘크리트 건축공법의 새로운 장을 열었다고 평가받는 이러한 작업의 결과로 관람객은 박물관 내부에서도 햇볕을 쬐고 바다를 바라보며 전시관을 감상할 수 있다. 또한 콘크리트 건물 외벽과 유리로 된 건물 내부 사이의 테라스가 전체 건물을 감싸며 1층부터 옥상까지 연결되어 있어 관람객은 이 테라스 복도를 거닐며 마르세유 구항구와 지중해의 전경을 한눈에 감상할 수 있다.

공간의 활용 측면에서 뮈셈의 또 다른 특징은 개방형 구조라는 점이다. 특별전시전과 기획 전시를 담당하고 있는 생장 요새는 누구나 무료로 입장할 수 있으며, J4 역시 전시실을 제외하고는 자유롭게 건물을 드나들 수 있다. 박물관 전시품에 관심이 없는 방문객이라 할지라도 생장 요새를 통과하여 J4 테라스 옥상의 카페에서 여유를 즐길 수 있으며, 자유롭게 입장 가능한 도서관과 건물 내부의 홍보물 및 전시 소개품을 관람할 수 있다.

이러한 뮈셈의 위치와 건물 구조는 마르세유 시민들에게는 휴식과 여가의 공간으로, 마르세유를 찾은 여행객들에게는 마르세유의 역사와 전경을 보여주며 새로운 관광지의 역할을 하고 있다.

뮈셈 컬렉션 :
새로운 문명관을 토론하는 사회적 박물관

뮈셈의 컬렉션은 오랜 역사를 가지고 있다. 그 기원은 1884년 파리 트로카데로박물관Musée du Trocadéro 안에 자리 잡은 프랑스민속학Ethnographie 상설전시실의 컬렉션이다. 1878년 파리 만국박람회 전시장으로 건설된 트로카데로궁의 박물관은 박람회가 끝난 후에도 세계 각지의 민속학 관련 전시회를 열었다. 1884년에 프랑스관Salle de France을 추가하여 프랑스 내에서 수집된 민속학 전시품들을 전시했다. 이 소장품들은 1937년 파리 만국박람회 개최를 위해 트로카데로궁을 철거하고 그 자리에 샤요궁이 지어지면서 만들어진 민속전통예술국립박물관Musée national des arts et traditions populaires에 전시되었으며, 1975년 파리 외곽의 불로뉴 숲에 위치한 아클리마타시옹 정원으로 확장 이전하며 독립된 박물관에서 전시되었다. 그러나 2005년 이 박물관은 프랑스 정부의 수도 집중화 해소 정책의 일환인 뮈셈 건설 계획으로 인해 폐관되었고, 뮈셈은 민속전통예술국립박물관이 보유하고 있던 컬렉션을 이어받게 되었다.

하지만 뮈셈은 단순히 파리의 민속전통예술국립박물관의 컬렉션을 그대로 옮겨 전시하지 않았다. '21세기를 위한 문명박물관'을 모토로 삼고 있는 뮈셈은 과거의 유물을 나열하고 구성하는 박물관이 아닌, 사회적 토론을 이끌어낼 수 있는 다양한 현대적 주제의 전시회와 영화, 공연 등을 통해 시민들과 호흡하는 박물관을 추구하고 있다. 이러한 목적을 위해 전시실 네 곳 중 두 곳은 일반 관람객이 쉽게 접근할 수 있는 주제의 사진전과 전시회 등을 주로 진행하고 있으며, 나머지 두 곳은 유럽과 지중해 문명의 상호 관련성을 보여주는 물품들을 전시하고 있다. 박물관이 추구하는 목표에 다가가기 위해 뮈셈은 상설전시실을 두고 있지 않다. 유럽 및 지중해 문명을 설명하는 메인 컬렉션도 1년 정도의 기간을 두고 테마 구성과 전시품, 전시 방식을 달리하여 박물관의 핵심 주제를 전달하고자 한다. 이는 현대 사회를 반영하고 미래에 대한 토론을 열어가고자 하는 뮈셈의 목적을 달성하기 위한 노력의 일환이다.

실제로 2013년 뮈셈 개관 당시에는 유럽과 지중해 문명의 상호성을 표현하기 위해 연대기적으로 과거부터 현재에 이르는 유럽과 지중해의 만남 및 갈등을 주제로 컬렉션을 전시했다. 지중해를 통해 유럽 각지로 퍼져나간 선사시대 유물 전시를 시작으로 그리스-로마시대 지중해를 중심으로 상호작용했던 각 지역의 유적들, 지중해 지역에서 등장한 유대교와 기독교, 이슬람교의 발현과 연관성을 중심으로 각기 다른 종교의 성지로 간주되는 예루살렘에 대한 설명이 이어졌다. 중세를 설명하는 부분에서는 지중해 무역을 주도했던 베네치아와 제노바의 해상활동을 분석했으며, 19세기 프랑스 제국주의 팽창의 첫 번째 목표였던 알제리 침공에 관해서도 많은 설명이 이어졌다. 현대의 주제를 다루는 부분에서는 알제리 전쟁과 북아프리카 지역의 독립, 그리고 오늘날까지 문제가 되고 있는 아랍 지역의 재스민 혁명을 비롯하여 이스라엘과 아랍 국가 간의 갈등, 지중해를 넘어오는 난민 문제들을 다룸으로써 유럽과 지중해의 상호작용이 과거부터 현대에 이르기까지 끊임없이 이루어지고 있다는 것을 보여주었다.

2017년에도 뮈셈이 보여주고자 하는 유럽과 지중해 문명의 상호작용은 여전히 핵심적인 주제가 되고 있다. 그러나 뮈셈은 전시 구성에 변화를 주어 다각도에서 유럽과 지중해 문명의 상호관련성이라는 주제에 접

지중해 연결성 갤러리 내부. 북아프리카의 항구도시 알제, 트리폴리, 튀니스에 대한 설명이 다양한 전시품 및 도시 모형 등과 함께 제공되고 있다.

근하고 있다. 현재는 전시관을 두 부분으로 분류하여 민속전통예술국립박물관의 주요 컬렉션이었던 민속학 전시품을 중심으로 한 '지중해 농촌성 갤러리galarie de la méditerranée ruralités'와, 중세와 근대를 주제로 한 '지중해 연결성 갤러리galerie de la méditerranée connectivités'를 기획하고 있다.

두 번째 갤러리에서는 지중해와 접한 항구도시였던 이스탄불, 알제, 베네치아, 제노바, 마르세유, 카이로 등을 주제로 중세부터 현재에 이르기까지 지중해 해안 도시들의 상호작용과 발전 및 쇠락, 그리고 각 도시 간의 갈등과 문제점을 조망하면서 유럽과 지중해의 연관성을 보여주고 있다. 이 주제는 단순히 과거 역사의 설명에 그치지 않고 지중해를 둘러싼 오늘날의 문제들을 조망하는 것으로 이어진다.

예를 들어 카이로는 20세기 이후 지중해 연안 지역의 급격한 도시화로 인한 문제들을 환기시키고, 현대 프랑스 마르세유에서 그리스의 크레타섬과 이집트의 알렉산드리아까지 이어지는 해저 케이블은 지중해가 이들 나라들 간의 연결고리가 되고 있음을 보여준다. 이는 관람객이 박물관에서 보고 들은 내용이 단순한 과거의 역사에 그치는 것이 아니라 오늘날에도 여전히 유효한 문제이며 우리의 고민이 필요하다는 점을 자연스레 인지하도록 유도한다. J4 1층에 위치한 이 메인 컬렉션은 뮈셈의 가장 핵심적인 전시 내용이자 뮈셈의 특징을 가장 잘 드러내는 전시회라 할 수 있다.

이어 3층에 있는 두 곳의 특별전시관은 1층에 위치한 전시관의 주제보다 좀 더 가볍고 흥미로운 내용으로 구성되어 있다. 대략 4~5개월에 한 번씩 전시 기획을 변경하며, 사회적 박물관이 되고자 하는 뮈셈의 목표가 뚜렷하게 드러나는 곳이다. 1층의 전시실이 유럽과 지중해의 과거부터 현재까지를 보여준다면, 이곳의 전시물은 현재의 상황과 문제들을 보여주며 유럽과 지중해 문명의 현실과 미래에 대한 고민을 이끌어내고자 한다.

뮈셈 개장 당시에는 프랑스에서 한창 이슈가 되었던 무슬림 여성의 히잡과 관련한 전시가 진행되었다. 이 전시회는 일반적인 고정관념과 달리 오늘날 무슬림 여성의 풀라르가 종교적·전통적, 또는 개인의 패션이나 성적인 정숙과 같이 다양한 의도를 가지고 착용되고 있다는 점을 여러 사진과 물품들을 통해 드러낸다. 여성 해방을 위해 법적으로 금지해야 한다는 의견과, 개인의 자유를 존중하고 이해해야 한다는 의견이 대립하고 있다는 점을 보여주려는 것이다. 이란의 여성 축구 국가대표 팀의 히잡을 포함한 유니폼과, 루이뷔통 같은 명품 마크가 찍혀 있는 히잡, 부르카로 온몸을 가린 여성이 최신식 오토바이를 타고 있는 사진들은 단순히 관람객의 흥미를 자극하는 데 그치지 않고 오늘날 사회적 이슈가 되고 있는 주제들을 다각도에서 바라

J4 중앙 홀. '우리는 축구다' 전시 관련 영상 및 소개가 중앙 홀에서 진행 중이다.

보게 했다.

2017년 12월에는 '우리는 축구다(Nous sommes Foot)'라는 주제로 전시
회가 열렸다. 지네딘 지단의 고향이자 프랑스에서 가장 축구에 열광하는
도시 중 하나인 마르세유에서 축구가 단순한 스포츠 경기에 머물지 않고
사회적·문화적·정치적 주제가 되고 있다는 점을 가장 먼저 설명하고
있는 이 전시회는 축구라는 대중적인 주제를 가지고 현대 사회와 마르세
유, 유럽과 지중해를 보여주고자 했다. 가장 자본주의적인 대형 스포츠라
는 점과 동시에 스포츠 정신의 준수가 양면적으로 존재하는 모습, 온 가
족이 함께 관람하는 스포츠임과 동시에 종종 정치적 시위로까지 번지는
서포터들의 과격함, 지중해를 넘나들며 전파되는 응원문화 등을 보여주
는 이 전시회는 다양한 시청각 자료와 조형물들로 관람객의 흥미를 끌고
있다. 이는 축구를 좋아하지 않는 사람이라 할지라도 전시 내용에 흥미를
가지게 하는 동시에 사회적 문제에 대한 메시지를 던지고자 하는 뮈셈의

목적이 명확히 드러난 것이다.

　이와 더불어 뮈셈은 네 곳의 전시관 이외에도 다양한 장소와 시설을 통해 연극 공연 및 영화 관람, 누구나 참여할 수 있는 원탁 토론회와 전문가 초청 세미나, 청소년을 위한 설명회와 참여 프로그램을 제공하고 있다. 이는 관람객에게 한 걸음 더 다가가는 능동적인 박물관이 되고자 하는 노력임과 동시에 사회적 문제에 대한 고민을 시민들과 함께 나누는 장소로 거듭나기 위한 노력이다.

마르세유와 뮈셈의 꿈,
새로운 유럽-지중해 문명의 중심

뮈셈은 프랑스에서 가장 현대적인 박물관이다. 가장 큰 규모 중 하나인 국립박물관이자 가장 최근에 세워진 박물관, 프랑스 정부와 지방자치단체의 전폭적 지지를 받으며 건립된 박물관, 그리고 유럽과 지중해 문명의 상호연관성이라는 현대적인 콘셉트와 전시 주제를 보여주는 박물관이라는 점에서 뮈셈은 다른 박물관과는 분명한 차이를 가진다.

　무엇보다도 뮈셈은 마르세유와 프랑스, 나아가 유럽이 추구하는 미래에 대한 구상을 그대로 투영하고 있는 박물관이다. 비록 19세기 제국주의 시대에 전 세계의 고고학적 자료를 모아 만든 민속학 전시관에서 출발했지만, 오늘날 뮈셈 전시에서 민속학 관련 자료는 일부에 지나지 않는다. 뮈셈이 컬렉션의 구성에서 가장 집중하는 부분은 유럽과 지중해의 연결과 상호작용, 과거와 현재, 미래의 연결과 상호작용을 표현하는 것이다.

생장 요새와 J4의 야경.

이는 프랑스와 유럽이 자국 중심주의와 유럽 중심주의에서 벗어나 새로운 틀로 비유럽 지역과의 상호성에 집중하는 것을 미래상으로 그리고 있음을 의미한다.

그러나 오늘날 유럽과 지중해의 현실은 뮈셈의 청사진과 달리 넘어야할 장애물이 많다. 세계 정치는 점점 더 자국 중심주의로 흘러가고 있으며, 유럽 각국에서 극우주의 정당이 더욱 세력을 얻고 있다. 그리고 뮈셈이 바라본 소통과 상호작용의 장인 지중해는 난민들의 사고가 끊이지 않는 곳이 되고 있다.

뮈셈이 직면하고 있는 문제도 바로 이러한 이상과 현실 사이의 간극에 있다. 아무리 뮈셈이 박물관의 구성을 통해 유럽과 지중해 문명의 상호작용을 자연스럽게 설명하면서 관람객에게 다가간다고 할지라도 현실적으로는 여전히 민족주의적인 세계관, 다양한 문화의 공존을 불편하게 여기는 다문화주의에 대한 반감이 대중의 공감을 얻고 있다. 그리고 이를 일순간에 제거한다는 것은 불가능한 일이다.

뮈셈 역시 이러한 점을 인지하고 있기에 일반 대중이 쉽게 흥미를 느낄 수 있는 현대적 주제에 대한 전시와 사회 구성원 모두가 참여할 수 있는 토론회 등을 기획하는 데 많은 노력을 기울이고 있다. 이러한 의미에서 뮈셈은 어쩌면 새로운 문명관을 만들어내어 이를 일반 대중에게 설명하는 결과물로서의 박물관이 아니라, 새로운 문명관을 사회 구성원들과 함께 만들어나가는 과정이자 그 출발점을 우리에게 보여주고 있다고 할 것이다. 쉽지 않은 이 과정이 긍정적인 결과를 이끌어낼 때, 마르세유는 유럽과 지중해를 연결하는 중심 도시로서 자리매김할 수 있을 것이다.

김진영

유럽의 정체성을 묻다

— 브뤼셀 유럽역사의 집

2007년   유럽의회 의장 푀터링이 유럽의 역사를 전시할 박물관의 필요성 언급

유럽역사의 집 설립을 위한 아홉 명의 전문가 위원회 발족

2008년   아홉 명의 전문가 위원회 '유럽역사의 집을 위한 기본 구상' 작성

2009년   브뤼셀시 이스트먼 건물을 유럽의회에 헌납

2017년   유럽역사의 집 개관

'유럽역사의 집'으로 가는 길

전체 인구수(2016년 기준 1135만 명)가 서울 인구 정도밖에 안 되는 유럽의 작은 나라 벨기에의 수도 브뤼셀에는 유럽연합의 주요 정책들을 결정하는 다수의 유럽 기구들이 밀집해 있다. 유럽집행위원회, 유럽이사회, 유럽의회 같은 유럽연합의 핵심 기구뿐만 아니라 다수의 유럽연합 관련 기관들이 모여 있다. 브뤼셀 시내 중심에서 동쪽에 위치한 루아 거리를 걷다 보면 유럽연합 기구를 비롯하여 각종 위원회, 유럽연합도서관 등의 높은 빌딩이 밀집한 유럽지구에 도착하게 되는데, 우리는 이곳에서 브뤼셀이 결코 작지만은 않은 '유럽의 수도'임을 새삼 실감하게 된다.

유럽역사의 집Maison de l'Histoire européenne은 바로 이 유럽지구에서 가까운 레오폴드 공원에 위치하고 있다. 그러므로 유럽역사의 집을 방문하기 위해서는 먼저 유럽지구를 목표로 하여 아를루아, 멜백, 슈만 지하철역이나 또는 브뤼셀-룩셈부르크, 브뤼셀-슈만 기차역을 이용하는 편이 가장 빠르다. 이 역들에서 도보로 10분 거리에 '유럽역사의 집'을 품고 있는 레오폴드 공원이 있기 때문이다.

그런데 '유럽역사의 집'으로 가는 또 다른 길이 있다. 박물관 반대쪽, 더 정확히 말해 박물관 뒤쪽에는 유럽의회가 위치해 있다. 그러므로 유럽의회를 목표로 걷다 보면 유럽역사의 집으로 쉽게 닿게 된다. 이처럼 '유럽역사의 집'이 유럽의회와 가까이 있는 것은 결코 우연이 아니다. 두 건물의 근접성은 박물관 설립 목적을 이해하는 주요한 설명이 되기도 한다. '유럽역사의 집' 설립 기획단계부터 증축 과정에 이르기까지 재정적 지원 및 기획을 주관했던 유럽의회는 이 역사의 집을 방문하는 유럽인들이 통합 유럽의 현재를 더 잘 이해하고 앞으로 유럽을 어떻게 발전시켜나갈지를 고민하길 기대했다. 유럽의회 위원장 푀터링Hans-Gert Pöttering은 박물관의 설립 목적에 대해 이 점을 강조하고 있다.

유럽역사의 집 설립은 유럽인들에게 유럽에 대한 역사인식을 심화시키기 위해 출발했지만 무엇보다 그들의 현재와 미래를 이해시키기 위한 당위성에 역점을 두고 있다.(2007년 2월 13일)

유럽의회는 유럽을 알고자 하는 방문객에게 현재의 유럽이 만들어진 과정을 먼저 알리고, 그러한 유럽이 만들어진 배경과 토대로서 유럽 공통의 역사 및 그 뿌리를 이해하는 여정을 권한다. 왜냐하면 유럽의회는 과거와 소통하는 현재가 미래로 나아가기 위한 동력을 제공한다는 것을 잘 알고 있기 때문이다.

　이러한 기획 의도를 가진 유럽역사의 집은 2007년 박물관 설립 계획이 공표된 이래 10년의 긴 설립 프로젝트를 통해 2017년 5월에 개장했다. 박물관의 필요성에 대한 논쟁 및 반복적인 개장 지연 등으로 적지 않은 가슴앓이를 했음에도 불구하고 본격적인 통합 유럽의 서막으로 볼 수 있는 로마조약(1957) 60주년을 기념하는 상징적인 해에 개장한 것이다. 더욱이 최근의 브렉시트Brexit, 난민 문제, 테러 등의 연이은 사건과 '반反유럽연합 극우세력의 약진'으로 인한 유럽통합의 위기설이 마구 쏟아져 '하나의 유럽'에 대한 필요성이 반문되는 작금의 상황을 고려한다면 박물관 개장 소식이 놀랍기까지 하다. 통합 유럽은 현재 위기의 시대를 걷고 있는 것인가? 유럽 사회의 위기 및 민족주의 기승 속에서 과연 통합 유럽은 지속될 수 있을 것인가? 통합 유럽이 위기를 맞은 이 시대에 '유럽역사의 집' 개장은 어떤 의미를 가지는가? '유럽역사의 집'은 바로 이 같은 질문들과 마주하고 있다.

오랜 치과병동과 현대식 박물관의 조화

유럽역사의 집은 레오폴드 공원의 한 부분이자 동시에 전체인 것처럼 그 자태를 뽐내고 있다. 마치 공원 전체가 박물관의 앞마당인 듯 공원과 박물관의 경계가 불분명하다. 이 같은 전경은 박물관 입장을 위해 길게 줄

레오폴드 공원에 위치한 유럽역사의 집.

을 서야 하는 유럽의 다른 박물관 앞 풍경과 사뭇 다르다. 대신 고즈넉하게 흐르는 호수 주변을 걷거나 넓은 잔디밭에서 일광욕을 즐기는 편안한 차림의 낯선 이들이 더 많이 눈에 띈다. 레오폴드 공원은 박물관이 응시하고 있는 질문들과 사유를 공유한 모든 이들에게 그렇게 편안한 휴식처를 제공하고 있다.

유럽역사의 집은 공원에 위치한 이스트먼 건물을 개조하여 증축한 것이다. 1930년대 지어진 오래된 치과병동을 유럽의 새로운 역사의 집으로 개조하게 된 이유는 앞에서 설명했듯이 그것이 유럽의회와 매우 가까운

1930년대 치과병원으로 사용되었던 이스트먼 건물(왼쪽)과 새롭게 개조된 유럽역사의 집(오른쪽).

곳에 위치하고 있었기 때문이다. 그렇지만 국가의 기억과 1930년대의 건축학적인 아름다움(아르데코 양식)이 고스란히 남아 있는 국가의 문화유산을 초국가적인 성격의 유럽 박물관에 기증한다는 것이 그리 쉽지만은 않았을 것이다. 브뤼셀시가 이 건물을 유럽역사의 집을 위해 기증한다고 발표했을 때 브뤼셀 시민들은 크게 반발하기도 했다.

이스트먼 건물은 1931년 코닥 사진 발명가인 미국인 조지 이스트먼 George Eastman의 재정적 지원을 받아 1934~1935년에 증축되었다. 건축학적으로나 역사적으로 벨기에의 중요한 문화유산이었다. 그러나 2009년 6월 브뤼셀시가 이 오래된 이스트먼 건물을 유럽의회에 헌납함으로써 오늘날 유럽역사의 집으로 재탄생할 수 있었다. 이스트먼 건물의 전체 골격만 유지한 채 건물 중간의 공간을 현대식으로 개조하여 박물관의 모습을 갖추었다. 이는 마치 과거와 현재, 전통과 모던, 국가의 기억과 유럽의 기억이 교차하여 새로운 유럽(정체성)을 만들어가는 과정과도 같다. 이처럼 박물관 건물은 전통과 현대 그리고 국가의 기억과 유럽의 기억 간의 소통이 이루어지는 '기억의 장소'라는 '유럽역사의 집'이 도달하고자 하는 목표를 잘 보여주고 있다.

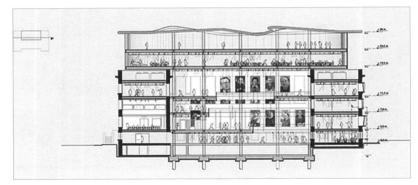

박물관 건물 전체 구조.

　박물관은 지하 1층을 포함하여 전체 7층으로 되어 있다. 전시물 또는 자료들을 임시 형태로 전시하는 기획전시관(0층과 1층)과 상설 전시관(2~6층)으로 크게 구분된다. 1층 입구로 들어가면 검은 유니폼을 입은 안내원들이 관람에 필요한 태블릿 사용법을 짧게 설명해준다. 동선은 그리 복잡하지 않으며 한 방향의 계단으로 연결되어 있어 길을 잃을 염려는 전혀 없다. 가족 또는 단체 관람인 경우는 가이드를 동반한 박물관 이용이 가능하다. 무엇보다 각 층의 전시 내용을 24개 언어로 상세하게 설명해주는 오디오 태블릿의 사용을 권한다. 신분증만 제출하면 무료로 대여해주며, 작동 방식도 간단하다. 자신의 위치와 전시물을 터치하면 눈앞에 펼쳐진 전시물의 의미와 역사에 대한 설명이 나온다. 그러나 "당신은 유럽이 무엇이라고 생각하는가?"와 같은 태블릿의 쏟아지는 질문에 당황하지 않기를 미리 당부한다.

　2층부터 6층까지 이어지는 상설 전시관은 크게 유럽의 역사와 유럽통합사를 설명하는 데 치중하고 있다. 그렇지만 진부한 역사적 질문이나 역사를 순차적으로 설명하기보다 유럽에 대한 많은 생각거리를 제공한다는 점에서 관람의 흥미를 찾을 수 있다.

가령 3층에서는 유럽 역사의 성장과 그늘을 대비하여 근대적인 역사 발전의 이면에 전개된 사회적 긴장, 불평등, 경쟁 등을 소개하고 있다. 특히 3~4층에서는 현대 유럽사의 야만과 폭력으로 볼 수 있는 유럽 전쟁과 홀로코스트를 소개하고 있다. 이는 박물관이 유럽의 성장이나 발전 또는 유럽 문명의 과시에만 집중하고 있지 않음을 보여주는 대목이다.

다음으로 5층에서는 2차 세계대전 이후의 유럽통합을 주제로 다루고 있다. 단순히 사건과 정치적 제도에서의 유럽통합사가 아닌, 유럽통합이 유럽인들의 일상에 어떤 변화를 야기했는지 같은 질문을 던짐으로써 일상에서의 유럽통합의 의미를 생각하게 한다.

마지막으로 6층은 다소 빈 공간 자체로 전시를 구성하고 있다. 공간의 한쪽 구석에는 간이의자를 원형으로 나열해놓았을 뿐이고, 중간에는 천장의 미디어 전시가 눈에 띈다. 그 아래 원형 의자에 앉아 잠시 휴식을 취하며 유럽사의 파노라마를 한눈에 관람할 수 있다. 이 장소는 관람객이 주체가 되어 유럽통합에 대해서 소통하고 자신이 생각하는 유럽의 정의로 공간을 채워가는 곳이라는 점에서 의미가 있다.

'질문하는 박물관': 유럽의 정체(성)에 대해 묻다

유럽이란 무엇인가? 유럽을 아우르는 공통의 기억 또는 문화유산이 있는가? 그리고 그 유럽이 다른 대륙들과 어떠한 차별성을 지니는가? 이 같은 질문에서 시작하는 2층 전시실에서 유럽 문명의 기원과 뿌리인 고대사를 막연하게 기대했던 방문객은 콘텐츠와 씨름하는 자신을 발견하게 된다. 이러한 질문들은 유럽의 기원으로서 유럽 고대사를 맹목적으로 바라보고 설명하는 것을 오히려 거부하게 만들기 때문이다. 분명한 점은, 유럽은 단지 지리적인 경계와 신화적인 정의만으로 설명하기에는 충분하지 않다는 것이다. 그리고 유럽에 대한 공통의 기억은 현재의 의미에 따라 재발견되기도 하고 잊힐 수도 있다는 것이다. 유럽역사의 집은 그동안 우리가 학습하고 이해해왔던 유럽사와는 다른 유럽사에 대한 재구성을 통해 유럽을 질문하고 있다.

3층 전시관은 19세기 근대 유럽의 팽창과 성장을 다루고 있다. 만일 순차적인 역사를 기대했다면 중세에 대한 전시의 부재에 의아해할 수 있다. 적어도 중세는 기독교적인 유럽의 가치와 문화공동체로서 문명사적인 통합 유럽을 설명하는 데 있어 중요한 역사적 시기다. 그렇지만 이러한 설명의 부재를 통해서 박물관이 도달하고자 하는 목적을 조금은 파악할 수 있을 것 같다. 유럽역사의 집은 순차적이고 교과서적인 유럽사에 대한 설명보다, 오히려 역사가 '유럽의 기억'을 어떻게 형성하고 오늘 또는 미래의 삶에 지속적으로 영향을 미치는가 하는 문제에 집중하고 있다. 이곳을 찾는 유럽인들은 유럽이 무엇인지 질문하면서 유럽의 정체성에 대한 다양한 시각을 갖게 된다.

이 같은 측면에서 3층에 마련된 19세기 유럽사는 20세기 유럽통합사와 관련해서도 매우 중요한 의미를 지닌다. 세계사에서 19세기 유럽은 특히 큰 변화와 성장이 이루어졌던 혁명의 시대를 이끌었고 세계 최고의 파워와 영향력을 행사했다. 전시의 시작은 프랑스혁명부터 시작하여 인권 및 시민권, 민주주의, 민족주의, 산업혁명 등의 콘텐츠로 구성되었다. 반면 같은 공간 다른 전시실에는 발전의 '성장통' 또는 '성장의 그늘'로 볼 수 있는 사회적 긴장, 불평등, 경쟁 및 전쟁을 전시 시작 부분과 대비하여 전시하고 있다. 19세기 성장통을 제대로 이해하지 못한다면 20세기 서구 문명의 또 다른 측면을 이해할 수 없다. 박물관은 발전과 팽창이라는 반쪽의 19세기 유럽만을 설명하기보다 폭력과 야만이라는 반대의 얼굴을 함께 그려나감으로써 전체 유럽의 근대사를 채우고 있다.

결국 20세기 유럽에서 일어난 대량살상과 문명의 파괴는 이러한 사회적 긴장을 해소하지 못했기 때문이라는 설명으로 이해할 수 있다. 3층 전시관은 양차 세계대전을 설명하면서 19세기 유럽사에 대한 사유를 자연스럽게 20세기로 옮긴다. 유럽사에서 양차 세계대전은 유럽의 근간을 흔들고, 유럽을 파괴하고, 대량살상과 폭력이라는 야만성을 적나라하게 드러낸 전쟁으로 기억된다. 이 같은 극단의 기억이 홀로코스트와 마주할 때 관람객은 경악을 금치 못할 것이다. 애써 빠른 발걸음으로 마주하기를 피하는 이들도 있을 것이다. 한쪽 귀퉁이에 전시된 남루한 유대인 수용복은 마치 살아 있는 기억처럼 많은 것을 이야기한다. 왜 유럽역사박물관은 홀로코스트의 기억과 마주하고 있는 것일까?

종전 이래 유럽의 많은 국가들은 전쟁 중 자행된 유대인 학살에 대한 기억을 단지 히틀러의 행위로 축소하거나 부인하려고 했다. 프랑스에서조차 유대인들의 고통을 인정하려고 들지 않았다. 2차 세계대전 후 드골은 생존한 저항 운동가들을 영웅으로 대접했지만, 히틀러에 의해 희생된 유대인들에 대해서는 눈을 감았던 것이 사실이다.

그 밖의 유럽 국가들도 마찬가지였다. 유럽인들은 유대인들에게 자행한 일에 대한 언급을 피하고 자신들이 받은 고통을 강조하면서 책임을 소

유대인 수용복.

수 '나치'에게 떠넘겨졌다. 그렇지만 한나 아렌트가 다음과 같이 지적했듯이, 홀로코스트에 대한 인식은 전후 유럽이 함께 풀어야 할 근본적인 문제다.

"지난 전쟁이 끝난 뒤에 죽음이 근본적인 문제가 되었듯이, 악의 문제는 전후 유럽의 지적 생활이 떠안을 근본적인 문제가 될 것이다.(한나 아렌트)"

진정한 화해는 고백으로부터 시작한다는 말이 있다. "홀로코스트에 대한 인식은 현대 유럽에 들어가는 입장권이다." 2004년 폴란드 대통령 크바시니에프스키의 이 같은 고백처럼, 유럽역사의 집은 망각하고 싶은 과거의 기억을 피하기보다 마주하는 방식을 통해 과거와의 화해를 시도하고 있다.

"다가올 미래에 우리가 아우슈비츠의 화장장으로부터 일종의 유럽을 건설해내는 것이 왜 그토록 중요하게 여겨졌는지 기억할 수 있으려면, 오직 역사만이 우리를 도울 수 있다"라는 영국 역사가 토니 주트의 말처럼, 20세기 초 유럽 문명의 야만성은 유럽의 통합을 추진하게 된 주요한 배경이다. 따라서 양차 세계대전과 홀로코스트에 대한 문제 제기는 자연스럽게 유럽통합의 사유로 옮겨간다.

유럽통합의 역사를 담고 있는 5층부터는 유럽석탄철강공동체(1952), 공동시장(1957) 그리고 유럽통합을 위해 노력한 선각자들에 대한 내용으로 가득 차 있다. 이 같은 콘텐츠는 '왜 20세기 중후반부터 유럽 각국이 초국가적인 유럽의 기구에 자신들의 주권을 이양해왔는지'를 자세히 설명해 준다.

전시 구성은 유럽통합의 진행 과정에 대한 역사뿐만 아니라 유럽통합이 유럽인들의 일상적인 삶에 어떠한 영향을 미쳤는지에 대해서도 고심한 흔적을 엿보게 한다. 유럽통합을 위한 기념 및 공동 행사, 유럽통합 박물관, '유럽통합의 아버지'들로 메워진 유럽 거리들의 이름도 전시의 대상이 된다. 일상 속에서 유럽인들은 유럽통합의 기억을 어떻게 채워나가고 있을까?

박물관을 찾는 이들 중에는 최근의 연이은 '유럽의 위기'로 통합 유럽의 지속성에 대한 의문이 대두되고 있는 상황에서 '유럽역사의 집'이 과연 필요한가를 반문하는 사람도 있을 것이다. 그러나 박물관은 이 같은 위기가 오히려 유럽인들을 더욱 단결시키는 시험대가 될 것이라며 통합 유럽의 미래를 낙관하고 있는 듯하다.

5층의 한쪽 구석에는 2008년 위기부터 2016년 브렉시트에 이르기까지 위기의 유럽을 주제로 다루고 있다. '유럽통합의 아버지'로 불리는 장 모네가 60년 전에 이미 "유럽통합은 많은 다양한 위기를 통해 더욱 강해지고 통합되는 원리를 알게 될 것이다"라고 언급했듯이, 위기는 오히려 재도약의 기회가 되기도 한다. 2008년 유로 및 재정위기를 통해 유럽인들은 유럽통합의 화폐 및 통화정책의 문제점을 알게 되었지만, 동시에 유럽연합 회원국들이 서로 얼마나 긴밀하게 연결되어 있는지를 깨닫는 계기가 되었다.

마지막 6층은 유럽에 대해 고민하고 사유하는 유럽 시민들의 유럽으로 채워간다. 박물관은 유럽의 정체성을 반영하면서 동시에 관람객의 참여를 통해 유럽의 정체성을 구성해나가는 공간으로서 기능한다. 박물관은 다양한 교육 프로그램은 물론 문화행사 및 학술회의를 통해 이 마지막 공간인 6층을 관람객이 생각하는 유럽으로 채워나가길 권한다.

유럽의 과거와 현재 그리고 미래를 연결하는 '유럽의 장소'

'유럽역사의 집'으로의 초대는 사실 가벼운 발걸음으로 응하기에 다소 부담스럽다. 박물관은 이 집을 방문하는 모든 이에게 끊임없이 질문을 던지기 때문이다. 하나의 유럽이란 무엇인가? 하나의 유럽은 왜 필요한가? 하나의 유럽을 위한 공통의 기억 및 역사는 무엇인가? 역사가 각기 다른 방식으로 기억에 영향을 주고 있는 상황에서 우리는 유럽인들이 하나의 공유된 기억을 가지고 있다고 설명할 수 있는가?

이처럼 질문하고 토론하게 하는 박물관이 바로 '유럽역사의 집'의 정체성이다. 유럽의 여타 고전적인 박물관들이 자료의 수집과 보존 그리고 전시를 통해 지식과 정보를 제공한다면, 유럽역사의 집은 질문을 통해 관람객으로 하여금 고민하게 하고, 유럽이 무엇인지에 대해 소통하게 하고, 새로운 의미의 유럽 정체성을 생각하게 한다. 요컨대 유럽역사의 집은 보존, 연구, 전시라는 박물관의 전통적이고 기본적인 기능을 넘어서 유럽을 사유하게 함으로써 교육과 문화를 포함한 다양한 역할을 하고 있다. 그

6층 전시관에서 생각에 잠긴 관람객들.

기능이 단순히 홍보와 지식 전달에만 그치지 않는다는 의미다.

꽉 찬 전시가 아닌 여백의 공간이 눈에 띈다. 프랑스 루브르박물관이나 영국 대영박물관과 같이 화려하고 과시적인 박물관을 기대했다면 관람객은 다소 소박한 진열과 전시관의 공간 여백에 당혹감을 느낄 수도 있다. 관람객은 마치 긴 사색의 숲길을 걷듯 박물관이 마주하는 유럽에 대한 질문들을 함께 사유하고 새로운 가치와 의미의 재발견을 통해 스스로 유럽이 무엇인지를 정의한다. 그 시작은 다소 혼란과 당황을 통해서 진행되지만 점차 고민하고 씨름함으로써 자신이 정의하는 유럽으로 안정감을 찾게 된다.

이 같은 박물관의 목적이 가장 잘 구현된 공간이 맨 꼭대기 6층 전시관이다. 이 방은 마치 나의 유럽(내가 생각하는 유럽)으로 채워나가는 장소와도 같다. 이 과정을 통해 박물관의 전시물이나 기록물들은 살아 있는 기억으로서 현재와 미래를 위한 의미와 가치를 제공한다고 볼 수 있다. 박물관이 도달하고자 하는 목적도 여기에 있다.

앞에서 언급했던 박물관이 제시하는 질문들은 유럽통합의 지속성이나 정체성 문제와 긴밀하게 연결되어 있다. 유럽은 단순히 지리적 또는 경제적 단위체만을 의미하지 않으며, 공동의 유럽 인식European consciousness 및 유럽 정체성European identity을 형성하는 공간적·심리적 장場이다. 1952년 6개국에서 출발한 유럽석탄철강공동체(ECSC)는 지난 반세기 동안 지속적으로 확대되어 현재 27개 회원국(2016년 영국의 탈퇴 이후)을 포괄하는 종합적인 정치체로 발전했다. 유럽은 전대미문의 거대한 지정학적인 실체일 뿐만 아니라, 사법적 정통성과 권위를 가진 하나의 행위자로 거듭 발전해왔다. 더군다나 유럽 시민들이 직접 선거를 통해 선출한 유럽의회를 보유하고 있어서, 이를 바탕으로 유럽연합은 점차 광범위한 부문에서 정책을 수립하고 시행하고 있다. 그 결과 점점 더 많은 유럽적 결정이 유럽인들의 일상을 파고들고 있다. 향후 '보다 결속력을 갖고 성장하는 유럽'을 위한 공동체 인식과 이를 바탕으로 한 유럽 시민 개개인의 협조가 필수적이다.

그런데 유럽이 하나라고 하는 공동체적 '유럽 인식'은 공동의 역사의식과 정체성 없이는 한계에 부딪힐 수밖에 없다. 법과 규정만으로는 장기적인 결속을 다지기가 매우 어렵기 때문이다. 유럽인 스스로가 유럽이라는 집단적 정체성을 어떻게 인식하는가? 유럽인이 된다는 것은 무엇을 의미하며, 유럽인이라는 인식을 통해 앞으로 공동체의 발전을 어떻게 이끌 것인가? 이런 질문들이 향후 공동체 발전을 주도하는 결정적인 요소가 될 것임은 자명한 사실이다. 통합의 동인動因은 분명 정치적·경제적 통합 논리만으로 설명하는 데 많은 한계를 나타내고 있다. 유럽통합이 결실을 맺기 위해서는 유럽공동체의 활동에 대한 시민들의 적극적인 관심과 참여가 필수적이다.

유럽역사의 집은 이러한 문제의식을 정확하게 응시하고 있다. 단순히 정보 및 지식의 전달과 홍보를 넘어 유럽에 대해서 고민하게 하고, 새로운 아이디어 창출을 위해서 소통하게 하고, 유럽의식을 고취함으로써 유럽연합을 이끌 추동력을 얻고자 한다. 2007년 2월 13일 유럽의회 위원장 한스-게르트 푀테링의 말로 박물관의 정체성에 대한 설명을 대신하고자 한다.

> 저는 과거뿐만 아니라 통합에 대한 아이디어가 계속 생성되고 재발견될 수 있는 미래를 위한 유럽의 장소, 다시 말해 '유럽역사의 집'을 짓고 싶었습니다. 그러므로 유럽역사의 집은 유럽사에 대한 기억과 미래 유럽통합을 위한 작업이 함께 이루어지는 곳으로, 유럽연합 시민의 현재와 미래가 계속 만들어지는 유럽 정체성을 위한 유용한 장소가 될 것입니다.

김유정

5부

MVSEI VATICANI

미래의 박물관

플랫폼으로서의 박물관

— 유로피아나 프로젝트

사물들은 보이지 않는 관계에 의해서 결합되어 있다.
당신이 별을 방해하지 않고서는 꽃조차 꺾을 수 없을 것이다. – 갈릴레오 갈릴레이

플랫폼으로서의 박물관

유럽 박물관에서 만나는 것은 유럽의 과거, 현재, 미래에 관한 이야기다. 그리고 이 이야기들은 '역사'라는 단어가 과거에 대한 한 가지 시각에 대한 동의를 요구하는 것이 아니라 여러 해석을 허용하는 것처럼 다양한 해석을 토대로 사회적 공감으로 나아가는 과정을 보여준다.

　이집트 알렉산드리아의 무세이온에서 오늘날 민주적 담론 공간을 지향하는 박물관에 이르기까지 전통적인 박물관에서 중요하게 다뤄졌던 것 중 하나는 전시의 메시지였다. 한때 이 메시지는 사실을 토대로 구성된 중립적이고 설득력 있는 역사적 교훈으로 여겨졌고, 이를 전달하는 것이

박물관의 가장 중요한 사회적 기능으로 여겨지기도 했다. 그러나 박물관은 중립적 공간이 아니다.

조금 더 생각해보면 우리가 전시의 끝부분에서 전시의 메시지를 정리할 때 기획자가 만든 세부 요소를 추론하고 전시를 만들어낸 핵심적 질문을 돌아보게 된다. 그리고 그 끝에는 이 질문을 던진 저자로서의 기획자가 있다. 신문에서 신간 서적에 대한 평론가의 글을 읽는 것처럼 우리는 기획자가 전시품을 보는 관점과 의견을 접하는 것이다.

박물관의 전시가 만드는 메시지가 중립적이지도 않지만 더 나아가 박물관을 넓은 의미의 매체로 생각해본다면 이런 이야기의 숫자는 더 많아진다. 큐레이터뿐만 아니라 교육 담당자나 보존 전문가나 기록 담당자처럼 서로 다른 목적과 기능을 지닌 사람들이 박물관에서 일하며 사회적인 메시지를 전달한다. 더 나아가 전시를 보고 기자가 쓴 기사 혹은 이곳을 방문한 관람객의 입소문조차 박물관을 통해 생산되는 이야기에 근거한다. 그리고 이런 풍경은 과거에 대한 관점이나 의견을 넘어서 동시대의 문화 자체를 드러낸다.

20세기 초 벨에포크의 화려한 파리에서 생활했던 이탈리아의 조각가 메다르도 로소Medardo Rosso는 직관적으로 이런 점을 잘 알고 있었다. 당시 카페 문화와 물랭루주의 화려한 공연의 주인공 중 하나였고 당대를 화려하게 장식하던 미술작품들을 제작하던 다른 예술가들은 역사적·이국적 사물이 만들어내는 환영을 좇아 박물관을 찾아다니곤 했다. 그러나 로소는 그들과 달리 새로운 현실을 바라보고 있었다. 그는 당시 문예지였던 《메르퀴르 드 프랑스Mercure de France》를 통해 작품이나 전시를 보려던 것이 아니라 관람객들을 관찰하기 위해 박물관을 방문했다고 고백했다.

알베르 로비다, 〈루브르의 전차 선로〉, 《20세기 *The Twentieth Century*》의 삽화, 1884.

이런 점은 이보다 12년 전에 삽화가 로비다_{Albert Robida}가 〈루브르의 전
차 선로〉(1884)를 통해 보여주는 박물관 풍경에서도 잘 드러난다. 그는
입구에서 출구로 나가는 전차에 앉아 작품을 보고 이야기를 나누는 관람

객들을 묘사하고 있다. 이 그림이 당시 박물관을 설명하거나 이곳에서 일어나는 당대의 삶을 이해하는 자료라고 생각한다면 우리는 로소의 고백에 충분히 공감할 수 있다. 로소와 로비다의 사례가 알려주는 것은 박물관이 과거를 드러낼 뿐만 아니라 동시대의 삶과 현실도 드러내준다는 사실이다.

두 사람이 박물관에서 동시대의 삶을 관조하고 있었다면, 이곳에 있는 관람객들의 성격 때문에 박물관이라는 공간을 만들며 고민했던 건축가도 있었다. 2차 세계대전 후 대중문화가 발달하던 68운동의 격변기에 퐁피두 센터를 기획했던 렌초 피아노Renzo Piano는 "모두를 만족시킬 수 있는 박물관"이라는 어려운 명제 앞에서 고민을 거듭했다. 서로 다른 취향과 의견을 가진 군중으로 정의되는 '대중'을 만족시킬 수 있는 방법은 무엇일까? 의견이 다른 사회 구성원을 모두 만족시킬 수 있을까?

오랜 시간 고민하던 끝에 그가 내린 결론은 상설전시를 포기하는 것이었다. 그는 모든 공간을 끊임없이 변화하는 기획 공간으로 대체하려고 했다. 대중이 한 번에 만족하지 못한다면 여러 번 이야기를 나눠서 대중의 공감을 얻겠다는 것이다. 그래서 그는 내부를 비워서 가변적인 공간을 확보하려고 했으며, 이를 위해 구조적인 기능을 모두 건축물 밖으로 밀어냈다. 그리고 그가 생각한 내부의 빈 공간은 오늘날 오픈스페이스라고 알려졌다. 피아노가 생각했던 것은 이야기 공간이 아니라 이야기를 만들어내는 플랫폼이었다.

이런 생각은 영화 평론가 크리스티앙 메츠Christian Metz가《영화의 의미에 대한 에세이》에서 설명했던 '0의 기호학'과 비슷한 점이 있다. 그는 0이 세상에 존재하지 않지만 수의 관계를 설명할 수 있다는 점을 설명하며 영화 역시 현실이 아니지만 현실의 여러 관계를 드러낸다고 말한다. 비어 있는 것이 세계를 설명할 수 있는 관계를 구성하는 것이다. 이야기를 만들어내려면 의미가 바뀌고 채워져야 하는 빈 공간이 필요하고, 이런 점이 피아노가 생각한 플랫폼으로서의 박물관이었던 것이다.

최근 몇몇 박물관에서는 플랫폼으로서의 박물관이라는 개념 자체가 메시지로 변하는 경우까지 생겨났다. 이탈리아의 아름다운 소도시 리미니에는 이국문화에 관심을 가졌던 컬렉터들의 유산이 남아 있다. 예를 들어 리알토Definito Dinz Rialto의 아프리카와 근동 지역에서 유래한 컬렉션이나 이후 여러 소장가들이 세계 각지에서 수집한 컬렉션을 시청에 유증했다. 이 같은 컬렉션을 바탕으로 리미니 시청은 2005년에 '관점들의 박물관 Museum of Regards'을 설립했다. 이때 기획자로 참여한 마르크 아우제Marc Augé는 사물을 보는 관점이 왜 똑같아야 하는가라는 질문을 던졌다. 그리고 사람들이 토론을 통해서 사회적 공감을 얻는 이야기를 만들어내야 한다면 이곳에서 많은 사람들이 서로 다른 관점을 가지고 있다는 점을 보여주어야 한다고 생각했다. 그 결과 그는 컬렉터, 과학자, 감상자의 관점을 선택해서 이들을 위해 가장 적합한 전시 방식을 시도한 후 각 전시실에 경이로움의 방, 과학의 방, 미적 감상의 방이라는 명칭을 붙였다.

20세기에 꾸준히 관찰할 수 있는 이 같은 이야기들은 박물관이 과거를 평가하고 현재와 미래를 이어주는 플랫폼으로서 수많은 의견이 교차하는 담론 공간이라는 점을 알려준다. 그리고 박물관 제도가 사회적 담론을 생산하는 플랫폼이라는 생각은 박물관과 대중을 이어주는 도구로서 새로운 플랫폼에 대한 새로운 시도를 만들어내기도 한다. 유럽의 경우 '플랫폼으로서의 박물관'을 넘어서 '복수의 박물관을 위한 플랫폼'으로 기획된 가장 중요한 사례 중 하나가 유럽연합의 발전 과정에서 등장한 '유로피아나 프로젝트Europeana project'다.

박물관의 플랫폼에서 박물관들의 플랫폼으로 : 유로피아나 프로젝트

박물관이 담론 공간이자 이야기의 플랫폼이라는 것은 이곳에서 역사와 기억에 대한 재해석과 새로운 평가가 진행된다는 의미다. 이런 점 때문에 오늘날에는 문화재보다 문화유산이라는 용어가 더 보편적으로 사용된다. 문화재가 소유의 귀속성을 강조하고 있다면, 문화유산은 사회 구성원이 부여한 가치를 강조하기 때문이다. 그리고 문화유산에 대한 가치 판단 과정은 개인과 사회, 역사가 만나서 만들어내는 정체성으로 이어진다.

영국에서 시작한 자연보호와 사적 보존을 위한 민간단체인 '역사 명승·자연 경승지를 위한 내셔널트러스트National Trust for Places of Historic Interest or Natural Beauty' 운동은 보호할 가치가 있는 대상의 소유권을 확보하여 보호하고 보존하려는 사회운동이다. 또한 이탈리아환경기금Fondo Ambiente Italiano처럼 내셔널트러스트 운동의 가치를 공유하는 유럽 각국의 문화유산에 대한 사회적 개입을 주도하는 유사 기관들 역시 동시대에서 바라보는 다수의 기억에 대한 가치를 토대로 새로운 문화유산의 대상들을 제시하고 공론화하고 있다.

이런 가치 판단의 사회적 논의 과정은 과거를 바라보는 사람들의 생각을 입체적으로 변화시키고 동시대의 정체성을 구성한다. 또한 그것은 과거 유산도 평가의 대상, 재해석의 대상으로 바꾸어놓았다. 그래서 박물관에서도 소장품에 대한 지속적인 가치 평가와 해석을 통해 마치 '고전classical'처럼 동시대적 의미를 생산하고 덧붙인다.

이 같은 상황은 판단 기준으로서 유산에 대한 여러 가지 정보를 요청한다. 그래서 박물관은 또 다른 정보에 대한 플랫폼을 필요로 한다. 그렇게 해서 유럽연합 내에서 시작된 프로젝트가 유로피아나다.

유로피아나 프로젝트는 문화유산을 관리하는 기관이 소장하는 원본의 디지털 정보를 제공하며, 2008년 처음으로 온라인에서 프로토타입을 일반인에게 개방한 디지털 도서관으로서, 문화유산에 대한 가치의 재해석과 가치 평가와 연관된 사회적 담론을 확장하는 역할을 담당하고 있다.

그러나 유럽이라는 의미를 지닌 명칭에서 드러나듯이 유로피아나는 기존의 문화유산 관리 시스템 이상의 의미를 지니고 있다. 과거 유럽 국가들은 문화유산 관리와 정보를 담당하는 기관이 따로 있었으며, 20세기 초에는 전문가의 연구 서비스 공간처럼 발전했지만 문화정책에서 문화의 민주화라는 개념과 더불어 점차 일반인에게도 공개되었다. 그리고 유로피아나는 이런 기관들의 플랫폼을 묶고 새로운 문화유산 관리 기관에도 개방함으로써 국가를 넘어 유럽 국가들이 지닌 문화유산의 유사성과 차이를 관찰할 수 있도록 해주었다. 유로피아나는 유럽의 문화적 정체성을 형성할 수 있는 도구인 것이다.

2008년 인터넷을 통해 일반인에게 공개된 유로피아나 프로젝트는 처음부터 유럽통합과 관련된 역사와 연결되어 있다. 이를 기획하고 후원하는 집행위원회European Commission는 '유럽 역내 연결 프로젝트Connecting Europe Facility'의 가치를 공유하며, 2005년 6월 유럽연합 'i2010 정보기술전략(IT

유로피아나 로고.

Strategy)'을 구축했다. 그리고 이를 토대로 유로피아나재단을 설립하고 각국의 문화유산 관리 책임 기관들 및 같은 목적을 지닌 여러 국제기관들과 실무적 파트너십을 체결하고 협업이 가능한 전략적 동맹을 만들어냈다.

결과적으로 유로피아나 프로젝트는 유럽의 문화유산 원본에 대한 정보와 지식의 생산을 목적으로 디지털 콘텐츠를 개인에게 제공하고 있다. 국가 기관들의 협업을 중심으로 데이터를 생산하지만 국가의 이해관계를 토대로 정체성을 구성해나가는 것이 아니라 유럽의 사회 구성원 개개인의 층위에서 정체성을 둘러싼 담론을 만들어나가고 있다.

이 같은 시도는 유럽연합의 장기적 기획 속에서 문화에서 경제로, 그리고 경제에서 정치적 통합으로 나아가는 과정이면서 동시에 문화의 중요성을 보여준다. 그리고 다양성과 새로운 방향성을 연결하려는 시도는 유럽연합을 더욱 공고하게 만들어주고 있다.

유럽의 다양성을 개개인의 관점에서 수용하고 미래를 바라보는 유럽연합의 전제조건은 참여를 통한 개방성을 강조한다. 실제로 유로피아나는 유럽 외에서도 유럽 문화유산에 대한 가치 평가 과정에 참여할 수 있도록 내용을 공유하며, 관람자의 관점에서 이야기를 구성하도록 유도하고 있다.

유로피아나의 민주적 가치는 과거 박물관의 문화사 속 전체주의와 확연히 구분되는 개인의 권리와 선택을 토대로 구성되었던 제도적 담론을 연상시킨다. 박물관의 문화 속에서 이 같은 논의들이 부각되었던 시기는 19세기 말이다. 이후 전체주의에 대한 논의에서 중요한 역할을 수행했던 유대인 철학자 한나 아렌트가 주목한 '백화점 같은 박물관'은 미국에서 대중문화가 등장했을 때 만들어진 독특한 개념이다. 1889년 미국국립박물관U. S. National Museum의 관장이었던 조지 브라운 구드George Brown Goode는 "효율적인 박물관의 교육은 교육적인 캡션들로 서술되어 있으며, 각각 적절히 선택된 견본specimen으로 재현되어 있어야 한다"라고 주장했다. 이 같은 논의는 백화점이 동시대의 삶을 보여주는 것처럼 과거의 풍경들을 드러내고, 백화점에서 소비자가 원하는 제품을 찾아가는 것처럼 박물관 역시 관람객의 관심사에 따라 소장품을 선택하고 자신의 이야기를 만들어가야 한다는 논의로 발전했다.

하지만 개인의 정체성을 토대로 선택한 과거의 이야기는 사회적 정체성을 향해 나아갈 수밖에 없다. 그래서 인류학자 제임스 클리퍼드James Clifford는 '갈등하는 세계시민주의들discrepant cosmopolitan-isms'이라는 개념을 중심으로 상호관계에 바탕을 둔 '접촉지대contact zone로서의 박물관'을 이야기했다. 서로 다른 문화와 시각을 가진 구성원들의 이야기가 컬렉션을 보는 관점을 변화시키며 사회적 함의를 만들어나가야 한다는 것이다.

유로피아나 프로젝트는 이처럼 20세기 초부터 최근까지 이어지는 문화와 민주주의, 개인과 사회의 관계를 둘러싼 전통적인 생각들을 반영하고 있다. 유로피아나의 인터넷 플랫폼(Europeana.eu)은 사용자들의 참여를 통해서 만들어지는 동시대의 새로운 담론을 지향한다. 이런 상황은 2011년 1월에 발표된 '2011~2015년 전략 계획'에 잘 명시되어 있다.

이 보고서에서 유로피아나는 유럽 각지에 흩어진 정보를 모아 전파하기 위한 노력을 기울이며 동시에 문화유산 및 과학유산 부분을 지식의 이전과 혁신, 공개적 지지를 통해 전격적으로 지원하며, 정보 이용자들이 자신들의 문화적·과학적 유산 탐구에 더욱 적극적으로 참가할 수 있는 새로운 방법을 계속 개선해나갈 것이라고 밝혔다.

이런 점은 유로피아나의 구조에서도 확인할 수 있다. 유로피아나 프로젝트의 데이터 모델Europeana Data Model은 문화유산에 대한 디지털 정보를 '연계된 데이터Linked Data'를 토대로 플랫폼을 구성한다. 이는 기존 아카이브에서 다뤄왔던 기계적이고 일방적인 전달을 넘어 이용자의 주관적 선택과 추론을 토대로 유산에 대한 정보와 가치 판단의 사회적 함의를 생산한다. 2008년 이용자의 관점을 검토하기 위한 실험실처럼 프로토타입을 공개했을 때 이 같은 상황은 이미 예견되었을 뿐만 아니라 이후에 실현되었다.

이탈리아의 일간지 《라레푸블리카La Republica》의 기자 다르제니오Alberto D'Argenio는 2008년 11월 19일자 기사에서 "만약 로마의 택시 기사가 우연히 쇼팽의 곡 일부를 듣고 궁금해한다면, 이를 알아보기 위해 유로피아나에 접속한 후 작곡가뿐만 아니라 연애편지, 그리고 이 곡을 작곡했던 집과 원본 악보를 확인할 수 있다"라고 썼다. 곡의 일부를 통해서 택시 기사는 수많은 정보의 그물을 통해 쇼팽의 연애담 같은 이야기도 예기치 않게 만나게 될 것이라는 말이다. 그리고 이는 지식을 전달하는 것이 아니라 지식에 대한 열망을 만들어낸다.

언제라도 선택받을 준비가 되어 있는 백과사전 같은 유로피아나는 오늘날 이미지(인쇄물, 그림, 지도, 미술품), 텍스트(역사적 기록, 단행본, 신문 등), 사운드(디스크, 라디오 방송 및 구술자료), 비디오(뉴스나 TV 방송) 등 다양한 원본에 대한 메타데이터 정보를 제공하고 있다. 그러나 유로피아나는 더 나아가 이용자들이 더 쉽게 접근할 수 있는 제도적 장치에도 관심을 가지고 있다.

최근 유로피아나 프로젝트는 약 3500개 이상의 문화유산 기관들이 제공한 디지털 문화 콘텐츠를 공유하고 있을 뿐만 아니라, 1900여 개 기관의 디지털 자료를 소장하고 있는 미국디지털공공도서관(DPLA)과 크리에이티브 커먼즈Creative Commons 재단과의 협의를 통해 국제저작권 표기를 둘러싼 다양한 가능성을 논의하기 시작했다. 저작권 사용의 범위를 설정하고 공유하는 작업의 목적은 이용자의 관점에서 새로운 문화를 만들어가기 위한 가이드라인을 제시하는 것이며, 더 쉽게 유산의 가치를 논의할 수 있는 박물관 및 다른 문화기관들의 보편적인 플랫폼을 통해 사회적 담론의 생산 기능을 강화하기 위한 것이다.

이 같은 시도는 단순히 인터넷 같은 기술매체에 의한 담론의 확산을 넘어 이에 대한 공감을 토대로 다시 박물관의 전시에 반영되기도 한다. 따라서 박물관을 찾는 관람객은 자신의 관심사에 따라 박물관에 대한 여정을 확장할 수 있게 된다.

결론적으로 유로피아나 프로젝트는 문화정책 담론에서 강조되어왔던 문화 민주화를 넘어 문화 민주주의를 강조하는 서유럽의 시도를 토대로 유럽 내 문화유산을 둘러싼 논의를 활성화하고 유럽 정체성을 구성하려는 시도다. 동시에 글로벌과 로컬 사이의 관계를 토대로 인류의 문화유산에 대한 논의를 발전시켜나가기 위한 의도를 반영한다고 볼 수 있다.

유럽 박물관의 팽팽한 긴장감과 미래

유럽의 박물관들처럼 문화유산을 다루는 기관들은 박물관과 다른 아카이브, 도서관 같은 공적 영역을 담당하는 기관들과 함께 효율적인 정보의 바다를 만들어냈다. 관람객의 개인적 관심사에서 시작해서 역사를 보고 사회적 현실 속에서 공감을 요청하는 새로운 이야기들은 과거와 다른 새로운 현실로 박물관이 진입하고 있는 상황을 보여준다.

그러나 이 같은 상황은 프롤로그에서 언급했던 것처럼 안드레아스 후이센Andeas Huyssen의 이야기를 다시 환기해준다. 새로운 기술매체의 확장속에서 증가하는 데이터뱅크, 그리고 이곳에 시각자료가 무수히 저장될수록 문화와 이를 기억하려는 의지의 감소는 유로피아나 프로젝트의 성패뿐만 아니라 유럽 박물관들의 운명에 개입할 수 있는 사회적 쟁점으로 변화되기 때문이다. 따라서 박물관과 유로피아나라는 2개의 플랫폼은 모두 지식 자체가 아니라 지식에 대한 열망을 강조하며, 이곳에서 벌어지는 담론들의 유용성이 사회적 관계에도 중요하다는 점을 강조하는 것이 중요해지고 있다.

유럽연합의 역사에서 중대한 변화의 기로로 보이는 영국의 브렉시트는 문화와 경제통합의 한계를 드러낸 사건이다. 2008년 미국발 금융위기의 영향 속에서 2011년에 찾아온 유럽의 경제위기는 문화유산을 관리하는 기관들에게도 새로운 난관을 만들어냈다. 최근 이탈리아 문화부(Mibac)는 공공부채 위기로 인해 박물관들을 행정적으로 통폐합하기에 이르렀다. 1989년 국제박물관협의회(ICOM)에서 합의한 박물관에 대한 정의는 "박물관은 인류와 인류 환경의 물적 증거를 연구 · 교육 · 향유할 목적으로 이를 수집·보존·조사연구·상호교류(교육·전시)하는 비영리적이고 항구적인 기관으로서, 대중에게 개방되는 장소이며 사회 발전에 이바지한다"라는 것이다. 그러나 이탈리아의 박물관 통폐합은 '비영리적이고 항구적인 기관'이라는 설명에 대해 모두가 동의하지 않는다는 점을 보여주고 있다.

유럽의 이 같은 상황은 박물관에 긴장감을 불어넣고 있다. 박물관은 끊임없이 변화해야 한다. 과거 속에 남아 정체된 채 변화하지 않는다면 모든 제도들이 그렇듯이 박물관 역시 사회적 유용성을 제공하기 어렵고, 결국 지속적인 발전도 어려울 수밖에 없다. 물론 이런 상황의 이면에는 박물관이 자생성을 가지고 문화자본의 테두리에서 사회와의 접촉면을 확장해나가야 하는가, 아니면 사회에 대한 기본적인 공공서비스로 유지되어야 하는가하는 난제가 놓여 있다.

그러나 이 질문에 답하기 전에 분명한 사실은 사회적·문화적 변화 속에 박물관은 새로운 여정을 눈앞에 두고 있다는 것이다. 새로운 기술매체의 발달은 유로피아나의 사례에서 볼 수 있는 것처럼 새로운 가능성과 어려움을 동시에 제공하고 있다.

이제 박물관은 원본에 대한 정보를 확장할 수 있는 도구를 가지게 되었고, 공간의 제약을 넘어서 구성원 간의 새로운 '접촉지대'를 만들어내고 있다. 늘어난 정보는 개인의 경험에 기여하고 현실의 물리적 공간인 박물관으로 관람객을 불러올 수 있을까? 아니면 오히려 지식에 대한 접근성의 증가로 인해 몇몇 특별한 소수의 경험으로만 남게 될까?

박물관이 플랫폼이 되어가고, 이를 보완하기 위한 정보에 대한 접근성이 제고되는 상황은 박물관이 사회적 유용성을 지닐 수 있는 끊임없는 변화를 만들어내야 한다는 긴장감을 부여하고 있다. 이 때문에 유럽 박물관들은 개인의 취향과 선택을 검토하고 이를 토대로 사회적 가치를 향한 여정을 만들어내고 이를 지속적으로 관리하고 질적, 양적으로 성장 가능한 새로운 운영 전략을 고민하고 있다.

따라서 오늘날 유럽 박물관을 방문하는 관람객들의 참여와 개입은 박물관의 미래를 변화시킬 수 있는 중요한 역할을 담당하고 있다. 그리고 이를 통해 박물관에 전시된 소장품의 역사적 의미뿐만 아니라 동시대의 사회 현실을 탐색하고 변화시킬 수 있는 여정에 초대받고 있는 것이다.

최병진

박물관 미술관에서 보는
유럽의 과거, 현재 그리고
미래에 대한 이야기

《인물로 보는 유럽통합사》,《도시로 보는 유럽통합사》,《유럽을 만든 대학들》,《조약으로 보는 유럽통합사》에 이은《박물관 미술관에서 보는 유럽사》! 유구한 역사의 산실産室인 유럽을 일반대중과 유럽전공자에게 어떻게 하면 이해하기 쉽게 잘 설명할 수 있을지를 고민해온 통합유럽연구회는 이번에는 박물관과 미술관을 선택했다. 박물관은 그야말로 유럽 이야기의 보고寶庫이다. 박물관은 건물 자체의 조형미와 역사성 때문이기도 하겠지만 무엇보다도 박물관이 담아내는 전시품에 대한 궁금증과 설렘이 방문객들을 강하게 끌어들이게 한다. 일견 현실과 동떨어져 보이는 전시품은 현재를 있게 한 과거의 소중한 흔적이다. 전시품을 하나하나 감상하면서 방문객은 어느새 호기심 어린 관찰자의 입장에서 과거의 모습들을 상상한다. 과거의 찬란한 유산과 참혹했던 순간들, 그리고 전쟁의 폐허 속에서 싹트는 희망의 기운……. 박물관은 이 모든 다채로운 순간들을 저마다의 이야기로 엮어 담아내고 방문객과 소통한다. 그래서 시공을 초월한 소통을 통해 방문객은 때로는 압도되고, 때로는 숙연해지고, 때로는 미래에 대한 설렘을 가지기도 한다. 그리고 이러한 경험의 정도와 깊이는 박물관과 미술관마다, 또는 방문자 개인의 취향과 관심사에 따라 제각기 다를 것이다. 유럽에는 이러한 소통의 장이 넘쳐나기에 박물관과 미술관을 통한 유럽이야기는 끝이 없다. 이 책에서는 각기 다른 색깔을 가지고 있는 유럽의 박물관과 미술관 중에서 스물아홉 곳을 특별히 선정했다. 각각의 장소는 도시의 이야기를 담고자 했던 곳, 국가의 이야기를 담고자 했던 곳, 유럽의 이야기를 담고자 했던 곳 등 저마다의 존재 이유와 이야깃거리를 가지고 방문객을 부르고 소통한다. 물론 어느 박물관도 방문객에게 일률적으로 특정한 메시지를 받아들이도록 강요하지 않는다. 어떻게 해석하고 받아들이는지는 방문객의 몫이다. 다만 한 가지 분명한 것은 이러한 이야깃거리들이 때로는 조화되게 때로는 대비되게 어우러져 서로 다른 세대를 이어주면서 지금 이 순간도 미래를 열어가고 있다는 점이다.

유럽은 분열과 통합, 갈등과 협력을 지속적으로 반복해왔으며 이는 유럽통합이라는 새로운 실험의 장場을 열기에 이르렀다. 이 책의 목적은 유럽이 분열과 통합, 갈등과 협력 과정을 통해 새로운 역사를 만들어가는 과정을 박물관과 미술관을 통해 살펴보는 것이었다. 이를 위해 역사적·미술사적 의미가 있는 곳을 중심으로 위치place의 역사성과 상징성, 건물 구조의 특수성, 전시품 배치의 콘셉트, 구현하고자 하는 정체성을 살펴보고, 그것이 전체 유럽사에서 가지는 의미가 무엇인지를 그려내고자 했다. 또한 어느 곳도 유럽 역사의 큰 흐름 속에서 필연적으로 등장할 수밖에 없었던 결과물이었음을 이해하는 것을 전제로 박물관과 미술관이 각기 담아내고자 했던 도시·국가·유럽에 대한 이야기들을 통해 이들 이야기들 간의 연계성을 이해함으로써 그 속에서 유럽 미래의 이야기를 조심스럽게 조망해보고자 했다. 이 책에서 다룬 곳들을 모두 범주화하여 정리하기는 어렵지만 설립 목적이나 기능 면에서는 대개 다섯 가지 정도로 분류할 수 있을 것이다.

첫째, 알렉산드리아 무세이온처럼 신전이자 학술기관의 역할을 수행하던 장소로서의 박물관, 둘째, 우피치미술관, 프라도미술관, 루브르박물관, 대영박물관처럼 왕가나 식민 지배자의 권위와 우월성을 보여주기 위한 장소로서의 박물관, 셋째, 베를린 눈물의 궁전, 부다페스트 테러의 집, 오시비엥침 아우슈비츠박물관처럼 비극적인 역사적 장소를 기억하기 위해 만들어진 박물관, 넷째, 룩셈부르크 유럽쉥겐박물관, 브뤼셀 유럽역사의 집처럼 전쟁의 상흔을 극복하고 하나가 되어야 함을 강조하는 박물관. 그리고 마지막으로 유로피아나 프로젝트처럼 미래의 유럽 사회를 엿볼 수 있는 디지털 도서관 형식의 신개념 박물관. 시작점에서 미래 사회에 이르기까지 박물관은 그 형태와 기능 면에서 끊임없이 진화하고 발전해왔으며 그 과정 속에서 유럽의 문화 정체성을 형성하는 데 기여해왔다. 유럽의 미래가 어떻게 펼쳐질지는 알 수 없으나 적어도 현재의 유럽이 각자의 모습, 각자의 이야기를 인정하며 '다양성 속의 통일성'을 지향해나가고 있다는 점에서 또다시 하나 된 유럽으로서의 새로운 삶의 방식을 만들어갈 것임은 분명해 보인다.

윤성원

1장

김혜진, 〈코스모폴리스의 이방인: 헬레니즘시대 알렉산드리아의 소조각상에 드러난 문화정
　　체성을 중심으로〉, 《미술이론과 현장》 제21호, 2016.

남태우, 《지식의 보고. 알렉산드리아 대도서관》, 한국도서관협회 2015.

만프레드 클라우스, 임미오 옮김, 《알렉산드리아. 인류 최초의 세계도시 알렉산드리아, 그
　　탄생과 몰락》, 생각의나무, 2003.

콜린 A. 로넌, 김동광 옮김, 《세계과학문명사 I》, 한길사, 1997.

Cicero, *De Natura Deorum*.

Erskine, Andrew, "Culture and Power in Ptolemaic Egypt. The Museum and
　　Library of Alexandria," *Greece & Rome* 42, 1995.

Hölbl, Günther, *A History of the Ptolemaic Empire*, New York: Routledge, 2001.

Homer, *Iliad*.

Homer, *Odysseia*.

Pausanias, *Periegesis*.

Plato, *Phaedros*.

Rocca, Julius, "Anatomy and Physiology," *in A Companion to Science, Technology,
　　and Medicine in Ancient Greece and Rome I*, ed. Georgia L. Irby, Oxford: Blackwell
　　Pub, 2016.

Strabo, *Geography*.

2장

김혜진, 〈또 하나의 아크로폴리스: 신아크로폴리스박물관의 건축 구조와 전시의 서사 맥락
　　연구〉, 《미술사학》 제35호, 2018.

Eleftheratou, Stamatia, *To Mouseio kai i Anaskafi. Evrimata apo to Xoro Anegesis tou
　　Neou Mouseiou tis Akropolis*. Katalogos Ekthesis. Athens. Organismos Anegersis
　　Neou Mouseiou Akropolis. 2006.

Mauss, Peter, Tschumi, Bernard, *Acropolis Museum Athens*, Barcelona : Poligrafa,
    2010.

Pandermalis, Dimitrios. et al., *Acropolis Museum Guide,* Athens : Acropolis Museum
    Editions, 2015.

Valavanis, Panos, *The Acropolis: Through its Museum*, Athens : Kapon, 2013.

Philippopoulou, Ersi, *To Neo Mouseio tis Akropolis. Dia Pyros kai Sidirou*, Athens :
    Papasotiriou, 2011.

3장

Leri, Jean-Marc, *Musée Carnavalet, histoire de Paris*, Paris : Fragment international,
    2007.

카르나발레박물관 공식 홈페이지 http://www.carnavalet.paris.fr.

4장

이동기, 〈현대사박물관, 어떻게 만들 것인가?: 독일연방공화국 역사의 집과 대한민국역사
    박물관의 건립과정 비교〉, 《역사비평사》 제96호, 2011.

Kraus, Dorothea, *Tränenpalast. Ort der deutschen Teilunjg*, Stiftung Haus der
    Geschichte der Bundesrepublik Deutschland, 2015.

Stiftung Haus der Geschichte der Bundesrepublik Deutschland (Hrsg.),
    "Grenzerfahrungen. Alltag der deutschen Teilung," *Museumsmagazin*, 3. 2011.

Stiftung Haus der Geschichte der Bundesrepublik Deutschland (Hrsg.),
    "Die Stiftung in Berlin. Museum in der Kulturbauerei und Tränenpalast,"
    Museumsmagazin, 4. 2015.

5장

김혜진, 〈이탈리아 우피치미술관의 문화 교육에 관한 연구〉, 《한국과학예술포럼》 제20집,
    2015.

설혜심, 《그랜드투어》, 웅진지식하우스, 2013.

엘레나 지난네스키, 임동현 옮김, 《우피치미술관》, 마로니에북스, 2007.

이은기, 〈우피치의 전시와 변천〉, 《서양미술사학회논문집》 제13집, 2000.

조성용·전진영·최진희, 〈피렌체 '우피치'와 '바자리 통로'의 도시건축적 특성에 관한 연
    구〉, 《대한건축학회 논문집》 제25집 5호, 2009.

최병진, 〈메디치 컬렉션의 자전(autobiography)과 계몽주의 시대의 공공성〉, 《서양미술사

학회논문집》제42집, 2015.

Berti, Luciano, *Gli Uffizi, Storia e Collezioni*, Firenze : Giunti, 1993.

Conforti, Claudia, *Giogio Vasari Architetto*, Milano : Mondadori, 1993.

Curti, Francesca, "La primitiva esposizione di Sculture antiche nella Galleria degli Uffizi : Proposte di identificazione," *Xenia*, vol. 16, 1988.

Findlen, Paula, "Josephine Waters Bennett Lecture : The Eighteenth-Century Invention of the Renaissance : Lessons from the Uffizi," *Renaissance Quarterly*, vol. 66, no. 1, 2013.

Heikamp, Detlef, "La Tribuna degli Uffizi come era nel Cinquecento," *Antichità viva*, vol. 4, 1964.

Wellington Gahtan, Maia, *Giorgio Vasari and the birth of Museum*, Abingdon : Routledge, 2014.

6장

노르베르트 볼프, 전예완 옮김, 《디에고 벨라스케스》, 마로니에북스, 2007.

다니엘라 타라브라, 김현숙 옮김, 《세계 미술관 기행 : 프라도미술관》, 마로니에북스, 2007.

레이몬드 카, 후안 파블로, 강석영 옮김, 《스페인 현대사 : 프랑코 독재체제의 구축과 민주화 과정》, 대한교과서, 1991.

아멜리아 아레나스, 정선이 옮김, 《명화는 왜? 유명할까》, 다빈치, 2002.

안천, 〈스페인 왕정복고 연구〉, 《한국북방학회논집》 제11호, 2004.

박영미, 〈장르화를 통해 본 17세기 스페인 전경〉, 《비교문화연구》 제22집, 2011.

7장

Adrian Tinniswood, *By Permission of Heaven : The Story of the Great Fire of London*, London : Jonathan Cape, 2003, pp. 4, 101.

Maev Kennedy, "Off to market : Museum of London shows off its new Smithfield site," *The Guardian*, 2016. 06. 20. https://www.theguardian.com/culture/2016/may/20/museum-of-london-to-relocate-to-smithfield (2017년 8월 10일 검색).

Maev Kennedy, "Off to market : Museum of London shows off its new Smithfield site," *The Guardian*, 2016. 05. 20. https://www.theguardian.com/culture/2016/may/20/museum-of-london-to-relocate-to-smithfield (2017년 8월 10일 검색).

Museum of London, *Museum Highlights*, London : Scala Arts & Heritage Publishers, 2016.

Museum of London. 2016. Museum Highlights, Scala Arts Heritage Publishers, p.8.

Ross, Cathy, and John Clark. *London: The Illustrated History*, London : Penguin Books, 2011.

Tinniswood, Adrian, *By Permission of Heaven: The Story of the Great Fire of London*, London : Jonathan Cape, 2003.

"1977 July : The Museum of London by Powell and Moya," *The Architectural Review*, 2012. 2. 24. https://www.architectural-review.com/rethink/viewpoints/1977-july-the-museum-of-london-by-powelland - moya/8626069.article(2017년 8월 5일 검색).

런던박물관 공식 홈페이지 http://www.museumoflondon.org.uk

8장

뱅상 포마레드, 고형원 옮김, 《루브르박물관展》(도록), GNC media, 2006.

송기형, 〈프랑스 역사가 살아 있는 루브르박물관〉, 《역사비평》, 제56호. 2001.

이보아, 《루브르는 프랑스 박물관인가》, 민연출판사, 2002.

전진성, 《박물관의 탄생》, 살림출판사, 2004.

Govignon, Brigitte, *L'ABCdaire du musée du Louvre*, Flammarion, 2001.

Le Louvre, Guides Gallimard, 2006.

9장

신동규, 〈전쟁과 홀로코스트 기념을 통해 본 감정정치〉, 《서양사론》 제135호, 2017.

한국프랑스사학회 기획, 《전쟁과 프랑스 사회의 변동》, 홍문각, 2017.

Bresse, Général, "Le Musée de l'armée aux Invalides : La Grande Guerre au Musée de l'armée," *Guerre mondiale et conflits contemporains*, no. 235, 2009.

Elisabeth, Belmas et Nonnis-Vigilante Serenella (eds.), *La Santé des populations civiles et militaire*, Villeneuve d'Ascq : PUS, 2010.

François, Lagrange et Reverseau Jean-François, *Les Invalides, L'Etat, La Guerre, La Mémoire*, Paris : Gallimard, 2007.

10장

Stölzl, Christoph, (ed.), *Deutsches Historisches Museum. deen-Kontroversen–Perspektiven*, Frankfurt/Berlin : Propyläen Verlag, 1988.

Werner, Heike and Mathias Wallner, *Deutsche Architektur und Geschichte*. München,

2006.

Kocka, Jürgen, "Duterausstellung des Deutschen Historischen Museum," *Geschichte und Gesellschaft*, 32, 2006.

Kretzschmar, Ulrike,(ed.), *Das Berliner Zeughaus (Deutsche Historisches Museum)*, München: Prestel, 2006.

11장

Assmann, Aleida, "Konstruktion von Geschichte in Museen," in *Aus Politik und Zeitgeschichte*, 49/2007(3. Dez. 2007). pp.6~13.

Klönne, Arno, "Zurück zur Nation? Risiken der Suche nach deutscher Identität," in *Gewerkschaftliche Monatshefte(GMH)*, 1/86. pp.5~12.

Moller, Sabine, "Erinnerung und Gedächtnis," in *Docupedia-Zeitgeschichte*, 2010.

Mommsen, Hans, "Verordnete Geschichtsbilder. Historische Museumspläne der Bundesregierung," in *GMH* 1/86. pp. 13~24.

Steinbach, Peter, "Politik mit Geschichte – Geschichtspolitik?," in *Dossier: Geschichte und Erinnerung*, Bundeszentrale für Politische Bildung, 2016. pp.9~13.

Stiftung Haus der Geschichte der Bundesrepublik Deutschland (Hrsg.), ZeitRäume. Konzept, Architektur. Ausstellungen, Bonn, 1994.

Stiftung Haus der Geschichte der Bundesrepublik Deutschland, museums magazin online, Ausgabe 2/2009, in http://museumsmagazin.com/speicher/archiv/2-2009/titel/part1.php.

Stölzl, Christoph, *Kann man Geschichte ausstellen?*, in Dieter Sauberzweig/Bernd Wagner/Thomas Röbke (Hrgg.), Kultur als intellektuelle Praxis. Hermann Glaser zum 70. Geburtstag, Essen: Klartext 1998. pp.329~335.

12장

조흥식, 〈박물관의 정치학: 유럽국가의 문화 경쟁〉, 《통합유럽연구》 제8권 1집, 2017.

Osterhammel, Jürgen, *The Transformation of the World: A Global History of the Nineteenth Century*, Translated by Patrick Camiller, Princeton: Princeton University Press, 2015.

Wilson, David, *The British Museum: A History*, London: The British Museum Press, 2002.

대영박물관 공식 홈페이지 http://www.britishmuseum.org.

13장

Rengers, Merijn, Muiterij in het museum, NRC Handelsblad, Jan. 30, 2016. (https://www.nrc.nl/nieuws/2016/01/30/muiterij-in-het-museum-1582603-a268651).

van Rossum, Matthias, Karwan Fatah-Black, Lex Heerma van Voss, Jaap Bruijn, Gerrit Knaap, Leo Balai en Petra van Dam, "De directie van het scheepvaartmuseum kiest voor pretparkkoers," *De Volkskrant*, July 30, 2014. (https://www.volkskrant.nl/opinie/-de-directie-van-het-scheepvaartmuseum-kiest-voor-pretparkkoers~a3706138) (검색일: 2018년 1월 14일).

네덜란드국립해양박물관 공식 홈페이지 http://www.hetscheepvaartmuseum.com.

14장

김대권, 〈빙켈만과 헤르더의 고대 그리스관〉, 《괴테연구》 제17권, 2005, 137쪽.

김재원, 〈바티칸, 제55회 베네치아 비엔날레 입성〉, 《현대미술사연구》 제36권, 2014. 117쪽.

김혜진, 〈고대후기의 고대조각〉, 《서양고대사연구》 제37권 4호, 2014, 170쪽.

도미니크 폴로, 김한결 옮김, 《박물관의 탄생》, 돌베개, 2014.

마이클 콜린스, 박준영 옮김, 《바티칸》, 디자인하우스, 2009.

신채기, 〈미술사를 통해 본 '최후의 심판' 도상 연구 Ⅱ〉 《신앙과 학문》 22(2), 2017. 115, 131쪽.

이상림 · 김용승 · 박용한, 〈박물관 건축에서의 대공간의 기능적 변화와 공간 구성적 특성〉, 《대한건축협회》 18권 12호, 2002, 81쪽.

Louis A. Rupreecht Jr., "Winckelmann and casanova in Rome," Journal of Religious Ethics, 38(2), p. 302.

Rupreecht Jr., Louis A., "Winckelmann and casanova in Rome," *Journal of Religious Ethics*, 38(2), 2010.

Wieand, Jeffrey, "Winckelmann and the Vatican's Fisrt Profane Museum," *The Journal of Aesthetics and Art Criticism*, 71(2), 2014.

15장

Kenez, Peter, *Hungary from the Nazis to the Soviets*, 2006.

Miklós, Zeidler, *A Reviziós gondolat*, Budapest: Osiris, 2001.

Romsics, Ignác, *Magyarország története a XX, században*, Budapest: Osiris Kiadó. 2010.

Romsics, Ignác, *From dictatorship to democracy*, Columbia Univesity Press. 2007.

Terror Háza Museum, Terror Háza(House of Terror)Museum, 60 Andrassy Rd,
    Budapest, Hungary. Public Endowment for Research in Central and East-
    European History and Society, 2003.
Zsolt, Bayer, "… Hogy legyen jel", *XX. Század Intézet és Történeti Hivatal*, Budapest,
    2000.
테러의 집 박물관 공식 홈페이지 http://www.terrorhaza.hu/hu.

16장

A. Guide: Musée de Cluny, Les Editions de la Réunion et des musées nationaux.
    Paris, 2015.
Huchard, Viviane, "Du musée de Cluny au musée national du Moyen Age", Musée
    national du Moyen Age-Thermes et Hotêl de Cluny(Paris)-Le Musée national
    du Moyen Age, Thermes du Cluny, Les Editions de la Réunion et des musées
    nationaux, Paris, 2003.
Jean-Pierre, Caillet, *L'art médiévale*, Flammarion: Paris, 2005.
Musée national du Moyen Age-Thermes et Hotêl de Cluny(Paris)-La Tapisserie
    médiévale au Musée de Cluny, Les Editions de la Réunion et des musées
    nationaux, Paris, 1987.

17장

김용우, 〈기획논문: 그들의 역사는 우리의 역사-프랑스 국립이주사박물관과 식민주의〉,
    《서양사론》제124호, 2015.
이용재, 〈역사의 정치적 이용: 사르코지 대통령과 역사 만들기〉, 《프랑스사연구》제29호,
    2013.
이재원, 《제국의 시선, 문화의 기억》, 서강대학교 출판부, 2017.
박단, 《프랑스공화국과 이방인들》, 서강대학교 출판부, 2013.
La Cité Nationale de l'Histoire de l'Immigration, Guide de l'exposition
    permanente, 2009. 4.
국립이주사박물관 공식 홈페이지https://www.parisinfo.com/musee-monument-
    paris/71293/Musee-national-de-l-histoire-de-l-immigration.

18장

"Au mémorial de Verdun, revivre la bataille au son du canon," *Le Monde*, 2016.

2. 20. http://www.lemonde.fr/culture/article/2016/02/20/revivre-la-bataille-de-verdun-au-son-du-canon_4868824_3246.html.

"La nouvelle histoire du Mémorial de Caen," *La Croix*, 2010. 7. 16.

"Le Mémorial de Verdun a fait peau neuve," *Le Figaro*, 2016. 2. 19.

"Le nouveau Mémorial de Verdun rénové par l'architecte bordelais Olivier Brochet," *Sud Ouest*, 2016. 5. 28.

"Une très belle saison," pour le Mémorial de Caen, France 3. https://france3-regions.francetvinfo.fr/normandie/calvados/caen/tres-belle-saison-memorial-caen-1320161.html.

Anglaret, Anne-Sophie, "Le Mémorial de Verdun et les enjeux de la mémoire combattante, 1959–2011," *Revue historique*, 669, 2014.

Auffray, Alain, "Le Manual d'histoire, nouveau symbole franco-allemande", *Libération*, 4 May 2006.

De Bresson, Henry and Cécile Calla, "M. Chirac et Mme Merkel plaident à Berlin pour la relation franco-allemande," *Le Monde*, 9, 4 May 2007.

Françoise, Etienne, "Le manuel franco-allemand d'histoire," *Vingtième siècle, Revue d'histoire*, 94(2), 2007.

Guiss, Peter and Guillaume Le Quintrec, et al., *Histoire/Geschichte. L'Europe et le monde depuis 1945*. Paris: Fernand Nathan, 2006.

Siegel, Mona and Kirsten Harjes, "Disarming Hatred: History Education, National Memories, and Franco-German Reconciliation from World War I to the Cold War," *History of Education Quarterly*, 52(3), 2012.

베르됭기념관 공식 홈페이지 http://memorial-verdun.fr

19장

전진성, 〈통일독일 수도 베를린의 발명: 도시공간의 형성과 기억의 도구화에 관하여〉, 《대구사학》 제106집, 대구사학회, 2012.

Reichel, Peter, *Politik mit der Erinnerung. Gedächtnisorte im Streit um die nationalsozialistische Vergangenheit*, Frankfurt a. M.: Fischer, 1999.

Rosh, Lea, "Ein Mahnmal gehört in das Zentrum der Stadt." *Tageszeitung*, 9. 5.1989.

Rürup, Reinhard, "Die Topographie des Terrors in Berlin", *Der lange Schatten des Nationalismus: Geschichte, Geschichtspolitik und Erinnerung*, Göttingen: Wallstein Verlag, 2014.

Stiftung Topographie des Terrors (Hrsg.), *Topographie des Terrors. Ausstellungen 1987-2017*, Berlin: 2017.

Till, Karen, *The New Berlin. Memory, Politics, Place*, Minneapolis: University of Minnesota Press, 2005.

Walser, Martin, "Paulskirchenrede 1998 am 11. Oktober 1998," *Die Walser-Bubis-Debatte*. Frank Schirrmacher (Hrsg.), München: Suhrkamp, 2000.

Young, James E., *At the memory's Edge. After-Images of the Holocaust in contemporary Art and Architecture*, New Haven: Yale University Press, 2000.

20장

김용덕, 《이야기 폴란드사》, 한국외국어대학교 지식출판원, 2006.

Czech, Danuta, "Origins of the Camp, Its Construction and Expansion", (in) Auschwitz. Nazi Death Camp, Oświęcim, 1996.

Cywiński Piotr, Piotr Setkiewicz, Jacek Lachendro, *Auschwitz from A to Z. An Illustrated History of the Camp*, Oświęcim, 2014.

Namysło Aleksandry, *Zagłada Żydów na polskich terenach wcielonych do Rzeszy*, Warszawa: Instytut Pamięci Narodowej, 2008.

Smoleń Kazimierz, *Oświęcim. przewodnik po Muzeum*, Oświęcim: National Publishing Agency, 1961.

Yisrael Gutman and Michael Berenbaum (ed.), *Anatomy of the Auschwitz Death Camp*, Bloomington: Indiana University Press, 1998.

21장

김종현, 《영국 산업혁명의 재조명》, 서울대학교 출판부, 2006.

루이스 멈퍼드, 《기술과 문명》, 책세상, 2013

송성수, 〈과학관의 사례와 발전방향〉, 《정책자료》 1-54, 과학기술정책연구원, 2010.

신상철, 〈창의적 경제 개념에서의 산업기술박물관의 설립 근거와 역할에 관한 연구〉, 《박물관학보(博物館學報)》 30, 한국박물관학회 2016.

오일환·신용철, 〈독일 역사경관의 문화유산 관광자원콘텐츠에 관한 연구〉, 《한국사진지리학회지》 제24권 제3호, 한국사진지리학회, 2014.

유진영, 〈세계박람회가 독일 산업화 과정에 미친 영향〉, 《사림》 제40호, 수선사학회, 2011.

이재홍, 〈과학교육을 위한 전시 공간구성의 특성에 관한 연구〉, 《청소년시설환경》 제13권 제2호, 한국청소년시설환경학회, 2015.

정연복, 〈루브르박물관의탄생―컬렉션에서박물관으로〉, 《불어문화권 연구》 19, 서울대학교 불어문화권연구소, 2009.

22장

Calligaro, O., & F. Foret, "La mémoire européenne en action," *Politique européenne*, (2), 2012, pp.18~43

De Cesari, C., "museums of europe: Tangles of Memory, Borders, and Race," *Museum Anthropology*, 40(1), 2017, pp.18~35.

Mazé, C., "Des usages politiques du musée à l'échelle européenne," *Politique européenne*, (2), 2012, pp.72~100.

Mazé, C., "Les 《musées de l'Europe》, outils de production d'un ordre symbolique européen?" *Regards sociologiques*, (37–38), 2009, pp.69~80.

McNamara, K. R., *The Politics of Everyday Europe: Constructing Authority in the European Union*. New York: Oxford University Press, 2015.

Trausch, G., *Histoire du Luxembourg: le destin européen d'un petit pays*, Toulouse: Privat, 2003.

Zariz, R., "The Jews of Luxembourg during the Second World War," *Holocaust and Genocide Studies*, 7(1), 1993, pp.51~66.

23장

Département de la Communication et du Mécénat du MuCEM, MuCEM: dosier de presse, 2013.

Département de la Communication et du Mécénat du MuCEM, Le MuCEM en 2014: rapport d'activité, 2014.

Lasnier, Jean-François, "Un rêve méditerranéen," *connaissance des arts, hors-série*, no. 582, 2013.

Labourdette, Marie-Christine, Les musées de France, Presses Universitaires de France, 2015.

Mazuy, Marie, l'architecture du MuCEM: Le bâtiment J4-dossier pédagogique, PAAM, 2013.

Mezzacane, Patrick, MUCEM: The builder's perspective, Symposium on Ultre-High-Performance Fibre-Reinforced Concrete 2013, Marseille, 1–3 October 2013.

24장

조홍식, 《유럽통합과 '민족'의 미래》, 푸른길, 2006.

토니 주트 지음, 조행복 옮김, 《포스트 워, 1945-2005》, 플래닛, 2008.

통합유럽연구회, 《도시로 보는 유럽통합사: 영원의 도시 로마에서 EU의 수도 브뤼셀까지》, 책과함께, 2013.

Committee of Experts: House of European History, Conceptual basis for a house of European History, Brussel, 2008.

un projet du parlement européen, Maison de l'histoire européenne; un lieu d'apprentissage, Brussel, 2017.

https://www.brusselsmuseums.be/fr/musees/maison-de-histoire-europeenne

http://www.lemonde.fr/culture/article/2017/05/10/bruxelles-se-dote-enfin-d-une-maison-de-l-histoire-europeenne_5125181_3246.html.

25장

유로피아나 생각하는 문화 전략 기획 보고서 2011-2015 (Europeana think culture Strategic Plan 2011-2015).

Clifford, James, *The predicament of culture*, Cambridge: Harvard University Press, 1988.

D'Argenio, Alberto, "Online Europeana, la Babele Ue Una biblioteca da 2 milioni di libri, La Repubblica" (2008. 11. 19): 유로피아나 공개에 대한 신문기사.

Dini, Massimo, Renzo Piano, *Progetti e architetture 1964-1983*, Milano: Electa, 1983.

Fondazione Symbola, Unioncamera, Rapporto Io sono cultura (2017. 6. 28): 이탈리아 문화산업 현황 보고서.

Huyssen, Andreas, *Twilight Memories: Marking Time in a Culture of Amnesia*, New York: Routledge 1995.

Mairesse, François, *Le Musee Temple spectaculaire*, Lyon: Press Universitaires Lyon, 2002.

Metz, Christian, *Essais sur la signification au cinema*, Paris: Editions Klincksieck, 1972.

Rosso, Medardo, "Medardo Rosso," *Mercure de France*, 17 (March 1896).

유로피아나 프로젝트 공식 홈페이지 http://www.europeana.eu/portal/en.

155쪽   루브르 대회랑 ©Mbzt @wikimedia

160쪽   루브르 마를리 안뜰 ©Jean-Christophe BENOIST @wikimedia

167쪽   루브르-랑스박물관 ©Jean-Pierre Dalbéra @wikimedia

171쪽   앵발리드 전경 ©jay8085 @wikimedia

176쪽   중앙정원의 대포 ©Thesupermat @wikimedia

177쪽   중세 전시실 입구의 기사 모형 ©신동규

221쪽   대영박물관 입구 ©안병억

226쪽   로제타스톤 ©Cristian Bortes @flickr

227쪽   엘긴대리석 조각품들 ©Yair Haklai @wikimedia

239쪽   유리천장이 설치된 해양박물관 안뜰 ©Nick-D @wikimedia

241쪽   해양박물관 앞 선착장에 전시된 암스테르담호 ©A. Bakker @wikimedia

242쪽   암스테르담호에 승선한 관광객들 ©정영진

242쪽   선박 장식품 전시관 내부 ©C messier @wikimedia

243쪽   고래 이야기 전시관 입구 ©정영진

245쪽   해양박물관에 전시된 왕실선 ©Eriksw @wikimedia

245쪽   황실 행사에 사용되던 왕실선 ©Hetscheepvaartmuseum @wikimedia

249~268쪽   바티칸박물관 관련 도판 ©김새미

273쪽   테러의 집 박물관 외관 ©Tbachner @wikimedia

274쪽   박물관 외벽에 부착된 희생자들의 사진 명판 ©김지영

277~283쪽   테러의 집 박물관 관련 도판 @공식 홈페이지(www.terrorhaza.hu)

294쪽   노트의 기둥 ©Marsyas @wikimedia

294쪽   유다 왕들의 두상 ©이정민

295쪽   쇠사슬에 매달려 있는 봉헌 왕관 ©Marie-Lan Nguyen @wikimedia

297쪽   성 토마스 베킷의 성유물함 ©Jastrow @wikimedia

297쪽   죽은 자의 부활 ©Jastrow @wikimedia

311~317쪽   국립이주사박물관 관련 도판 ©박단

330쪽   베르됭기념관 전경 ©Wolfgang Staudt @wikimedia

337쪽   캉-노르망디기념관 ©Benoit-caen @wikimedia

341쪽   공중에서 촬영한 홀로코스트 추모비 ©Quid pro quo @wikimedia

342쪽   기울어진 바닥의 추모비 중앙부 ©Stephan Czuratis @wikimedia

346쪽   '테러의 지형도'와 옥외전시관 ©Hans G. Oberlack @wikimedia

353쪽   옥외전시회 '테러의 지형도' ©Lordnikon @wikimedia

박물관 미술관에서 보는 유럽사

유럽의 현재와 과거, 미래가 공존하는 기억의 장소들

1판 1쇄 2018년 8월 31일
1판 4쇄 2019년 10월 22일

지은이 통합유럽연구회

펴낸이 류종필
편집 이정우, 정큰별
마케팅 김연일, 김유리
표지·본문 디자인 석운디자인

펴낸곳 (주) 도서출판 책과함께
　　　　주소 (04022) 서울시 마포구 동교로 70 소와소빌딩 2층
　　　　전화 (02) 335-1982
　　　　팩스 (02) 335-1316
　　　　전자우편 prpub@hanmail.net
　　　　블로그 blog.naver.com/prpub
　　　　등록 2003년 4월 3일 제25100-2003-392호

ISBN 979-11-88990-06-1 03920

이 도서의 국립중앙도서관 출판시도서목록(CIP)은
서지정보유통지원시스템 홈페이지(http://seoji.nl.go.kr)와
국가자료공동목록시스템(http://www.nl.go.kr/kolisnet)에서 이용하실 수 있습니다.
(CIP제어번호 : CIP2018024672)